国家语委重点项目（编号：ZDI125-48）研究成果

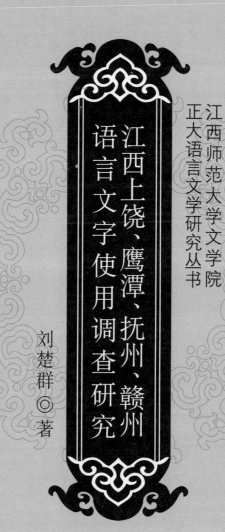

江西师范大学文学院
正大语言文学研究丛书

江西上饶、鹰潭、抚州、赣州语言文字使用调查研究

刘楚群◎著

中国社会科学出版社

**图书在版编目(CIP)数据**

江西上饶、鹰潭、抚州、赣州语言文字使用调查研究 / 刘楚群著 . —北京：
中国社会科学出版社，2018.8
ISBN 978-7-5203-2795-4

Ⅰ.①江…　Ⅱ.①刘…　Ⅲ.①赣语-方言调查-调查研究-江西　Ⅳ.①H17

中国版本图书馆 CIP 数据核字(2018)第 154215 号

| | |
|---|---|
| 出 版 人 | 赵剑英 |
| 责任编辑 | 任　明 |
| 责任校对 | 王　龙 |
| 责任印制 | 李寡寡 |

| | |
|---|---|
| 出　　版 | 中国社会科学出版社 |
| 社　　址 | 北京鼓楼西大街甲 158 号 |
| 邮　　编 | 100720 |
| 网　　址 | http：//www.csspw.cn |
| 发 行 部 | 010-84083685 |
| 门 市 部 | 010-84029450 |
| 经　　销 | 新华书店及其他书店 |

| | |
|---|---|
| 印刷装订 | 北京君升印刷有限公司 |
| 版　　次 | 2018 年 8 月第 1 版 |
| 印　　次 | 2018 年 8 月第 1 次印刷 |

| | |
|---|---|
| 开　　本 | 710×1000　1/16 |
| 印　　张 | 22.25 |
| 插　　页 | 2 |
| 字　　数 | 322 千字 |
| 定　　价 | 98.00 元 |

凡购买中国社会科学出版社图书，如有质量问题请与本社营销中心联系调换
电话：010-84083683

# 序

苏金智

语言研究要以语言事实为依据，这是从事语言研究的常识。语言调查是获取语言研究素材的最重要的方法。一个好的语言调查方法的运用，会给语言研究的方法带来全新的面貌。大家都知道，科学分析推理的两个重要方法是演绎法和归纳法。演绎法的科学性建立在前提的正确性，归纳法则主要依赖于事实的真实程度。这两种方法是不能对立起来理解的。拿语言研究来说，只有通过语言调查获取大量真实可靠的材料，在这些材料基础上归纳出来的结论才是可信的。只有利用这些可信的结论，演绎出来的理论才是可信的。因此，离开了语言事实，离开了语言事实的调查，不管是演绎还是归纳，都会成为空谈。因此，无论是强调演绎还是强调归纳，都是不可行的。从实事求是的角度出发，归纳要比演绎重要，从理论创新的角度出发，演绎要比归纳重要。理论要发展，离开任何一方都是不行的。语言调查同时需要运用演绎与归纳的方法。调查之前往往要有理论假设，理论假设的过程往往是一个演绎推理的过程。调查材料获得之后，需要进行科学的归纳，如果没有科学的归纳，就是一堆无用的废品。就这一点而言，语言调查不仅可以为归纳法提供素材，也可以为演绎法的发展提供参考。

不同目的的研究，获取语言事实的途径和方法却有很大差别。语言调查方法的发展变化往往是语言研究史的推动力。20世纪60年代社会语言学兴起以后，语言调查方法有了很大的改进，使语言研究从静态研究向动态研究转变。社会语言学的调查与传统的语言调查有许多不同，这种差别主要体现在选择调查对象、调查方式、调查内容等方面。社会语言学要调查的对象是具有不同社会背景的人群，如可以根据年龄、职业、性别、母语等的差异来选择调查对象。社会语言学的调查方式通常也是多样化的，文献调查、访谈、观察、录音录像都可以结合起来进行。社会语言学调查要求得到的数据具有可信度，由于调查对象和方法比较复杂，因此调查工作的甜酸苦辣，只有真正做过调查的人才会有深刻的体会。

语言文字使用情况调查，有时也叫语言使用状况调查，是社会语言学调查的一种重要方式。这种调查方式可以比较全面地了解一个国家、一个地区或某些人群掌握语言文字的使用情况及其语言态度，调查方法通常采用的是抽样调查的方法。语言文字使用情况调查对语言文字政策的制订与语言规划的理论研究具有重要的作用。1997 年国务院办公会批准国家语言文字工作委员会与教育部牵头组织全国性（除港澳台外）的语言文字使用情况调查，2000 年前后的"中国语言文字使用情况调查"数据不仅给国家制订语言政策和规划提供了重要参考，也大大推动了我国语言规划的理论研究。

刘楚群教授的《江西上饶、鹰潭、抚州、赣州语言文字使用调查研究》是语言文字使用调查的一项重要实践，也是国家语委重点项目的一项重要成果。由于这个项目是海西经济区语言文字使用情况调查的有机组成部分，为了便于读者对调查报告的了解，我下面简单介绍一下海西经济区语言文字使用情况调查的另外两个项目。

国家语委为落实国务院有关海峡西岸经济区发展规划，为海西经济区建设服务，先后设立了三个有关"海西经济区语言文字使用情况调查"的项目。第一个项目"海西经济区语言文字使用情况调查"是2012 年由国家语委设立的工作性质的语言文字使用调查；第二个项目是 2013 年 3 月国家语委科研办正式立项的"海西经济区语言文字使用情况调查"；第三个就是"江西上饶、鹰潭、抚州语言文字使用情况调查"。

2012 年 4 月，国家语委成立了调查领导小组，由原国家语委主任李卫红同志任组长，教育部有关部门和福建省教育厅有关领导任组员。调查工作同时成立了调研组，任命我为组长，组员由教育部语言文字应用研究所和福建省相关院校专家组成。调研组在广泛收集文献资料、深入讨论研究、多方征求意见的基础上，确定了调查的工作方法、步骤和具体方案。2012 年 8 月，在福建省教育厅、福建省语委的大力支持下，调研组赴平潭、泉州和厦门实施了调查。调查组通过召开座谈会、发放调查问卷、走访台资企业等形式，深入了解福建语言文字使用情况及国家通用语言文字法落实情况，尤其是台商、台胞在闽工作生活中遇到的语言文字问题，并就语言文字工作更好地服务海西经济区建设听取了各方面的建议。

2012 年 8 月 13 日还在调查过程中，调查组就在福州西湖大酒店三层莲花厅举行"海西经济区语言文字使用情况调查组汇报调研情况"汇报会，向福建省政府和教育部、国家语委领导进行了专门汇报，听取了教育部副部长兼国家语委主任李卫红同志和福建省政府副省长陈桦同志有关调查工作的意见。李卫红同志指出，党的十七届六中全会强调，要大力推广和规范使用国家通用语言文字，科学保护各民族语言文字，这对做好语言文字工作提出了更高要求。语言文字工作要积极服务国家和区域经济社会发展，全面把握国家语言文字法律政策的内涵，正确处理推广普通话与方言、外语、少数民族语言的关系，及时研究判断语言文字的国情现状。要深入分析海峡西岸经济区规划和平潭综合实验区建设规划等区域发展战略的特点和优势，形成调研报告，为制定区域性语言文字政策提供决策依据。陈桦同志在感谢国家语言文字工作委员会对福建省语言文字工作支持后说，这次调研对福建打造两岸人民交流合作先行区将起到积极的推动作用。她表示，福建省将以调查为契机，积极为台胞在闽生活、工作营造良好的语言文字环境，为台胞子女在闽就学提供良好服务，加快平潭两岸人民共同家园建设。希望教育部、国家语委给予福建语言文字更多先行先试的指导和支持。

调查工作结束后调研组撰写了"创新语言服务举措　助推海西社会发展——海西经济区福建平潭、泉州、厦门语言文字使用情况调查报告"上交上级有关部门。调查报告在分析福建语言文字使用情况基础上对促进海西经济区发展提出了四个方面的建议：（一）坚持主体，尊重多样。坚持主体是指坚持国家的基本语言政策不动摇，也就是坚持大力普及普通话，提高普通话水平，坚持使用规范汉字和汉语拼音，这三项基本政策要长期保持相对稳定。在坚持主体的原则下，也应尊重多样性，即尊重方言的多样性，尊重繁体字和简化字差异的现实；尊重注音字母和汉语拼音并存局面。在福建营造出一种主体充分发展和提高，多样性得以传承的语言和谐环境。（二）首倡服务，包容差异。福建语言文字使用中存在的问题，大都涉及政策问题，其影响范围不限于福建，只是在福建相对突出，从政策层面上解决，影响面和影响力较大，且会带来连锁效应，但可将一些政策问题转化为具体的语言文字服务问题，可在宽容差异的理念下，主动提供语言服务。（三）平潭先试，稳妥推行。平潭是国家批准的"先行先试"综合实验区和"桥头堡"，将来要建设成为两岸"共同家园"，且吸引的对象是台湾中低阶层、中小企业和中南部人员，这就必然需要语言文字政策、举措有所创新，并在平潭进行先行先试，但要充分尊重语言文字使用规律，力争做到成效最好，风险最低。（四）加强统筹，注重策略。相关部委已经相继出台支持海西和平潭的先行先试政策，为充分保证政策的权威性和有效性，涉及语言文字政策的，应与国家语委进行协商沟通。国家语委应主动加强与有关部门的联系和沟通，避免政出多门，互相矛盾，给执行带来困难。语言文字政策牵涉面广，社会影响大，"先行先试"的政策措施当前应先在平潭开展，稳妥推行。在宣传和实施中，以满足台胞需求和服务平潭发展建设为主。

调查报告还就支持平潭发展的语言服务举措提出了四点建议：（一）提供语言文字政策和业务咨询服务；（二）加大培训普通话测试员力度；（三）为台胞提供语言文字服务；（四）为台胞子女就学提供语言文字服务。

2013 年 3 月国家语委科研办正式立项，委托我继续组织海西经济区语言文字使用情况调查。课题组除了在福建的泉州、厦门和龙岩等地继续进行调查外，还先后调查了浙江衢州、江西赣州和广东梅州等地的语言文字使用情况。这次调查，在第一次调查的基础上对方言的保护问题，例如中小学生方言掌握情况，方言进课堂情况进行了比较深入的调查，就两岸学生对两岸有差异的词语知晓度也进行了深入的调查。调查结果已经在国内一些重要学术刊物上发表。

2012 年 12 月，楚群进入教育部语言文字应用研究所博士后科研流动站和北京语言大学科研工作站跟我和李宇明教授合作从事博士后研究工作。跟我的合作项目就是"海西经济区语言文字使用情况调查"。虽然他博士后出站报告做的是"老年人口语非流利现象研究"，与我的项目没有关系，但 2014 年底楚群与他的两位硕士研究生参与了"海西经济区语言文字使用情况调查"中衢州和赣州的调查。我们一起开座谈会，上街做问卷调查和观察语言文字使用情况。这次调查问卷的数据处理是由他带领学生完成的，调查报告发表在《语言文字应用》2016 年第 2 期上。后来楚群就有了把江西属于海西的上饶、鹰潭和抚州全部调查完的想法。在江西省语委和国家语委的支持下，楚群终于如愿以偿，申请到 2015 年国家语委重点项目，对江西属于海西的三个城市进行调查研究，这就是国家语委的第三个海西经济区语言文字使用情况调查项目"海西经济区之江西三城市（上饶、鹰潭、抚州）语言文字使用情况调查"。呈现在读者面前的就是这次调查的主要成果。

本报告内容综合了两个课题的调查成果，展示了海西经济区江西四城市（上饶、鹰潭、抚州、赣州）语言文字的使用风貌，对海西经济区如何实施语言文字政策提出了切合实际的建议，为国家相关语言文字政策的制订提供了参考。

本报告有两个明显的特点不同于我主持的同类调查项目：一是把调查数据与 2000 年前后全国语言文字使用情况调查中江西省的数据进行了对比，从历时的角度看江西省这四个城市语言文字使用情况的发展变化；二是对城市的语言景观进行了调查，并且结合社会语言学语言景观研究的理论方法分析这些语言现象，拓展了调查范围，使调查结果更加丰富，更有说服力。语言景观的研究，不仅对语言规划的实践有重要参考价值，也是语言规划理论研究的一个具有潜力的增长点。

　　调查工作是一件苦差事，由于条件等方面的限制，在方案设计，具体实施，数据处理，结果分析等方面要做到十全十美是很难的，本报告如果有疏漏不足之处，我想作者一定欢迎同行批评指正的。

2017 年 12 月 12 日于北京

# 目　　录

# 引　言

　　本书主要是国家语言文字工作委员会（以下简称国家语委）重点项目"海西经济区之江西三城市（上饶、鹰潭、抚州）语言文字使用情况调查"的成果，也包括国家语委委托项目"海西经济区语言文字使用情况调查"中赣州调查的成果。

　　"海西经济区"全称海峡西岸经济区，指台湾海峡西岸一片广阔的区域，以福建为主体包括周边广东、浙江、江西的部分地区。海西经济区位置特殊，东临台湾，南北与珠江三角、长江三角两个经济区衔接，西与江西的广大内陆腹地贯通。海西经济区是一个不同于行政区划的具有地缘经济利益的区域经济共同体，是涵盖经济、政治、文化、社会等各个领域的综合性概念，在对台工作、统一祖国，以及"一带一路"的宏观战略中具有独特的地域优势。目前海西经济区的人口约为 6000 万—8000 万，共计 20 个地级及以上城市，具体包括：福建省的福州市、厦门市、泉州市、莆田市、漳州市、三明市、龙岩市、南平市、宁德市，广东省的汕头市、揭阳市、潮州市、梅州市，浙江省的温州市、丽水市、衢州市，以及江西省的上饶市、鹰潭市、抚州市、赣州市。2009 年 5 月 6 日，国务院发布《国务院关于支持福建省加快建设海峡西岸经济区的若干意见》（国发〔2009〕24 号），把支持海西经济区的发展确定为国家战略。国务院文件明确指出，"海峡西岸经济区东与台湾地区一水相隔，北承长江三角洲，南接珠江三角洲，是中国沿海经济带的重要组成部分，在全国区域经济发展布局中处于重要位置。"海西经济区是"两岸人民交流合作先行先试区域"，"发挥海峡西岸经济区独特的对台优势和工作基础，努力构筑两岸交流合作的前沿平台，实施先行先试政策，加强海峡西岸经济区与台湾地区经济的全面对接，推动两岸交流合作向更广范围、更大规模、更高层次迈进。""加快海峡西岸经济区建设，将进一步促进海峡两岸经济紧密联系、互动联动、互利共赢……，提高台湾同胞对祖国的向心力和认同感，为发展两岸关系、推进祖国统一大业做出新贡献。"

国家语委一直关注海西经济区的语言文字使用情况，重视该区域语言生活的特殊性，着眼提升为台商和港商提供语言文字方面的专门服务，以促进两岸更便捷的经济文化交流。2012 年 4 月，国家语委成立了调查领导小组，由原国家语委主任李卫红部长任组长，同时成立了调研组，由教育部语言文字应用研究所和福建省相关院校专家组成。调研组在广泛收集文献资料、深入讨论研究、多方征求意见的基础上，确定了调查的工作方法、步骤和具体方案。2012 年 8 月，在福建省教育厅、福建省语委和调查目的地有关部门的大力支持下，调研组赴平潭、泉州和厦门实施了调查。之后，国家语委设立了 2012 年度委托项目"海西经济区语言文字使用情况调查"，课题组先后调查了浙江衢州、江西赣州、广东梅州等地。2015 年，国家语委再设重点项目"海西经济区之江西三城市（上饶、鹰潭、抚州）语言文字使用情况调查"，课题组对江西上饶、鹰潭、抚州三城市的语言文字使用情况进行了深入调研。本书内容综合了这两个课题的调查结果，展示了海西经济区江西四城市（上饶、鹰潭、抚州、赣州）语言文字的使用情况。

# 第一章

# 调查研究概述

上饶、鹰潭、抚州、赣州是江西四个重要地级市，其土地面积合占全省的 50%，人口也达全省的一半。对这四个城市的语言文字使用情况展开调查，不仅仅是海西经济区语言生活调查的组成部分，也是江西省语言生活调查的重要内容。

## 第一节　江西概述

### 一　江西人文概述

江西作为明确的行政区域建制，始于汉高祖初年设置的豫章郡。"江西"一名起源于公元 733 年唐玄宗在此设江南西道。江西境内章江和贡江汇聚而成的赣江由南至北，是全省最大的河流，因此省名简称赣。江西是中国内陆省份之一，位于长江中下游南岸，古称"吴头楚尾，粤户闽庭"，乃"形胜之地"，东邻浙江、福建，南连广东，西靠湖南，北毗湖北、安徽而共接长江，是长江三角洲、珠江三角洲和闽南三角地区的腹地。江西常态地貌类型以山地、丘陵为主，山地占全省面积的 36%，丘陵占 42%，平原占 12%，水域占 10%。主要山脉多分布于省境边陲，东北部有怀玉山，东部有武夷山，南部有大庚岭和九连山，西部有罗霄山脉，西北部有幕阜山和九岭山。江西全省面积 16.69 万平方公里，辖南昌、九江、景德镇、萍乡、新余、鹰潭、赣州、宜春、上饶、吉安、抚州 11 个设区市、100 个县（市、区），总人口 4592.26 万（2016 年年末数据）。全省共 55 个民族，其中汉族人口占99%以上。少数民族中人口较多的有畲族、苗族、回族、壮族、满族、藏族、哈萨克族、黎族、瑶族、蒙古族、侗族、土家族、布依族、彝族等，其中人口最多的为畲族。此外还有裕固族、锡伯族、乌孜别克族、维吾尔族、佤族、土族、塔塔尔族、塔吉克族、水族、撒拉族、羌族、普米族、怒族、纳西族、仫佬族、门巴族、毛南族、珞巴族、傈僳族、拉祜族、柯尔克孜族、景颇族、京族、基诺族、赫哲族、哈尼族、仡佬族、高山族、鄂温克族、俄罗斯族、鄂伦春族、独龙族、东乡族、德昂族、傣族、达斡尔族、朝鲜族、布朗族、白族、阿昌族等。少数民族中畲族聚居，主要分布在铅山太源畲族乡和贵溪樟坪畲族乡等地，以及永丰、泰和、吉安、兴国、武宁、德安、资溪、宜黄、乐安等市县的30多个畲族乡村；瑶族部分聚居，如全南瑶山、喇叭山等；其他各少数民族均为散居性质。

江西素有"红色摇篮、绿色家园"之称，境内旅游资源丰富，有世界遗产地5处，世界地质公园4处，国际重要湿地1处，国家级风景名胜区14处。主要旅游景区可以概括为："四大名山"——庐山，井冈山，三清山，龙虎山；"四大摇篮"——中国革命的摇篮井冈山，人民军队的摇篮南昌，共和国的摇篮瑞金，工人运动的摇篮安源；"四个千年"——千年瓷都景德镇，千年名楼滕王阁，千年书院白鹿洞，千年古刹东林寺；"六个一"——一湖（鄱阳湖），一村（婺源），一海（庐山西海），一峰（龟峰），一道（小平小道），一城（共青城）。现有旅游景区（点）2500余处，其中，国家A级旅游景区231处，5A级旅游景区7处。

江西历史文化积淀深厚，人才辈出，历代名人灿若星辰，他们或思想深邃，或政绩卓著，或技艺超群，或正气凛然，都名垂青史，流芳百世。"南州高士"徐孺子（79—168）、"田园诗派之鼻祖"陶渊明（约365—427）、《广韵》作者陈彭年（961—1017）、"千古文章四大家"之一的欧阳修（1007—1072）、"唐宋八大家"之一的曾巩（1019—1083）、"中国十一世纪最伟大的改革家"王安石（1021—1086）、"诗书画三绝"的黄庭坚（1045—1105）、理学大家朱熹

（1130—1200）、中国主观唯心主义"心学"创始人陆九渊（1139—
1192）、"人生自古谁无死，留取丹心照汗青"的文天祥（1236—
1283）、历史学家马端临（约 1254—1323）、《中原音韵》的作者周
德清（1277—1365）、被誉为"东方马可·波罗"的汪大渊（约
1310—?）、被誉为"况青天"的况钟（1384—1443）、被誉为"国
工""曲圣"乃至昆腔（南曲）"鼻祖"的魏良辅（1489—1566）、
著"中国古代科技百科全书"《天工开物》的宋应星（1587—1661）、
被誉为"东方莎士比亚"的汤显祖（1550—1616）、清初画坛"四
僧"之一的八大山人（约 1626—约 1705）、近代国学大师陈寅恪
（1890—1969）、"中国铁路之父"詹天佑（1861—1919）、中国共产
党早期领导人方志敏（1899—1935）、现代著名国画家绘画理论家傅
抱石（1904—1965）等，文学家、政治家、科学家群星灿烂，光耀史
册，他们在不同的文化层面上、不同的历史进程中，为华夏文明的发
展作出了卓越的贡献。"初唐四杰"之一的王勃在其《滕王阁序》里
就盛赞江西"物华天宝，人杰地灵"。

江西经济在改革开放以来稳步提升，交通运输等基础设施发展良
好，截至 2015 年，全省高速公路通车里程突破 5000 公里，县县通高
速；铁路运营里程突破 4000 公里，京九线、浙赣线、皖赣线、鹰厦
线等传统铁路动脉在境内交汇；高速铁路达到 867 公里，沪昆高铁东
西贯穿全境，京福高铁也经过境内。①

上饶、鹰潭、抚州、赣州分布在江西的东部和南部，与福建的南
平、三明、龙岩接壤，所以被划入海西经济区的范围。四城市的土地
面积和人口合占江西的半壁江山，在江西的政治经济文化等方面具有
举足轻重的地位。

**二　江西语情概述**

（一）江西方言分布概况

学界一般认为，江西省境内的汉语方言，主要有赣语、客家语、

---

① 本节数据来源于江西省人民政府网 http://www.jiangxi.gov.cn/。

江淮官话、西南官话、吴语和徽语，其中分布最广、使用人口最多的是赣语，其次是客家话。

赣语，是江西省最主要的方言，集中分布在江西省中部和北部，覆盖了全省面积和人口的三分之二，分布于全省61个市县中。具体情况包括：南昌市、南昌、新建、安义、永修、修水、德安、星子、都昌、湖口、高安市、奉新、靖安、武宁、宜春市、宜丰、上高、清江、新干、分宜、萍乡市、新余市、万载、丰城市、吉安市、吉安、吉水、峡江、安福、莲花、泰和、永新、宁冈、井冈山市、永丰、万安、遂川、抚州市、临川、崇仁、宜黄、乐安、南城、黎川、资溪、东乡、进贤、南丰、广昌、鹰潭市、贵溪、万年、余江、余干、乐平、鄱阳、横峰、弋阳、铅山、彭泽、景德镇市。

客家语，主要分布在江西省南部的17个县和中部的遂川县、井冈山市、万安县等以及西北部的铜鼓县、修水县西南部。

官话区涉及5个市县，江淮官话主要存在于九江市区、九江县、瑞昌市，西南官话主要存在于赣州市城区和信丰县。

吴语区主要有4个市县：上饶市、上饶、广丰、玉山。

徽语区主要有3个县：婺源、德兴、浮梁。

除赣语、客家话、官话、吴语、徽语以外，在赣东北的几个县还分布着近代从福建迁入的移民所带的"福建腔"。

另外，江西少数民族语言主要有瑶语，在全南县竹山乡嵊山村，约200个瑶族人说瑶语和当地的客家话。江西省的其他少数民族，主要是畲族，不说自己的少数民族语言，只说当地的汉语方言。

（二）江西语言文字使用概况①

江西并没有在全省范围内组织过语言文字普查工作，但教育部和国家语委2000年前后在全国范围内组织过一次大规模的"中国语言文字使用情况调查"，其调查范围自然包括江西。2000年的调查数据显示：江西能用普通话与人交流的比例是64.28%，其中城镇占

---

① 本部分数据来源于中国语言文字使用情况调查领导小组办公室编的《中国语言文字使用情况调查资料》（语文出版社2006年版）。

74.58%，乡村占 61.86%；能用方言与人交流的比例是 97.32%，其中城镇是 93.32%，乡村是 98.61%；能用民族语言与人交流的比例是 0.25%。而从全国情况来看，有 53.06% 的人能用普通话与人交谈，其中城镇的比例是 66.03%，有 86.38% 的人能用方言与人交谈。从数据可以看出，江西全省能用普通话交流的人数比例高出全国平均数十多个百分点，其中城镇也高出了全国 8 个百分点；江西能用方言与人交流的比例高出了全国 11 个百分点。总的看来，江西的普通话基本交流能力和方言交流能力在全国都处于比较好的状况。从普通话的流利准确度来看，江西会说普通话的人群，能流利准确使用的占 13.88%，能熟练使用但有些音不准的占 36.65%，能熟练使用但口音较重的占 15.10%，基本能交谈但不熟练的占 34.36%；而全国会说普通话的人群，能流利准确使用的占 20.42%，能熟练使用但有些音不准的占 35.56%，能熟练使用但口音较重的占 15.36%，基本能交谈但不熟练的占 28.67%。可见从熟练程度来看，江西的普通话水平要低于全国水平。从希望自己的普通话达到什么程度来看，江西希望能流利准确使用的占 27.85%，能熟练使用的占 21.71%，能进行一般交际的占 33.31%，没什么要求的占 17.13%；而全国希望能流利准确使用的占 26.81%，能熟练使用的占 18.09%，能进行一般交际的占 29.19%，没什么要求的占 25.91%，可见江西人对自己普通话流利准确的期望值要高于全国水平。关于外语能力，江西初中以上人群有 71.39% 的人学过外语，学习的外语语种主要是英语，占 96.38%，其他语种较少，法语 0.42%，俄语 3.86%，西班牙语 0.06%，日语 0.86%，其他 0.06%；全国初中以上人群有 67.44% 的人学过外语，学习过英语的占 93.80%，法语 0.29%，俄语 7.07%，西班牙语 0.05%，阿拉伯语 0.13%，日语 2.54%，德语 0.13%，其他 0.16%，可见江西初中以上人群学过外语的比例略高于全国水平，但语种能力要低于全国水平。

　　2000 年的调查数据显示，江西人小时候最先说普通话的比例占 9.09%，最先说方言的比例占 96.15%，最先说民族语言的占 0.22%。在家最常说普通话的占 11.38%，最常说方言的占 95.51%，最常说民族语言的占 0.20%。在当地集贸市场买东西最常说普通话的占 26.08%，最常说方言的占 95.45%，最常说少数民族语言的占 0.12%。在当地医院看病最常说普通话的占 29.45%，最常说方言的占 90.57%，最常说少数民族语言的占 0.10%。在当地政府部门办事最常说普通话的占 26.82%，最常说方言的占 78.24%，最常说少数民族语言的占 0.02%。在单位谈工作最常说普通话的占 53.39%，最常说方言的占 75.89%，最常说少数民族语言的占 0.02%。很明显，在日常交际中，方言还是占绝对优势，在多数场合说普通话的比例都在 30%以下。

关于普通话的学习，2000 年的调查数据显示，江西人学说普通话最主要途径的比例，学校学习占 79.80%，培训班学习占 1.18%，看电视听广播占 7.29%，家里人影响占 0.54%，社会交往占 11.19%；学说普通话各种途径的比例，学校学习占 84.81%，培训班学习占 5.50%，看电视听广播占 72.99%，家里人影响占 3.19%，社会交往占 63.33%。可见学校学习仍然是普通话学习的主要途径。关于学说普通话遇到的主要问题，56.04%的人认为是周围的人都不说普通话，说普通话的机会少，32.82%的人表示是受汉语方言影响，不好改口音，3.72%的人表示是受本民族语言影响，不好改口音，还有 7.42%的人说普通话怕别人笑话。关于学说普通话的原因，有 34.90%的人表示是因为工作、业务需要，45.38%的人是因为未来和更多人交往的需要，2.68%的人是为了找更好的工作，15.32%的人是因为学校要求，另有 1.72%的人是个人兴趣所致。

关于文字的认读和使用问题，2000 年的调查显示，江西有 18.91%的人表示阅读繁体字书报基本没有困难，38.14%的人有些困难但凭猜测能读懂大概意思，42.95%的人困难很多。整体看来，繁体字认读能力并不强。从书写习惯看，平时主要写简化字的占 96.25%，主要写繁体字的占 0.87%，二者都写的占 2.88%。会读或会写少数民族文字的占 0.37%，稍微会一点的占 0.23%，不会的占 99.41%。会认读和拼写汉语拼音的占 38.42%，稍微会一点的占 29.60%，不会的占 31.97%，由此看来，汉语拼音在江西的普及情况并不理想。

（三）对语言文字的主观态度

对语言文字的主观态度反映了民众对正在使用或未来可能使用的某些语言文字的接受程度或心理预期。2000 年的调查内容主要包括对中小学教学语言、影视语言、繁简汉字的主观态度，以及对普通话和方言的认同情况。

2000 年的调查数据显示，江西省希望当地小学以普通话、汉语方言、少数民族语言和外语作为教学语言的比例分布是 97.14%、14.34%、0.09%、1.87%，有 1.08% 的人对此持无所谓的态度；而希望当地中学以普通话、汉语方言、少数民族语言和外语作为教学语言的比例则分别是 98.00%、7.56%、0.05%、8.55%，另 0.96% 持无所谓态度。不容置疑，普通话作为中小学教学语言得到了绝大多数民众的支持，也有近 10% 的人支持用方言教学，其中支持小学用方言教学的比例明显高于中学，而支持中学用外语教学的比例明显高于小学。希望当地小学用一种语言（方言）教学的占 97.42%，用两种语言（方言）教学的占 2.58%；希望当地中学用一种语言（方言）教学的占 91.37%，用两种语言（方言）教学的占 8.65%，中学比小学对双语教学的呼声要强。希望当地小学用一种语言（方言）教学的人选择不同语言（方言）的比例，选择普通话的占 85.31%，选择汉语方言的占 1.83%，选择普通话与方言的占 12.85%，选择民族语言的占 0.01%，选择外语的占 0.00%；希望当地中学用一种语言（方言）教学的人选择不同语言（方言）的比例，选择普通话的占 91.70%，选择汉语方言的占 1.15%，选择普通话与方言的占 7.14%，选择民族语言的占 0.00%，选择外语的占 0.01%。从数据可以看出，尽管普通话作为主要教学语言没有什么争议，但还是有一部分民众希望在学校能同时使用普通话和方言进行教学，特别是支持小学使用普通话和方言的比例还比较高，接近 13%。希望当地小学用两种语言（方言）教学的人选择不同语言（方言）的比例，选择普通话与民族语言的占 4.03%，普通话与外语的占 95.79%，方言与民族语言的占 0.18%，方言与外语的占 0.00%，民族语言与外语的占 0.00%。希望当地中学用两种语言（方言）教学的人选择不同语言（方言）的比例，选择普通话与民族语言的占 0.50%，普通话与外语的占 99.26%，方言与民族语言的占 0.03%，方言与外语的占 0.22%，民族语言与外语的占 0.00%。很明显，对于双语教学来说，民众更希望选择普通话和外语。

对全国播映的广播影视剧使用汉语方言的态度，江西的调查数据显示，赞成的占 13.33%，不赞成的占 59.32%，无所谓的占 23.49%，很难说的占 3.86%；全国的数据是，赞成的占 20.49%，不赞成的占 53.25%，无所谓的占 21.33%，很难说的占 4.94%，江西对方言影视剧的支持率明显低于全国。对广告、招牌、标语使用繁体字的态度，江西的调查数据显示，赞成的占 10.46%，不赞成的占 58.57%，无所谓的占 28.59%，很难说的占 2.38%；全国的数据是，赞成的占 10.78%，不赞成的占 66.96%，无所谓的占 19.96%，很难说的占 2.31%，可见江西不赞成繁体字的比例要明显低于全国。

关于普通话和方言的认同问题，2000 年江西的调查数据显示，对小时候最先会说的语言（方言）不同方面的评价分值（5 分制），"好听"的 3.32 分，"亲切"的 3.87 分，"有社会影响的"的 2.99 分，"有用"的 3.25 分，综合得分 3.36 分；对普通话不同方面评价的分值，"好听"的 4.54 分，"亲切"的 4.24 分，"有社会影响"的 4.60 分，"有用"的 4.74 分，综合得分 4.54 分。因为小时候最先说方言的比例达到 96% 以上，所以基本可以得出结论，江西绝大多数人对普通话的认同度要高于方言，而且，对未来重要语言的判断也支持这一观点，有 98.25% 的人认为今后国内交往中比较重要的语言（方言）是普通话，只有 23.68% 的人认为汉语方言也比较重要。

（四）江西语言文字的基本政策

江西在落实国家语言文字政策方面一直积极主动，特别是近几年措施较多，成效显著。江西省人大于 2011 年立法通过了《江西省实施〈中华人民共和国国家通用语言文字法〉办法》，江西省语委还专门组织编写了《说好普通话 用好规范字——〈江西省实施《中华人民共和国国家通用语言文字法》办法〉解读》（2011）一书，免费发放给全省各级各类学校。江西省城市语言文字规范化建设工作有序开展，至 2012 年，江西省二类城市语言文字规范化建设任务全面完成，至 2015 年，南昌市、景德镇市和萍乡市已经全面完成三类城市语言文字规范化建设，其他设区市也正在按计划积极推进。江西省的普通话水平测试工作卓有成效，据省语委统计数据显示，2010 至 2014 年，全省共有 75.62 万人报名参加了普通话水平测试，其中在校学生 64.97 万人，教师 3.55 万人，公务员 1.80 万人，窗口服务人员 0.25 万人，社会其他人员 5.05 万人，这个数据显示了江西在推普方面取得的效果较好。

## 第二节　调查概述

语言文字使用情况调查一般分成微观调查和宏观调查，微观调查是对语言文字具体用法的调查，宏观调查是调查人们掌握和使用各种语言（包括方言）和文字的情况，以及对各种语言文字的态度。（苏金智 1999）社会语言学家把这种宏观调查叫做语言状况（language situation）的调查，即某时某地语言使用的总格局。20 世纪，不少国家都做过语言文字宏观的普查和抽查工作，美国、苏联、加拿大、印度、巴西、墨西哥、巴拉圭、奥地利、匈牙利、以色列、坦桑尼亚、肯尼亚等一些国家都在人口普查中进行过语言普查。（苏金智 1999）我国在社会语言文字的宏观使用情况调查方面起步较晚，但发展速度很快，成就显著。新中国成立以来，国家组织的大型语言普查有三次：第一次是根据国务院指示于 1956 年开始的汉语和少数民族语言普查。主要调查语言结构，旨在为方言区学习普通话服务，为创制民族文字服务，没有顾及语言运用，而且限于技术条件，调查较为粗糙。当时调查了 1849 个县市的汉语方言，调查了主要民族地区的语言。第二次大规模调查是在 20 世纪末（1998—2000 年），当时由国务院发文，教育部、国家语委等十余个部委联合组织并实施的中国语言文字使用情况调查，这次调查的范围涉及全国除港澳台之外的 31

个省市，调查涉及全国 1063 个县（市、区），被调查对象 47 万多人，主要调查语言文字的使用现状，调查的内容可以简单概括为"什么样的人在什么样的情况下使用什么样的语言文字"。本次调查较全面地了解了我国当时的语言文字使用基本情况，为国家改进完善语言政策、发展提升语言服务水平，以及之后的语言文字使用情况调查，都奠定了良好的理论和实践基础。第三次调查是 2010 年教育部和国家语委对河北、江苏、广西三省的普通话普及情况的调查，本次调查摸清了普通话在我国语言生活中的实际使用情况，其调查结论是今后国家相关语言政策实施的重要依据。除此之外，一些专家学者也做过一些局部地区或城市的语言文字使用基本情况的调查，如：詹伯慧（2001）的广东境内粤、闽、客地区语言文字使用情况和问题的调查，张谊生、齐沪扬（1996）的上海浦东新区普通话使用状况和语言观念的调查，郭熙（2005）的广州市语言文字使用情况调查，苏金智等教育部语用所专家于 2012 年对海西经济区语言文字使用情况的调查，等等。我们认真研习了这些调查的具体实施过程和分析方法，灵活运用于本项目的调查设计和分析研究。

## 一 调查对象、目的、意义

### （一）调查对象

我们主要调查江西上饶、鹰潭、抚州、赣州四城市民众语言文字使用情况以及公共场所固化的语言文字状况。调查对象之一是四地的城市居民，可能是长居于城市的市民，也可能是临时生活在城市的流动人员。从年龄层次来看，包括十几岁的初中高中在校学生、二十几岁的大学在校学生、三十多岁的青年人、四五十岁的中年人、六七十岁的老年人；从职业/身份状况来看，包括学生、教师、公务员、新闻出版行业工作者、其他专业技术人员、公司职员、各行业服务人员、社会零散体力劳动者，还有少量台商港商等。调查对象之二是四地城市公共空间和旅游景点的语言文字使用情况。城市公共空间主要调查了单位和商铺的牌匾、街名路标等的语言文字使用情况；旅游景点的语言文字主要包括各类指示牌和景点的说明性文字。

（二）调查目的

调查的主要目的是了解海西经济区江西四城市（上饶、鹰潭、抚州、赣州）语言文字的基本情况。包括普通话和通用规范汉字的使用情况，方言和繁体字的使用领域，外语的语种及使用领域，对国家语言文字政策的了解程度，对国家语言文字的基本认知和主观倾向等。具体来说主要包括如下几方面：第一，社会各行业人员语言文字使用情况。调查各类公职人员、各行业从业人员、普通民众、教师和学生、台商港商及台港资企业从业人员在特定语境下语言文字使用情况，以及对台服务部门同台胞交往时语言文字使用的习惯。第二，城市公共空间语言文字使用情况。主要调查门店牌匾、指示路标等的语言文字情况，包括繁体字的使用、外语的使用和翻译等，既调查其使用的现状，风格色彩，也调查其使用规范情况。第三，旅游景点语言文字使用情况。包括指示性语言文字、解说性语言文字、景点介绍性语言文字等。第四，商业领域语言文字使用情况，主要包括银行、商场、超市、酒楼、农贸市场等的语言文字使用情况。第五，对语言文字使用的基本看法。主要包括对本地中小学教学语言选择的看法，对普通话的态度，对普通话与方言关系的看法，对方言的态度及方言学习途径的看法，对简化字与繁体字关系的看法，对户外广告使用繁体字的看法等。第六，对国家语言文字政策的了解情况及建议。主要包括对国家语言文字政策的了解，对海西经济区外围区域繁体字使用领域的建议，对为台商港商提供语言文字服务的建议。

（三）调查意义

社会语言文字使用情况调查是语言国情调查的一项重要内容，也是语言研究的一项重要基础性工作，是国家语言文字政策制定的基础，也为相关学术研究提供第一手材料。调查特定地区的语言文字使用情况，引导社会语言生活健康发展，服务地方经济社会发展和人民群众的需要，这是语言文字工作的一项重要内容。本项调查结果可为《中华人民共和国国家通用语言文字法》实施办法的制订提供数据支持，也可为国家其他语言文字政策法规的制订和落实提供基础材料。

语言文字政策是公共政策的一个组成部分，对社会稳定与发展具有非常重要的意义。海西经济区在政治、经济、文化等方面都有特殊的地位，对两岸沟通、祖国统一具有重要的意义，其语言文字政策特别是繁体字使用方面是否有必要或者在多大范围内实施一些先行先试的举措是国家职能部门需要认真考虑的重要问题，本项调查能够为此提供最基础的数据材料。江西的上饶、鹰潭、抚州、赣州属于海西经济区的外围区域，是海西经济区核心区域与非海西经济区的中间过渡区，对江西这几个地区语言文字使用情况展开全面调查有比较强的现实意义，有利于全面了解台湾社会语言生活在大陆的影响范围，方便国家制订出符合特定区域需求的语言文字政策。

上饶、鹰潭、抚州、赣州语言文字使用情况调查也是江西省语言生活调查的重要组成部分，其调查结果能够有效服务于江西政治经济社会文化的发展，为江西语言文字工作提供最基础的第一手材料，也为江西进一步展开语言省情调查打下了理论和实践基础。

## 二　调查设计

### （一）调查访谈方法设计

为保证调查的效度和信度，我们采用了多种调查方法，座谈法、访谈法、问卷法、隐蔽观察法等综合使用。

第一，座谈法：组织政府相关部门人员进行座谈调查。

第二，访谈法：走访了多家台资或港资企业，进行专项访谈调查。

第三，问卷法：在社会各行业人员中发放问卷进行调查。

第四，观察法：在各种公共场合进行观察，了解民众语言文字使用的自然状况。

### （二）调查问卷设计

调查问卷的内容分成三部分，一是被调查人的基本情况，二是被调查人的语言态度和语言使用情况，三是被调查人的文字态度和文字使用情况。①

---

① 赣州问卷略有差异，第五章有详细说明。

被调查人的基本情况包括：（1）性别；（2）年龄；（3）受教育程度；（4）职业；（5）在当地生活的时间。

被调查人的语言态度和语言使用情况具体选题包括：（1）国家有没有专门规范语言文字使用的法律；（2）对国家机关工作人员在公务活动中必须说普通话的认知状况；（3）对教师在教育教学活动中必须说普通话的认知状况；（4）对广播电视的播音用语必须说普通话的认知状况；（5）是否知道上饶属于海西经济区；（6）是否喜欢普通话；（7）是否学过普通话；（8）学习普通话的主要途径；（9）学习普通话的原因；（10）对自己普通话的评价；（11）希望自己的普通话达到怎样的程度；（12）赞同本地小学的教学语言主要是什么话；（13）赞同本地中学的教学语言主要是什么话；（14）现在掌握哪几种语言；（15）在工作中主要说什么话；（16）在家主要说什么话；（17）和身边朋友聊天主要说什么话；（18）和陌生人交谈主要说什么话；（19）在农贸市场、路边小摊主要说什么话；（20）在大型商业场所办事、购物主要说什么话；（21）在餐馆吃饭主要说什么话；（22）听到大型商业场所的服务员主要说什么话；（23）听到餐馆的服务员主要说什么话；（24）听到农贸市场、路边小摊的卖家主要说什么话；（25）是否喜欢本地话；（26）学习本地话比较好的途径；（27）认为哪种话更亲切、友好；（28）认为哪种话更好听；（29）在本地哪种话更常用；（30）是否希望自己的孩子学会家乡方言；（31）是否希望自己学会父母亲的家乡方言。

被调查人的文字态度和文字使用情况具体选题包括：（1）对公共服务行业的服务用字使用通用规范简化字的评价；（2）对公共场所的设施用字使用通用规范简化字的评价；（3）对广告招牌用字使用通用规范简化字的评价；（4）是否认识繁体字；（5）是否赞同户外广告使用繁体字；（6）是否喜欢繁体字；（7）是否学过繁体字；（8）是否愿意学习繁体字；（9）认同学习繁体字比较好的途径；（10）中小学是否有必要开设繁体字教学课程。

（三）座谈与访谈内容设计

座谈的对象主要是公务员和事业单位人员，座谈的内容主要包括四方面：（1）本部门语言文字的使用情况，包括普通话、方言、繁体字、简化字的使用情况。（2）本部门在语言文字使用过程中遇到的问题及需求，主要是有关普通话和方言使用有无交际障碍的问题。（3）两岸交流中遇到的语言文字问题及解决办法，主要是有关繁体字和简化字使用的问题。（4）对语言文字使用的看法，主要是关于推广普通话和保护方言的问题以及怎么对待繁体字的问题，另外是有关普通话、方言、繁体字、简化字的使用状况对地方政治和谐、经济发展、人文环境、生活便利方面有什么明显影响。

访谈的对象主要是台商和港商，访谈的内容主要包括：（1）在大陆生活、工作中遇到的语言文字使用问题。（2）对目前大陆政府部门和公共服务行业语言文字服务的建议。（3）在大陆生活、工作中，还需要提供哪些语言文字方面的服务。（4）子女在大陆学习中遇到的语言文字问题及相关需求。

（四）调查过程设计

第一，问卷调查过程设计。问卷调查的对象包括公职人员、各行业从业人员、普通民众、大中学校的教师和学生、台港资企业从业人员。发放问卷的场所包括银行、餐馆、公园、小区、公交、卖场、学校等公共场所。问卷调查实施以两人为一组，一人负责发放问卷并引导回答问卷，另一人进行观察记录，既记录答问者本人的语言使用情况，也记录周围人员的语言使用情况。

第二，座谈设计。我们在四个城市都分别组织了一个小型的公职人员座谈会，参加人员包括市委市政府办公室、人大、政协、宣传部、教育局（包括中小学教师）、语委办、文化局、卫生局、工商局、广电局（包括电台、电视台）、新闻出版局、旅游局、交通局、台办、侨办等部门的从事语言文字工作的相关人员。

第三，访谈设计。上饶、鹰潭、抚州、赣州都有台资或港资企业，我们请各市台办、侨办工作人员帮助联络，走访了几家企业。

三　调查实施

为保证调查问卷的有效性及各调查方法的可操作性，课题组成员

2015 年 7 月初赴上饶进行预调查。根据预调查反馈的情况对问卷进行了适当的调整，然后才正式展开调查。每个城市都先后调查过两次，7 月主要展开进行社会各行业调查，9 月、10 月进行学校调查。具体情况如下：

（一）上饶调查

第一次调查于 2015 年 7 月中旬进行。基本调查情况如下：(1) 在街道社区进行问卷调查，共回收问卷近 400 份；(2) 用相机拍摄主要街区的商店招牌名、标语广告、路牌路标，共获得上千幅图片；(3) 用相机拍摄旅游景区的指示牌标，共获得上百幅图片；(4) 召开座谈会，7 月 15 日下午在上饶市政大楼召开座谈会，由教育局曾纯马副局长主持会议，参会成员包括市政府办、人大、政协以及其他相关近 20 个职能部门的办公室主任，座谈会讨论得非常热烈，每一位与会人员都发表了有价值的看法；(5) 走访台资企业，7 月 16 日上午在上饶高新区办公室主任的陪同下走访了台资企业"宏福服装"。

第二次调查于 2015 年 9 月中旬进行，主要在学校展开调查，具体包括上饶中学、上饶实验学校、上饶二中、上饶职业技术学院、上饶师范学院。完成调查问卷数量如下：上饶中学，高中学生 60 份，高中教师 10 份；实验学校，初中学生 55 份，初中教师 15 份；上饶二中，初中学生 50 份，高中学生 50 份，初中教师 10 份，高中教师 10 份；上饶职业技术学校学生 100 份；上饶师范学院学生 150 份。中学生的调查是在班上统一进行，由班主任和学校领导组织，调查人员现场发放问卷现场回收；中学老师的调查主要是在办公室进行随机调查，也是现发现收；大学生的调查基本是在宿舍、自习室等场所进行单个调查。另外，还对上饶市街区路标进行补充拍照调查。

（二）鹰潭调查

第一次调查是在 2015 年 7 月中旬。基本调查情况如下：(1) 在街道社区进行问卷调查，共回收问卷 500 多份；(2) 用相机拍摄主要街区的商店招牌、标语广告、路牌路标，共获得上千幅图片；(3) 用相机拍摄旅游景区的指示牌标，共获得上百幅图片；(4) 召开座谈会，7 月 17 日上午在鹰潭市政大楼召开座谈会，由教育局毛克副局长主持会议，参会成员包括市政府办、人大、政协以及其他相关近 20 个职能部门的办公室主任，座谈会讨论得非常热烈，与会人员参与度非常高；(5) 走访台资企业，7 月 17 日下午，教育局毛克副局长和语委办叶清潭老师会同高新区办公室刘主任陪我们一同走访了"连展科技"和"统联光学"两家台资企业。

第二次调查是在 2015 年 10 月下旬，主要调查了鹰潭市第八小学、鹰潭二中、贵溪实验中学、鹰潭职业技术学院的部分学生和老师。完成调查问卷数量如下：鹰潭市第八小学教师 20 份；贵溪实验中学，高中学生 120 份，高中教师 20 份；鹰潭二中，高中学生 100 份，高中教师 15 份；鹰潭职业技术学校学生 200 份。关于调查方式，中学生也是在班上统一调查，中学老师在办公室进行，大学生的调查是利用晚自习在教室进行。

(三) 抚州调查

第一次调查时间是 2015 年 7 月下旬。基本调查情况如下：(1) 在街道社区进行问卷调查，共回收问卷近 500 份；(2) 用相机拍摄主要街区的商店招牌名、标语广告、路牌路标，共获得上千幅图片；(3) 用相机拍摄旅游景区的指示牌标，共获得上百幅图片。

第二次调查时间在 2015 年 8 月底 9 月初。主要调查情况如下：(1) 召开座谈会，8 月 31 日下午在抚州市教育局会议室召开座谈会，由教育局纪委章星期书记主持会议，参会成员包括市政府办、人大、政协以及其他相关近 20 个职能部门的办公室主任，每一位与会人员都就自己在语言文字相关工作中遇到的问题发表了看法；(2) 走访台资企业，9 月 1 日上午抚州市语委办李晖老师陪同我们走访了台资企业"嘉盛服装"；(3) 学校调查，我们调查了临川二中、临川一中、临川实验学校的部分老师和同学，获问卷 400 多份。

(四) 赣州调查

第一次调查在 2014 年 12 月中旬。基本调查情况如下：(1) 在街道社区进行问卷调查；(2) 召开座谈会，12 月 15 日下午在赣州市政府大楼召开座谈会，由市语委办仲年萍主任主持，市人大等 10 余个政府职能部门以及多个学校教师代表参加了座谈会，与会代表都畅所欲言，表达了自己的意见。(3) 调查了赣南师范学院、赣州四中、章贡中学、文清实验学校、文清路小学等多所学校的老师和学生。此次调查共收回问卷近 300 份。

第二次调查在 2015 年 7 月下旬，用相机拍摄主要街区的商店招牌、标语广告、路牌路标，共获得上千幅图片，拍摄旅游景区的指示牌标上百幅图片。

本次调查上饶、鹰潭、抚州、赣州四城市共获取 3000 多份有效问卷，3000 多幅图片。

# 第二章

# 上饶市语言文字使用调查研究

上饶市位于江西省东北部，属内陆区域。东邻浙江省衢州市，北毗安徽省池州、黄山两市，南依武夷山脉毗连福建省南平市，西滨鄱阳湖，与本省景德镇、九江、南昌、鹰潭、抚州5市接壤，因扼闽、浙、赣、皖要冲，成为"豫章第一门户"，历来享有"富饶之洲""信美之郡"的美誉。上饶市也是一个新兴的交通枢纽城市，除了传统的浙赣铁路穿境而过之外，沪昆高铁和京福高铁在境内交汇，是拥有两条时速350公里高铁线交汇的地级城市。

上饶古属扬州，春秋战国时期为吴越楚之地，秦时主属九江郡，汉属豫章郡，三国吴至隋主属鄱阳郡，南朝陈改名为吴州，隋一度改名为饶州，唐时市境主属饶、信两州，元时分属饶州路、信州路、徽州路及铅山州，明清时主属饶州府、广信府，民国初属豫章道、浔阳道，后改隶属江西省第四、六行政区。中华人民共和国成立后设置赣东北行政区，后并为上饶专区，1971年改名上饶地区，2000年改设上饶市。

上饶市行政区划今辖信州区、广丰区、上饶县、玉山县、横峰县、弋阳县、铅山县、德兴市、婺源县、万年县、余干县、鄱阳县12县（市、区）。上饶总面积22791平方千米，山地丘陵约占75%，平原约占14%，水域约占11%。2014年年底，全市户籍人口773.09万，常住人口668.8万。上饶市2016年地区生产总值（GDP）达到1811亿元。

上饶历史悠久，文化底蕴深厚，古往今来，人杰名士灿若群星。如，史载"江西第一人杰"的吴芮，东晋开国名臣陶侃（其母被列为中国古代四大贤母之一），理学大师朱熹，音韵学家姜夔，第一个提出"师夷制夷"的汪鋐，被誉为"清代第一家"的蒋仕铨，经学大师江永，"中国铁路之父"詹天佑，革命先驱方志敏等。中华人民共和国成立后，上饶籍人当选中国科学院院士（学部委员）的有动物学家陈桢、著名医学家黄家驷、昆虫学家杨惟义、气体动力学家俞鸿儒，天体化学与地球化学家欧阳自远等 10 余人。

上饶风光旖旎、婉约秀丽，王安石称赞这里"山水有精神"。东部屹立着世界自然遗产、世界地质公园——三清山，被誉为"天下无双福地，江南第一仙峰"；西部镶嵌着中国面积最大、水质最好的淡水湖——鄱阳湖；南部有武夷山主峰、华东第一高峰——黄岗山；北部有中国最美丽的乡村——婺源；中部有世界自然遗产、世界地质公园——龟峰。另外还有，休闲名山——大茅山，道教名山——葛仙山，千年封禁——铜钹山，神仙洞府——神农宫。上饶境内拥有 2 处世界自然遗产、2 个世界地质公园、2 个国家 5A 级旅游景区、16 个国家 4A 级旅游景区。

上饶市内 28 个民族，汉族占总人口的 99.8%。聚居且人口最多的少数民族为畲族，主要聚居在铅山县太源畲族乡，其他各少数民族均散居全市各地。

上饶市的汉语方言以赣语为主，也包括吴语、徽语、闽语、客家话等。其主要的方言分布如下：吴语区处衢片龙衢小片包括上饶市信州区、上饶县、广丰县、玉山县，赣语区鹰弋片包括铅山县、横峰县、弋阳县、余干县、鄱阳县、万年县，徽语区祁德片主要分布在德兴市，徽语区休黟片主要分布在婺源县。上饶市还存在数量众多的闽语、客家话、赣语、吴语和徽语方言岛。上饶市区信州区的方言岛多集中在郊区，且在北郊信州区的花园塘一带。有一种叫作"铁路话"的岛方言，铁路话以浙江绍兴、杭州话一带方言为基础，受上饶话的影响而形成，主要通行于旧上饶火车站站区及铁路人员生活区"铁路新村"。郊区茅家岭街道的部分村落通行"福建话"，"福建话"属于闽方言闽南片。

# 第一节　民众语言文字使用与态度

我们通过在社会公共场所发放问卷、组织政府主要职能部门相关人员召开座谈会、对台资企业的专门走访等多种形式调查了上饶民众语言文字使用的基本情况及其对国家常用语言文字的主观态度。本节是具体的调查结果及分析。

## 一　问卷样本结构

本问卷涉及被调查者的基本信息包括性别、年龄、学历、职业/身份、是否上饶本地人五个参数。调查共收回有效问卷 902 份，有效问卷各样本具体分布情况见下表：

表 2-1-1　　　　　　　　　　问卷样本构成

| 基本参数 | | | 人数 | 百分比（%） |
|---|---|---|---|---|
| 性别 | 男 | | 436 | 48.30 |
| | 女 | | 466 | 51.70 |
| 年龄 | 10—17 岁 | | 280 | 31.00 |
| | 18—40 岁 | | 511 | 56.70 |
| | 41—60 岁 | | 106 | 11.80 |
| | 61 岁及以上 | | 5 | 0.50 |
| 学历 | 小学及以下 | | 12 | 1.30 |
| | 初中 | | 153 | 17.00 |
| | 高中 | | 184 | 20.40 |
| | 大学 | | 517 | 57.30 |
| | 研究生 | | 36 | 4.00 |
| 职业/身份 | 教师 | | 86 | 9.50 |
| | 学生 | | 411 | 45.60 |
| | 公务员 | | 76 | 8.40 |
| | 新闻出版行业工作者 | | 13 | 1.40 |
| | 其他专业技术人员 | | 77 | 8.50 |
| | 公司职员 | | 84 | 9.30 |
| | 服务业人员 | | 72 | 8.00 |
| | 体力劳动者 | | 24 | 2.70 |
| | 其他 | | 59 | 6.50 |
| 是否上饶本地人 | 本地人 | | 602 | 66.70 |
| | 外地人 | 在上饶不到 5 年 | 219 | 24.30 |
| | | 在上饶 5—10 年 | 34 | 3.80 |
| | | 在上饶超过 10 年 | 47 | 5.20 |

上边数据表显示本次调查对象的基本情况如下：第一，性别比例基本均衡，女性略多于男性；第二，从年龄层次看，调查对象主要是中青年，18—40 岁的人员约占 57%，另外 10—17 岁的青少年（主要是在读的初中生和高中生）占了约 31%，41—60 岁的中年人约占12%，61 岁以上的老年人比较少；第三，从受教育程度看，具有大学学历者最多，超过了 57%，其次是高中和初中学历者，分别约占20%、17%，小学以下的低学历者及研究生以上的高学历者都比较少；第四，从职业/身份来看，学生（包括大学生、高中生、初中生）占了约 46%，其他各行业人员分布相对均衡，教师占 9.5%，公务员占 8.4%，公司职员占 9.3%，服务人员占 8%，其他专业技术人员占8.5%，体力劳动者占 2.7%；第五，从籍贯属性看，调查对象以上饶本地人为主，约占 67%，外地人只占 33%，其中在上饶生活不到 5 年的外地人约占 24%。总之，本次调查的样本覆盖面比较广，各种参数的比例相对较为合理，所以本调查结果能够在一定程度上反映上饶民众语言文字使用的基本状况。

## 二　调查问卷数据分析

本次调查问卷一共 40 题，主要内容涉及五方面：第一，语言文字相关法律知识的社会知晓度；第二，语言文字使用的能力，包括普通话和方言的运用能力、繁体字的认读能力；第三，语言文字的使用状况，包括普通话和方言的使用状况、简化字和繁体字的使用状况；第四，对语言文字的态度，包括对普通话和方言的态度、对繁体字的态度；第五，关于语言文字的学习情况，包括普通话学习情况、方言学习情况以及繁体字学习情况。问卷分析就从这五方面展开。

### （一）语言文字相关法律知识的社会知晓度

关于语言文字法律知识的社会知晓度我们调查了两方面内容：一是民众是否知道国家语言文字法律的颁布情况，二是民众是否熟悉国家语言文字法律的相关内容。我们通过统计熟悉某项知识的人数在所有调查对象中的占比情况来判断该知识的社会知晓度。

1. 对国家颁布了专门的语言文字法律的知晓度

我国在 2000 年 10 月 31 日发布了《中华人民共和国国家通用语言文字法》（以下统一简称为《国家通用语言文字法》），自 2001 年 1 月 1 日起施行，这是我国历史上第一部语言文字方面的法律。《国家通用语言文字法》对某些领域中语言文字的使用要求有明确的规定，在当代语言生活中发挥着非常重要的作用。我们试图调查社会上有多少人知道国家发布了该法律。为避免题目本身的诱导，我们设计了一个不带提示性和倾向性的题目："国家有没有专门规范语言文字使用方面的法律。"

调查数据显示，在上饶，《国家通用语言文字法》的整体知晓度并不高，只有 42% 的民众知道国家有专门的语言文字法律，41.6% 的人不知道是否有，16.4% 的人认为没有。表 2-1-2 显示各类调查对象的具体情况：

表 2-1-2　《中华人民共和国国家通用语言文字法》的社会知晓度　　　（%）

| 基本参数 | | 有 | 没有 | 不知道 |
|---|---|---|---|---|
| 性别 | 男 | 45.60 | 17.00 | 37.40 |
| | 女 | 38.60 | 15.90 | 45.50 |
| 年龄 | 10—17 岁 | 60.00 | 3.20 | 36.80 |
| | 18—40 岁 | 55.00 | 4.70 | 40.30 |
| | 41—60 岁 | 47.20 | 7.50 | 45.30 |
| | 61 岁及以上 | 80.00 | 0.00 | 20.00 |
| 学历 | 小学及以下 | 8.30 | 16.70 | 75.00 |
| | 初中 | 45.10 | 15.00 | 39.90 |
| | 高中 | 30.40 | 19.10 | 50.50 |
| | 大学 | 44.50 | 15.70 | 39.80 |
| | 研究生 | 63.90 | 19.40 | 16.70 |
| 职业/身份 | 教师 | 54.70 | 12.80 | 32.60 |
| | 学生 | 41.60 | 14.80 | 43.60 |
| | 公务员 | 64.50 | 10.50 | 25.00 |
| | 新闻出版者 | 76.90 | 0.00 | 23.10 |
| | 技术人员 | 39.00 | 20.70 | 40.30 |

（续表）

| 基本参数 | | 有 | 没有 | 不知道 |
|---|---|---|---|---|
| 职业/身份 | 公司职员 | 33.30 | 27.40 | 39.30 |
| | 服务人员 | 27.80 | 23.60 | 48.60 |
| | 体力劳动者 | 25.00 | 29.20 | 45.80 |
| | 其他 | 30.50 | 8.50 | 61.00 |
| 是否本地人 | 本地人 | 41.20 | 15.80 | 43.00 |
| | 外地人 | 43.67 | 17.67 | 38.67 |

表2-1-2的数据显示，对《国家通用语言文字法》的知晓度，男性高出女性约7个百分点；年龄方面，61岁以上的老年人知晓度相对较高，达到80%，年轻人知晓度相对较低；从学历来看，知晓度与学历层次基本上成正比例关系，大致趋势是学历越高对国家语言文字法律的知晓度就越高；从职业身份来看，新闻出版者、公务员和教师对《国家通用语言文字法》的知晓度相对比较高，都超过55%，其他职业则相对较低；被调查者的籍贯信息对知晓度影响不大。总之，影响《国家通用语言文字法》社会知晓度最明显的参数主要是职业、学历和年龄。

2. 对普通话使用职业要求的法律知晓度

语言文字法律知晓度的第二方面内容是对《国家通用语言文字法》主要内容的了解情况，首先是普通话使用的法律规定。普通话是我们日常交际的主要工具，方言也在一定范围内发挥作用，但某些特定人群在特定工作环境中必须说普通话，对此法律有明确的规定。《国家通用语言文字法》第九条规定"国家机关以普通话和规范汉字为公务用语用字"。第十条规定"学校及其他教育机构以普通话和规范汉字为基本的教育教学用语用字"。第十二条规定"广播电台、电视台以普通话为基本的播音用语"。据此，我们设计了三个题目，调查民众对这些相关法律内容的知晓度。图2-1-1是具体的数据情况：

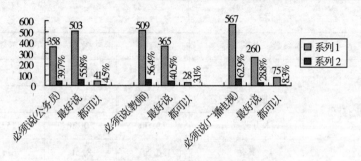

**图 2-1-1　普通话使用的法律知晓度**

《国家通用语言文字法》规定公务员的公务接待用语、教师的教育教学用语、广播电视的播音用语必须是普通话，但调查显示，上饶民众分别只有 39.7%、56.4%、62.9% 的被调查者知道这是法律的规定，很明显，总体上社会知晓度并不高。有很大一部分人认为使用普通话只是为了交际方便，与法律无关。有意思的是从公务员到教师到广播电视播音员，人们似乎对其使用普通话的法律认知度越来越高，这也许反映了民众对这三个群体使用普通话的期望值越来越高。

对这三个群体使用普通话的法律知晓度，不同人群有一定的差异，具体情况如下：

第一，民众对公务员使用普通话职业要求的知晓度。

表 2-1-3 的数据显示，关于国家机关工作人员在公务活动中是否必须说普通话，不同人群的了解情况有一定差别。男性的知晓度比女性稍高，在所有男性调查对象中，有 41.3% 的人知道这是法律的规定，比女性高约 3 个百分点。年龄对知晓度也有影响，年轻人的知晓度明显高于老年人，就年轻人来说，从少年到青年到中年，其知晓度越来越高，总的来看，中年人对《国家通用语言文字法》的内容最为熟悉。从学历来看，高学历者（大学、研究生）比低学历者（中小学）知晓度相对要高，其中小学及以下学历者有 25% 认为说普通话和方言都可以，超出了其他学历层次近 20 个百分点。从职业/身份来看，新闻出版者和公务员对这个问题的知晓度相对较高，达到 60% 左右，其次是教师，达到 47.7%，其他职业人群的知晓度都在 40% 以下。本地人的知晓度略高于外地人。

**表 2-1-3　　　公务员在公务活动中必须使用普通话的法律认知**　　　（%）

| 基本参数 | | 必须说 | 最好说 | 都可以 |
|---|---|---|---|---|
| 性别 | 男 | 41.30 | 53.70 | 5.00 |
| | 女 | 38.20 | 57.70 | 4.10 |
| 年龄 | 10—17 岁 | 36.80 | 60.00 | 3.20 |
| | 18—40 岁 | 40.30 | 55.00 | 4.70 |
| | 41—60 岁 | 45.30 | 47.20 | 7.50 |
| | 61 岁及以上 | 20.00 | 80.00 | 0.00 |
| 学历 | 小学及以下 | 33.30 | 41.70 | 25.00 |
| | 初中 | 39.90 | 57.50 | 2.60 |
| | 高中 | 32.60 | 63.00 | 4.30 |
| | 大学 | 42.00 | 53.40 | 4.60 |
| | 研究生 | 44.40 | 50.00 | 5.60 |
| 职业/身份 | 教师 | 47.70 | 48.80 | 3.50 |
| | 学生 | 39.20 | 58.60 | 2.20 |
| | 公务员 | 59.20 | 31.60 | 9.20 |
| | 新闻出版者 | 61.50 | 38.50 | 0.00 |
| | 技术人员 | 36.40 | 61.00 | 2.60 |
| | 公司职员 | 29.80 | 60.70 | 9.50 |
| | 服务人员 | 26.40 | 69.40 | 4.20 |
| | 体力劳动者 | 33.30 | 58.30 | 8.30 |
| | 其他 | 39.00 | 49.20 | 11.90 |
| 是否本地人 | 本地人 | 40.00 | 55.30 | 4.80 |
| | 外地人 | 36.33 | 56.67 | 4.00 |

第二，民众对教师使用普通话职业要求的知晓度。

表 2-1-4 的数据显示，关于教师在教育活动中是否必须说普通话，不同群体的知晓度也有一定差异。从性别看，女性的法律知晓度比男性略高 3 个百分点。从年龄看，知晓度最高的群体是 18—60 岁的中青年，知晓度最低的是老年人，而且老年人有 20% 的人认为说普通话和方言都可以，高出其他年龄群体 15 个百分点以上。学历方面，高学历者（大学、研究生）比低学历者（中小学）对教师在教育教学活动中必须说普通话的知晓度明显要高，其中小学学历者有 25% 的

人认为说普通话和方言都可以，高出其他年龄群体 20 多个百分点。从职业来看，新闻出版者、公务员和教师的知晓度比较高，都在 73% 以上，出人意料的是学生的知晓度最低，只有 45.7% 的学生知道教师在教学活动中必须说普通话。本地人的知晓度略高于外地人。

表 2-1-4　　　教师在教育教学活动中必须使用普通话的法律认知　　　（%）

| 基本参数 | | 必须说 | 最好说 | 都可以 |
|---|---|---|---|---|
| 性别 | 男 | 55.00 | 40.40 | 4.60 |
| | 女 | 57.70 | 40.60 | 1.70 |
| 年龄 | 10—17 岁 | 45.40 | 52.90 | 1.80 |
| | 18—40 岁 | 60.00 | 36.80 | 3.30 |
| | 41—60 岁 | 69.80 | 25.50 | 4.70 |
| | 61 岁及以上 | 40.00 | 40.00 | 20.00 |
| 学历 | 小学及以下 | 33.30 | 41.70 | 25.00 |
| | 初中 | 47.10 | 52.30 | 0.70 |
| | 高中 | 43.50 | 53.30 | 3.30 |
| | 大学 | 63.40 | 33.30 | 3.30 |
| | 研究生 | 69.40 | 27.80 | 2.80 |
| 职业/身份 | 教师 | 73.30 | 24.40 | 2.30 |
| | 学生 | 45.70 | 52.10 | 2.20 |
| | 公务员 | 76.30 | 21.10 | 2.60 |
| | 新闻出版者 | 76.90 | 23.10 | 0.00 |
| | 技术人员 | 64.90 | 32.50 | 2.60 |
| | 公司职员 | 53.60 | 41.70 | 4.80 |
| | 服务人员 | 54.20 | 41.70 | 4.20 |
| | 体力劳动者 | 58.30 | 33.30 | 8.30 |
| | 其他 | 71.20 | 22.00 | 6.80 |
| 是否本地人 | 本地人 | 57.30 | 39.40 | 3.30 |
| | 外地人 | 54.67 | 42.67 | 2.67 |

第三，广播电视使用普通话的法律知晓度。

表 2-1-5 的数据显示，民众对广播电视的播音用语必须是普通话的法律认知度整体上比较高，达到 63%。从性别上来说，女性的知晓

度略高，比男性高 8 个百分点。从年龄看，41—60 岁的中年人知晓度最高，占 71.7%，10—17 岁的青少年知晓度最低，只有 52.1%。学历与这个问题的知晓度具有正相关性，学历越高，其知晓度也越高，而且高学历者（大学、研究生）明显高于低学历者（中小学），超出 20 多个百分点，另外，小学学历者有 25% 的人认为说普通话和方言都可以，比其他学历群体高出十几个百分点。从职业/身份来看，教师和新闻出版者知晓度最高，都超过 76%，知晓度相对较低的是公司职员和服务人员，都低于 55%。外地人比本地人的法律认知度高出约 10 个百分点。

**表 2-1-5　广播电视的播音用语必须使用普通话的法律认知**　　　　　　（%）

| 基本参数 | | 必须说 | 最好说 | 都可以 |
|---|---|---|---|---|
| 性别 | 男 | 58.90 | 28.90 | 12.20 |
| | 女 | 66.50 | 28.80 | 4.70 |
| 年龄 | 10—17 岁 | 52.10 | 38.90 | 8.90 |
| | 18—40 岁 | 66.90 | 25.40 | 7.60 |
| | 41—60 岁 | 71.70 | 17.90 | 10.40 |
| | 61 岁及以上 | 60.00 | 40.00 | 0.00 |
| 学历 | 小学及以下 | 41.70 | 33.30 | 25.00 |
| | 初中 | 47.10 | 45.10 | 7.80 |
| | 高中 | 50.00 | 41.30 | 8.70 |
| | 大学 | 71.90 | 20.30 | 7.70 |
| | 研究生 | 72.20 | 16.70 | 11.10 |
| 职业/身份 | 教师 | 81.40 | 9.30 | 9.30 |
| | 学生 | 57.70 | 34.50 | 7.80 |
| | 公务员 | 69.70 | 15.80 | 14.50 |
| | 新闻出版者 | 76.90 | 15.40 | 7.70 |
| | 技术人员 | 70.10 | 23.40 | 6.50 |
| | 公司职员 | 51.20 | 38.10 | 1.80 |
| | 服务人员 | 54.70 | 40.30 | 5.60 |
| | 体力劳动者 | 58.30 | 29.70 | 12.50 |
| | 其他 | 79.70 | 16.90 | 3.40 |

（续表）

| 基本参数 | | 必须说 | 最好说 | 都可以 |
|---|---|---|---|---|
| 是否本地人 | 本地人 | 59.50 | 31.20 | 9.30 |
| | 外地人 | 69.67 | 24.00 | 6.33 |

总之，调查显示，民众对某些职业必须使用普通话这一法律知识的知晓度总体上并不高。从各项参数的情况看，年龄、学历、职业这些因素对普通话使用职业要求知晓度的影响相对比较明显，籍贯也有一定的影响，而性别因素的影响比较小。

3. 规范简化汉字使用场所要求的社会知晓度

规范简化汉字是我们日常书写中最常用的文字形式，繁体字是传统的文字形式，但也经常出现在当代语言生活中。文字形式的选择有时可以由个人兴趣决定，但很多时候，在一些公共空间，必须使用简化字，不仅仅是简化字更方便人们认读，而且这也是一项国家公共政策，对此法律有明确的规定。《国家通用语言文字法》第十三条规定"公共服务行业以规范汉字为基本的服务用字"，第十四条第（二）款和第（三）款规定，公共场所的设施用字和招牌、广告用字都应当以国家通用语言文字为基本的用字。针对这些条款内容，我们设计了三个题目："公共服务场所的服务用字（如酒店菜谱）应该使用通用规范简化字吗？""公共场所的设施用字应该使用通用规范简化字吗？""广告招牌用字应该使用通用规范简化字吗？"通过这三个题目调查民众对这些相关法律内容的知晓度。图 2-1-2 显示具体的数据情况：

《国家通用语言文字法》明确规定，公共服务行业的服务用字、公共场所的设施用字、广告招牌用字都必须是通用规范简化字，但调查显示，上饶民众对这些法律内容的知晓度整体上比较低，分别只有 33.1%、36%、30.2%。绝大多数人认为之所以使用简化字主要是为方便民众认读，与法律无关，其比例分别达到了 60.3%、58%、57.5%。

对于通用规范汉字使用场所要求的知晓度，不同人群有一定的差异，具体情况如下：

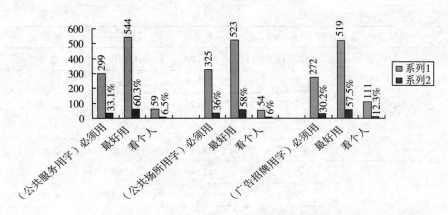

图 2-1-2　规范简化汉字使用环境的法律认知

第一，民众对公共服务行业服务用字的法律认知。

对公共服务行业的服务用字（如酒店菜谱用字）是否应该使用通用规范简化字，整体认知度比较低，且不同人群的知晓情况有一定的差别。男性的知晓度比女性要高 7 个百分点。年龄与其法律认知具有正相关性，年龄越大其知晓度越高，青少年的知晓度最低，只有30.4%，老年人的知晓度达到60%。文化程度与其法律认知也具有正相关性，学历越高其知晓度也越高，而低学历者认知比较模糊，小学及以下学历者有33.3%的人认为用简体字和繁体字都可以，高出其他学历群体25个百分点以上。从职业来看，新闻出版者和公务员的知晓度最高，都在50%以上，而令人意想不到的是学生的知晓度最低，只有27%。籍贯属性对其法律认知影响不明显。

表 2-1-6　对公共服务行业的服务用字必须使用通用规范简化字的法律认知　（%）

| 基本参数 | | 必须用 | 最好用 | 都可以 |
|---|---|---|---|---|
| 性别 | 男 | 36.90 | 57.10 | 6.00 |
| | 女 | 29.60 | 63.30 | 7.00 |
| 年龄 | 10—17 岁 | 30.40 | 64.60 | 5.00 |
| | 18—40 岁 | 31.20 | 61.30 | 7.00 |
| | 41—60 岁 | 46.20 | 45.30 | 8.30 |
| | 61 岁及以上 | 60.00 | 40.00 | 0.00 |

（续表）

| 基本参数 | | 必须用 | 最好用 | 都可以 |
|---|---|---|---|---|
| 学历 | 小学及以下 | 25.00 | 41.70 | 33.30 |
| | 初中 | 25.50 | 69.90 | 4.60 |
| | 高中 | 33.20 | 61.40 | 5.40 |
| | 大学 | 34.80 | 58.20 | 7.00 |
| | 研究生 | 44.40 | 50.00 | 5.60 |
| 职业/身份 | 教师 | 41.90 | 55.80 | 2.40 |
| | 学生 | 27.00 | 68.10 | 4.90 |
| | 公务员 | 52.60 | 40.80 | 6.60 |
| | 新闻出版者 | 61.50 | 38.50 | 0.00 |
| | 技术人员 | 28.60 | 62.30 | 9.10 |
| | 公司职员 | 32.10 | 58.30 | 9.50 |
| | 服务人员 | 45.80 | 50.00 | 4.20 |
| | 体力劳动者 | 29.20 | 54.20 | 16.70 |
| | 其他 | 25.40 | 57.60 | 16.90 |
| 是否本地人 | 本地人 | 33.70 | 60.30 | 6.00 |
| | 外地人 | 32.00 | 60.33 | 7.67 |

第二，民众对公共场所设施用字的法律认知。

表2-1-7的数据显示，对公共场所设施用字是否应该使用通用规范简化字的法律认知，不同人群的知晓度有一定的差别。男性的知晓度比女性要高出约5个百分点。从年龄来看，中年人的知晓度最高，达到47%，老年人的知晓度最低，只有20%，而且老年人中有20%的人认为用简体字和繁体字都可以，超出其他群体十多个百分点。从学历层次来看，基本趋势是学历越高知晓度也越高，研究生的知晓度达到50%，而小学及以下学历者只达到25%，小学学历者中有16.7%认为用繁体字和简化字都可以，高出其他群体10余个百分点。从职业来看，新闻出版者和公务员的知晓度最高，分别达到61.5%和53.9%，体力劳动者的知晓度最低，只有25%。本地人比外地人高出大约5个百分点。

**表 2-1-7　对公共场所设施用字必须使用通用规范简化字的法律认知**　　　（%）

| 基本参数 | | 必须用 | 最好用 | 都可以 |
|---|---|---|---|---|
| 性别 | 男 | 38.80 | 54.10 | 7.10 |
| | 女 | 33.50 | 61.60 | 4.90 |
| 年龄 | 10—17 岁 | 35.40 | 58.60 | 6.10 |
| | 18—40 岁 | 34.20 | 59.50 | 6.30 |
| | 41—60 岁 | 47.20 | 49.10 | 3.80 |
| | 61 岁及以上 | 20.00 | 60.00 | 20.00 |
| 学历/身份 | 小学及以下 | 25.00 | 58.30 | 16.70 |
| | 初中 | 30.10 | 63.40 | 6.50 |
| | 高中 | 35.30 | 60.30 | 4.30 |
| | 大学 | 37.30 | 56.50 | 6.20 |
| | 研究生 | 50.00 | 44.40 | 5.60 |
| 职业 | 教师 | 46.50 | 47.70 | 5.80 |
| | 学生 | 32.40 | 61.60 | 6.10 |
| | 公务员 | 53.90 | 43.40 | 2.60 |
| | 新闻出版者 | 61.50 | 38.50 | 0.00 |
| | 技术人员 | 32.50 | 59.70 | 7.80 |
| | 公司职员 | 31.00 | 61.90 | 7.10 |
| | 服务人员 | 41.70 | 55.60 | 2.80 |
| | 体力劳动者 | 25.00 | 70.80 | 4.20 |
| | 其他 | 27.10 | 61.00 | 11.90 |
| 是否本地人 | 本地人 | 37.70 | 56.30 | 6.00 |
| | 外地人 | 32.67 | 61.33 | 0.06 |

第三，民众对广告招牌用字的法律认知。

表 2-1-8 的调查数据显示，对于广告招牌必须使用通用规范简化字的法律认知，不同人群有一定的差别。男性的知晓度比女性高了大约 5 个百分点。中年人的知晓度相对于其他年龄群体要稍微高一点，达到近 40%，60 岁以上的老人只有 20%。从学历层次上看，高学历者（大学、研究生）比低学历者（中小学）的知晓度要高。在职业上，新闻出版者的知晓度最高，达到 69.2%，知晓度比较低的是技术人员、学生、公司职员和体力劳动者，都在 30% 以下。是否本地人对

知晓度没有明显影响。

表 2-1-8　对广告招牌用字必须使用通用规范简化字的法律认知　　　（%）

| 基本参数 | | 必须用 | 最好用 | 都可以 |
|---|---|---|---|---|
| 性别 | 男 | 32.80 | 55.70 | 11.50 |
| | 女 | 27.70 | 59.20 | 13.10 |
| 年龄 | 10—17 岁 | 25.70 | 60.00 | 14.30 |
| | 18—40 岁 | 30.70 | 57.30 | 12.00 |
| | 41—60 岁 | 39.60 | 50.90 | 9.40 |
| | 61 岁及以上 | 20.00 | 80.00 | 0.00 |
| 学历 | 小学及以下 | 25.00 | 58.30 | 16.70 |
| | 初中 | 22.90 | 61.40 | 15.70 |
| | 高中 | 25.00 | 63.00 | 12.00 |
| | 大学 | 33.80 | 54.20 | 12.00 |
| | 研究生 | 36.10 | 61.10 | 2.80 |
| 职业/身份 | 教师 | 45.30 | 47.70 | 7.00 |
| | 学生 | 25.80 | 61.60 | 12.70 |
| | 公务员 | 42.10 | 50.00 | 7.90 |
| | 新闻出版者 | 69.20 | 15.40 | 15.40 |
| | 技术人员 | 24.70 | 55.80 | 19.30 |
| | 公司职员 | 26.20 | 65.50 | 8.30 |
| | 服务人员 | 37.50 | 52.80 | 9.70 |
| | 体力劳动者 | 29.20 | 50.00 | 20.80 |
| | 其他 | 18.60 | 62.70 | 18.60 |
| 是否本地人 | 本地人 | 30.20 | 57.80 | 12.00 |
| | 外地人 | 30.00 | 57.00 | 13.00 |

　　总体看来，上饶民众对国家语言文字相关法律知识的知晓度并不太高，只有大约 42% 的被调查者知道国家有关于语言文字方面的法律，只有大约 53% 的被调查者知道公务员、教师、广播电视使用普通话是法律的规定，只有大约 33% 的被调查者知道公共场所、公共设施、广告招牌使用通用规范简化字是法律的规定。不同人群对这些语言文字法律知识的认知情况有差别，整体来看，高学历者的知晓度

高，中年人的知晓度高，新闻出版者、教师和公务员的知晓度高，而性别和籍贯对其知晓度的影响并不明显。

（二）语言文字使用的能力

本次调查的语言文字使用能力主要包括普通话的熟练程度、方言的运用能力、繁体字的识解能力。

1. 普通话和方言的使用能力

普通话和方言共存于当代语言生活中，普通话主要使用于公共性或比较正式的交际场合，方言主要存在于家庭或随意性交际场合。为调查普通话和方言的使用能力，我们设计了一个多选题目"能用哪些话与人交流"，调查结果（图2-1-3）显示，有近97%的被调查者表示能用普通话交流，而能用上饶本地话交流的人只有40%，能用老家话交流的人只有35%，以此看来，民众的普通话能力比较强，但方言能力相对弱一点。

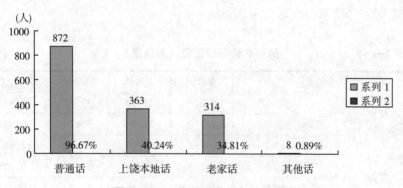

图 2-1-3　能用哪些话与人交流

表2-1-9的数据显示，对于能否使用普通话或方言交际，不同人群有一定的差别。女性有98%的人能用普通话交际，比男性高3个百分点；男性有79%的人能用方言（上饶本地话或老家话）交流，比女性高8个百分点。从年龄来看，能用普通话交流比例最低的是41—60岁的中年人，只有91.5%；能用方言交流比例最高的是老年人，达到100%；10—17岁的少年方言能力最弱，只有68%；40岁以上的中年和老年人能用本地话交流的比例明显高于40岁以下的中青年和青少年，可能是因为40岁以下的人很大一部分是城市新移民，对上饶本地话不熟悉。从学历层次看，能

用普通话交流的，小学学历者比例相对稍低，只有75%，其他学历层次都在96%以上；而能用上饶本地话交流比例最高的群体是小学及以下学历者，占75%，其他群体基本都在50%以下；能用老家话交流比例较高的群体是研究生和大学学历者，都在42%以上，其他群体都在25%以下。从职业来看，各职业群体能用普通话交流的比例都很高，只有体力劳动者稍低一点；但是否能用上饶本地话交流，各群体之间却有一定差别，比例较高的群体是体力劳动者、服务人员和公司职员，分别达到了75%、55.6%和53.6%，比例最低的是学生和新闻出版者，只有27.7%和30.8%；能用老家话交流比例较高的是新闻出版者、教师、学生和公务员，比例都在38%以上。被调查者的籍贯属性对其普通话能力没有明显影响，但对方言能力有明显影响，外地人能用普通话交流的比例高达98%，本地人也达96.3%，但本地人能用上饶话交流的比例达55.1%，高出外地人45个百分点，外地人能用老家话交流的比例达到56.7%，高出本地人近33个百分点。

表 2-1-9　　　　　　　　能熟练使用的话语（多选题）　　　　　　　　　（%）

| 基本参数 | | 普通话 | 本地话 | 老家话 | 其他话 |
|---|---|---|---|---|---|
| 性别 | 男 | 95.20 | 41.70 | 37.40 | 0.90 |
| | 女 | 98.10 | 38.90 | 32.40 | 0.90 |
| 年龄 | 10—17 岁 | 98.60 | 37.90 | 30.40 | 1.80 |
| | 18—40 岁 | 96.90 | 36.80 | 37.80 | 0.60 |
| | 41—60 岁 | 91.50 | 61.30 | 33.00 | 0.90 |
| | 61 岁及以上 | 100.00 | 80.00 | 20.00 | 0.00 |
| 学历 | 小学及以下 | 75.00 | 75.00 | 25.00 | 0.00 |
| | 初中 | 96.10 | 42.50 | 24.20 | 1.30 |
| | 高中 | 96.20 | 53.80 | 21.70 | 2.20 |
| | 大学 | 97.70 | 33.50 | 42.20 | 0.60 |
| | 研究生 | 100.00 | 47.20 | 44.40 | 2.80 |
| 职业/身份 | 教师 | 100.00 | 40.70 | 43.00 | 1.10 |
| | 学生 | 98.10 | 27.70 | 39.90 | 1.20 |
| | 公务员 | 98.70 | 46.10 | 38.20 | 1.30 |
| | 新闻出版者 | 100.00 | 30.80 | 46.20 | 7.70 |

（续表）

| 基本参数 | | 普通话 | 本地话 | 老家话 | 其他话 |
|---|---|---|---|---|---|
| 职业/身份 | 技术人员 | 94.80 | 49.40 | 23.40 | 2.60 |
| | 公司职员 | 96.40 | 53.60 | 31.00 | 1.20 |
| | 服务业人员 | 95.80 | 55.60 | 27.80 | 1.40 |
| | 体力劳动者 | 87.50 | 75.00 | 12.50 | 4.20 |
| | 其他 | 96.60 | 57.60 | 18.60 | 3.40 |
| 是否本地人 | 本地人 | 96.30 | 55.10 | 23.90 | 1.00 |
| | 外地人 | 98.00 | 10.33 | 56.67 | 1.33 |

### 2. 普通话的熟练程度

经过国家几十年的推普工作，普通话已经被全国各族人民所接受和使用，特别是在城市已经成为居民最常用的交际工具，城市民众的普通话水平整体上已经比较高了。本次上饶普通话水平自我评价调查显示（图 2-1-4），有 46% 的被调查者认为能流利准确使用普通话，有 45% 的被调查者认为尽管有些音不准或有方言口音，但也能基本熟练使用普通话，二者合占 91%，可见绝大多数民众对自己的普通话交际能力有较高的自信。

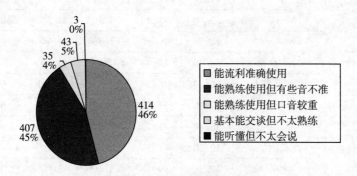

图 2-1-4　普通话熟练程度

调查题中的"流利准确"表示普通话水平非常高，"熟练但不准"表示能熟练运用普通话交流，而且没有明显的地方口音，听话人也很容易听懂，选择这两项的人都是普通话水平较好的。表 2-1-10 的数据显示，不同人群对普通话水平的自我评价有一定的差别。女性普通话水平较高者达到 92.7%，比男性高出大约 4 个百分点。从年龄来看，整体趋势是越年轻普通话水平越好，普通话水平较高者中，10—17 岁的青少年达到 93.9%，18—40 岁的中青年达到了 92.2%，而41—60 岁的中年人则只有 79.3%，61 岁及以上的老年人更是只有60%。学历与普通话水平具有正相关性，从小学、初中、高中到大学、研究生，自认为普通话水平较好的比例依次为 45%、89.6%、91.8%、91.7%、97.2%，小学学历者普通话水平相对较低，其他群体都比较高。在职业方面，普通话水平相对较高的群体是公务员、教师、学生、技术人员和公司职员，水平相对较低的主要是体力劳动者，而自我评价普通话"流利准确"比例最高的群体是新闻出版者。本地人普通话水平较高的人数比例略高于外地人。总之，年龄、学历和职业这三个因素对普通话水平的影响相对较大，而性别和是否本地人对其影响不明显。

表 2-1-10　　　　　　　　普通话水平的自我评价　　　　　　　　（%）

| 基本参数 | | 流利准确 | 熟练但不准 | 熟练但口音重 | 能交谈不熟练 | 能听懂不会说 |
|---|---|---|---|---|---|---|
| 性别 | 男 | 43.60 | 45.60 | 5.00 | 5.50 | 0.20 |
| | 女 | 48.10 | 44.60 | 2.80 | 4.10 | 0.40 |
| 年龄 | 10—17 岁 | 55.70 | 38.20 | 1.10 | 4.30 | 0.70 |
| | 18—40 岁 | 42.90 | 49.30 | 3.70 | 3.90 | 0.20 |
| | 41—60 岁 | 34.00 | 45.30 | 11.30 | 9.40 | 0.00 |
| | 61 岁及以上 | 60.00 | 0.00 | 20.00 | 20.00 | 0.00 |
| 学历 | 小学及以下 | 11.70 | 33.30 | 25.00 | 25.00 | 0.00 |
| | 初中 | 56.90 | 32.70 | 5.90 | 3.90 | 0.70 |
| | 高中 | 50.50 | 41.30 | 3.30 | 4.30 | 0.50 |
| | 大学 | 42.20 | 49.50 | 3.10 | 5.00 | 0.20 |
| | 研究生 | 38.90 | 58.30 | 2.80 | 0.00 | 0.00 |
| 职业/身份 | 教师 | 39.50 | 55.80 | 3.50 | 1.70 | 0.00 |
| | 学生 | 47.20 | 45.00 | 1.50 | 5.60 | 0.70 |
| | 公务员 | 46.10 | 50.00 | 1.30 | 2.60 | 0.00 |
| | 新闻出版者 | 61.50 | 23.10 | 7.60 | 7.60 | 0.00 |
| | 技术人员 | 49.40 | 42.90 | 3.90 | 3.90 | 0.00 |

（续表）

| 基本参数 | | 流利准确 | 熟练但不准 | 熟练但口音重 | 能交谈不熟练 | 能听懂不会说 |
|---|---|---|---|---|---|---|
| 职业/身份 | 公司职员 | 52.40 | 39.30 | 6.00 | 2.40 | 0.00 |
| | 服务人员 | 43.10 | 43.10 | 9.70 | 4.20 | 0.00 |
| | 体力劳动者 | 20.80 | 37.50 | 25.00 | 16.70 | 0.00 |
| | 其他 | 42.40 | 45.80 | 5.10 | 6.80 | 0.00 |
| 是否本地人 | 本地人 | 49.30 | 42.90 | 3.80 | 3.80 | 0.20 |
| | 外地人 | 39.00 | 49.67 | 4.00 | 6.67 | 0.67 |

3. 繁体字识读能力

当代民众日常书写活动中主要使用简化字，繁体字用得比较少，但繁体字并没有从现实语言生活中消失，在诸多风景名胜文物古迹中都大量存在繁体字。民众对繁体字也并不陌生，本次调查显示，尽管繁体字"基本认识"的只占24%，比例并不高，但"基本不认识"繁体字的人也很少，只占5%，"认识大部分"繁体字的占28%，"认识小部分"的占43%，可见绝大多数人都认识一部分繁体字。

表2-1-11的调查数据显示，不同群体的繁体字识读能力有一定差别。从年龄来看，18—60岁的青年人和中年人对繁体字的识读能力最强，认识大部分繁体字的达到了近60%，而10—17岁的青少年和61岁及以上的老年人，其认识大部分繁体字的只有40%左右。学历和繁体字的识读能力具有正相关性，学历越高对繁体字的识读能力就越强，从小学、初中、高中到大学、研究生，认识大部分繁体字的比例分别是25%、37.9%、52.2%、56.8%、69.5%，呈明显递增的趋势。从职业来看，认识繁体字比较多的群体是新闻出版者、公务员和教师。是否是本地人对其繁体字的识读能力影响不太明显，本地人中认识大部分繁体字的占55%，外地人占49%。性别差异影响更不明显，男性认识大部分繁体字的人数比例达到54%，女性也达到52%。总的看来，影响繁体字识读能力比较明显的因素主要是年龄、学历和职业。

表 2-1-11　　　　　　　对常用繁体字认识情况　　　　　　　（%）

| 基本参数 | | 基本认识 | 认识大部分 | 认识小部分 | 基本不认识 |
|---|---|---|---|---|---|
| 性别 | 男 | 25.50 | 28.70 | 41.50 | 4.40 |
| | 女 | 23.40 | 28.10 | 42.50 | 6.00 |
| 年龄 | 10—17 岁 | 18.20 | 25.00 | 50.70 | 6.10 |
| | 18—40 岁 | 23.90 | 31.90 | 39.70 | 4.50 |
| | 41—60 岁 | 43.40 | 20.80 | 29.20 | 6.60 |
| | 61 岁及以上 | 20.00 | 20.00 | 60.00 | 0.00 |
| 学历 | 小学及以下 | 8.30 | 16.70 | 33.30 | 41.70 |
| | 初中 | 19.60 | 18.30 | 56.90 | 5.20 |
| | 高中 | 23.90 | 28.30 | 42.40 | 5.40 |
| | 大学 | 25.10 | 31.70 | 38.90 | 4.30 |
| | 研究生 | 41.70 | 27.80 | 25.00 | 5.60 |
| 职业/身份 | 教师 | 32.60 | 32.60 | 34.90 | 0.00 |
| | 学生 | 17.30 | 25.80 | 51.80 | 5.10 |
| | 公务员 | 39.50 | 28.90 | 26.30 | 5.30 |
| | 新闻出版者 | 15.40 | 53.80 | 30.80 | 0.00 |
| | 技术人员 | 27.30 | 27.30 | 35.10 | 10.40 |
| | 公司职员 | 28.60 | 35.70 | 34.50 | 1.20 |
| | 服务人员 | 23.60 | 38.90 | 33.30 | 4.20 |
| | 体力劳动者 | 33.30 | 8.30 | 41.70 | 16.70 |
| | 其他 | 32.20 | 20.30 | 37.30 | 10.20 |
| 是否本地人 | 本地人 | 25.60 | 29.10 | 40.50 | 4.80 |
| | 外地人 | 22.00 | 27.00 | 45.00 | 6.00 |

　　总的看来，民众基本能熟练运用普通话进行交流，而只有75%左右的受调查者表示能用方言（上饶话或老家话）交流，可见方言能力并不乐观。有大约52%的民众认识生活中大部分繁体字，在以简化字为主要交际字体的当下，这个比例应该说是已经不错了，显示了绝大多数民众都具有一定的繁体字识读能力，当然提升空间也很大。

　　（三）语言使用的状况

　　本次调查的语言使用状况主要指普通话和方言的使用场所。我们调查了上饶民众在工作中、在家里、在和朋友聊天、在和陌生人交谈、在农贸市场、在大型商业场所、在餐馆等或正式或随意或高档或低端的交际场合对普通话和方言的选择。我们设计的题目是在各种场所被调查人最常使用哪种话，选项包括普通话、上饶话、老家话、其他，有的调查对象选择了多个选项，在统计数据时，我们排除多选的情况，把上饶话和老家话合并成方言，从而得出使用普通话和方言的各种场合差异。具体数据见图 2-1-5。

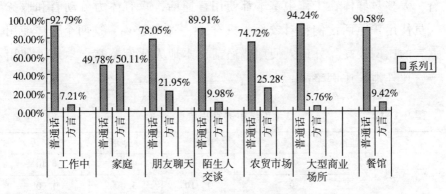

**图 2-1-5 语言使用状况**

由图 2-1-5 可知，民众在银行超市商场等大型商业场所、在工作中、在餐馆、在和陌生人交谈等这些比较正式或相对陌生的场合主要使用普通话，占比都在 90% 以上，而在农贸市场、在朋友聊天等相对比较随意或熟悉的场所使用普通话比例下降，都在 80% 以下，而在家庭，使用普通话比例最低，只有 50%，而且使用方言的比例还略高于使用普通话的比例。可见，人们会根据说话场所的正式或熟悉程度来选择使用普通话还是方言，家庭是方言的主要使用空间。

1. 工作中的常用语言

工作环境是一个比较正式的社交场合，在工作中使用全国通用普通话已经形成了一种不容置疑的社会趋势，调查显示，93% 的人在工作中会选择普通话。当然，工作的种类很多，不同类型的工作对语言的要求不一样，有些工作需要使用方言，调查显示，6% 的人在工作中会使用上饶方言，1% 的人使用老家方言。

表 2-1-12 的数据显示，尽管工作中的主要语言是普通话，但不同人群使用普通话和方言的比例有一定差别。女性使用普通话的比例

达到 96%，比男性高出 7 个百分点，男性使用上饶本地话和老家话则比女性高出约 7 个百分点。从年龄来看，40 岁以下的人使用普通话的比例都在 90% 以上，比 40 岁以上的人高出十多个百分点，而后者使用方言的比例则比前者高出十多个百分点。从学历来看，小学及以下学历者使用普通话比例最低，只有 58.3%，而使用方言的比例达到 42%，初中以上学历者使用普通话比例都在 90% 以上。从职业身份来看，大多数群体在工作中基本都使用普通话，只有体力劳动者和服务人员使用普通话比例相对较低，只有 58.3% 和 75%，这两个群体使用方言的比例较高。外地人使用普通话比本地人比例略高，本地人使用方言比外地人比例略高。

表 2-1-12　　　　　　　　　工作中的常用语言　　　　　　　　　（%）

| 基本参数 | | 普通话 | 本地话 | 老家话 |
|---|---|---|---|---|
| 性别 | 男 | 89.20 | 9.40 | 1.40 |
| | 女 | 96.10 | 3.00 | 0.90 |
| 年龄 | 10—17 岁 | 97.50 | 1.80 | 0.70 |
| | 18—40 岁 | 93.30 | 5.50 | 1.20 |
| | 41—60 岁 | 78.30 | 19.80 | 1.90 |
| | 61 岁及以上 | 80.00 | 20.00 | 0.00 |
| 学历 | 小学及以下 | 58.30 | 41.70 | 0.00 |
| | 初中 | 91.50 | 7.80 | 0.70 |
| | 高中 | 90.80 | 8.70 | 0.50 |
| | 大学 | 94.40 | 4.10 | 1.50 |
| | 研究生 | 97.20 | 2.80 | 0.00 |
| 职业/身份 | 教师 | 94.20 | 4.70 | 1.20 |
| | 学生 | 97.10 | 1.20 | 1.70 |
| | 公务员 | 98.70 | 1.30 | 0.00 |
| | 新闻出版者 | 100.00 | 0.00 | 0.00 |
| | 技术人员 | 93.50 | 6.50 | 0.00 |
| | 公司职员 | 92.90 | 7.10 | 0.00 |
| | 服务人员 | 75.00 | 23.60 | 1.40 |
| | 体力劳动者 | 58.30 | 41.70 | 0.00 |
| | 其他 | 86.40 | 11.90 | 1.70 |

（续表）

| 基本参数 | | 普通话 | 本地话 | 老家话 |
|---|---|---|---|
| 是否本地人 | 本地人 | 92.00 | 7.10 | 0.80 |
| | 外地人 | 95.33 | 4.00 | 1.67 |

2. 家庭中的常用语言

工作语言的选择是社会大环境决定的，不以个人的喜好为转移，但家庭语言的选择不一样，主要是由家庭主要成员的方言背景以及家庭权威成员的语言态度决定的，普通话在家庭语言的选择上并没有天然的优势。调查显示，上饶民众在家庭中使用普通话的只占49%，使用上饶话的占23%，使用其他方言的也占28%，整体上，使用方言与普通话比例基本持平。

表2-1-13的调查数据显示，家庭中语言的选择与人群的自然和社会属性有一定的关系。女性使用普通话的比例比男性高出6个百分点，男性使用上饶本地话的比例比女性高出6个百分点。从年龄看，17岁以下的青少年使用普通话比例相对较高，占65%；使用上饶本地话比例最高的是61岁及以上老年人，占40%；而使用老家话比例最高的群体是18—40岁的中年人，占64%。从学历层次看，使用普通话比例较高的群体是初中学历者，达到67%；使用上饶本地话比例较高的群体是小学及以下学历者，占58%；使用老家话比例较高的群体是大学学历者，占38%。从职业来看，在家说普通话比例最高的群体是新闻出版者，达到了77%；在家说上饶本地话比例最高的是服务人员和体力劳动者，都达到了40%以上；说老家话比例最高的是学生，达到了38%。是否本地人对其家庭语言的选择影响非常大。整体来说，本地人在家说普通话的比例达到54.8%，说上饶本地话的比例占31.6%，分别比外地人高出约15和18个百分点，外地人说老家话的比例较高，达到55.7%，比本地人高出42个百分点。其次，外地人在上饶生活时间的长短对其家庭语言的选择影响也很大，生活少于5年的家庭说普通话的比例只有31.5%，说老家话的比例达到64.8%；生活了5—10年的家庭说普通话比例达50%，说老家话的比例则下降到44.1%；生活超过10年的家

庭说普通话的比例则高达 70.2%，说老家话的则只有 21.3%。数据的变化表明，外地人在上饶生活的时间越久，老家话使用的频率就越低，而普通话使用的频率则越高。

表 2-1-13　　　　　　　　　　家庭常用语言　　　　　　　　　　（%）

| 基本参数 | | 普通话 | 本地话 | 老家话 | 其他 |
|---|---|---|---|---|---|
| 性别 | 男 | 46.80 | 25.50 | 27.50 | 0.20 |
| | 女 | 52.60 | 19.70 | 27.70 | 0.00 |
| 年龄 | 10—17 岁 | 65.00 | 14.60 | 20.40 | 0.00 |
| | 18—40 岁 | 39.90 | 24.70 | 64.30 | 0.40 |
| | 41—60 岁 | 56.60 | 32.10 | 11.30 | 0.00 |
| | 61 岁及以上 | 60.00 | 40.00 | 0.00 | 0.00 |
| 学历 | 小学及以下 | 25.00 | 58.30 | 16.70 | 0.00 |
| | 初中 | 66.70 | 20.30 | 13.10 | 0.00 |
| | 高中 | 57.10 | 31.00 | 14.40 | 0.00 |
| | 大学 | 41.80 | 19.70 | 38.30 | 0.20 |
| | 研究生 | 63.90 | 16.70 | 19.40 | 0.00 |
| 身份/职业 | 教师 | 57.00 | 18.60 | 24.40 | 0.00 |
| | 学生 | 50.60 | 11.40 | 38.00 | 0.00 |
| | 公务员 | 59.20 | 19.70 | 21.10 | 0.00 |
| | 新闻出版者 | 76.90 | 15.40 | 7.70 | 0.00 |
| | 技术员 | 53.20 | 33.80 | 11.70 | 1.30 |
| | 公司职员 | 46.40 | 35.70 | 17.90 | 0.00 |
| | 服务人员 | 31.90 | 43.10 | 25.00 | 0.00 |
| | 体力劳动者 | 50.00 | 41.70 | 8.30 | 0.00 |
| | 其他 | 37.30 | 44.10 | 18.60 | 0.00 |
| 是否本地人 | 本地人 | 54.80 | 31.60 | 13.60 | 0.00 |
| | 外地人 在上饶少于 5 年 | 31.50 | 3.70 | 64.80 | 0.00 |
| | 在上饶 5—10 年 | 50.00 | 2.90 | 44.10 | 3.00 |
| | 在上饶超过 10 年 | 70.20 | 8.50 | 21.30 | 0.00 |

3. 和熟人聊天的常用语言

和熟人聊天的语言选择具有一定的随意性，只要能够沟通，用普通话和方言都无关紧要。调查显示，和熟人聊天使用普通话的比例最高，达到78%，其次是上饶本地话，达到16%，还有6%使用老家话。

表2-1-14的调查数据显示，不同人群在与熟人聊天时其语言选择有一定的差别。女性选择普通话的比例达84.8%，比男性高出14个百分点；男性选择上饶本地话的比例占22.7%，比女性高出13个百分点。年龄越大选择普通话聊天的比例越来越低，选择上饶本地话聊天的比例则越来越高。从学历来看，选择用普通话聊天比例最高的是大学学历者，达到81.2%，比例最低的是小学及以下学历者，只占41.7%；选择用上饶本地话聊天的比例最高的是小学学历者，占50%，其他群体都在20%左右甚至更低。从职业身份看，选择用普通话聊天比例较高的群体是学生和教师，分别达到87.3%和86%；选择用上饶本地话聊天比例较高的群体是体力劳动者和服务人员，分别达到58.3%和40.3%。从籍贯属性来看，外地人用普通话聊天比例较高，达84%，比本地人高出约9个百分点；本地人用上饶话聊天比例达21.8%，比外地人高出约18个百分点；外地人用老家话聊天比例达到12%，比本地人高约9个百分点。

表2-1-14　　　　　　　　和熟人聊天的语言选择　　　　　　　　（%）

| 基本参数 | | 普通话 | 本地话 | 老家话 |
|---|---|---|---|---|
| 性别 | 男 | 70.90 | 22.70 | 6.40 |
| | 女 | 84.80 | 9.40 | 5.80 |
| 年龄 | 10—17 岁 | 87.90 | 7.90 | 4.30 |
| | 18—40 岁 | 76.30 | 16.20 | 7.40 |
| | 41—60 岁 | 61.30 | 34.00 | 4.70 |
| | 61 岁及以上 | 60.00 | 40.00 | 0.00 |
| 学历 | 小学及以下 | 41.70 | 50.00 | 8.30 |
| | 初中 | 78.40 | 18.30 | 3.30 |
| | 高中 | 71.70 | 23.90 | 4.30 |
| | 大学 | 81.20 | 11.00 | 7.70 |
| | 研究生 | 75.00 | 22.20 | 2.80 |

（续表）

| 基本参数 | | 普通话 | 本地话 | 老家话 |
|---|---|---|---|---|
| 职业/身份 | 教师 | 86.00 | 9.30 | 4.70 |
| | 学生 | 87.30 | 5.40 | 7.30 |
| | 公务员 | 77.60 | 19.70 | 2.60 |
| | 新闻出版者 | 69.20 | 23.10 | 7.70 |
| | 技术人员 | 67.50 | 26.00 | 6.50 |
| | 公司职员 | 76.20 | 19.00 | 4.80 |
| | 服务人员 | 52.80 | 40.30 | 6.90 |
| | 体力劳动者 | 33.30 | 58.30 | 8.30 |
| | 其他 | 69.50 | 27.10 | 3.40 |
| 是否本地人 | 本地人 | 75.10 | 21.80 | 3.20 |
| | 外地人 | 84.00 | 4.00 | 12.00 |

#### 4. 和陌生人交谈的常用语言

调查显示，在与陌生人交谈时，90%的人会选择普通话，而选择上饶话的只有8%，有2%的人会用老家话，这和熟人之间聊天时的语言选择差别很大。熟人之间的聊天很多是寒暄，其目的主要是建立或保持某种社会关联，而语言的信息传递目的往往处于次要地位，所以在选择语言时往往会根据彼此的语言背景来选择最能拉近双方心理距离的语言。而陌生人之间的交谈主要目的是信息交流，而且彼此之间的语言背景也不明确，普通话自然成为首要的交际工具。

表2-1-15的调查数据显示，在与陌生人交谈时，不同群体的语言选择有一定差别。女性选择普通话的比例达到94.6%，比男性高出10个百分点，而男性使用上饶本地话的比例则比女性高出约7个百分点。从年龄来看，基本趋势是年龄越大使用普通话的比例越低，而使用方言的比例则越高。从学历看，使用普通话比例相对较高的群体是高中和大学学历者，达到90%以上，而小学及以下学历者使用方言的比例相对较高，超过33%。从职业身份来看，使用普通话比例较高的群体是教师和学生，达到了95%；使用上饶本地话比例相对较高的群体是技术人员、体力劳动者、服务人员、新闻出版者等，基本都达到了16%。外地人使用普通话的比例比本地人高，而本地人使用上饶本

地话的比例比外地人高。

**表 2-1-15**　　　　　　　　和陌生人交谈的语言选择　　　　　　（%）

| 基本参数 | | 普通话 | 本地话 | 老家话 | 其他 |
|---|---|---|---|---|---|
| 性别 | 男 | 84.90 | 11.90 | 3.00 | 0.20 |
| | 女 | 94.60 | 4.70 | 0.60 | 0.00 |
| 年龄 | 10—17 岁 | 93.60 | 5.00 | 1.10 | 0.40 |
| | 18—40 岁 | 88.50 | 9.20 | 2.30 | 0.00 |
| | 41—60 岁 | 86.80 | 12.30 | 0.90 | 0.00 |
| | 61 岁及以上 | 80.00 | 20.00 | 0.00 | 0.00 |
| 学历 | 小学及以下 | 66.70 | 33.30 | 0.00 | 0.00 |
| | 初中 | 88.20 | 9.80 | 1.30 | 0.70 |
| | 高中 | 92.40 | 6.00 | 1.60 | 0.00 |
| | 大学 | 90.78 | 7.40 | 1.90 | 0.00 |
| | 研究生 | 80.60 | 16.70 | 2.80 | 0.00 |
| 职业/身份 | 教师 | 95.30 | 4.70 | 0.00 | 0.00 |
| | 学生 | 94.40 | 3.40 | 2.20 | 0.00 |
| | 公务员 | 85.50 | 11.80 | 2.60 | 0.00 |
| | 新闻出版 | 84.60 | 15.40 | 0.00 | 0.00 |
| | 技术人员 | 79.20 | 16.90 | 3.90 | 0.00 |
| | 公司职员 | 89.30 | 10.70 | 0.00 | 0.00 |
| | 服务人员 | 80.60 | 16.70 | 2.80 | 0.00 |
| | 体力劳动 | 83.30 | 16.70 | 0.00 | 0.00 |
| | 其他 | 86.40 | 11.90 | 0.00 | 1.70 |
| 是否本地人 | 本地人 | 88.00 | 11.00 | 1.00 | 0.00 |
| | 外地人 | 93.67 | 2.67 | 3.33 | 0.33 |

5. 在农贸市场的常用语言

对农贸市场的语言使用情况，我们设置了两个题目，一是自己使用普通话和方言的情况，二是听到卖家使用普通话和方言的情况。调查显示，在农贸市场或路边小摊买东西时，只有75%的被调查者会使用普通话，而听到卖家使用普通话的比例则更是只有50%。很明显，在农贸市场这种相对低端的消费场所，普通话使用的比例明显下降，而使用方言的比例则明显上升。

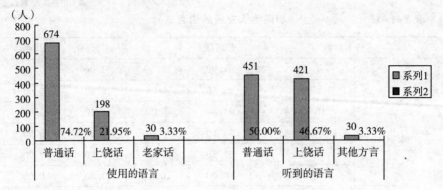

图 2-1-6　在农贸市场的语言

　　表 2-1-16 的数据显示，在农贸市场等低端交易场所，不同群体在语言选择上也有一定的差别。女性有 80% 使用普通话，比男性高出 11 个百分点，而男性使用上饶本地话比女性高出约 12 个百分点。使用普通话的比例与年龄成负相关性，而使用方言的比例与年龄具有正相关性，即年龄越大使用普通话的比例越低，使用方言的比例则越高。从学历来看，使用普通话比例较高的群体是中学和大学学历者，都超过了 74%，而使用上饶本地话比例最高的群体是小学学历者，占 58%。研究生学历者使用上饶本地话的比例也比较高，占 33%，我们推测很可能是这个群体想尽量用当地话来拉近买卖双方的心理距离，以获得一定的经济效益。从职业身份来看，使用普通话比例最高的是学生，达到 89%，其次是新闻出版者，也达到了 85%；使用上饶本地话比例较高的群体是体力劳动者、专业技术人员、服务人员，基本都超过了 40%。本地人和外地人在语言选择上有明显差异，外地人使用普通话的比例达到 86%，比本地人高出 17 个百分点；本地人使用上饶本地话的达到 29%，比外地人高出了 21 个百分点。外地人在上饶生活时间长短也会影响其语言选择，在上饶生活少于 10 年的外地人使用普通话的比例接近 90%，比在上饶生活超过 10 年的外地人高出十几个百分点；而在上饶生活超过 10 年的外地人使用上饶本地话的比例达到 21%，比在上饶生活少于 10 年的外地人高出十几个百分点，总之，外地人随着在上饶居住年限的增长，在农贸市场等低端交易场

所说普通话的比例越来越低，说上饶本地话的比例则越来越高。

表 2-1-16　　　　　　　　农贸市场的语言选择　　　　　　（%）

| 基本参数 | | 普通话 | 本地话 | 老家话 |
|---|---|---|---|---|
| 性别 | 男 | 68.80 | 28.00 | 3.20 |
| | 女 | 80.30 | 16.30 | 3.40 |
| 年龄 | 10—17 岁 | 88.20 | 9.30 | 2.50 |
| | 18—40 岁 | 72.60 | 23.70 | 3.70 |
| | 41—60 岁 | 50.00 | 46.20 | 3.80 |
| | 61 岁及以上 | 60.00 | 40.00 | 0.00 |
| 学历 | 小学及以下 | 41.70 | 58.30 | 0.00 |
| | 初中 | 79.70 | 17.60 | 2.60 |
| | 高中 | 77.20 | 20.70 | 2.20 |
| | 大学 | 73.90 | 22.10 | 4.10 |
| | 研究生 | 63.90 | 33.30 | 2.80 |
| 职业/身份 | 教师 | 72.10 | 23.30 | 4.70 |
| | 学生 | 88.60 | 6.80 | 4.60 |
| | 公务员 | 60.50 | 35.50 | 3.90 |
| | 新闻出版者 | 84.60 | 15.40 | 0.00 |
| | 技术人员 | 54.50 | 42.90 | 2.60 |
| | 公司职员 | 65.50 | 34.50 | 0.00 |
| | 服务人员 | 59.70 | 38.90 | 1.40 |
| | 体力劳动者 | 54.20 | 45.80 | 0.00 |
| | 其他 | 64.40 | 33.90 | 1.70 |
| 是否本地人 | 本地人 | 69.30 | 28.70 | 2.00 |
| | 外地人 在上饶少于 5 年 | 86.80 | 5.90 | 7.30 |
| | 外地人 在上饶 5—10 年 | 91.20 | 5.90 | 2.90 |
| | 外地人 在上饶超过 10 年 | 76.60 | 21.30 | 2.10 |

6. 在大型商业场所的常用语言

　　大型商业场所语言情况也是调查两个问题，一是自己的语言，二是听到服务人员的语言。图 2-1-7 的数据显示，被调查者在银行、超市、商场等大型商业场所办事、购物时最常用的语言是普通话，比例达到94%，被调查者听到的服务人员说普通话的比例也达到92%。大型商业场所是属于高端的消费场所，在这种特定语境之下民众更倾向于使用普通话。

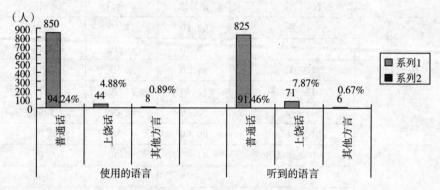

**图 2-1-7　在大型商业场所的语言**

表 2-1-17 的数据显示，在大型商业场所使用的语言，主要是普通话，但不同群体还是有一定的差别。女性比男性更喜欢使用普通话，大约高出 6 个百分点。年龄越大使用普通话的比例越低，使用方言的比例则变高。初中以上学历者使用普通话的比例基本在 95% 以上，比小学学历者高出近 20 个百分点。从职业来看，使用普通话比例相对较低的是服务人员和体力劳动者。外地人使用普通话的比例略高于本地人。

**表 2-1-17　　　　　　在大型商业场所的语言选择　　　　　　（%）**

| 基本参数 | | 普通话 | 本地话 | 老家话 |
|---|---|---|---|---|
| 性别 | 男 | 91.30 | 7.10 | 1.60 |
| | 女 | 97.00 | 2.80 | 0.20 |
| 年龄 | 10—17 岁 | 98.20 | 1.10 | 0.70 |
| | 18—40 岁 | 93.20 | 5.70 | 1.20 |
| | 41—60 岁 | 88.70 | 11.30 | 0.00 |
| | 61 岁及以上 | 80.00 | 20.00 | 0.00 |
| 学历 | 小学及以下 | 75.00 | 25.00 | 0.00 |
| | 初中 | 94.80 | 5.20 | 0.00 |
| | 高中 | 95.70 | 3.80 | 0.50 |
| | 大学 | 94.00 | 4.60 | 1.40 |
| | 研究生 | 94.40 | 5.60 | 0.00 |

（续表）

| 基本参数 | | 普通话 | 本地话 | 老家话 |
|---|---|---|---|---|
| 职业/身份 | 教师 | 93.00 | 7.00 | 0.00 |
| | 学生 | 97.60 | 1.00 | 1.40 |
| | 公务员 | 93.40 | 6.60 | 0.00 |
| | 新闻出版者 | 100.00 | 0.00 | 0.00 |
| | 技术人员 | 94.80 | 5.20 | 0.00 |
| | 公司职员 | 95.20 | 4.80 | 0.00 |
| | 服务人员 | 79.20 | 18.10 | 2.80 |
| | 体力劳动者 | 79.20 | 20.80 | 0.00 |
| | 其他 | 94.90 | 5.10 | 0.00 |
| 是否本地人 | 本地人 | 93.90 | 5.80 | 0.30 |
| | 外地人 | 95.00 | 3.00 | 2.00 |

7. 在餐馆和服务人员交流时的常用语言

餐馆语言使用情况同样是调查两个问题，一是自己的语言，二是听到服务人员的语言。图 2-1-8 的数据显示，在餐馆就餐时有 91% 的人会选择使用普通话，8% 的人会使用上饶本地话，在餐馆听到服务人员有 85% 是使用普通话，12% 使用上饶话。这个比例介于大型商业场所和农贸市场之间，餐馆使用普通话的比例明显高于农贸市场，但比大型商业场所稍低，这显示在民众心理上餐馆的正式程度介于商场和农贸市场之间。

表 2-1-18 的数据显示，不同人群在餐馆和服务人员交流时使用的语言有一定的差别。女性说普通话的比例高达 96% 以上，比男性高出 11 个百分点，而男性使用上饶本地话的比例则明显高于女性。年龄越大使用普通话的比例越低，使用方言的比例越高。文化程度越高使用普通话的比例基本上是越来越高，而使用方言比例最高的群体是小学及以下学历者，达到 33%，其他群体都在 8% 以下。从职业来看，使用普通话比例最低的是体力劳动者和服务人员。本地人使用普通话的比例为 90%，略低于外地人，在上饶生活少于 10 年的外地人使用普通话的比例高于生活超过 10 年的外地人，而后者使用上饶本地话的比例要高于前者。

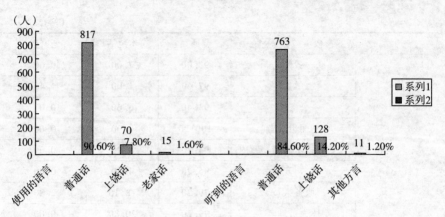

图 2-1-8  在餐馆的语言

表 2-1-18　　　　　　在餐馆和服务人员交流时的语言选择　　　　（%）

| 基本参数 | | 普通话 | 本地话 | 老家话 |
|---|---|---|---|---|
| 性别 | 男 | 84.90 | 12.80 | 2.30 |
| | 女 | 95.90 | 3.00 | 1.10 |
| 年龄 | 10—17 岁 | 96.80 | 2.90 | 0.30 |
| | 18—40 岁 | 81.40 | 7.20 | 2.50 |
| | 41—60 岁 | 75.50 | 23.60 | 0.90 |
| | 61 岁及以上 | 60.00 | 40.00 | 0.00 |
| 学历 | 小学及以下 | 66.70 | 33.30 | 0.00 |
| | 初中 | 92.80 | 7.20 | 0.00 |
| | 高中 | 90.80 | 7.60 | 1.60 |
| | 大学 | 90.10 | 7.50 | 2.30 |
| | 研究生 | 94.40 | 5.60 | 0.00 |
| 职业/身份 | 教师 | 91.90 | 5.80 | 2.30 |
| | 学生 | 95.40 | 2.90 | 1.70 |
| | 公务员 | 85.50 | 14.50 | 0.00 |
| | 新闻出版者 | 92.30 | 7.70 | 0.00 |
| | 技术人员 | 90.90 | 9.10 | 0.00 |
| | 公司职员 | 88.10 | 9.50 | 2.40 |
| | 服务人员 | 75.00 | 20.80 | 4.20 |
| | 体力劳动者 | 75.00 | 20.80 | 4.20 |
| | 其他 | 89.80 | 10.20 | 0.00 |

（续表）

| 基本参数 | | | 普通话 | 本地话 | 老家话 |
|---|---|---|---|---|---|
| 是否本地人 | | 本地人 | 89.70 | 9.60 | 0.70 |
| | 外地人 | 在上饶少于 5 年 | 92.20 | 3.20 | 4.60 |
| | | 在上饶 5—10 年 | 94.10 | 2.90 | 2.90 |
| | | 在上饶超过 10 年 | 91.50 | 8.50 | 0.00 |

综上所述，在不同的场合民众对语言的选择有较明显差别。在工作中、在银行超市商场等比较正式或相对高端的商业场所交际、在和陌生人交谈、在餐馆和服务人员交流时，最常用的是普通话，比例都在 90% 以上，而在家中、在和朋友聊天时、在农贸市场等比较随意或低端商业场所交际时，使用普通话的比例下降，使用方言的比例上升。这说明在比较正式或陌生的场合，更倾向于使用普通话，在比较随意或熟悉的场合很容易用方言交际。就各个参数而言，相对来说，女性比男性更倾向于使用普通话，年龄越小越倾向于使用普通话，学历越高越倾向于使用普通话，而体力劳动者和服务人员更倾向于使用方言。外地人更倾向于使用普通话，特别是在上饶生活不到 10 年的外地人更倾向于使用普通话，随着在上饶生活时间的延长，在各种场合使用上饶本地话的比例有所提高。

（四）对语言文字的态度

我们主要调查了上饶民众对普通话、方言以及繁体字的主观态度。

1. 对普通话的态度

对待普通话的态度我们主要调查了两个问题，"是否喜欢普通话"和"希望普通话达到什么程度"。图 2-1-9 显示，明确表示喜欢普通话的人占绝大多数，达到 79%，有一部分人持一种无所谓的态度，真正不喜欢普通话的人很少，不到 2%。从对普通话使用水平的期望来看，有 92% 的人希望能流利准确或熟练使用普通话，对普通话没什么要求的人很少，只有 3.4%。

第一，对普通话喜欢程度的人群差异。

表 2-1-19 的调查数据显示，不同人群对普通话的喜欢程度有一

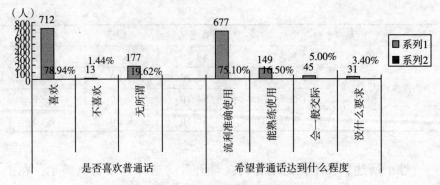

**图 2-1-9　对普通话的态度**

定差别。女性相比于男性更喜欢普通话，高出了 7 个百分点。各年龄段的人喜欢普通话的比例差别不明显。从学历看，喜欢普通话比例较高的群体是中学和大学学历者。从职业看，喜欢普通话比例较高的群体是新闻出版者和教师，比例较低的群体是服务人员。本地人比外地人喜欢普通话的比例要稍微高一点，外地人对普通话持无所谓态度的比本地人多，所以造成外地人喜欢普通话的比例下降，这个结论有点出人意料，按理说外地人对普通话的依赖程度要高于本地人，前边的调查数据也显示了外地人在各种公共场合使用普通话的比例明显高于本地人，依赖程度高而喜欢程度反而偏低，对此我们难以解释。

表 2-1-19　　　　　　　　　　是否喜欢普通话　　　　　　　　　　（%）

| 基本参数 | | 喜欢 | 无所谓 | 不喜欢 |
|---|---|---|---|---|
| 性别 | 男 | 75.20 | 22.70 | 2.10 |
| | 女 | 82.40 | 16.70 | 0.90 |
| 年龄 | 10—17 岁 | 81.80 | 16.40 | 1.80 |
| | 18—40 岁 | 76.50 | 22.30 | 1.20 |
| | 41—60 岁 | 82.10 | 16.00 | 1.90 |
| | 61 岁及以上 | 80.00 | 20.00 | 0.00 |
| 学历 | 小学及以下 | 66.70 | 25.00 | 8.30 |
| | 初中 | 84.30 | 12.40 | 3.10 |
| | 高中 | 78.80 | 20.70 | 0.50 |
| | 大学 | 78.30 | 20.50 | 1.20 |
| | 研究生 | 69.40 | 30.60 | 0.00 |

（续表）

| 基本参数 | | 喜欢 | 无所谓 | 不喜欢 |
|---|---|---|---|---|
| 职业/身份 | 教师 | 88.40 | 10.50 | 1.20 |
| | 学生 | 78.10 | 20.70 | 1.20 |
| | 公务员 | 82.90 | 14.50 | 2.70 |
| | 新闻出版者 | 92.30 | 7.70 | 0.00 |
| | 技术人员 | 76.60 | 23.40 | 0.00 |
| | 公司职员 | 75.00 | 22.60 | 2.40 |
| | 服务人员 | 73.60 | 26.40 | 0.00 |
| | 体力劳动者 | 75.00 | 20.80 | 4.20 |
| | 其他 | 79.70 | 16.90 | 3.40 |
| 是否本地人 | 本地人 | 80.00 | 18.80 | 1.30 |
| | 外地人 | 77.00 | 21.33 | 1.67 |

第二，普通话水平期望值的人群差异。

表2-1-20的调查数据显示，不同人群对其普通话水平的期望值有差异。女性比男性更希望流利准确地使用普通话，其比例高出了约15个百分点，而男性希望"熟练使用"和"一般交际"的比例则高出女性14个百分点。从年龄来看，年龄越小，希望自己的普通话达到"流利准确"程度的比例越高，而随着年岁的增加，希望普通话达到"熟练使用"和"一般交际"的比例就越来越高。从学历来看，小学学历者希望自己的普通话达到"流利准确"的比例很低，只有17%，他们绝大部分只是希望能使用普通话进行交际，而初中以上学历人员对普通话水平期望值比较高，希望达到"流利准确"程度的比例基本都在60%以上，希望达到"熟练使用"以上程度的比例则基本都在90%以上。从职业来说，新闻出版者和学生希望自己的普通话达到"准确流利"程度的比例最高，分别达到92%和84%，对普通话水平期望值最低的群体主要是体力劳动者，他们希望普通话达到"熟练使用"以上程度的只占75%。是否本地人，对普通话"准确流利"和"熟练使用"的期望值并没有明显影响，但是外地人随着在上饶生活时间的延长，对普通话"准确流利"的期望值所有下降，而对能"熟练使用"和"一般交际"的期望值则有所提高。

表 2-1-20　　　　　　　　　希望普通话达到程度　　　　　　　（%）

| 基本参数 | | | 流利准确 | 熟练使用 | 一般交际 | 无要求 |
|---|---|---|---|---|---|---|
| 性别 | 男 | | 67.40 | 22.50 | 6.40 | 3.70 |
| | 女 | | 82.20 | 10.90 | 3.60 | 3.20 |
| 年龄 | 10—17 岁 | | 85.00 | 7.50 | 4.30 | 3.20 |
| | 18—40 岁 | | 72.80 | 19.20 | 4.10 | 3.90 |
| | 41—60 岁 | | 60.40 | 27.40 | 10.40 | 1.90 |
| | 61 岁及以上 | | 60.00 | 20.00 | 20.00 | 0.00 |
| 学历 | 小学及以下 | | 16.70 | 33.30 | 41.70 | 8.30 |
| | 初中 | | 77.80 | 13.70 | 5.20 | 3.30 |
| | 高中 | | 72.80 | 13.00 | 7.10 | 7.10 |
| | 大学 | | 77.60 | 17.00 | 3.30 | 2.10 |
| | 研究生 | | 58.30 | 33.30 | 5.60 | 2.80 |
| 职业/身份 | 教师 | | 74.40 | 22.10 | 3.50 | 0.00 |
| | 学生 | | 83.50 | 10.70 | 4.10 | 1.70 |
| | 公务员 | | 69.70 | 19.70 | 9.20 | 1.30 |
| | 新闻出版者 | | 92.30 | 0.00 | 0.00 | 7.70 |
| | 技术人员 | | 70.10 | 19.50 | 3.90 | 6.50 |
| | 公司职员 | | 63.10 | 26.20 | 2.40 | 8.30 |
| | 服务人员 | | 65.30 | 22.20 | 6.90 | 5.60 |
| | 体力劳动者 | | 41.70 | 33.30 | 16.70 | 8.30 |
| | 其他 | | 69.50 | 16.90 | 6.80 | 6.80 |
| 是否本地人 | 本地人 | | 75.70 | 15.10 | 5.10 | 4.00 |
| | 外地人 | 在上饶少于 5 年 | 75.30 | 16.90 | 5.50 | 2.30 |
| | | 在上饶 5—10 年 | 67.60 | 26.50 | 3.00 | 3.00 |
| | | 在上饶超过 10 年 | 70.20 | 25.50 | 21.30 | 21.30 |

综合可见，绝大多数人都喜欢普通话，都希望自己的普通话达到一个比较好的水平。从各项参数来看，女性、年龄小的、高学历者追求普通话"流利准确"的要求相对较强，而男性、年龄大的、学历低者则大多只求能利用普通话进行交际。

2. 对方言的态度

我们主要调查民众是否喜欢上饶话。上饶是所有被调查者共同生活的家园，上饶话是上饶本地的强势方言，不管被调查者是上饶本地人还是外来移民，不管他们在上饶生活了多长时间，不管他们从事何种工作，也不管他们生活在哪一个社会阶层，也不管他们是否会说上饶话，反正上饶话都存在他们的日常生活中。调查显示，明确表示喜欢上饶话的人比例并不高，只有45%，但明确表示不喜欢的人也比较少，只有10%，有很大一部分受访者持一种无所谓的态度。

表2-1-21的调查数据显示，不同人群对上饶话的喜欢程度有较大差别。男性喜欢上饶话的比女性高出了约10个百分点，女性明确表示不喜欢上饶话的占12.2%，比男性高出了5个百分点。从年龄看，最喜欢上饶话的是41—60岁的中年人，比例达到72%，不喜欢上饶话比例较高的群体是18—40岁的青年人，达到12%。从学历来说，喜欢上饶话比例最高的群体是小学及以下学历者，达到75%。从职业来看，体力劳动者和服务人员喜欢上饶话的比例最高，都在70%以上。本地人明显比外地人更喜欢上饶话，高出了36个百分点，外地人随着在上饶生活时间的延长，喜欢上饶话的比例明显增加，而不喜欢的比例则慢慢减少。

**表 2-1-21　　　　　　　　是否喜欢上饶本地话　　　　　　　（%）**

| 基本参数 | | 喜欢 | 一般 | 不喜欢 |
|---|---|---|---|---|
| 性别 | 男 | 51.10 | 42.00 | 6.90 |
| | 女 | 40.80 | 47.00 | 12.20 |
| 年龄 | 10—17 岁 | 38.90 | 52.50 | 8.60 |
| | 18—40 岁 | 44.00 | 44.40 | 11.50 |
| | 41—60 岁 | 71.70 | 24.50 | 3.80 |
| | 61 岁及以上 | 60.00 | 40.00 | 0.00 |
| 学历 | 小学及以下 | 75.00 | 8.30 | 16.70 |
| | 初中 | 39.90 | 54.20 | 5.90 |
| | 高中 | 54.90 | 41.80 | 3.30 |
| | 大学 | 42.70 | 43.90 | 13.30 |
| | 研究生 | 58.30 | 38.90 | 2.80 |

（续表）

| 基本参数 | | 喜欢 | 一般 | 不喜欢 |
|---|---|---|---|---|
| 职业/身份 | 教师 | 60.50 | 37.20 | 2.30 |
| | 学生 | 28.50 | 56.00 | 15.60 |
| | 公务员 | 56.60 | 38.20 | 5.30 |
| | 新闻出版者 | 38.70 | 53.80 | 7.70 |
| | 技术人员 | 55.80 | 36.40 | 7.80 |
| | 公司职员 | 56.00 | 38.10 | 6.00 |
| | 服务人员 | 70.80 | 26.40 | 8.30 |
| | 体力劳动者 | 75.00 | 20.80 | 4.10 |
| | 其他 | 62.70 | 33.90 | 3.40 |
| 是否本地人 | 本地人 | 57.60 | 38.40 | 4.00 |
| | 外地人 在上饶少于 5 年 | 16.40 | 58.00 | 25.60 |
| | 在上饶 5—10 年 | 29.40 | 58.80 | 11.80 |
| | 在上饶超过 10 年 | 42.60 | 51.10 | 6.40 |

### 3. 对普通话和方言关系的态度

普通话和方言是我们生活中最常用的两种交际工具，普通话作为国家法定语言在国家的积极推动以及人口流动频繁的社会环境之下基本上已经成为全民的主要交际工具，而方言尽管交际空间相对比较狭窄但其在某些特定交际场所发挥的作用仍然不可替代。民众对普通话和方言关系持一种什么样的态度呢？我们调查了三方面问题，一是现实价值，即哪种话更常用；二是心理价值，即哪种话更亲近；三是发展价值，即对中小学教学语言的看法。

第一，普通话和方言的现实价值。

我们以"您认为在上饶哪种话更常用"为题展开调查，调查结果显示，普通话自然是最常用的，但也并没有达到绝对优势，其比例只有 57%，另有 43%的被调查者认为上饶话更常用。

表 2-1-22 的数据显示，不同人群对普通话和方言的现实价值认知上有一定差别。从性别来看，女性认为普通话更常用的占 61%，比男性高出 10 个百分点；而男性认为上饶话更常用的占 49%，比女性高出 11 个百分点。从年龄来看，41—60 岁的中年人认为上饶话比普

通话更常用，而其他年龄群体都认为普通话比上饶话更常用。学历与对普通话交际价值的认可度呈正相关性，即学历越高越认可普通话更常用，学历越低越认可上饶话更常用，其中小学及以下学历者认可普通话更常用的比例只有25%，而认可上饶话更常用的比例则高达67%。从职业来看，认为普通话更常用比例较高的群体是教师、公务员和学生，其比例基本都在60%以上，而认为上饶话更常用比例较高的群体是体力劳动者、公司职员和技术人员，比例分别达到79%、60%、58%。是否本地人对普通话与方言的现实价值认知差别很大，外地人有65%认为普通话更常用，比本地人高出了13个百分点；而本地人有48%认为上饶话更常用，比外地人高出13个百分点。

**表 2-1-22**　　　　　　　　　在上饶哪种话更常用　　　　　　　　（%）

| 基本参数 | | 普通话 | 上饶话 | 其他话 |
|---|---|---|---|---|
| 性别 | 男 | 50.50 | 49.10 | 0.50 |
| | 女 | 61.40 | 38.20 | 4.00 |
| 年龄 | 10—17 岁 | 61.40 | 37.90 | 7.00 |
| | 18—40 岁 | 55.90 | 43.60 | 0.40 |
| | 41—60 岁 | 42.50 | 57.50 | 0.00 |
| | 61 岁及以上 | 60.00 | 40.00 | 0.00 |
| 学历 | 小学及以下 | 25.00 | 66.70 | 8.30 |
| | 初中 | 52.30 | 47.10 | 0.60 |
| | 高中 | 54.90 | 45.10 | 0.00 |
| | 大学 | 58.20 | 41.40 | 0.40 |
| | 研究生 | 58.30 | 41.70 | 0.00 |
| 职业/身份 | 教师 | 59.30 | 40.70 | 0.00 |
| | 学生 | 66.70 | 33.00 | 0.30 |
| | 公务员 | 60.50 | 39.50 | 0.00 |
| | 新闻出版者 | 53.80 | 46.20 | 0.00 |
| | 技术人员 | 41.60 | 58.40 | 1.40 |
| | 公司职员 | 40.50 | 59.50 | 4.10 |
| | 服务人员 | 51.40 | 47.20 | 1.70 |
| | 体力劳动者 | 16.70 | 79.20 | 4.20 |
| | 其他 | 35.60 | 62.70 | 3.40 |

（续表）

| 基本参数 | | 普通话 | 上饶话 | 其他话 |
|---|---|---|---|---|
| 是否本地人 | 本地人 | 51.80 | 47.80 | 0.40 |
| | 外地人 | 64.67 | 34.67 | 0.67 |

第二，普通话和方言的心理价值。

本项主要调查普通话、上饶本地话和老家话在民众心中的认同程度，调查哪种话更亲切友好，哪种话更好听，即语言的友善性和可听性。从友善性来看，49%的被调查者表示普通话更亲切友好，而50%的被调查者表示方言（包括上饶话和老家话）更加亲切友好。从可听性来看，74%的受访者表示普通话更好听，占绝对优势，只有25%的人认为方言更好听。由此可见，民众一方面对方言的情感依存价值认可度比较高，另一方面也已经从心理上接受认可普通话了。

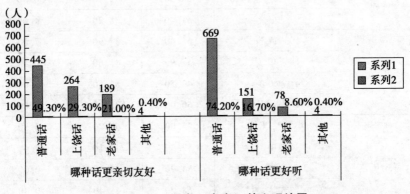

图 2-1-10　语言（方言）的心理认同

不同性质的人群对普通话和方言的心理认同程度有一定差别。表2-1-23的数据显示，女性认为普通话更加亲切友好的比例高出男性近10个百分点，而男性认为上饶话和老家话更加亲切友好的比例高出女性9个百分点。从年龄方面看，61岁及以上的老年人和10—17岁的青少年认为普通话更加亲切友好的比例最高，分别达到80%和65%；而41—60岁的中年人则认为上饶本地话更亲切友好，比例达到47%；而认为老家话更加亲切友好比例最高的群体是18—40岁的青年人，比例达到25%。从学历来看，初中和高中学历者对普通话更亲切友好认可的比例最高，都达到了55%以上；对上饶话亲切友好认可最高的是小学学历者，达到75%；对老家话亲切友好认可最高的是研究生和大学学历者，分别达到33%和26%。从职业来看，学生和新闻出版者认为普通话更亲切友好的比例最高，分别占60%和54%；而对上饶本地话亲切友好认可最高的是体力劳动者和服务人员，分占50%和44%。本地人与外地人对普通话亲切友好的认可比例差不多，但对方言亲切友好的认可比例差别比较明显，本地人认为上饶话更加亲切友好的比例高出外地人26个百分点，而外地人认为老家话更加亲切友好的比例高出本地人27个百分点。外地人随着在上饶生活时间的延长，对普通话亲切友好的认可度稍有降低，对上饶话亲切友好的认可度则明显提升，而对老家话亲切友好的认可度也有所下降。

表 2-1-23　　　　　　　　　哪种话更亲切友好　　　　　　　　（%）

| 基本参数 | | 普通话 | 上饶话 | 老家话 | 其他 |
|---|---|---|---|---|---|
| 性别 | 男 | 44.50 | 33.00 | 21.80 | 0.70 |
| | 女 | 53.90 | 25.80 | 20.20 | 0.20 |
| 年龄 | 10—17 岁 | 65.00 | 19.60 | 15.00 | 0.40 |
| | 18—40 岁 | 43.10 | 30.90 | 25.40 | 0.60 |
| | 41—60 岁 | 36.80 | 47.20 | 16.00 | 0.00 |
| | 61 岁及以上 | 80.00 | 20.00 | 0.00 | 0.00 |
| 学历 | 小学及以下 | 8.30 | 75.00 | 16.70 | 0.00 |
| | 初中 | 58.80 | 26.80 | 14.40 | 0.00 |
| | 高中 | 55.40 | 34.20 | 9.80 | 0.50 |
| | 大学 | 46.60 | 26.90 | 26.10 | 0.40 |
| | 研究生 | 30.60 | 33.30 | 33.30 | 2.80 |
| 职业/身份 | 教师 | 46.50 | 34.90 | 17.40 | 1.20 |
| | 学生 | 59.60 | 15.60 | 24.60 | 0.20 |
| | 公务员 | 34.20 | 38.20 | 27.60 | 0.00 |
| | 新闻出版者 | 53.80 | 23.10 | 23.10 | 0.00 |
| | 技术人员 | 42.90 | 39.00 | 16.90 | 1.30 |
| | 公司职员 | 45.20 | 41.70 | 11.90 | 1.20 |
| | 服务人员 | 40.30 | 44.40 | 15.30 | 0.00 |
| | 体力劳动者 | 25.00 | 50.00 | 25.00 | 0.00 |
| | 其他 | 35.60 | 49.20 | 15.30 | 0.00 |

（续表）

| 基本参数 | | 普通话 | 上饶话 | 老家话 | 其他 |
|---|---|---|---|---|---|
| 是否本地人 | 本地人 | 49.50 | 38.00 | 12.00 | 0.50 |
| | 外地人 在上饶少于5年 | 49.80 | 8.20 | 41.60 | 0.50 |
| | 在上饶5—10年 | 44.10 | 20.60 | 35.30 | 0.00 |
| | 在上饶超过10年 | 48.90 | 21.30 | 29.80 | 0.00 |

　　表2-1-24显示，对于哪种话更好听，不同人群的认知也有差别。女性对普通话更好听的认可比例高出男性10个百分点，男性对上饶话更好听的认可比例高出女性约9个百分点。从年龄来看，认为普通话更好听的群体比例最高的是10—17岁的青少年，占85%；认为上饶本地话更好听比例最高的群体是41—60岁的中年人，占24%；认为老家话更好听比例最高的群体是18—40岁的中青年，占10%。从学历来说，初中学历者认为普通话更好听的比例最高，达到84%；其次是高中和大学学历者，都超过了70%；小学学历者对普通话更好听的认可度最低，只有33%，而这个群体对上饶本地话更好听的认可比例最高，占58%，超出其他群体30至40个百分点。从职业来看，认为普通话更好听比例最高的群体是新闻出版者和学生，都超过了80%；对普通话更好听认可度最低的是服务人员，只占54%；对上饶本地话更好听认可度最高的群体是服务人员和体力劳动者，都超过了33%。本地人和外地人对普通话更好听的认可比例都很高，都达到73%以上，二者之间也没有明显差别；本地人认为上饶话更好听的比例则明显高于外地人，而外地人认为老家话更好听的比例则高于本地人；就外地人而言，随着在上饶生活时间的延长，对普通话更好听的认可比例在增加，对老家话更好听的认可比例则在下降。

表2-1-24　　　　　　　　　　　哪种话更好听　　　　　　　　　　（%）

| 基本参数 | | 普通话 | 上饶话 | 老家话 | 其他 |
|---|---|---|---|---|---|
| 性别 | 男 | 68.80 | 21.60 | 9.20 | 0.70 |
| | 女 | 79.40 | 12.30 | 8.20 | 0.20 |

（续表）

| 基本参数 | | 普通话 | 上饶话 | 老家话 | 其他 |
|---|---|---|---|---|---|
| 年龄 | 10—17 岁 | 85.00 | 9.30 | 5.70 | 0.00 |
| | 18—40 岁 | 69.50 | 19.40 | 10.40 | 0.80 |
| | 41—60 岁 | 67.90 | 23.60 | 8.50 | 0.00 |
| | 61 岁及以上 | 80.00 | 20.00 | 0.00 | 0.00 |
| 学历 | 小学及以下 | 33.30 | 58.00 | 8.30 | |
| | 初中 | 83.70 | 11.80 | 3.90 | 0.70 |
| | 高中 | 72.30 | 22.30 | 5.40 | 0.00 |
| | 大学 | 73.70 | 14.90 | 10.80 | 0.60 |
| | 研究生 | 63.90 | 22.20 | 13.90 | 0.00 |
| 职业/身份 | 教师 | 70.90 | 20.90 | 8.10 | 0.00 |
| | 学生 | 81.00 | 8.50 | 10.20 | 0.20 |
| | 公务员 | 68.40 | 19.70 | 11.80 | 0.00 |
| | 新闻出版者 | 84.60 | 7.70 | 17.70 | 0.00 |
| | 技术人员 | 73.80 | 23.40 | 6.50 | 1.30 |
| | 公司职员 | 61.10 | 20.20 | 4.80 | 1.20 |
| | 服务人员 | 54.20 | 33.30 | 5.50 | 0.00 |
| | 体力劳动者 | 67.80 | 33.30 | 12.50 | 0.00 |
| | 其他 | 35.60 | 25.40 | 5.10 | 1.70 |
| 是否本地人 | 本地人 | 73.90 | 20.90 | 5.00 | 0.20 |
| | 外地人 在上饶少于 5 年 | 73.80 | 8.20 | 16.40 | 1.40 |
| | 在上饶 5—10 年 | 70.60 | 11.80 | 17.60 | 0.00 |
| | 在上饶超过 10 年 | 80.90 | 6.40 | 12.80 | 0.00 |

第三，方言的发展空间。

从目前的现实情况来看，方言的使用空间有一定的局限性，社会上不断有人提出是不是可以把方言作为中小学的教学语言，我们就此设计了两个问题展开调查。结论如图 2-1-11 所示，无论小学还是中学，普通话作为教学语言为绝大多数人所支持，但也有约 5% 的人认可普通话和上饶话并用，支持单纯用上饶话教学的人为数极少。

表 2-1-25 的调查数据显示，对于本地小学教学语言的选择，不同人群的看法有一定的差别。女性选择普通话的比例比男性略高，男

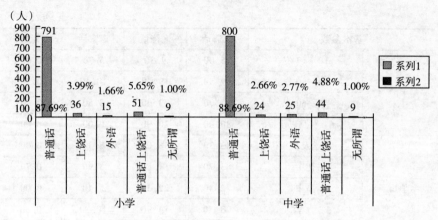

**图 2-1-11　对本地中小学教学语言的选择**

性选择上饶话、外语或普通话和本地话并用的比例比女性略高。从年龄来看，选择普通话比例最高的是 10—17 岁的青少年和 61 岁及以上的老年人，都达到了 90% 以上；而 18—60 岁年龄段的人有百分之十几支持用上饶话教学或者普通话和上饶话并用。从学历来说，选择普通话比例最高的是初中学历者，选择上饶话比例最高的是小学学历者。从职业来看，支持上饶话作为小学教学语言比例最高的是体力劳动者。本地人与外地人在小学教学语言选择上差异不明显。

**表 2-1-25　　　　　对本地小学教学语言选择的看法　　　　　（%）**

| 基本参数 | | 普通话 | 上饶话 | 外语 | 普通话上饶话 | 无所谓 |
|---|---|---|---|---|---|---|
| 性别 | 男 | 85.80 | 5.00 | 2.10 | 6.20 | 0.90 |
| | 女 | 89.50 | 3.00 | 1.30 | 5.20 | 1.10 |
| 年龄 | 10—17 岁 | 91.80 | 1.40 | 0.70 | 5.40 | 0.70 |
| | 18—40 岁 | 85.10 | 5.10 | 2.30 | 6.10 | 1.40 |
| | 41—60 岁 | 88.70 | 5.70 | 0.90 | 4.70 | 0.00 |
| | 61 岁及以上 | 100.00 | 0.00 | 0.00 | 0.00 | 0.00 |
| 学历 | 小学及以下 | 75.00 | 25.00 | 0.00 | 0.00 | 0.00 |
| | 初中 | 92.80 | 1.90 | 0.70 | 3.30 | 1.30 |
| | 高中 | 88.00 | 3.30 | 1.60 | 6.50 | 5.00 |
| | 大学 | 86.30 | 4.40 | 2.10 | 5.90 | 1.20 |
| | 研究生 | 88.90 | 2.80 | 0.00 | 8.30 | 0.00 |

（续表）

| 基本参数 | | 普通话 | 上饶话 | 外语 | 普通话上饶话 | 无所谓 |
|---|---|---|---|---|---|---|
| 职业/身份 | 教师 | 88.40 | 2.30 | 1.20 | 8.10 | 0.00 |
| | 学生 | 88.90 | 3.40 | 1.70 | 5.40 | 0.70 |
| | 公务员 | 92.10 | 2.60 | 1.30 | 3.90 | 0.00 |
| | 新闻出版者 | 84.60 | 7.70 | 0.00 | 7.70 | 0.00 |
| | 技术人员 | 87.00 | 3.90 | 1.30 | 3.90 | 3.90 |
| | 公司职员 | 88.10 | 1.20 | 4.80 | 4.80 | 1.20 |
| | 服务人员 | 80.60 | 5.60 | 1.40 | 9.70 | 2.80 |
| | 体力劳动者 | 75.00 | 16.70 | 0.00 | 8.30 | 0.00 |
| | 其他 | 88.10 | 8.50 | 0.00 | 3.40 | 0.00 |
| 是否本地人 | 本地人 | 88.40 | 3.80 | 1.30 | 6.10 | 0.30 |
| | 外地人 | 86.33 | 4.33 | 2.33 | 4.67 | 2.33 |

表2-1-26的调查数据显示，对于本地中学教学语言的选择，与小学的基本情况差不多。女性选择普通话的比例略高于男性，男性选择上饶话的比例略高于女性。中年和老年选择普通话比例略高于少年和青年，而后者选择上饶话比例则略高于前者。学历越高，选择普通话作为教学语言的比例也越高，小学学历者选择普通话的比例最低，只有83%，而选择上饶话的比例最高，达到17%。从职业来看，服务人员支持普通话作为本地中学教学语言的比例最低，只有78%。本地人与外地人在中学教学语言选择上差异不明显。

表2-1-26　　　　　　　对本地中学教学语言选择的看法　　　　　　（%）

| 基本参数 | | 普通话 | 上饶话 | 外语 | 普通话上饶话 | 无所谓 |
|---|---|---|---|---|---|---|
| 性别 | 男 | 87.60 | 3.70 | 2.50 | 5.50 | 0.70 |
| | 女 | 89.70 | 1.70 | 3.00 | 4.30 | 1.30 |
| 年龄 | 10—17岁 | 89.60 | 1.40 | 2.50 | 5.40 | 1.10 |
| | 18—40岁 | 87.30 | 3.30 | 3.10 | 5.10 | 1.20 |
| | 41—60岁 | 92.50 | 2.80 | 1.90 | 2.80 | 0.00 |
| | 61岁及以上 | 100.00 | 0.00 | 0.00 | 0.00 | 0.00 |

（续表）

| 基本参数 | | 普通话 | 上饶话 | 外语 | 普通话上饶话 | 无所谓 |
|---|---|---|---|---|---|---|
| 学历 | 小学及以下 | 83.30 | 16.70 | 0.00 | 0.00 | 0.00 |
| | 初中 | 88.20 | 3.70 | 4.60 | 2.60 | 1.30 |
| | 高中 | 88.00 | 2.80 | 2.70 | 6.50 | 0.50 |
| | 大学 | 88.60 | 2.30 | 2.50 | 5.40 | 1.20 |
| | 研究生 | 97.20 | 2.80 | 0.00 | 0.00 | 0.00 |
| 职业/身份 | 教师 | 91.90 | 1.20 | 1.20 | 5.80 | 0.00 |
| | 学生 | 88.80 | 1.50 | 3.90 | 5.40 | 0.40 |
| | 公务员 | 98.70 | 1.30 | 0.00 | 0.00 | 0.00 |
| | 新闻出版者 | 100.00 | 0.00 | 0.00 | 0.00 | 0.00 |
| | 技术人员 | 88.30 | 3.90 | 1.30 | 2.60 | 3.90 |
| | 公司职员 | 85.70 | 2.40 | 3.60 | 7.10 | 1.20 |
| | 服务人员 | 77.80 | 5.60 | 4.20 | 11.10 | 1.40 |
| | 体力劳动者 | 91.70 | 8.30 | 0.00 | 0.00 | 0.00 |
| | 其他 | 84.70 | 8.50 | 1.70 | 5.10 | 0.00 |
| 是否本地人 | 本地人 | 89.40 | 2.90 | 1.90 | 5.50 | 0.10 |
| | 外地人 | 87.33 | 2.00 | 4.33 | 3.67 | 2.67 |

综合来看，普通话作为教学语言毫无疑问受到了绝大多数民众的支持，只有极少数人支持用上饶话教学。

### 4. 对繁体字的态度

我们日常生活中最基本的书面交际工具是简化字，但繁体字并没有完全退出当代语言生活，不仅是书法艺术和文物古迹，即使是现代名胜乃至街头巷尾，繁体字并不鲜见。那么民众对繁体字的态度如何呢？我们调查了四个问题：是否喜欢繁体字，是否愿意学习繁体字，中小学是否有必要开设繁体字教学课程，是否赞成户外广告使用繁体字。调查数据如下：

喜欢繁体字的人不是很多，但也不少，占38%，不喜欢的人占23%，还有很大一部分人持无所谓的态度。愿意学习繁体字的人比例相对较高，达到44%，不愿意学的只有19%。认为有必要在学校开展繁体字教学的占33%，认为没必要的占28%。赞成户外广告使用繁体

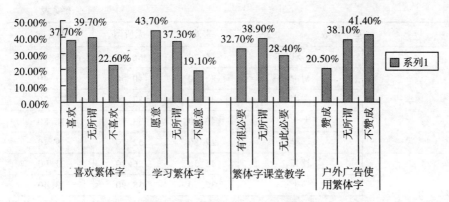

**图 2-1-12 对繁体字的态度**

字的人比例不高，只占 21%，反对者占 41%。总之，对于繁体字持任何一种态度的人都没有占绝对优势，处于一种相对均衡状态。调查显示，不同人群在这四个问题上的态度还有所差别。

第一，是否喜欢繁体字的人群差异。

表 2-1-27 的调查数据显示，不同人群对繁体字的喜欢程度有一定差别。从年龄看，喜欢繁体字比例最高的群体是 18—40 岁的中青年，达到 42%；比例最低的群体是 61 岁及以上的老年人，只有 20%。从学历来看，喜欢繁体字比例最高的是大学学历者，达到 42%；比例最低的是小学及以下学历者，只占 17%。从职业来说，喜欢繁体字比例最高的是教师，达到 45%。外地人喜欢繁体字的比例略高于本地人，男性喜欢繁体字的比例略高于女性。

**表 2-1-27　　　　　　是否喜欢繁体字　　　　　　（%）**

| 基本参数 | | 喜欢 | 无所谓 | 不喜欢 |
|---|---|---|---|---|
| 性别 | 男 | 38.30 | 40.10 | 21.60 |
| | 女 | 37.10 | 39.30 | 23.60 |
| 年龄 | 10—17 岁 | 32.10 | 39.30 | 28.60 |
| | 18—40 岁 | 42.10 | 39.50 | 18.40 |
| | 41—60 岁 | 32.10 | 40.60 | 27.40 |
| | 61 岁及以上 | 20.00 | 60.00 | 20.00 |

（续表）

| 基本参数 | | 喜欢 | 无所谓 | 不喜欢 |
|---|---|---|---|---|
| 学历 | 小学及以下 | 16.70 | 66.70 | 16.70 |
| | 初中 | 28.10 | 40.50 | 31.40 |
| | 高中 | 35.90 | 37.00 | 27.20 |
| | 大学 | 42.40 | 38.90 | 18.80 |
| | 研究生 | 27.80 | 52.80 | 19.40 |
| 职业/身份 | 教师 | 45.30 | 26.70 | 27.90 |
| | 学生 | 37.70 | 38.90 | 23.40 |
| | 公务员 | 28.90 | 48.70 | 22.40 |
| | 新闻出版者 | 38.50 | 30.80 | 30.80 |
| | 技术人员 | 37.70 | 44.20 | 18.20 |
| | 公司职员 | 34.50 | 41.70 | 23.80 |
| | 服务人员 | 43.10 | 37.50 | 19.40 |
| | 体力劳动者 | 37.50 | 45.80 | 16.70 |
| | 其他 | 35.60 | 45.80 | 18.60 |
| 是否本地人 | 本地人 | 35.90 | 40.70 | 23.40 |
| | 外地人 | 41.33 | 37.67 | 21.00 |

第二，是否愿意学习繁体字的人群差异。

表2-1-28的数据显示，女性学习繁体字的意愿相对较强，占47%，比男性高出6个百分点。越是年轻，学习繁体字的意愿越强，青少年愿意学习繁体字的比例达到49%，老年人只有20%。从学历来看，愿意学习繁体字比例相对较高的群体是大学学历者，达到46%。从职业来看，学生愿意学习繁体字意愿最强，比例达到了51%，服务人员和体力劳动者学习繁体字的意愿最弱。外地人比本地人学习繁体字的意愿相对要强一点。

**表 2-1-28　　　　　　　　是否愿意学习繁体字** （%）

| 基本参数 | | 愿意 | 无所谓 | 不愿意 |
|---|---|---|---|---|
| 性别 | 男 | 40.60 | 38.50 | 20.90 |
| | 女 | 46.60 | 36.10 | 17.40 |

（续表）

| 基本参数 | | 愿意 | 无所谓 | 不愿意 |
|---|---|---|---|---|
| 年龄 | 10—17 岁 | 48.60 | 35.00 | 16.40 |
| | 18—40 岁 | 45.00 | 35.80 | 19.20 |
| | 41—60 岁 | 25.50 | 49.10 | 25.50 |
| | 61 岁及以上 | 20.00 | 60.00 | 20.00 |
| 学历 | 小学及以下 | 33.30 | 58.30 | 8.30 |
| | 初中 | 43.80 | 39.20 | 17.00 |
| | 高中 | 40.80 | 40.80 | 18.50 |
| | 大学 | 45.50 | 35.00 | 19.50 |
| | 研究生 | 36.10 | 36.10 | 27.80 |
| 职业/身份 | 教师 | 43.00 | 24.40 | 32.60 |
| | 学生 | 50.90 | 34.50 | 14.60 |
| | 公务员 | 35.50 | 39.50 | 25.00 |
| | 新闻出版者 | 30.80 | 23.10 | 46.20 |
| | 技术人员 | 39.00 | 45.50 | 15.60 |
| | 公司职员 | 38.10 | 42.90 | 19.00 |
| | 服务人员 | 31.90 | 44.40 | 23.60 |
| | 体力劳动者 | 33.30 | 45.80 | 20.80 |
| | 其他 | 40.70 | 44.10 | 15.30 |
| 是否本地人 | 本地人 | 42.40 | 38.00 | 19.60 |
| | 外地人 | 46.33 | 35.67 | 18.00 |

第三，是否支持中小学开设繁体字课程的人群差异。

中小学是否有必要开设繁体字教学课程，这是近年来社会上讨论得比较多的问题，我们的调查显示整体上支持率并不高，基本在35%以下，不同人群态度有一定的差别。表2-1-29的数据显示，女性支持开展繁体字教学的比例高出男性6个百分点。从年龄看，61岁及以上的老年人支持繁体字教学的比例稍高于其他群体，青少年的支持率最低。从学历来看，研究生学历者支持繁体字教学比例最低，只有14%；其反对开展繁体字教学的比例最高，占36%。从职业来说，支持开展繁体字课堂教学比例最高的群体是体力劳动者，达到54%；反对繁体字课堂教学比例最高的群体是新闻出版者和公务员，比例都达到了 46%。是否本地人，对开展繁体字课堂教学的态度没有明显影响。

表 2-1-29　　　中小学是否有必要开设繁体字教学课程　　　（%）

| 基本参数 | | 有必要 | 无所谓 | 无必要 |
|---|---|---|---|---|
| 性别 | 男 | 29.60 | 37.20 | 33.20 |
| | 女 | 35.60 | 40.60 | 23.80 |
| 年龄 | 10—17 岁 | 27.90 | 44.30 | 27.90 |
| | 18—40 岁 | 35.40 | 37.20 | 27.40 |
| | 41—60 岁 | 32.10 | 33.90 | 34.00 |
| | 61 岁及以上 | 40.00 | 20.00 | 40.00 |
| 学历 | 小学及以下 | 33.30 | 41.70 | 25.00 |
| | 初中 | 32.70 | 42.50 | 24.80 |
| | 高中 | 26.10 | 42.50 | 24.80 |
| | 大学 | 36.40 | 34.60 | 29.00 |
| | 研究生 | 13.90 | 50.00 | 36.10 |
| 职业/身份 | 教师 | 29.10 | 36.00 | 34.90 |
| | 学生 | 31.60 | 41.80 | 26.50 |
| | 公务员 | 23.70 | 30.30 | 46.00 |
| | 新闻出版者 | 23.10 | 30.80 | 46.10 |
| | 技术人员 | 37.70 | 32.50 | 29.80 |
| | 公司职员 | 29.80 | 46.40 | 23.80 |
| | 服务人员 | 38.90 | 37.50 | 23.60 |
| | 体力劳动者 | 54.20 | 29.20 | 16.70 |
| | 其他 | 40.70 | 38.90 | 20.30 |
| 是否本地人 | 本地人 | 32.20 | 39.70 | 28.10 |
| | 外地人 | 33.67 | 37.33 | 29.00 |

第四，是否支持户外广告使用繁体字的人群差异。

《国家通用语言文字法》明确规定，户外广告应该使用通用规范简化汉字，但目前户外广告使用繁体字的情况并不少见，对此有支持者也有反对者，整体上反对者更多。表 2-1-30 的数据显示，性别和年龄的区别度不明显，都是赞成者少，反对者多，其中，老年人没有明确表示赞成的。从学历来看，高学历者赞成的比例比低学历者稍微高一点，但反对的也比低学历者稍微多一点。从职业来看，体力劳动者赞成户外广告使用繁体字的比例最高，但也只有29%，而反对比例较高的是教师、新闻出版者、学生和公务员，都超过了43%。是否本地人对户外广告使用繁体字的态度影响不太明显。

表 2-1-30　　　　　是否赞成上饶户外广告使用繁体字　　　　（%）

| 基本参数 | | 赞成 | 无所谓 | 不赞成 |
|---|---|---|---|---|
| 性别 | 男 | 19.50 | 37.80 | 42.70 |
| | 女 | 21.50 | 38.4 | 40.10 |
| 年龄 | 10—17 岁 | 16.80 | 39.30 | 43.90 |
| | 18—40 岁 | 23.70 | 37.80 | 38.60 |
| | 41—60 岁 | 16.00 | 35.80 | 48.10 |
| | 61 岁及以上 | 0.00 | 60.00 | 40.00 |
| 学历 | 小学及以下 | 16.70 | 50.00 | 33.30 |
| | 初中 | 17.00 | 41.20 | 41.80 |
| | 高中 | 19.60 | 39.70 | 40.80 |
| | 大学 | 21.70 | 37.10 | 41.20 |
| | 研究生 | 25.00 | 27.80 | 47.20 |
| 职业/身份 | 教师 | 22.10 | 26.70 | 51.20 |
| | 学生 | 17.00 | 37.00 | 46.00 |
| | 公务员 | 22.40 | 34.20 | 43.40 |
| | 新闻出版者 | 23.10 | 30.80 | 46.20 |
| | 技术人员 | 18.20 | 44.20 | 37.70 |
| | 公司职员 | 27.40 | 42.90 | 29.80 |
| | 服务业人员 | 26.40 | 44.40 | 29.20 |
| | 体力劳动者 | 29.20 | 37.50 | 33.30 |
| | 其他 | 22.00 | 47.50 | 30.50 |
| 是否本地人 | 本地人 | 21.40 | 39.90 | 38.70 |
| | 外地人 | 18.67 | 34.67 | 46.67 |

综上所述，民众对繁体字整体上持一种比较消极的态度，尤其在中小学繁体字教学和户外广告使用繁体字方面支持的人都比较少。

（五）关于语言文字的学习

1. 关于普通话的学习

关于民众普通话学习情况，我们调查了三个问题：是否学过普通话，学习普通话的主要途径，学习普通话的原因。图2-1-13是总体调查结果。

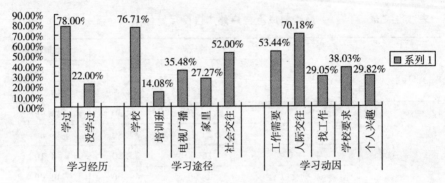

**图2-1-13　关于普通话学习**

总体来看，学过普通话的人占绝对多数，达到78%；学习普通话的主要途径是学校，其次是社会交往；学习普通话的主要原因是为了和更多人交往，其次是工作业务的需要。对于学习普通话的相关认知，不同人群有一定的差别。

第一，普通话学习经历的人群差异。

表2-1-31的数据显示，女性学过普通话的比例略高于男性，40岁以上的人学过普通话的比例高于40岁以下的人，学历越高学过普通话的比例也越高。从职业来看，教师学过普通话的比例最高，占93%，技术人员和体力劳动者学过普通话的比例最低，都只有70%左右。本地人学习过普通话的比例高出外地人6个百分点。

**表2-1-31　　　　　　　　学过普通话的比例　　　　　　　　（%）**

| 性别 | | 年龄（岁） | | | | 学历 | | | | |
|---|---|---|---|---|---|---|---|---|---|---|
| 男 | 女 | 10—17 | 18—40 | 41—60 | 61及以上 | 小学及以下 | 初中 | 高中 | 大学 | 研究生 |
| 77.10 | 79.00 | 78.20 | 77.10 | 81.10 | 100.00 | 58.30 | 73.90 | 74.50 | 80.10 | 91.70 |

（续表）

| 职业/身份 | | | | | | | | | 是否本地人 | |
|---|---|---|---|---|---|---|---|---|---|---|
| 教师 | 学生 | 公务员 | 新闻出版者 | 技术人员 | 公司职员 | 服务人员 | 体力劳动者 | 其他 | 本地人 | 外地人 |
| 93.00 | 75.40 | 84.20 | 84.60 | 68.80 | 79.80 | 77.80 | 70.80 | 78.0 | 80.10 | 74.00 |

第二，对普通话学习途径认知的人群差异。

表 2-1-32 的数据显示，不同群体对普通话学习途径的认知有明显差别。男性和女性都认为学校和社会交往是学习普通话的最好途径，但女性对通过学校学习普通话的认可度高出男性近 6 个百分点，对通过电视广播学习普通话的认可度也高出男性近 8 个百分点。从年龄来看，61 岁及以上的老年人对学校学习的认可比例最高，占 80%；在其他学习途径中，认可在家里学习比例最高的是青少年，达到50%，超出其他年龄群体三十多个百分点；而认可在社会交往中学习普通话与年龄具有负相关性，年龄越小，认可社会交往学习普通话的比例越高。从学历来看，高学历者比低学历者认可学校、培训班和电视广播学习普通话的比例相对要高，而低学历者比高学历者认可通过社会交往学习普通话的比例相对要高，初中和高中学历者比其他学历者认可通过家里学习普通话的比例要高。各职业群体对普通话学习途径的认知有明显差别，认可学校学习比例最高的是公务员和教师，都达到 83% 以上；认可培训班学习比例最高的是新闻出版者和教师，比例都超过了 24%；认可广播电视学习比例最高的是新闻出版者和学生，比例都达到了 43% 以上；认可家里学习比例最高的是学生，达到了 41%；认可社会交往中学习比例最高的也是学生，达到了 63%。本地人支持通过学校和家里学习普通话的比例略高于外地人，而外地人支持通过广播电视和社会交往学习普通话比例则高于本地人，在上饶生活时间不同的外地人对普通话学习途径的认知有一定差异，生活超过 10 年的外地人与不到 10 年的外地人比较，前者支持学校学习普通话比例高于后者，但支持培训班、家里和社会交往中学习普通话的比例则有所下降。

表 2-1-32　　　　　　学习普通话的主要途径（多选题）　　　　（％）

| 基本参数 | | 学校 | 培训班 | 电视广播 | 家中 | 社会交往 |
|---|---|---|---|---|---|---|
| 性别 | 男 | 73.60 | 14.20 | 31.40 | 25.50 | 52.10 |
| | 女 | 79.60 | 13.90 | 39.30 | 29.00 | 52.00 |
| 年龄 | 10—17 岁 | 78.60 | 11.80 | 40.40 | 50.40 | 62.10 |
| | 18—40 岁 | 76.10 | 16.20 | 34.60 | 18.00 | 49.10 |
| | 41—60 岁 | 74.50 | 10.40 | 26.40 | 11.30 | 40.60 |
| | 61 岁及以上 | 80.00 | 0.00 | 40.00 | 20.00 | 20.00 |
| 学历 | 小学及以下 | 58.30 | 0.00 | 8.30 | 8.30 | 66.70 |
| | 初中 | 69.3 | 10.50 | 27.50 | 47.10 | 58.90 |
| | 高中 | 77.20 | 8.20 | 39.70 | 37.50 | 53.80 |
| | 大学 | 79.10 | 16.20 | 37.30 | 19.30 | 50.30 |
| | 研究生 | 77.80 | 33.30 | 30.60 | 11.10 | 33.30 |
| 职业/身份 | 教师 | 82.60 | 24.40 | 31.40 | 8.10 | 31.40 |
| | 学生 | 77.10 | 12.20 | 42.60 | 41.40 | 63.00 |
| | 公务员 | 86.90 | 19.70 | 35.50 | 17.10 | 42.10 |
| | 新闻出版者 | 53.80 | 30.80 | 53.80 | 0.00 | 30.80 |
| | 技术人员 | 71.40 | 15.60 | 29.90 | 20.80 | 50.60 |
| | 公司职员 | 77.40 | 10.70 | 34.50 | 25.00 | 46.40 |
| | 服务人员 | 73.60 | 13.90 | 18.10 | 12.50 | 40.30 |
| | 体力劳动者 | 66.70 | 4.20 | 12.50 | 12.50 | 58.30 |
| | 其他 | 71.20 | 8.50 | 27.10 | 8.50 | 42.40 |
| 是否本地人 | 本地人 | 78.00 | 13.60 | 33.10 | 29.10 | 49.30 |
| | 外地人 在上饶少于 5 年 | 69.90 | 15.50 | 40.20 | 24.70 | 61.20 |
| | 在上饶 5—10 年 | 82.40 | 20.60 | 38.20 | 29.40 | 44.10 |
| | 在上饶超过 10 年 | 87.20 | 8.50 | 42.60 | 14.90 | 48.90 |

　　第三，普通话学习动因的人群差异。

　　表 2-1-33 的数据显示，不同人群学习普通话的动因有所差异。男性女性都认为人际交往需要和工作需要是学习普通话的主要动因，但女性在"工作需要"方面高出男性 6 个百分点，在"学校要求"方面高出男性 4 个百分点，在"个人兴趣"方面高出男性 7 个百分点，

在"为了找更好的工作"方面高出男性6个百分点。年龄越大，因"工作需要"学习普通话的比例越来越高，因"社会交往""找工作需要""学校要求"学习普通话的比例则越来越低，因"个人兴趣"学习普通话的比例基本趋势也是越来越低。不同学历者的普通话学习动因有明显差别，学历越高越认同因工作需要学习普通话，中学和大学学历者认同因交往需要学习普通话的比例相对高于其他学历群体，认同因找工作需要学习普通话比例最高的是大学学历者，认同因学校要求学习普通话比例相对较高的是大学和高中学历者，因个人兴趣学习普通话比例最高的是初中学历者。从职业来看，认同工作需要学习普通话比例最高的是新闻出版者和教师，认同交往需要、找工作需要和个人兴趣学习普通话比例最高的是学生，认同学校要求学习普通话比例最高的是教师。外地人因为交往需要学习普通话的比例高出本地人6个百分点，因为找工作需要高出本地人12个百分点。总之，为同更多人交往是学习普通话的最主要原因。

表 2-1-33　　　　　　　　学习普通话的原因（多选题）　　　　　（%）

| 基本参数 | | 工作需要 | 交往需要 | 找工作 | 学校要求 | 个人兴趣 |
|---|---|---|---|---|---|---|
| 性别 | 男 | 50.50 | 70.90 | 25.70 | 36.00 | 26.40 |
| | 女 | 56.20 | 69.50 | 32.20 | 39.90 | 33.00 |
| 年龄 | 10—17 岁 | 38.20 | 82.50 | 30.40 | 46.40 | 45.00 |
| | 18—40 岁 | 59.90 | 67.70 | 31.10 | 36.20 | 24.50 |
| | 41—60 岁 | 62.30 | 50.90 | 15.10 | 25.50 | 15.10 |
| | 61 岁及以上 | 60.00 | 40.00 | 40.00 | 20.00 | 40.00 |
| 学历 | 小学及以下 | 41.70 | 66.70 | 8.30 | 8.30 | 8.30 |
| | 初中 | 30.10 | 74.50 | 16.30 | 32.70 | 43.10 |
| | 高中 | 42.40 | 71.70 | 23.90 | 39.10 | 28.80 |
| | 大学 | 63.10 | 70.20 | 35.80 | 40.00 | 27.50 |
| | 研究生 | 75.00 | 44.40 | 19.40 | 36.10 | 19.40 |
| 职业/身份 | 教师 | 83.70 | 54.70 | 24.40 | 47.70 | 23.30 |
| | 学生 | 39.70 | 84.90 | 37.20 | 44.30 | 41.10 |
| | 公务员 | 76.30 | 61.80 | 27.60 | 32.90 | 21.10 |
| | 新闻出版者 | 100.00 | 38.50 | 23.10 | 7.70 | 23.10 |

（续表）

| 基本参数 | | 工作需要 | 交往需要 | 找工作 | 学校要求 | 个人兴趣 |
|---|---|---|---|---|---|---|
| 职业/身份 | 技术人员 | 63.60 | 57.10 | 16.90 | 28.60 | 19.50 |
| | 公司职员 | 57.10 | 61.90 | 22.60 | 33.30 | 20.20 |
| | 服务人员 | 50.00 | 63.90 | 20.80 | 27.80 | 13.90 |
| | 体力劳动者 | 37.50 | 37.50 | 16.70 | 16.70 | 33.30 |
| | 其他 | 57.60 | 57.60 | 22.00 | 33.90 | 18.60 |
| 是否本地人 | 本地人 | 53.80 | 68.30 | 25.10 | 38.20 | 30.10 |
| | 外地人 | 52.67 | 74.00 | 37.00 | 37.67 | 29.33 |

2. 关于方言的学习

图 2-1-14 的数据显示，民众对方言学习整体上并不太积极，特别希望孩子学会自己老家方言的比例只有32%，特别希望自己学习父母方言的比例也只占33%，多数人对方言学习持一种无所谓的态度。对方言学习途径的认知也明显区别于普通话学习，一般认为普通话学习的途径主要是学校，然后才是社会交往，而方言学习的首要途径是社会交往，占61%，其次是家里，占50%，认同学校学习方言的比例只占25%。不同人群对方言学习的认知也有一定的差别。

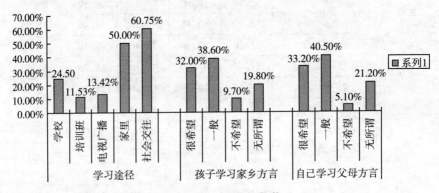

图 2-1-14　关于方言学习

第一，上饶话学习途径认知的人群差异。

表 2-1-34 的调查数据显示，关于学习上饶话的最好途径，男女的选择区别度不太大，只是女性主张跟家里人学的比例高出男性10个百分点，男性主张在社会交往中学习的比例高出女性4个百分点。

越是年轻越是主张学习途径的多样性，各年龄段的人都认可社会交往和家里是上饶话学习的主要途径，其次是学校，而40岁以下的人认同通过培训班和广播电视学习上饶话的比例明显高于40岁以上的人。从学历来看，低学历者主张通过学校和家里学习上饶话的比例略高于高学历者，而高学历者主张通过社会交往学习上饶话的比例则高于低学历者。从职业身份来看，认同学校学习上饶话比例最高的是体力劳动者和服务人员，认同培训班和广播电视学习上饶话比例最高的是新闻出版者，认同与家人学习比例最高的是公司职员和公务员，认同社会交往中学习比例最高的是教师。本地人认同在家里学习上饶话的比例大大高于外地人，超过了近35个百分点，而外地人认同社会交往和学校学习上饶话的比例则高于本地人。

表 2-1-34　　　　学习上饶本地话的较好途径（多选题）　　　　（%）

| 基本参数 | | 学校 | 培训班 | 电视广播 | 家人 | 社会交往 |
|---|---|---|---|---|---|---|
| 性别 | 男 | 25.00 | 10.60 | 13.10 | 44.70 | 62.80 |
| | 女 | 24.00 | 12.40 | 13.70 | 54.90 | 58.80 |
| 年龄 | 10—17 岁 | 29.30 | 11.10 | 20.00 | 63.60 | 51.40 |
| | 18—40 岁 | 23.70 | 12.90 | 11.00 | 42.70 | 64.40 |
| | 41—60 岁 | 15.10 | 7.50 | 8.50 | 49.10 | 69.80 |
| | 61 岁及以上 | 40.00 | 0.00 | 0.00 | 60.00 | 20.00 |
| 学历 | 小学及以下 | 41.70 | 8.30 | 8.30 | 50.00 | 41.70 |
| | 初中 | 22.90 | 11.10 | 19.60 | 62.10 | 43.80 |
| | 高中 | 26.10 | 8.70 | 10.90 | 58.70 | 54.30 |
| | 大学 | 24.20 | 13.00 | 12.80 | 43.30 | 67.70 |
| | 研究生 | 22.20 | 16.70 | 11.10 | 50.00 | 72.20 |
| 职业/身份 | 教师 | 10.50 | 8.10 | 8.10 | 48.80 | 77.90 |
| | 学生 | 29.40 | 11.70 | 16.10 | 47.40 | 57.40 |
| | 公务员 | 11.80 | 13.20 | 11.80 | 54.00 | 68.40 |
| | 新闻出版者 | 30.80 | 46.20 | 30.80 | 46.20 | 46.20 |
| | 技术人员 | 14.30 | 9.10 | 5.20 | 48.10 | 72.70 |
| | 公司职员 | 20.20 | 10.80 | 10.80 | 54.80 | 61.90 |
| | 服务人员 | 36.10 | 22.20 | 19.40 | 47.20 | 52.80 |
| | 体力劳动者 | 37.50 | 8.30 | 8.30 | 50.00 | 37.50 |
| | 其他 | 25.40 | 10.20 | 10.20 | 64.40 | 54.20 |

（续表）

| 基本参数 | | 学校 | 培训班 | 电视广播 | 家人 | 社会交往 |
|---|---|---|---|---|---|---|
| 是否本地人 | 本地人 | 22.40 | 10.50 | 14.10 | 61.50 | 58.80 |
| | 外地人 | 28.67 | 14.33 | 12.00 | 27.00 | 64.67 |

第二，对孩子学习老家方言态度的人群差异。

方言在公共场所的交际价值非常有限，其价值主要体现于文化认同。不同人群在孩子是否学习老家方言方面的态度有何差异呢？表2-1-35 的数据显示，男性希望小孩学会家乡方言的比例高出女性 9 个百分点。从年龄来说，18—40 岁的中年人希望小孩学习家乡方言的比例最高，有意思的是 61 岁及以上的老人不希望小孩学习家乡方言的比例最高，达到 20%，超出其他群体十多个百分点。从职业身份来看，希望小孩学习家乡方言比例最高的群体是教师，达到 45%，最低的群体是新闻出版者和学生，只有 25%左右。被调查人的学历属性、籍贯属性对小孩学习家乡方言的期望值影响不大。

表 2-1-35　　　　　是否希望或要求孩子学会家乡方言　　　　　（%）

| 基本参数 | | 很希望 | 一般 | 不希望 | 无所谓 |
|---|---|---|---|---|---|
| 性别 | 男 | 36.30 | 34.10 | 9.90 | 19.60 |
| | 女 | 27.70 | 42.90 | 9.00 | 19.90 |
| 年龄 | 10—17 岁 | 24.10 | 41.60 | 11.40 | 22.90 |
| | 18—40 岁 | 35.00 | 37.10 | 9.60 | 18.20 |
| | 41—60 岁 | 31.10 | 41.50 | 6.60 | 20.80 |
| | 61 岁及以上 | 20.00 | 20.00 | 20.00 | 40.00 |
| 学历 | 小学及以下 | 33.30 | 41.70 | 8.00 | 16.70 |
| | 初中 | 25.20 | 36.30 | 14.10 | 24.20 |
| | 高中 | 31.10 | 41.70 | 8.00 | 16.70 |
| | 大学 | 33.70 | 39.40 | 8.90 | 17.90 |
| | 研究生 | 30.60 | 44.40 | 5.60 | 19.40 |
| 职业/身份 | 教师 | 45.30 | 36.00 | 8.10 | 10.40 |
| | 学生 | 25.10 | 44.60 | 12.40 | 17.90 |
| | 公务员 | 29.30 | 38.70 | 5.30 | 26.70 |

（续表）

| 基本参数 | | 很希望 | 一般 | 不希望 | 无所谓 |
|---|---|---|---|---|---|
| 职业/身份 | 新闻出版者 | 23.10 | 46.20 | 0.00 | 30.80 |
| | 技术人员 | 34.20 | 36.80 | 7.90 | 21.10 |
| | 公司职员 | 30.90 | 32.10 | 10.70 | 26.20 |
| | 服务人员 | 41.70 | 26.40 | 12.50 | 19.40 |
| | 体力劳动者 | 37.50 | 25.00 | 8.30 | 29.20 |
| | 其他 | 33.30 | 45.60 | 5.30 | 15.80 |
| 是否本地人 | 本地人 | 32.20 | 36.80 | 9.10 | 21.90 |
| | 外地人 | 33.62 | 45.11 | 11.49 | 9.79 |

第三，对学习父母家乡方言态度的人群差异。

表 2-1-36 的数据显示，关于是否希望学会父母家乡方言，男性的期望比例高出女性 6 个百分点，18—40 岁的中青年明显高于其他群体，其中 61 岁及以上的老年人没有人希望学会父母的家乡方言。从学历来看，小学及以下学历者希望学会父母家乡方言的比例相对最高，达到 44%。从职业来看，希望学习父母方言比例最高的是体力劳动者，达到 53%。是否是本地人影响不明显。

表 2-1-36　　　　是否希望学会父亲或母亲的家乡方言　　　　（%）

| 基本参数 | | 很希望 | 一般 | 不希望 | 无所谓 |
|---|---|---|---|---|---|
| 性别 | 男 | 36.50 | 36.70 | 5.90 | 20.80 |
| | 女 | 30.20 | 43.90 | 4.30 | 21.50 |
| 年龄 | 10—17 岁 | 22.70 | 46.80 | 6.50 | 24.10 |
| | 18—40 岁 | 39.90 | 35.70 | 4.90 | 19.50 |
| | 41—60 岁 | 31.50 | 44.60 | 2.20 | 21.70 |
| | 61 岁及以上 | 0.00 | 100.00 | 0.00 | 0.00 |
| 学历 | 小学及以下 | 44.40 | 22.20 | 11.10 | 22.20 |
| | 初中 | 23.60 | 47.20 | 5.60 | 23.60 |
| | 高中 | 32.40 | 38.10 | 6.30 | 23.30 |
| | 大学 | 36.20 | 39.90 | 4.50 | 19.30 |
| | 研究生 | 31.00 | 37.90 | 3.40 | 27.60 |

（续表）

| 基本参数 | | 很希望 | 一般 | 不希望 | 无所谓 |
|---|---|---|---|---|---|
| 职业/身份 | 教师 | 46.90 | 34.60 | 2.50 | 16.00 |
| | 学生 | 28.50 | 43.60 | 6.60 | 21.40 |
| | 公务员 | 31.70 | 39.70 | 1.60 | 26.90 |
| | 新闻出版者 | 33.30 | 50.00 | 0.00 | 16.70 |
| | 技术人员 | 34.70 | 31.90 | 4.20 | 28.40 |
| | 公司职员 | 31.10 | 47.30 | 4.10 | 17.60 |
| | 服务人员 | 31.90 | 34.70 | 5.60 | 13.90 |
| | 体力劳动者 | 52.60 | 21.10 | 5.30 | 21.10 |
| | 其他 | 40.00 | 34.00 | 4.00 | 22.00 |
| 是否本地人 | 本地人 | 33.20 | 38.40 | 5.00 | 23.30 |
| | 外地人 | 33.10 | 44.60 | 7.32 | 17.07 |

3. 关于繁体字的学习

今天的基础教育体系中并没有系统教授繁体字，但调查显示，还是有 20.8% 的被调查者表示学习过繁体字。就繁体字学习的途径看，民众认为最好的途径是自学，占 55.1%；其次是学校教育，占 49.6%。不同人群的繁体字学习经历及对繁体字学习途径的认同有一定差异。

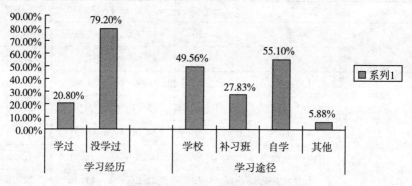

图 2-1-15　关于繁体字学习

第一，繁体字学习经历的人群差异。

表 2-1-37 的数据显示，学过繁体字的人并不多，相对来说，男

性学过繁体字的比例稍微高于女性。就年龄来看，41—60岁的中年人学过繁体字的比例最高，占28.3%。从学历来看，小学及以下学历者学过繁体字的比例最低。从职业来看，新闻出版者学过繁体字的比例最低，只有8%。外地人和本地人学过繁体字的比例差别不大。

**表 2-1-37**　　　　　　　　　　学过繁体字的比例　　　　　　　　　　（%）

| 性别 | | 年龄（岁） | | | | 学历 | | | | |
|---|---|---|---|---|---|---|---|---|---|---|
| 男 | 女 | 10—17 | 18—40 | 41—60 | 61及以上 | 小学以下 | 初中 | 高中 | 大学 | 研究生 |
| 23.6 | 18.2 | 20.0 | 19.8 | 28.3 | 20.0 | 16.7 | 21.1 | 20.1 | 19.3 | 19.4 |

| 职业/身份 | | | | | | | | | 是否本地人 | |
|---|---|---|---|---|---|---|---|---|---|---|
| 教师 | 学生 | 公务员 | 新闻出版 | 技术人员 | 公司职员 | 服务人员 | 体力劳动者 | 其他 | 本地人 | 外地人 |
| 24.4 | 17.0 | 15.8 | 7.7 | 25.9 | 23.8 | 33.3 | 33.3 | 20.3 | 20.8 | 21.0 |

第二，对繁体字学习途径认知的人群差异。

对繁体字学习的途径，不同人群的认知差别不是太明显，各学历层次、各职业群体的人对繁体字学习途径的认知差异不明显，本地人和外地人差别也不明显。只是性别和年龄因素有一定影响，女性支持通过学校和补习班等正规途径学习的比例略高于男性，老年人主张通过学校学习的比例高于其他年龄段的人，而18—60岁的青年和中年人主张自学的比例高于其他年龄段的人。

**表 2-1-38**　　　　　　学习繁体字的较好途径（多选题）　　　　　　（%）

| 基本参数 | | 学校 | 补习班 | 自学 | 其他 |
|---|---|---|---|---|---|
| 性别 | 男 | 47.00 | 26.80 | 56.40 | 6.00 |
| | 女 | 52.00 | 28.80 | 53.90 | 5.80 |
| 年龄 | 10—17 岁 | 52.90 | 32.50 | 35.80 | 8.60 |
| | 18—40 岁 | 49.30 | 26.00 | 53.00 | 4.00 |
| | 41—60 岁 | 40.60 | 24.50 | 54.70 | 8.50 |
| | 61 岁及以上 | 80.00 | 20.00 | 20.00 | 0.00 |
| 学历 | 小学及以下 | 50.00 | 16.70 | 41.70 | 16.70 |
| | 初中 | 51.60 | 32.00 | 54.20 | 10.50 |
| | 高中 | 46.20 | 23.90 | 58.70 | 5.40 |

（续表）

| 基本参数 | | 学校 | 补习班 | 自学 | 其他 |
|---|---|---|---|---|---|
| 学历 | 大学 | 50.10 | 28.80 | 53.60 | 4.60 |
| | 研究生 | 50.00 | 19.40 | 66.70 | 2.80 |
| 职业/身份 | 教师 | 46.50 | 23.30 | 55.80 | 3.50 |
| | 学生 | 51.10 | 31.40 | 59.60 | 6.30 |
| | 公务员 | 42.10 | 19.70 | 67.10 | 3.90 |
| | 新闻出版者 | 38.50 | 23.10 | 53.80 | 7.70 |
| | 技术人员 | 54.50 | 29.90 | 31.20 | 5.20 |
| | 公司职员 | 48.80 | 25.00 | 48.80 | 7.10 |
| | 服务人员 | 50.00 | 33.30 | 51.40 | 4.20 |
| | 体力劳动者 | 54.20 | 8.30 | 41.70 | 12.50 |
| | 其他 | 47.50 | 23.70 | 57.60 | 6.80 |
| 是否本地人 | 本地人 | 49.30 | 26.70 | 56.10 | 6.10 |
| | 外地人 | 50.00 | 30.00 | 53.00 | 5.33 |

综合所有数据可以看出，上饶民众对语言文字相关法律的知晓度整体上并不高，大部分人都喜欢普通话，也学过普通话，并经常使用普通话与人交流，对方言学习的态度和喜好程度一般，对繁体字学习持比较消极的态度。公共场所用字，大多数人都支持为方便民众认读最好使用简化字。

（六）关于海西经济区的知晓度

海西经济区是国家级的经济发展区，主体在福建，江西上饶也属于海西经济区，但我们的调查显示，民众对上饶属于海西经济区并不是太了解，只有41%的人知道。

表2-1-39的数据显示，对于上饶是否属于海西经济区，男性的知晓度高出女性11个百分点，年龄越大其知晓度越高，高学历者知晓度整体上高于低学历者。从职业来看，新闻出版者、公务员的知晓度最高，但即使是公务员也只有74%的人知道，应该说这个比例还是比较低的。本地人的知晓度略高于外地人。

表 2-1-39　　　　　　　上饶是否属于海西经济区　　　　　　（%）

| 基本参数 | | 属于 | 不属于 | 不知道 |
|---|---|---|---|---|
| 性别 | 男 | 46.30 | 17.20 | 36.50 |
| | 女 | 35.20 | 22.70 | 42.10 |
| 年龄 | 10—17 岁 | 38.90 | 18.60 | 3.90 |
| | 18—40 岁 | 38.70 | 21.70 | 39.50 |
| | 41—60 岁 | 52.80 | 16.00 | 31.10 |
| | 61 岁及以上 | 60.00 | 20.00 | 20.00 |
| 学历 | 小学及以下 | 25.00 | 8.40 | 66.70 |
| | 初中 | 40.50 | 19.00 | 40.50 |
| | 高中 | 29.90 | 18.50 | 51.60 |
| | 大学 | 42.70 | 21.70 | 35.60 |
| | 研究生 | 69.40 | 13.90 | 16.70 |
| 职业/身份 | 教师 | 41.90 | 23.30 | 34.90 |
| | 学生 | 35.80 | 21.40 | 42.80 |
| | 公务员 | 73.70 | 14.50 | 11.80 |
| | 新闻出版者 | 76.90 | 15.40 | 7.80 |
| | 技术人员 | 54.50 | 11.70 | 33.80 |
| | 公司职员 | 34.50 | 22.60 | 42.90 |
| | 服务人员 | 29.20 | 18.10 | 52.80 |
| | 体力劳动者 | 37.50 | 8.30 | 54.20 |
| | 其他 | 27.10 | 28.80 | 44.10 |
| 是否本地人 | 本地人 | 42.70 | 18.80 | 38.50 |
| | 外地人 | 36.33 | 22.67 | 41.00 |

## 三　座谈、访谈内容

### （一）座谈内容

2015 年 7 月 15 日，上饶市教育局曾纯马副局长主持召开"海西经济区语言文字使用情况"课题调研会议。上饶市委办公厅、市人大办公厅、市政府办公厅、市委宣传部、经济开发区、市外侨办、新闻出版局、市教育局、市文化局、市卫生局、市语委办等十余个部门的办公室主任或从事语言文字相关工作的人员以及多位中学教师参加了座谈会，形成如下意见：

第一，普通话是政府各部门人员的基本工作语言。上饶市政府各部门非常重视普通话推广工作，将语言文字工作纳入城市综合管理的内容，市委办公厅将语言文字工作纳入到日常工作的范围，从宣传、培训提高和公文规范三个方面加强语言文字工作，普通话已经成为上饶市各级党政机关的基本工作用语。

第二，保护方言，但不支持方言进课堂。与会人员普遍认为，方言是文化的重要组成部分，从保留文化传统来说应该要保护方言。上饶方言非常丰富，有上饶话、闽南话、客家话等，承载着上饶的文化和历史，但普通话在日常生活中作用越来越大，讲方言的语境越来越少，年青一代基本上不讲方言。方言代表一个人的根，体现文化传承，需要做好保护方言的工作。在单位工作中规范使用普通话，但在生活当中与老乡朋友交流，可以使用方言，多一份感情，能增加老乡的融洽度。还有的情况必须使用方言，与基层老百姓打交道还得使用方言，所谓在什么山唱什么歌，基层百姓还是习惯于方言，比如征地拆迁最好用方言，在乡村工作还是得使用方言，这样有利于与群众更好交流，使用方言更容易获得老百姓的心理认同。

但是方言不应该走进课堂，方言进入课堂会导致教师无法教学，外地来的老师难以使用方言授课。学习方言必定得有考试，又增加学生的学习负担。而且方言没有文字，方言只靠口传身教，不需要在课堂上教，方言对于小孩来说可以在大语境中教。方言不需要在课堂上进行授课，可以有兴趣班之类的教学，保护方言可以在小学设置一些兴趣小组、兴趣班，用方言演本剧、讲故事，让地方文化得到传承。也可以通过广播媒体进行教学，上饶电视台有个方言广播节目，其收听调查结果排名是靠前的，这是一种印证，说明方言很贴近百姓。

第三，规范用字，以兴趣主导繁体字学习。上饶市政府印发了《上饶市社会用字管理规定》，全市各级党政机关的标识牌、公文印章等各方面都使用规范汉字，公共场所用字符合规范。各级单位部门使用标准的简体字，交往文书都使用简化字，招牌、门楣没有特殊要求不会使用繁体字。包括港澳台办、海外华侨，递送名片、请柬、招商引资的材料、来往邮件等全部使用简体字，不会使用繁体字。

简化字有了一定的历史积淀之后，和繁体字一样也有文化底蕴，而且当今社会生活节奏快，对用字的效益要求越来越高，以追求交流简单快捷为主要目的，不主张复兴繁体字。繁体字承载传统文化，可以通过书法或其他方式学习，但是社会交往和公共活动中不应该使用。繁体字在书法方面可以广泛应用，把繁体字作为一门艺术推广，但在其他场合都应该使用简化字。中国文化源远流长，传统文化要保护，但要注意保护的方式，不一定要使用繁体字才能保护传统文化。繁体字作为一种文化传承很有必要，作为艺术可以学习，但课堂教学没有必要。繁体字可以通过兴趣班、培训班来学习。小学生学习、运用简体字更加简单方便，可以更容易激发阅读兴趣和写作兴趣。学习繁体字应以兴趣为主。

（二）访谈内容

2015 年 7 月 16 日上午，在上饶市教育局相关人员陪同下课题组走访了台资企业上饶市宏福服装，访问对象不是台商本人，而是公司的管理层人员。据介绍，企业的宣传文字全用简体字，台商本人写繁体字，但是能认识简体字。台商在慢慢地融入上饶，有的都在这里结婚生子了。上饶这边与台资企业对接的政府相关部门人员大部分都能认识和阅读繁体字的杂志和报纸。台湾国语和大陆普通话在词汇上有差异，但是并不影响交际。

四　调查结论及建议

随着普通话的推广，上饶市的语言生活已经发生了很大改变，普通话在人们日常生活中的作用越来越重要。正因为普通话的地位越来越高，已经有相当一部分人没有意识到要将方言传承给后代，也很少有人愿意去学习父母亲的方言，这对上饶本地话的生存带来一定的威胁。在文字方面，上饶市民众的繁体字使用能力并不强，繁体字意识也不强，只有一小部分人支持户外广告使用繁体字和学校开设繁体字课程。针对上饶市目前的语言文字生活状况，我们提出几点建议。

第一，继续大力推广普通话。

2012 年上饶市以优异的成绩通过了国家二类城市语言文字评估，同时上饶市政府印发了《上饶市社会用字管理规定》，上饶市语委印发了《上饶市语言文字工作十二五规划》，将语言文字工作纳入城市综合管理的内容，其他各单位也从制度上保证了上饶市语言文字工作的规范性，普通话成为上饶市各级党政机关工作用语。普通话对上饶市民众的日常生活影响越来越大，已经是上饶市语言生活的重要组成部分，但是还应该看到普及工作并没有结束，还应该继续大力推广下去。

第二，积极保护上饶本土话。

正因为普通话的大力推广，上饶话在人们日常生活中的使用率不断降低，并且民众的方言保护意识不强，这给上饶本土话的生存带来一定的威胁。一个健康和谐的语言生活状态，应该是普通话和方言并存，普通话不断得到推广，深入人们的日常生活，方言以及他所负载的文化也能受到保护和传承。然而目前上饶市语言生活中，普通话地位很高，方言的作用则大为削弱，所以应该提高人们的方言保护意识，号召人们积极保护上饶本土方言。

第三，规范使用繁体字。

调查数据显示，上饶市民众的繁体字识读能力并不强，大部分民众只认识一小部分繁体字，如若户外广告、公共场所设施、公共服务行业开始大量使用繁体字，会给民众的认读带来一定的困难，并且上饶市大部分民众不支持大量使用繁体字，所以应该按照相关法律法规来规范上饶市繁体字的使用。

# 第二节　公共空间语言景观

语言景观指公共空间中可视化语言的分布状况，一般指公共路牌、广告牌、街名、地名、商铺招牌以及政府楼宇的公共标牌上的语言。公共空间的语言景观不仅仅传递语言文字本身所负载的基本信息内容，同时也体现了国家语言政策、族群语言心理、民众语言观念等深层特质。Landry & Bourhis1997 年发表的《语言景观与民族语言活力———一项实证研究》（Linguistic landscape and ethnolinguistic vitality：An empirical study）是语言景观研究的奠基之作。之后，语言景观研究吸引了众多学者的注意，成为社会语言学和应用语言学领域的一个热点问题，语言景观的研究成果相继问世，出版了论文集、专著，还出现了专门的语言景观期刊 Linguistic landscapes：An International Journal。语言景观研究是考察一个城市语言生态的好方法，在西方发展势头迅猛，但国内语言景观研究最近几年才起步，尚国文、赵守辉（2014a/2014b）引介了国外语言景观研究的背景、定义、视角、方法、分析维度、理论构建等，李丽生（2015）也介绍了西方语言景观研究的常见主题，并提出了开展语言景观实证研究的价值，徐铭、卢松（2015）认为城市语言景观可能成为语言地理学深入研究的有效途径和新方向。国内语言景观的实证研究也初见成果，如徐红罡、任艳（2015）对云南丽江束河古镇纳西东巴文语言景观的研究。总的来看，国内语言景观研究刚刚起步，但大有可为。

　　语言景观研究通常将语料分为两类：一是自上而下的标牌（top—down signs），即政府设立的代表政府立场和行为的标牌，如路标、交通指示牌或者国家旅游景区标牌，也称为官方标牌；二是自下而上的标牌（bottom—up signs），即私人或企业以传播商业信息为目的所设立的标牌，如店名、广告牌等，也称为非官方标牌。Backhaus（2007）提出语言景观研究主要涉及三个方面：语言景观的设计者、语言景观的受众和语言景观反映的社会语言状况。本节区分自上而下的语言景观和自下而上的语言景观，即区分了语言景观的不同设计者，选择商店名称和路牌、景区标识牌来考察不同的语言景观，这是考虑语言景观的不同受众。我们从语言形式入手，考察商店名称的语言特征及其背后的语言景观，借鉴场所符号学理论研究景区语言景观以及两种语言景观中存在的不规范现象，同时立足于国家和地方语言文字政策相关法规，探讨语言景观与语言群体的权势和地位之间的互动关系。

## 一　自下而上的语言景观

我们所搜集的自下而上的语言景观材料主要是商店标牌名称。商店最初主要指经销食品和日用品的零售企业，而今已向综合服务发展，包括咖啡馆、俱乐部、电影院、酒店等各种服务设施。因而商店名是一种重要的领域语言（Domain Specific Language），对其展开研究"不仅可以丰富语言学自身，而且可以健康社会语言生活，解决与语言相关的社会问题，推进社会发展"（李宇明、周建民，2004）。学界目前主要从语言本身的结构特征以及命名的修辞特征等方面讨论商店名称本身的问题，我们立足语言景观的新视角，讨论不局限于商店名称本身，更多从语符形式组合情况来看其背后蕴藏的语言景观，试图多方位地展示上饶市自下而上的语言景观，以此窥测上饶的社会经济文化特征。我们的调查范围包括上饶市区繁华街道胜利路、步行街，以及五三大道、紫阳大道、凤凰大道、赣东北大道等市中心几条主干道，用数码照相机共拍摄照片220张，共搜集店名324个。这些图片上的语言文字状况能大致反映出上饶市语言景观的概貌。

（一）店名的语符类型及语符搭配

语符即语言文字符号，包括文字、符号、汉语拼音、数字等。商店名的语符及语符组成的形式特征能很好地映射出当地自下而上的语言景观。上饶店名语符主要包括汉字、汉语拼音、英文和极少量韩文、日文及相关符号等。本文所搜集的324个店名中，纯汉字店名219个，英文和汉字搭配使用店名62个，纯英文店名14个，汉字和拼音搭配使用店名13个，其他语符搭配使用店名16个，具体情况见表2-2-1。

表 2-2-1　　　　　　　　　上饶店名的语符搭配模式比率表

| | | 次数 | 比率 | 店名示例 |
|---|---|---|---|---|
| 汉语型 | 纯汉字 | 219 | 67.6% | 风尚造型 |
| | 汉字配拼音 | 13 | 4.0% | Feidiao 飞雕 |
| | 纯拼音 | 2 | 0.6% | Mengdibaoluo |
| | 汉字配数字 | 2 | 0.6% | 0 度造型 |

（续表）

| | | 次数 | 比率 | 店名示例 |
|---|---|---|---|---|
| 汉语型占比 | | | 72.8% | — |
| 汉外混配型 | 汉字配英文 | 62 | 19.1% | 卡索 Castle |
| | 汉字配拼音、英文 | 3 | 0.9% | HB 黑白印象婚纱摄影 IMAGESTUDIO |
| | 汉字配英文、符号 | 2 | 0.6% | 禧福珠寶 C&F CROWN & FELICITY |
| | 汉字配英文、韩文 | 2 | 0.6% | 여자 가장 사랑 Most Loves woman 外贸专营店 |
| | 汉字配韩文 | 1 | 0.3% | 黄夫人 황부인 韩舍 |
| | 汉字配阿拉伯文 | 1 | 0.3% | مطاعم السلامية兰州牛肉拉面 |
| | 汉字配日文 | 1 | 0.3% | 筱沫の寿司 |
| 汉外混配型占比 | | | 22.1% | — |
| 外语型 | 纯英文 | 14 | 4.3% | Little |
| | 英文配数字 | 1 | 0.3% | 11 Eleven |
| | 西文字母配符号 | 1 | 0.3% | Z&Z |
| 外语型占比 | | | 4.9% | — |

语言景观具有信息功能（informational function），可以帮助人们了解某个社区内语言使用的特点。作为自下而上的语言景观，上饶市主要街道店名语符组配情况提供了丰富的社会文化信息，映射了上饶经济社会发展的诸多情况。

上饶店名的语符类型并不单一，除了汉语型之外，还出现了一定数量的英语语符，甚至还出现了少量韩语、日语等多种外来语符，如"HONEY TOP、THOUGHT、Queen、센티 아들 차、筱沫の寿司"，可见上饶也受到了外来文化的影响。但整体看来，汉语型店名占绝对优势，达73%，纯外语型店名很少，只占5%，可见，上饶市作为一个内陆地级市，其国际化程度比较低。外语型店名其语种也比较单一，主要是英语，其他语种非常少见，韩语和日语店名分别只出现了一次。虽然英语相对其他外语语符来说使用比较丰富，但大多是中低端服装品牌名称，或者是作为汉字店名的配注形式出现，给消费者呈现出一种国际高端上档次的视感，并未传递很明显的客观信息内容。在我们所搜集到的所有包含外语语符的84个店名中，有35个是品牌名称，比如"jessy line"就是淑女服装品牌，还有10个是商家根据拟

音而起的英语店名，并无实际语义指称功能，另外大多都是根据汉字来进行配注，如"卡卡 CACA"。

音译或者意译的内容很大程度上并不是要靠英语词汇来提供信息，英语词汇只是一种提高商店档次或者美化商店牌匾的排版需要。一般说来，牌匾中更加突显汉字，其位置往往在前面或在上面，字体也更大；而将英语用小号字体显示于汉字下方以提供一种附加信息。但也有极少数情况以英语为主汉字为辅。

从店名使用外语比例中可以看出，英语作为一种全球化的语言实力不容小觑，是除汉语之外最强势的语言。另外，有些商店名尽管使用了英语，但很多并不标识信息，仅仅具有外来视感，这反映了上饶市外籍人士较少，对外交流并不丰富，不太需要使用汉语之外的语言进行日常商业交易。

最后，很明显的一点是规范汉字的使用占了绝对优势，显示民众语言规范意识较强，这也是国家多年来语言文字使用规范工作卓有成效的表现。

（二）店名的语音特征

店名是诉诸消费者视觉形象的部分，通过视觉刺激，进入消费者大脑，成为短时记忆的内容。对于商店牌匾来说，不仅仅是语符搭配、图案设计等信息很重要，店名的语音特征也很重要，这涉及是否方便消费者记忆的问题，音节长短是语音信息里很重要的内容。我们统计了搜集到的所有店名的音节长短，发现了一些基本规律。① 详细情况见表 2-2-2。

表 2-2-2　　　　　　　　上饶市商店名音节数量情况

| 音节特征 | 店名数 | 比率 | 举例 |
| --- | --- | --- | --- |
| 双音节 | 32 | 9.9% | Cabbeen//LàLà//享瘦 |
| 三音节 | 49 | 15.1% | CEFIRO//比比巴//丝绸庄 |

① 商店名不仅包括汉字，还包括英语字母和阿拉伯数字，我们在计算音节长短时，英文字符的音节数量按照国际音标来进行音节判断，比如"SUGAR"算作两个音节，阿拉伯数字按照拼音来判断音节数量，比如"11"就是两个音节。

（续表）

| 音节特征 | 店名数 | 比率 | 举例 |
|---|---|---|---|
| 四音节 | 126 | 39% | JACK WOLF//时尚雅舍//國會一號 |
| 五音节 | 48 | 14.8% | 11Eleven//茶馬道特产//百草堂药房 |
| 六音节 | 30 | 9.3% | PPG 大师漆//車大娘餃子館 |
| 七音节 | 15 | 4.6% | 婷美 SPA 养生馆//露诗贝尔养生馆 |
| 八音节 | 14 | 4.3% | 川妹火锅时尚餐厅//袁師傅蜡汁肉夹馍 |
| 九音节 | 5 | 1.5% | 黄慶仁棧華氏大藥房//江西华张律师事务所 |
| 十音节 | 3 | 0.9% | 馥雅女子瑜伽养生会所//信仁德金福康健康家园 |
| 十一音节 | 1 | 0.3% | 上饶市小舞蹈家艺术中心 |
| 十三音节 | 1 | 0.3% | 汇夜坊烟酒商行國窖 1573 |

从表 2-2-2 可以看出，上饶店名的音节数量集中在三音节、四音节和五音节，其中尤以四音节数量最多。单音节形式没有出现，因为尽管单音节便于记忆，但单音节既不能提供足够完整的信息也不符合汉民族追求对称的审美需求。三音节、四音节和五音节数量较多，占68.9%，是店名命名的"黄金格"，这有两个原因：第一，可以保证提供充分的信息，既可以有属名、业名和通名，如"百草堂药房"，也可以省去通名和业名，如"比比巴"，体现了习用性和经济性原则；第二，可以避免音节过长，违背人类的认知心理，三四五音节是人类认知心理比较容易接受的音节数量，心理学上表明短时记忆的限度为"七左右"（7±2），短时记忆对"四"较为敏感。六音节、七音节以上主要是针对那些要保证信息量充足且要强调自我特色和主打品牌的企业，如"江西华张律师事务所"。但超过六音节就不方便记忆和传播，当然消费者可能选取商店名的属名和业名进行记忆，如"馥雅女子瑜伽养生会所"，可能直接用"馥雅"进行记忆和指称。

（三）店名的用字特征

1. 字种字频状况

店名的汉字使用在理论上是一个开放的系统，但事实上有一定的局限性，一般以常用字为主。本书搜集的所有上饶店名共使用汉字1375 次，字种数 624 个，其中 597 个是常用汉字，如"淘、贵、菲、杰"等，只有 27 个是次常用汉字，如"瑜、伽、挞、驿、鑫、侬、瑶、媛、莎、裘、禧、茜、斛、祛、曦、馥、亨"，没有非常用汉字。这 624 个汉字我们分成 3 个级次，出现 1—5 次的为低频字，出现 6—10 次的为中频字，出现 11 次以上的为高频字。从表 2-2-3 可以看出，上饶店名用字较少趋同，高频字只有 10 个，且大多都属于通名用字，比如"馆、店、房"等，中频字也只有 37 个，低频字有 577 个，低频字占所有用字的 92.5%，其中有 353 个汉字只出现了一次，占所有汉字的 56.6%。

表 2-2-3　　　　　　　　　　上饶店名用字情况

| | 高频字 | | | | | 中频字 | | | | | 低频字 | | | | |
|---|---|---|---|---|---|---|---|---|---|---|---|---|---|---|---|
| 出现频次 | 19 | 18 | 14 | 13 | 11 | 10 | 9 | 8 | 7 | 6 | 5 | 4 | 3 | 2 | 1 |
| 字种数 | 1 | 1 | 3 | 1 | 4 | 1 | 1 | 10 | 7 | 18 | 22 | 31 | 54 | 117 | 353 |
| 例字 | 馆、家、美、业、店、大、生、中、花、房 | | | | | 养福、金尚、老坊、眼造、镜、市、产、华、广、国、型、发、酒、心、女、黄、子、装、小 | | | | | 西会、利、王、手、安、衣、伊、影、尔、童、果、视、商、佳、瓜、面、名、芙、吉 | | | | |

2. 繁体字使用状况

在当代语言生活中，商店名使用简体字符合大多数人的认知习惯，简洁易识记，但是由于经济文化水平的提高，观念意识的多元化，简体字已经无法满足民众的语言消费需求，繁体字进入了当代语言生活。为了夺取消费者的眼球，商家可谓是使尽浑身解数，采用繁体字店名即为营销手段之一，因为繁体字能营造一种古朴典雅的氛围，满足某些消费者特定的消费需求。现代消费更多时候是一种格调消费，有时消费的过程比消费的结果更重要，所以消费场所的环境特别是文化环境就显得非常重要。相比于简化字，繁体字更能营造一种书香气息和文化氛围，所以很容易成为一部分店名用字的较好选择。在上饶市调查的 324 个店名中，有 306 个含有汉字，其中带有繁体字的店名 37 个，所占比率大约为 12.1%。在所调查的上饶店名用字中，繁体字出现了 54 次，占所有汉字次数的 3.9%，繁体字的字种数为

40，占所有汉字字种的 6.4%。繁体字的具体情况如表 2-2-4 所示。

表 2-2-4　　　　　　　　上饶店名繁体字使用情况

| 出现频次 | 4 | 3 | 2 | 1 |
|---|---|---|---|---|
| 字符数 | 1 | 2 | 7 | 30 |
| 具体繁体字 | 國 | 寶、館 | 貝、傳、東、鳳、華、飾、鷹 | 賓、車、燈、電、鵝、貴、號、匯、會、貨、記、間、餃、馬、門、檸、鋪、慶、聖、師、萬、訊、養、藥、業、園、雜、棧、億、饃 |

### （四）店名的语法特征

赵世举（1999）将店名内部构成分为三个部分：一是表明所属和个性的区别性名号，即属名；二是从业类型名称，即业名；三是商业单位的通用称呼，即通名。如："博雅淋浴房、广丰周氏粉店、晨曦职业培训学校"都是属名业名通名齐全。但是由于经济性原则和人们寻求创新、追求个性的心理需求，店名的构成要素常会出现缺失（通名>业名>属名）的情况，尤其是服装店和时尚餐饮行业，常常只出现凸显特色和玩味的属名，如："HONEY TOP、衣频道、FREE BASE 自由基地、卡卡 CACA"。一方面这和橱窗全方位可视性有关，消费者可从橱窗内看到经营范围；另一方面这类消费属于时尚层次的消费，讲究品味层次和审美追求，且其消费对象具有年轻化、时尚化的特征。但对于不太凸显个性、只强调让消费者一看店名就获得相关信息的行业如住宿、装修类、培训机构等一般会凸显自己的属名和从业类型，但不一定会出现通名，如："顾心门业、爱乐钢琴教育"。

若是属名业名通名三项要素齐全，那么内部词语构造大多是偏正结构。我们调查显示，上饶店名含汉字的有 306 个，其中偏正结构有 255 个，占比达到 83.3%。如"百合鲜花店"，属名"百合"、业名"鲜花"都成了通名"店"的修饰语；"正大眼镜"，缺少通名"店"，但是属名"正大"仍然是修饰业名的；"专业祛斑祛痘"是状中结构，缺少通名；"三只熊"没有业名和通名，但也属于偏正结构。

除偏正结构之外，还有 12 个店名是主谓结构、6 个动宾结构、5

个联合结构、4 个词、24 个其他结构。"子不语""依依手牵手""天一色"是主谓结构的店名，分别是服装店和美容会所；"有家花店""享瘦""崇尚发艺"是动宾结构的店名，分别是花店、减肥中心和理发店；"花心花艺""寶貝·女人""蜜雪 冰城"是联合结构的店名，分别是花店、服装店和糖水店；"感觉""闺蜜"是利用词来对商店进行命名，都是服装店。其他结构是对英文品牌进行音译或者无法考证店名成分内部组构理据，如"布鲁奇""億媛""伊芙丽""貝丹娜"等。

## 二　自上而下的语言景观

本节讨论的自上而下语言景观的范围包括上饶市主要景区、上饶市区路标和交通指示牌，以及上饶市政府相关单位名称。上饶市景区包括国家 5A 级风景区三清山和国家 4A 级旅游景区、红色革命旧址上饶集中营，路标和交通指示牌包括上饶市信州区主要大道和中心街区。我们以语言景观理论的场所符号学分析模式，考察多语标牌上各种语言之间的优先关系，由此透析各种语言所负载的经济价值和强弱关系。Scollon&Scollon（2003）提出"地理符号学"（Geosemiotics）来研究在具体"场所中的话语"（discourses in place）如何表达意义。场所符号学是地理符号学下的一个子系统，用来分析现实环境中的语言符号系统，由语码取向（code preference）、字刻（inscription）、置放（emplacement）等构成。语码取向考察的是双语或多语标牌上各种语言之间的优先关系来映射它们在语言社区内的地位；字刻是有关标牌语言的呈现方式的意义系统，包括字体、材料、附加成分等；置放是研究标牌设置在某个地点的行为所激活的意义。（尚国文、赵守辉，2014）本节主要从语码取向角度出发来考察景区语言景观，语言条目的空间组织方式、语言排列的先后顺序都和语言信息凸显程度密切相关，优先语码一般出现在中心位置，与中心位置越远的语码其地位就越次要。

（一）景区语言景观

景区语言景观主要是指景区标识牌的语言文字使用情况，这是传递景区信息的服务系统，也是景区使用功能、服务功能及游览信息的载体，更是观察景区文化品位与人文情怀的橱窗。景区语言景观主要包括景区提示牌、景区指示牌、景区解说牌所使用的语言文字情况。

在三清山风景区，景区解说牌标题部分大都使用汉语为主，英语、日语、韩语和法语等外语对汉语标题进行配注，各种外语一般是英语在最前，法语在最后，日语和韩语居中但相互位置不固定。如图2-2-1对"葛洪献丹"这个景点解说牌的标题。虽然四种外语字体大小相同，但是前后顺序不一也反映了景区管理部门对不同国籍游客数量的心理预期。也有些解说牌的标题只使用汉语、英语和韩语，但是解说内容一定是用英语对汉语进行配注。

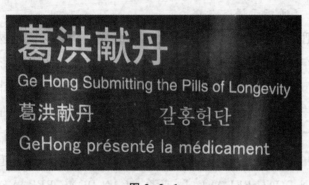

图 2-2-1

三清山景区提示牌中，一般常见的禁止提示牌都是用汉语为主，辅以英语进行配注，比如"禁止吸烟 NO SMOKING"；也有的提示牌同解说牌一样，使用汉语为主，英语、日语、韩语和法语进行配注。

三清山景区指示牌中，有些方位指示牌只使用汉语和英语，有些又加上日语、韩语和法语。至于类似"出口、入口"这样的指示牌有时使用汉语和英语，有时又加上韩语，所以景区内部的外语标注并不统一。

上饶集中营革命旧址景区解说牌不管标题还是内容都使用汉语和英语，而景区提示牌、景区指示牌使用汉语为主，辅以英语、日语和韩语。由于上饶集中营属于历史旧址，有些还保留了繁体字，比如牌匾"上饒集中營革命烈士紀念館"和墙上文字"發揚革命傳统"。

总的来说，上饶市景区语言文字以国家通用语汉语为主，大范围使用国际通用语言英语进行配注，外加使用日语、韩语，少量使用法语。这一方面说明该地区境外游客除了主要来自英语国家之外，日籍和韩籍游客数量也很多，另一方面也说明上饶市旨在把景点推向国际，加强景区语言文字软实力和服务力度，从而吸引更多其他国籍的游客。当然景区多语服务也是国家4A和5A景区服务体系中引导标识的要求。但是我们同时也看到，上饶景区解说的内容只使用汉语和英语，并没有使用日语、韩语等。或许随着景区语言标识系统的改进，逐渐将景区服务真正做到面向国际，将来也会使用日语、韩语、法语等对解说内容进行翻译配注，而不仅仅是英语。

（二）交通指示语言景观

我们把交通指示语言景观分为两个部分：路标和交通指示牌。路标的主要作用是标明街道，给行人指示道路信息；交通指示牌的主要作用是为车辆提供道路信息，起到道路语言的作用。上饶市路标都使用汉字，并辅以汉语拼音进行配注，但是交通指示牌中却是用英语进行配注，二者并不统一。比如路标"赣东北大道"配注的是拼音"GANDONGBEI DADAO"，而在交通指示牌中"赣东北大道"却配注英语"GAN DONG BEI AVE."或者"GAN DONG BEI AVENUE."。

总的来说，自上而下的外语语言景观呈现了英语作为一种国际强势语言的广泛分布和重要地位。

三　公共空间可视化语言中的不规范现象

从调查上饶市商店名、景区用字、路标用字等结果来看，该地区公共空间可视化语言中还存在一些不规范现象。主要问题在于用字不规范、外文翻译不规范和"自上而下"内部语言文字使用缺乏系统性这三个方面。

（一）拼写不规范

上饶市公共空间可视化语言中存在一些比较低级的错误，常见的有汉语拼音拼写错误、英文单词拼写错误。例如店名"億媛"，进行配注的汉语拼音是"IYUAN"，这是不符合汉语拼音拼写规则的。《汉语拼音方案》中规定：i 和 u 单独构成音节时，应在 i 前加 y，所以"億媛"应该拼成"YIYUAN"；店名"济民"，汉语拼音写成"JEMIN"属于拼写错误，应该是"JIMIN"；再如上饶景区中提示标牌"非工作人员禁止入内"的配注英文写成"No enty to the non—staff"，"enty"应该是"entry"之误。

除了拼写错误外还有拼音分写不规范现象。例如路标"解放路"的配注"JIEFANG ROAD"，"JIEFANG"是连写的，而"中山路"的配注"ZHONG SHAN RD"，"ZHONG SHAN"又分写，二者并不统一。根据《汉语拼音正词法基本规则》的规定，"拼写普通话基本上以词为书写单位"，所以词内成分应该连写。另外还存在汉语拼音分写不合理的现象，比如"五三西大道"的汉语拼音配注情况是"WUSAN XIDADAO"，这是不合理的，应该是"WUSAN XI DADAO"。像这些拼写错误是不应该存在的，这直接影响一个地区的文化面貌和城市印象。

（二）用字不规范

上饶市公共空间可视化语言中还存在繁体字使用不规范的问题。繁体字的使用在一定语境中确实具有增添文化底蕴等功能，但国家相关法规对繁体字的使用有一定的规定。2011 年 1 月 1 日开始实行的《江西省实施〈中华人民共和国国家通用语言文字法〉办法》（下文简称为《办法》）明确规定："各类名称牌、指示牌、标识牌、招牌、标语、公务印章、电子屏幕等用字，应当使用规范汉字"和"手书招牌和公共场所题词，提倡使用规范汉字；已经使用或者确需使用繁体字、异体字的，应当在明显的位置配放规范汉字的副牌"。但上饶市店名使用繁体字的情况则很多，这可能存在商店注册名和实际牌匾名的差异。如果说作为自下而上语言景观的商店名称用字只是提倡使用规范汉字，那么作为自上而下语言景观中的国家单位名称用字则应该是强制使用规范汉字的，毕竟国家单位应该在规范使用语言文字方面起带头示范和引领作用，但上饶市却有部分国家单位或者事业单位的题名使用繁体字，如"信州區青少年活动中心"（非印刷体），这明显与《办法》的规定相违背。

用字不规范体现出民众语言选择与政府语言政策之间的偏差。《办法》明确规定："企业名称、个体工商户名称应当使用规范汉字，不得使用汉语拼音、字母、阿拉伯数字。"但我们却搜集到105个店名是汉字与拼音、外语、数字等字符相搭配使用的情况，似乎商店名采用以汉字为主、拼音或英语进行配注的方式已经为民众所接受。

(三) 翻译不规范

翻译不规范现象主要存在于路标、景区英语翻译不统一。首先在搜集到的路标和交通指示牌中，"路"有些使用汉语拼音"LU"，有些使用英语单词"ROAD"，有些使用缩写"RD"，如"灵山路"（LINGSHAN LU），"解放路"（JIEFANG ROAD），"南门路"（NANMEN RD）。同样"大道"有些使用汉语拼写"DADAO"，有些使用英语单词"AVENUE"，有些使用缩写"AVE"，如"滨江大道"（BINJIANG AVENUE），"赣东北大道"（GAN GONG BEI AVE）。

景区也存在英语翻译错误的现象。例如"请勿将头（手）伸出窗外"翻译的是"Do not lean out window"。lean是倚靠、倾斜的意思，而且"窗外"应该是"out of the window"，所以可以翻译成"keep your head（hands）inside"等。景区英语专有名词还存在翻译不统一的现象，比如"三清山"解说牌上有使用"Sanqing shan"，有使用"SANQING MOUNTAIN"，还有"Mountain Sanqing"等。

当然翻译可以存在多样性，但是像路标等涉及城市形象的语言文字一定要规范、统一，景区专有名词翻译要统一，要不然会显得混乱。

语言景观研究是考察一个城市社会语言生态的好方法，有助于了解不同地区的实际语言状况，有利于国家和地区语言政策的制定。我们从语符组合等语言特征出发探讨上饶市自上而下的语言景观，从场所符号学的角度来研究景区路标等语言景观，研究结果表明，总体来说上饶市的语言文字规范工作成效比较大，规范汉字的使用占绝大多数，但是景区和交通指示语言文字系统存在不统一的现象，这也需要进一步规范。

# 第三章

# 鹰潭市语言文字使用调查研究

　　鹰潭市位于江西省东北部，信江中下游，与本省上饶、抚州毗邻，东南一隅与福建省光泽县相接，因传说中"涟漪旋其中，雄鹰舞其上"而得市名。鹰潭是良好的农业区，素有"赣东粮仓"之称。鹰潭交通发达，鹰厦线、浙赣线、皖赣线在此交汇，沪昆高铁穿境而过，四条铁路主干线纵横交汇，是中国最重要的交通枢纽城市之一，外来移民很多，被称为"火车拉来的城市"。

　　早在公元前 16 世纪至前 11 世纪的商代中晚期，鹰潭就已经成为中国陶瓷生产的一个重要基地。市境西周以前属扬州，春秋为百越之地，战国先属越后属楚。自秦以来，境域范围和隶属被中央行政不断变更，先后归属九江郡、庐陵郡、鄱阳郡、吴州、饶州、信州等。清乾隆时，鹰潭坊设司；同治时，鹰潭改设镇，为建镇之始。1914 年，境域主属豫章道；1942 年主属上饶市。1979 年，鹰潭撤镇设市，隶属上饶地区。1983 年，鹰潭市升格为地级市。鹰潭市现辖贵溪市、余江县、月湖区、龙虎山风景名胜区、鹰潭高新技术产业开发区和信江新区，共 44 个乡镇和 4 个街道办事处。全市总面积 3556.7 平方千米，人口 110 多万。

　　鹰潭古迹众多、文化深厚，集道教文化、崖墓文化、水浒文化、红色文化、古越文化于一体。鹰潭龙虎山是中国道教的发源地，被誉为"华夏道都"，龙虎山嗣汉天师府是中国道教的祖庭。龙虎山集国家级重点风景名胜区、国家 5A 级旅游区、国家森林公园、国家地质公园、国家重点文物保护单位、国家重点保护宫观和国家农业旅游示范点等众多品牌于一身，被世人称为"洞天福地、人间仙境"。鹰潭历史上涌现过诸多文化名人，张良九世孙的张道陵、哲学家教育家陆九渊、明内阁首辅大臣夏言、王禅老祖鬼谷子、教育家邹韬奋等都是鹰潭人。

鹰潭境内有多个少数民族，包括畲族、回族、蒙古族、满族、侗族、壮族、苗族等民族，少数民族共4600多人，占总人口的0.4%，以畲族人口最多，设有贵溪市樟坪畲族乡，是江西省七个畲族乡之一。

鹰潭市内通行的主要方言称"鹰潭话"，以城区话为代表。鹰潭话属于江西赣方言鄱阳片。市政府所在地月湖区辖境旧属贵溪县管辖，故方言与贵溪方言接近。区境内方言一致性较高。

# 第一节　民众语言文字使用与态度

鹰潭的调查方法、调查过程、调查内容与上饶一样，也是通过在公共场所发放问卷、组织政府主要职能部门相关人员召开座谈会、对台资企业专门走访等多种形式相结合，调查了鹰潭民众语言文字使用的基本情况及其对国家常用语言文字的主观态度。

## 一　问卷样本结构

本问卷涉及被调查者的基本信息包括性别、年龄、学历、职业、是否本地人五个参数。调查共收回有效问卷1033份，各样本具体分布情况见表3-1-1：

表3-1-1　　　　　　　　　问卷样本构成

| 基本参数 | | 人数 | 百分比（%） |
|---|---|---|---|
| 性别 | 男 | 455 | 44.05 |
| | 女 | 578 | 55.95 |
| 年龄 | 10—17岁 | 266 | 25.75 |
| | 18—40岁 | 571 | 55.28 |
| | 41—60岁 | 177 | 17.13 |
| | 61岁及以上 | 19 | 1.84 |

（续表）

| 基本参数 | | 人数 | 百分比（%） |
|---|---|---|---|
| 学历 | 小学及以下 | 26 | 2.52 |
| | 初中 | 255 | 24.68 |
| | 高中 | 281 | 27.20 |
| | 大学 | 458 | 44.34 |
| | 研究生 | 13 | 1.26 |
| 职业/身份 | 教师 | 95 | 9.20 |
| | 学生 | 487 | 47.14 |
| | 公务员 | 61 | 5.91 |
| | 新闻出版行业工作者 | 11 | 1.06 |
| | 其他专业技术人员 | 91 | 8.81 |
| | 公司职员 | 67 | 6.49 |
| | 服务业人员 | 75 | 7.26 |
| | 体力劳动者 | 37 | 3.58 |
| | 其他 | 109 | 10.55 |
| 是否鹰潭本地人 | 本地人 | 621 | 60.12 |
| | 外地人 在鹰潭不到5年 | 266 | 25.75 |
| | 外地人 在鹰潭5—10年 | 44 | 4.26 |
| | 外地人 在鹰潭超过10年 | 102 | 9.87 |

　　上边数据表显示本次调查对象的基本情况如下：第一，性别比例基本均衡，女性略多于男性；第二，从年龄层次看，调查对象主要是中青年，18—40岁的人员超过了55%，另外10—17岁的青少年（主要是在读的初中生和高中生）占了约26%，41—60岁的中年占了约17%，61岁及以上的老年人比较少；第三，从受教育程度看，具有大学学历者最多，超过了44%，其次是高中和初中学历者，分别约占27%、25%，小学及以下的低学历者及研究生以上的高学历者都比较少；第四，从职业/身份来看，学生（包括大学生、高中生、初中生）占了约47%，其他各行业人员分布相对均衡，教师占9.2%，公务员占5.9%，公司职员占6.5%，服务人员占7.3%，其他专业技术人员占8.8%，体力劳动者占3.6%；第五，从籍贯属性看，调查对象以鹰潭本地人为主，超过了60%，外地人占40%，其中在鹰潭生活不到5年的外地人约占26%。总之，本次调查的样本覆盖面比较广，各种参数的比例相对较为合理，所以本调查结果能够在一定程度上反映鹰潭

民众语言文字使用的基本状况。

## 二　调查问卷数据分析

本次调查问卷的主要内容涉及五方面：第一，语言文字相关法律知识的社会知晓度；第二，语言文字使用的能力，包括普通话和方言的使用能力、繁体字的认读能力；第三，语言文字的使用状况，包括普通话和方言的使用状况、简化字和繁体字的使用状况；第四，对语言文字的态度，包括对普通话和方言的态度、对繁体字的态度；第五，关于语言文字的学习，包括普通话的学习、方言的学习以及繁体字的学习等情况。问卷分析从这五个方面展开。

（一）语言文字相关法律知识的社会知晓度

关于语言文字法律知识的社会知晓度我们调查了两方面内容：一是民众是否知道国家语言文字法律的颁布情况，二是民众是否熟悉国家语言文字法律的相关内容。我们通过统计熟悉某项知识的人数在所有调查对象中的占比情况来判断该知识的社会知晓度。

1. 关于国家颁布了专门的语言文字法律的知晓度

自 2001 年 1 月 1 日起施行的《中华人民共和国国家通用语言文字法》是我国历史上第一部语言文字方面的法律，我们就此设计了一个选题"国家有没有专门规范语言文字使用方面的法律"。调查数据显示，只有 44% 的民众知道国家有专门的语言文字法律，42% 的人不知道，14% 的人认为没有，整体知晓度并不高。表 3-1-2 显示各个参数的具体情况：

表 3-1-2　　　《国家通用语言文字法》的社会知晓度　　　（%）

| 基本参数 | | 有 | 没有 | 不知道 |
|---|---|---|---|---|
| 性别 | 男 | 43.30 | 41.98 | 13.19 |
| | 女 | 45.67 | 41.35 | 14.19 |
| 年龄 | 10—17 岁 | 48.50 | 35.71 | 13.16 |
| | 18—40 岁 | 42.56 | 40.98 | 13.84 |
| | 41—60 岁 | 48.02 | 54.80 | 14.69 |
| | 61 岁及以上 | 31.58 | 57.89 | 10.53 |

（续表）

| 基本参数 | | 有 | 没有 | 不知道 |
|---|---|---|---|---|
| 学历 | 小学及以下 | 30.77 | 65.38 | 3.85 |
| | 初中 | 31.37 | 54.51 | 14.12 |
| | 高中 | 42.70 | 38.79 | 18.51 |
| | 大学 | 53.49 | 35.15 | 11.35 |
| | 研究生 | 61.54 | 30.77 | 7.69 |
| 职业/身份 | 教师 | 54.74 | 34.74 | 10.53 |
| | 学生 | 49.69 | 36.34 | 13.96 |
| | 公务员 | 63.93 | 29.51 | 6.56 |
| | 新闻出版者 | 63.64 | 36.36 | 0.00 |
| | 技术人员 | 39.56 | 45.05 | 16.48 |
| | 公司职员 | 26.87 | 59.70 | 13.43 |
| | 服务人员 | 25.33 | 56.00 | 18.77 |
| | 体力劳动者 | 29.73 | 59.46 | 8.11 |
| | 其他 | 33.03 | 49.54 | 17.43 |
| 是否本地人 | 本地人 | 43.16 | 43.48 | 13.37 |
| | 外地人 | 46.85 | 38.83 | 14.32 |

表 3-1-2 的数据显示，对国家语言文字法律的知晓度，性别差异不明显，男女的知晓度差别不大；年龄方面，61 岁及以上的老年人知晓度相对较低，年轻人知晓度相对较高；在学历上，知晓度与学历层次成正比例关系，学历越高，对国家语言文字法律的知晓度就越高；从职业/身份来看，公务员、新闻出版者和教师、学生对国家语言文字法律的知晓度比较高，其他职业则相对较低；被调查者的籍贯属性对其语言文字法律的知晓度影响也不大。总之，影响语言文字法律社会知晓度最明显的参数主要是学历和职业。

2. 对普通话使用职业要求的法律知晓度

普通话是我们日常交际的主要工具，大多数人在正式场合一般都会使用普通话，这成了绝大多数人的语言习惯，不需要强制，然而某些特定人群在特定的工作环境中必须说普通话，对此，《国家通用语言文字法》有明确规定。我们据此设计了三个题目："国家机关工作人员在公务活动中必须说普通话吗?""教师在教育教学活动中必须说普通话吗?""广播电视的播音用语必须是普通话吗?"设计的三个选项是"法律有规定必须说普通话""为交际方便最好说普通话""说普通话或方言都可以"。图3-1-1是具体的数据情况:

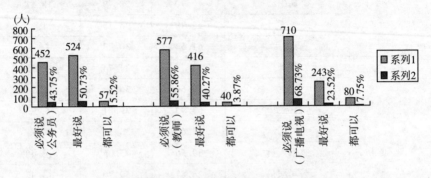

**图3-1-1　普通话使用的法律知晓度**

《国家通用语言文字法》规定公务员的公务接待用语、教师的教育教学用语、广播电视的播音用语必须是普通话,但分别只有43.8%、55.9%、68.7%的被调查者知道这是法律的规定,很明显,总体上社会知晓度并不高。有很大一部分人认为使用普通话只是为了交际方便,与法律无关。有意思的是从公务员到教师到广播电视播音员,人们似乎对其使用普通话的法律认知度越来越高,这也许反映了民众对这三个群体使用普通话的期望值差异。

对普通话使用职业要求的法律认知度不同人群有一定的差异,具体情况如下:

第一,对公务员使用普通话职业要求的法律认知。

表3-1-3的数据显示,关于国家机关工作人员在公务活动中必须说普通话,这一法律知识不同人群的了解情况有一定差别。男性的知晓度比女性稍高,在所有调查对象中,有46.4%的男性知道这是法律的规定,比女性高约5个百分点。年龄因素对其法律认知也有影响,从少年到青年到中年再到老人,其知晓度越来越低,可见,越是年轻人,对《国家通用语言文字法》的内容越熟悉。特别值得一提的是,61岁及以上的老年调查对象中有31.6%的人认为公务员在公务活动中说普通话和方言都可以,而60岁以下的人该比例都在8%以下,由

此看来，老年人对方言的认可度相对比较高。从学历来看，研究生学历者有 92.3% 的人知道在公务活动中必须说普通话是法律的规定，其他学历层次的知晓度都在 50% 以下。从职业和身份来看，教师、学生和公务员的知晓度相对较高，都在 45% 以上，其他职业人群的知晓度都在 40% 以下，但作为法律条文关涉对象的公务员，其知晓度只有 45.9%，比例明显偏低。被调查人的籍贯属性对其法律认知基本没什么影响。

表 3-1-3　　公务员在公务活动中必须使用普通话的法律认知　　　　（%）

| 基本参数 | | 必须说 | 最好说 | 都可以 |
|---|---|---|---|---|
| 性别 | 男 | 46.37 | 47.47 | 6.15 |
| | 女 | 41.70 | 53.11 | 5.19 |
| 年龄 | 10—17 岁 | 47.37 | 49.25 | 3.38 |
| | 18—40 岁 | 43.08 | 52.01 | 4.90 |
| | 41—60 岁 | 41.24 | 50.85 | 7.91 |
| | 61 岁及以上 | 36.84 | 31.58 | 31.58 |
| 学历 | 小学及以下 | 50.00 | 34.62 | 15.38 |
| | 初中 | 36.47 | 56.47 | 7.06 |
| | 高中 | 43.77 | 52.67 | 3.56 |
| | 大学 | 46.07 | 48.47 | 5.46 |
| | 研究生 | 92.31 | 0.00 | 7.69 |
| 职业/身份 | 教师 | 55.79 | 42.11 | 2.11 |
| | 学生 | 47.64 | 49.49 | 2.87 |
| | 公务员 | 45.90 | 44.26 | 9.84 |
| | 新闻出版者 | 36.36 | 45.45 | 18.18 |
| | 技术人员 | 37.36 | 54.95 | 7.69 |
| | 公司职员 | 32.84 | 59.70 | 7.46 |
| | 服务人员 | 28.00 | 65.33 | 6.67 |
| | 体力劳动者 | 40.54 | 48.65 | 10.81 |
| | 其他 | 39.45 | 42.20 | 11.93 |
| 是否本地人 | 本地人 | 43.64 | 49.76 | 6.60 |
| | 外地人 | 43.93 | 51.94 | 4.12 |

第二，对教师使用普通话职业要求的法律认知。

表3-1-4的数据显示，关于教师在教育活动中必须说普通话，不同人群的法律认知也有一定差异。从性别看，女性的法律认知度比男性略高。从年龄看，基本趋势是年龄越大，法律认知度越高，而前边统计的对公务员说普通话的法律认知度是随着年龄的增加而递减，二者的认知度曲线变化方向恰好相反。学历方面，基本上呈现正相关性，学历越高，对教师在教育教学活动中必须说普通话的法律认知度越高。从职业来看，公务员和教师的法律认知度比较高，都达到了75%以上。被调查者的籍贯属性对其法律认知度影响较小。

表3-1-4　　教师在教育教学活动中必须使用普通话的法律认知　　　　（%）

| 基本参数 | | 必须说 | 最好说 | 都可以 |
|---|---|---|---|---|
| 性别 | 男 | 54.29 | 41.10 | 4.62 |
| | 女 | 57.09 | 39.62 | 3.29 |
| 年龄 | 10—17岁 | 44.74 | 49.25 | 6.02 |
| | 18—40岁 | 61.65 | 35.20 | 2.63 |
| | 41—60岁 | 52.54 | 45.20 | 2.26 |
| | 61岁及以上 | 73.68 | 21.05 | 5.26 |
| 学历 | 小学及以下 | 46.15 | 42.31 | 11.54 |
| | 初中 | 43.92 | 50.59 | 5.49 |
| | 高中 | 48.40 | 46.98 | 4.63 |
| | 大学 | 67.47 | 30.79 | 1.75 |
| | 研究生 | 69.23 | 23.08 | 7.69 |
| 职业/身份 | 教师 | 75.79 | 22.11 | 2.11 |
| | 学生 | 52.77 | 42.92 | 4.31 |
| | 公务员 | 83.61 | 16.39 | 0.00 |
| | 新闻出版者 | 63.64 | 27.27 | 9.09 |
| | 技术人员 | 48.35 | 48.35 | 3.30 |
| | 公司职员 | 43.28 | 50.75 | 5.97 |
| | 服务人员 | 46.67 | 49.33 | 4.00 |
| | 体力劳动者 | 45.95 | 48.65 | 5.41 |
| | 其他 | 60.55 | 36.70 | 2.75 |

（续表）

| 基本参数 | | 必须说 | 最好说 | 都可以 |
|---|---|---|---|---|
| 是否本地人 | 本地人 | 54.10 | 41.22 | 4.67 |
| | 外地人 | 58.73 | 38.83 | 2.43 |

第三，对广播电视使用普通话的法律认知。

表3-1-5 的数据显示，民众对广播电视的播音用语必须是普通话的法律认知度整体上比较高，将近70%以上。从性别上来说，女性的认知度比男性略高。而年龄因素对这个问题的影响不大，从青少年到老年，其知晓度差别都不到 5 个百分点，差异不太明显。从学历上看，大学以上学历者的知晓度相对较高。从职业身份来看，新闻出版者、公务员和教师的知晓度相对较高。外地人比本地人的知晓度高出约 5 个百分点。

表 3-1-5　　广播电视的播音用语必须使用普通话的法律认知　　　（%）

| 基本参数 | | 必须说 | 最好说 | 都可以 |
|---|---|---|---|---|
| 性别 | 男 | 65.93 | 24.62 | 9.45 |
| | 女 | 70.93 | 22.66 | 6.40 |
| 年龄 | 10—17 岁 | 65.79 | 28.57 | 5.64 |
| | 18—40 岁 | 70.23 | 22.24 | 7.53 |
| | 41—60 岁 | 68.36 | 20.90 | 10.73 |
| | 61 岁及以上 | 68.42 | 15.79 | 15.79 |
| 学历 | 小学及以下 | 69.23 | 23.08 | 7.69 |
| | 初中 | 54.90 | 36.47 | 8.63 |
| | 高中 | 65.84 | 25.27 | 8.90 |
| | 大学 | 77.95 | 15.72 | 6.33 |
| | 研究生 | 76.92 | 7.69 | 15.38 |
| 职业/身份 | 教师 | 76.84 | 6.32 | 16.84 |
| | 学生 | 71.25 | 24.44 | 4.31 |
| | 公务员 | 78.68 | 14.75 | 6.56 |
| | 新闻出版者 | 81.82 | 18.18 | 0.00 |
| | 技术人员 | 68.13 | 28.57 | 3.30 |
| | 公司职员 | 59.70 | 19.40 | 20.90 |

（续表）

| 基本参数 | | 必须说 | 最好说 | 都可以 |
|---|---|---|---|
| 职业/身份 | 服务人员 | 56.00 | 32.00 | 12.00 |
| | 体力劳动者 | 62.16 | 21.62 | 10.81 |
| | 其他 | 43.12 | 21.10 | 8.26 |
| 是否本地人 | 本地人 | 66.83 | 25.12 | 8.05 |
| | 外地人 | 71.60 | 21.12 | 7.28 |

总之，调查显示，民众对普通话使用职业要求这一法律知识的知晓度总体上并不高。从各项参数的情况看，年龄、学历、职业这些因素对知晓度影响相对比较明显，而性别、籍贯等因素的影响比较小。

3. 对规范简化汉字使用场所要求的法律知晓度

简化字和繁体字都存在于当代语言生活中。一般说来，用简化字还是用繁体字由个人兴趣决定，但在一些公共空间，必须使用简化字，这是一项国家公共政策，对此，《国家通用语言文字法》第十三条、第十四条第（二）款和第（三）款有明确的规定。针对这些条款内容，我们设计了三个题目，调查民众对这些相关法律内容的知晓度。图3-1-2显示具体的数据情况：

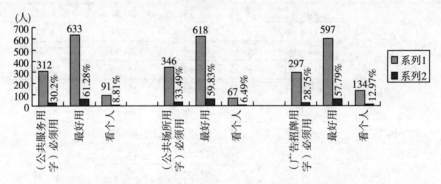

图3-1-2　规范简化汉字使用环境的法律认知

《国家通用语言文字法》明确规定，公共服务行业的服务用字、公共场所的设施用字、广告招牌用字都必须是通用规范简化字，但这些法律内容的社会知晓度整体上比较低，分别只有30.2%、33.5%、28.8%。绝大多数人认为之所以使用简化字主要是为方便民众认读，与法律无关，其比例分别达到了 61.3%、59.8%、57.8%。

对于通用规范汉字使用的法律认知不同人群有一定的差异，具体情况如下：

第一，公共服务行业服务用字的法律认知。

对公共服务行业的服务用字（如酒店菜谱用字）是否应该使用通用规范简化字，整体知晓度比较低，且不同人群有一定差别。男性的知晓度比女性要高 9 个百分点。从年龄来看，基本趋势是年龄越大其知晓度越低，青少年的知晓度最高，老年人的知晓度最低。从文化层次来看，研究生的知晓度最高，达到 69.2%，其他人群的知晓度基本在 30% 以下。从职业来看，教师和公务员的知晓度相对较高。籍贯属性对知晓度影响不明显。

**表 3-1-6　对公共服务行业的服务用字必须使用通用规范简化字的法律认知　（%）**

| 基本参数 | | 必须用 | 最好用 | 都可以 |
|---|---|---|---|---|
| 性别 | 男 | 35.16 | 55.60 | 9.23 |
| | 女 | 26.12 | 65.40 | 8.48 |
| 年龄 | 10—17 岁 | 33.08 | 60.53 | 6.39 |
| | 18—40 岁 | 28.72 | 62.35 | 8.58 |
| | 41—60 岁 | 29.94 | 58.19 | 11.86 |
| | 61 岁及以上 | 26.32 | 57.89 | 15.79 |
| 学历 | 小学及以下 | 23.08 | 61.54 | 15.38 |
| | 初中 | 30.20 | 59.61 | 10.20 |
| | 高中 | 23.84 | 67.62 | 8.54 |
| | 大学 | 32.97 | 59.39 | 7.64 |
| | 研究生 | 69.23 | 23.08 | 7.69 |
| 职业/身份 | 教师 | 49.47 | 44.21 | 6.32 |
| | 学生 | 29.16 | 64.07 | 6.37 |
| | 公务员 | 36.07 | 54.10 | 9.84 |
| | 新闻出版者 | 27.27 | 72.73 | 0.00 |
| | 技术人员 | 32.97 | 58.24 | 8.79 |
| | 公司职员 | 25.37 | 64.18 | 10.45 |
| | 服务人员 | 21.34 | 69.33 | 9.33 |
| | 体力劳动者 | 21.62 | 62.16 | 10.81 |
| | 其他 | 22.94 | 58.72 | 18.35 |

（续表）

| 基本参数 | | 必须用 | 最好用 | 都可以 |
|---|---|---|---|
| 是否本地人 | 本地人 | 31.40 | 60.71 | 7.89 |
| | 外地人 | 27.91 | 61.65 | 9.95 |

第二，公共场所设施用字的法律认知。

表 3-1-7 的数据显示，对公共场所设施用字是否应该使用通用规范简化字的法律认知，不同人群有差别。从性别看，男性的知晓度比女性要高出 5 个百分点。从年龄来看，中年人的知晓度最高，老年人的知晓度最低。从文化层次来看，基本趋势是学历越高，对这个问题的知晓度也越高，研究生的知晓度最高，达到 53.9%。从职业来看，教师和公务员的知晓度最高，分别达到 53.7% 和 44.3%。籍贯属性的知晓度区分并不明显。

表 3-1-7　对公共场所设施用字必须使用通用规范简化字的法律认知　　（%）

| 基本参数 | | 必须用 | 最好用 | 都可以 |
|---|---|---|---|
| 性别 | 男 | 36.48 | 56.04 | 7.25 |
| | 女 | 31.14 | 62.80 | 5.88 |
| 年龄 | 10—17 岁 | 31.95 | 62.41 | 5.64 |
| | 18—40 岁 | 33.27 | 60.07 | 6.30 |
| | 41—60 岁 | 37.85 | 55.37 | 6.78 |
| | 61 岁及以上 | 21.05 | 57.90 | 21.05 |
| 学历 | 小学及以下 | 30.77 | 50.00 | 19.23 |
| | 初中 | 27.06 | 62.75 | 10.20 |
| | 高中 | 30.60 | 64.06 | 5.34 |
| | 大学 | 38.43 | 56.77 | 4.37 |
| | 研究生 | 53.85 | 38.46 | 7.69 |
| 职业/身份 | 教师 | 53.68 | 43.16 | 3.16 |
| | 学生 | 31.62 | 63.24 | 4.72 |
| | 公务员 | 44.26 | 49.18 | 6.56 |
| | 新闻出版者 | 36.36 | 45.45 | 18.18 |
| | 技术人员 | 37.36 | 53.85 | 8.79 |

（续表）

| 基本参数 | | 必须用 | 最好用 | 都可以 |
|---|---|---|---|---|
| 职业/身份 | 公司职员 | 28.36 | 59.70 | 11.94 |
| | 服务人员 | 26.67 | 66.67 | 6.67 |
| | 体力劳动者 | 29.73 | 56.76 | 10.81 |
| | 其他 | 23.85 | 67.89 | 9.17 |
| 是否本地人 | 本地人 | 34.94 | 59.58 | 5.48 |
| | 外地人 | 31.31 | 60.19 | 8.01 |

第三，广告招牌用字的法律认知。

表3-1-8的调查数据显示，对于广告招牌必须使用通用规范简化字的法律认知，男性的知晓度比女性高大约8个百分点，中年人的知晓度相对于其他年龄群体要稍微高一点。从学历层次上看，研究生知晓度最高，占46.2%；在职业上，公务员和教师的知晓度最高，总之，学历和职业对知晓度影响较大。是否是本地人对其知晓度没有明显影响。

**表3-1-8** 广告招牌用字是否应该使用通用规范简化字 （%）

| 基本参数 | | 必须用 | 最好用 | 都可以 |
|---|---|---|---|---|
| 性别 | 男 | 33.19 | 53.63 | 12.75 |
| | 女 | 25.26 | 61.07 | 13.15 |
| 年龄 | 10—17 岁 | 28.57 | 58.27 | 13.16 |
| | 18—40 岁 | 27.32 | 59.54 | 12.26 |
| | 41—60 岁 | 33.90 | 50.85 | 15.25 |
| | 61 岁及以上 | 26.32 | 63.16 | 10.53 |
| 学历 | 小学及以下 | 30.77 | 57.69 | 11.54 |
| | 初中 | 23.14 | 60.00 | 16.86 |
| | 高中 | 25.27 | 61.21 | 13.52 |
| | 大学 | 33.41 | 55.46 | 10.48 |
| | 研究生 | 46.15 | 30.77 | 23.08 |
| 职业/身份 | 教师 | 45.26 | 40.00 | 13.68 |
| | 学生 | 26.49 | 62.63 | 10.47 |
| | 公务员 | 47.54 | 42.62 | 9.84 |

（续表）

| 基本参数 | | 必须用 | 最好用 | 都可以 |
|---|---|---|---|---|
| 职业/身份 | 新闻出版者 | 27.27 | 63.64 | 9.09 |
| | 技术人员 | 37.36 | 45.05 | 17.58 |
| | 公司职员 | 22.39 | 61.19 | 16.42 |
| | 服务人员 | 16.00 | 74.67 | 9.33 |
| | 体力劳动者 | 21.62 | 51.35 | 21.62 |
| | 其他 | 21.10 | 58.72 | 19.27 |
| 是否本地人 | 本地人 | 29.95 | 57.65 | 12.24 |
| | 外地人 | 26.94 | 58.25 | 14.32 |

总体来看，鹰潭民众对国家语言文字相关法律知识的知晓度并不太高，只有大约44%的被调查者知道国家有语言文字法律，只有大约56%的被调查者知道公务员、教师、广播电视使用普通话是法律的规定，只有大约31%的被调查者知道公共场所、公共设施、广告招牌使用通用规范简化字是法律的规定。不同人群对这些语言文字法律知识的认知情况有差别，整体来看，高学历者的认知度高，中年人的认知度高，教师、公务员和学生的认知度高，而性别和籍贯属性对其认知度的影响并不明显。

（二）语言文字使用的能力

本次调查的语言文字使用能力主要包括普通话的熟练程度、方言的运用能力、繁体字的识解能力。

1. 普通话和方言的使用能力

普通话和方言共存于当代语言生活中，但二者的使用场合和功能定位有明显差别，普通话主要使用于公共性或比较正式的交际场合，方言主要存在于家庭或随意性交际场合。我们设计了一个多选题目"能用哪些话与人交流"，选项包括"普通话""鹰潭话""老家话""其他话"，调查结果（图3-1-3）显示，有近96%的被调查者表示能用普通话交流，而能用鹰潭话交流的人只有44%，能用老家话交流的人只有34%，以此看来，民众的普通话能力比较强，这很明显是多年来国家推普政策有效落实的成果，但方言能力有点式微。

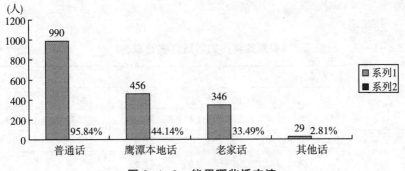

图 3-1-3　能用哪些话交流

表 3-1-9 的数据显示，对于能否使用普通话或方言交际，不同人群有一定的差别。在普通话的使用方面，性别差异没有明显影响，但在方言使用方面有一定影响，男性能用本地话的比例高出女性约 10 个百分点，而女性能用老家话的比例则比男性高出约 10 个百分点。从年龄来看，95% 以上的年轻人能用普通话交流，但老年人只有 73.7%，二者相差 20 多个百分点；能用本地话交流的，10—17 岁的少年、40 岁以上的中年和老年，比例都在 50% 以上，而 18—40 岁的中青年比例最低，不到 36%，这些中青年很大一部是城市新移民，对鹰潭本地话不熟悉，但他们能用老家话的比例最高，将近 40%；有必要提一下的是 10—17 岁的青少年，他们能说老家话的比例只有约 21%，但能说鹰潭话的比例却达到了 51%，这些人大都是学生，很多来自周边县市和乡镇，很明显，相比于老家话来说，鹰潭话是一种更强势更有现实意义的方言，因此他们相对比较积极地学习鹰潭话。从学历层次看，能用普通话交流的，小学学历者比例相对稍低，不到 70%，其他学历层次都在 90% 以上；从职业来看，各职业群体能用普通话交流的比例都很高，所以相互之间差别不大，能用鹰潭话交流比例最高的群体是公务员、服务人员和其他人员，分别达到了 57%、56% 和 57%，比例最低的是学生，只有 35%，能用老家话交流比例较高的是体力劳动者和学生，比例达到了约 40%。是否本地人对普通话使用能力影响不太大，但对其方言能力影响很大，本地人有 63% 的人能用鹰潭话交流，外地人只有 15%，二者相差约 48 个百分点，外地人能用老家话交流的比例则达到 58%，比本地人高出了约 40 个百

分点。

表 3-1-9　　　　　　　能熟练使用的话语（多选题）　　　　　　（%）

| 基本参数 | | 普通话 | 本地话 | 老家话 | 其他话 |
|---|---|---|---|---|---|
| 性别 | 男 | 94.51 | 50.55 | 28.13 | 2.20 |
| | 女 | 96.89 | 39.10 | 37.72 | 3.39 |
| 年龄 | 10—17 岁 | 98.50 | 51.13 | 20.68 | 4.14 |
| | 18—40 岁 | 95.27 | 35.90 | 39.75 | 2.63 |
| | 41—60 岁 | 96.05 | 58.76 | 32.20 | 1.13 |
| | 61 岁及以上 | 73.68 | 57.89 | 36.84 | 5.26 |
| 学历 | 小学及以下 | 69.23 | 50.00 | 34.62 | 7.69 |
| | 初中 | 91.76 | 44.31 | 18.82 | 2.75 |
| | 高中 | 97.86 | 63.35 | 26.69 | 2.85 |
| | 大学 | 98.25 | 31.44 | 45.63 | 2.62 |
| | 研究生 | 100.00 | 61.54 | 38.46 | 0.00 |
| 职业/身份 | 教师 | 95.79 | 44.21 | 33.68 | 2.11 |
| | 学生 | 98.97 | 35.32 | 39.43 | 3.29 |
| | 公务员 | 96.72 | 57.38 | 27.87 | 4.92 |
| | 新闻出版者 | 90.91 | 45.45 | 36.36 | 0.00 |
| | 技术人员 | 89.01 | 51.65 | 16.48 | 1.10 |
| | 公司职员 | 95.52 | 49.25 | 26.87 | 0.00 |
| | 服务业人员 | 97.33 | 56.00 | 21.33 | 4.00 |
| | 体力劳动者 | 89.19 | 45.95 | 40.54 | 2.70 |
| | 其他 | 88.99 | 57.80 | 33.94 | 2.75 |
| 是否本地人 | 本地人 | 95.17 | 63.29 | 17.23 | 2.58 |
| | 外地人 | 98.30 | 15.29 | 58.01 | 3.18 |

2. 普通话的熟练程度

经过国家几十年的推普工作，普通话已经被全国各族人民所接受，特别在城市已经成为居民最常用的交际工具，城市民众的普通话水平整体上已经比较高了。本次鹰潭普通话水平自我评价调查显示，有41.5%的被调查者认为能流利准确使用普通话，有51.3%的被调查者认为尽管有些音不准或有方言口音但基本能熟练使用普通话，二者合占 92.8%，这两种情况都是普通话水平较好的，可见绝大多数民众对自己的普通话交际能力有较高的自信。

表 3-1-10 的数据显示，不同人群对普通话水平的自我评价有一定的差别。从性别来看，认为"流利准确"的男性比女性高出约 5 个百分点，认为"熟练但不准"的女性比男性高出约 12 个百分点，认为"熟练但口音重"的男性比女性高出约 5 个百分点，整体来看，"能熟练使用普通话"男女差别不太明显，女性比例略高。从年龄来看，整体趋势是越年轻普通话使用越是流利准确，值得一提的是，仍有 15.8%的老年调查对象表示普通话能听懂但不会说。从学历来看，从小学到大学到研究生，学历越高能熟练使用普通话的能力越强。在职业方面，普通话水平相对较低的主要是体力劳动者和其他相关职业人员。是否是本地人对其普通话水平似乎影响不大。总之，年龄、学历和职业这三个因素对普通话水平的影响相对较大，而性别和籍贯属性对其影响不明显。

表 3-1-10　　　　　　　　　普通话水平的自我评价　　　　　　　　（%）

| 基本参数 | | 流利准确 | 熟练但不准 | 熟练但口音重 | 能交谈不熟练 | 能听懂不会说 |
|---|---|---|---|---|---|---|
| 性别 | 男 | 44.40 | 39.12 | 7.91 | 5.71 | 1.76 |
| | 女 | 39.27 | 51.90 | 2.77 | 3.81 | 1.21 |
| 年龄 | 10—17 岁 | 50.00 | 42.86 | 2.26 | 3.38 | 0.75 |
| | 18—40 岁 | 38.88 | 49.39 | 4.73 | 4.03 | 1.75 |
| | 41—60 岁 | 37.85 | 42.94 | 0.96 | 8.47 | 0.00 |
| | 61 岁及以上 | 36.84 | 31.58 | 10.53 | 5.26 | 15.79 |
| 学历 | 小学及以下 | 23.08 | 38.46 | 11.54 | 11.54 | 15.38 |
| | 初中 | 48.63 | 36.47 | 6.67 | 5.49 | 1.57 |
| | 高中 | 42.70 | 45.55 | 5.69 | 4.98 | 0.36 |
| | 大学 | 36.90 | 53.28 | 3.49 | 3.71 | 1.31 |
| | 研究生 | 76.92 | 23.08 | 0.00 | 0.00 | 0.00 |
| 职业/身份 | 教师 | 48.42 | 41.05 | 5.26 | 2.11 | 0.00 |
| | 学生 | 40.25 | 50.92 | 2.05 | 4.11 | 1.64 |
| | 公务员 | 47.54 | 44.26 | 6.56 | 1.64 | 0.00 |

（续表）

| 基本参数 | | 流利准确 | 熟练但不准 | 熟练但口音重 | 能交谈不熟练 | 能听懂不会说 |
|---|---|---|---|---|---|---|
| 职业/身份 | 新闻出版者 | 36.36 | 54.55 | 0.00 | 9.09 | 0.00 |
| | 技术人员 | 49.45 | 39.56 | 6.59 | 4.40 | 0.00 |
| | 公司职员 | 46.27 | 37.31 | 8.96 | 4.48 | 2.99 |
| | 服务人员 | 41.33 | 41.33 | 9.33 | 5.33 | 0.00 |
| | 体力劳动者 | 29.73 | 43.24 | 8.11 | 10.81 | 0.00 |
| | 其他 | 32.11 | 45.87 | 9.17 | 8.26 | 3.67 |
| 是否本地人 | 本地人 | 46.70 | 42.35 | 4.99 | 4.03 | 1.13 |
| | 外地人 | 33.73 | 52.18 | 5.09 | 5.58 | 1.94 |

### 3. 繁体字识读能力

在我们的日常书写活动中主要使用简化字，繁体字用得比较少，但繁体字并没有从现实语言生活中消失，在诸多风景名胜文物古迹中都大量存在繁体字。民众对繁体字也并不陌生，本次调查显示，尽管繁体字"基本认识"的人只占23%，比例并不高，但基本不认识繁体字的人也很少，只占5%，绝大多数人都认识一部分繁体字。

表3-1-11的调查数据显示，不同群体的繁体字识读能力有较明显的差别。男性认识大部分繁体字的人数比例达到58%，比女性高出了约10个百分点。从年龄和学历来看，基本趋势是年龄越大对繁体字的识读能力就越强，学历越高对繁体字的识读能力就越强，而且差别还比较大，61岁及以上的老年人中认识大部分繁体字的占了68%，比十几岁的青少年比例高出了20多个百分点，具有研究生学历者认识大部分繁体字的比例达77%，比小学学历者高出了约40个百分点。从职业来看，认识繁体字比较多的群体是公务员和教师。是否是本地人对其繁体字的识读能力影响不太明显。总的来看，影响繁体字识读能力比较明显的因素主要是年龄、学历和职业。

**表3-1-11　　　　　对常用繁体字认识情况　　　　（%）**

| 基本参数 | | 基本认识 | 认识大部分 | 认识小部分 | 基本不认识 |
|---|---|---|---|---|---|
| 性别 | 男 | 24.62 | 32.97 | 38.24 | 4.18 |
| | 女 | 21.63 | 27.16 | 44.98 | 6.40 |

（续表）

| 基本参数 | | 基本认识 | 认识大部分 | 认识小部分 | 基本不认识 |
|---|---|---|---|---|---|
| 年龄 | 10—17 岁 | 18.05 | 28.57 | 49.62 | 3.38 |
| | 18—40 岁 | 23.64 | 28.55 | 41.68 | 6.13 |
| | 41—60 岁 | 25.99 | 35.59 | 33.90 | 4.52 |
| | 61 岁及以上 | 42.11 | 26.32 | 15.79 | 15.79 |
| 学历 | 小学及以下 | 15.38 | 23.08 | 34.62 | 26.92 |
| | 初中 | 20.39 | 27.06 | 45.10 | 7.45 |
| | 高中 | 18.86 | 29.89 | 46.62 | 4.63 |
| | 大学 | 26.64 | 31.44 | 38.43 | 3.49 |
| | 研究生 | 46.15 | 30.77 | 23.08 | 0.00 |
| 职业/身份 | 教师 | 34.74 | 34.74 | 28.42 | 2.11 |
| | 学生 | 18.69 | 26.69 | 50.51 | 4.11 |
| | 公务员 | 29.51 | 49.18 | 19.67 | 1.64 |
| | 新闻出版者 | 18.18 | 27.27 | 45.45 | 9.09 |
| | 技术人员 | 30.77 | 30.77 | 35.16 | 3.30 |
| | 公司职员 | 25.37 | 41.79 | 31.34 | 1.49 |
| | 服务人员 | 22.67 | 25.33 | 38.67 | 13.33 |
| | 体力劳动者 | 29.73 | 13.51 | 37.84 | 13.51 |
| | 其他 | 17.43 | 28.44 | 43.12 | 11.01 |
| 是否本地人 | 本地人 | 22.71 | 31.72 | 40.10 | 5.48 |
| | 外地人 | 23.30 | 26.70 | 44.90 | 5.10 |

总的来看，民众基本能熟练运用普通话进行交流，而只有44%左右的受调查者表示能用鹰潭话交流，34%的人能用老家话交流，可见方言能力并不乐观。有大约50%左右的民众认识生活中大部分繁体字，在以简化字为主要交际字体的当下，这个比例应该说是已经不错了，显示了绝大多数民众都具有一定的繁体字识读能力，当然提升空间也很大。

（三）语言使用的状况

本次调查的语言使用状况主要指普通话和方言的使用场所。我们调查了鹰潭民众在工作中、家里、和朋友聊天、和陌生人交谈、农贸市场、大型商业场所、餐馆等或正式或随意或高档或低端的交际场合对普通话和方言的选择。我们设计的题目是在各种场所被调查人最常使用哪种话，选项包括普通话、鹰潭话、老家话、其他，有的调查对象选择了多个选项，在数据统计时，我们排除多选的情况，把鹰潭话和老家话合并成方言，从而得出使用普通话和方言的各种场合差异。具体数据见图 3-1-4。

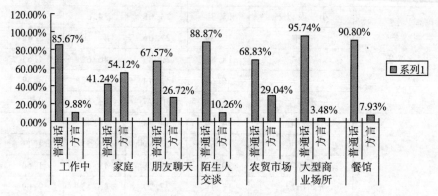

图 3-1-4　语言使用状况

由图 3-1-4 可知，民众在银行超市商场等大型商业场所、在餐馆、在和陌生人交谈、在工作中等这些比较正式的场合主要使用普通话，占 85% 以上，而在农贸市场、在与朋友聊天等相对比较随意的场所使用普通话比例下降，都在 70% 以下，而在家庭，使用普通话比例最低，只有 41%，而且使用方言的比例超过了普通话十多个百分点。可见，人们会根据说话场所的正式程度选择普通话和方言的使用，家庭是方言的主要使用空间。

1. 工作中的常用语言

工作环境是一个比较正式的社交场合，在工作中使用全国通用普通话已经形成了一种不容置疑的社会趋势，调查显示，86% 的人在工作中会选择普通话。当然，工作的种类很多，不同类型的工作对语言的要求不一样，有些工作需要使用方言，调查显示，8% 的人在工作中会使用鹰潭方言，2% 的人使用老家方言，还有 4% 的人会变换使用普通话或方言。

表 3-1-12 的数据显示，尽管工作中的主要语言是普通话，但不同人群使用普通话和方言的比例有一定差别。女性使用普通话的比例

达到 90%，比男性高出 10 个百分点，男性使用鹰潭本地话和老家话的比例达到 16%，比女性高出约 10 个百分点。从年龄来看，40 岁以下的人使用普通话的比例比 40 岁以上的人高出约 10 个百分点，而前者使用方言的比例则比后者低 8 个百分点。学历高低与工作中使用普通话具有正相关性，与工作中使用方言具有负相关性，研究生学历者在工作中基本使用普通话，有少数人在普通话中偶然掺杂一点方言，几乎没有人只使用方言，而小学及以下学历者只有 61.5% 的人在工作中使用普通话，有高达 38% 的人在工作中使用方言，其中使用鹰潭方言的有 30%。从职业身份来看，工作中使用普通话比例较高的人群是教师、新闻出版者、学生、公务员等，使用方言比例最高的是体力劳动者，达到 27%，而普通话和方言变换使用最高的人群是服务人员，很明显，工作性质或工作的需要决定了不同人群对普通话和方言的选择态度。外地人使用普通话比本地人高出了 10 个百分点，而使用方言特别是鹰潭本地方言则比本地人低 10 个百分点。

表 3-1-12　　　　　　　　　工作中的常用语言　　　　　　　　（%）

| 基本参数 | | 普通话 | 本地话 | 老家话 | 多选 |
|---|---|---|---|---|---|
| 性别 | 男 | 79.78 | 13.19 | 2.42 | 4.40 |
| | 女 | 90.31 | 4.50 | 0.87 | 4.50 |
| 年龄 | 10—17 岁 | 86.84 | 7.52 | 1.50 | 13.16 |
| | 18—40 岁 | 87.57 | 6.65 | 1.23 | 4.55 |
| | 41—60 岁 | 78.53 | 14.12 | 2.82 | 4.52 |
| | 61 岁及以上 | 78.95 | 15.79 | 0.00 | 5.26 |
| 学历 | 小学及以下 | 61.54 | 30.77 | 7.69 | 0.00 |
| | 初中 | 83.14 | 10.98 | 1.57 | 4.31 |
| | 高中 | 78.65 | 13.52 | 2.14 | 5.69 |
| | 大学 | 92.58 | 2.62 | 0.87 | 3.93 |
| | 研究生 | 92.31 | 0.00 | 0.00 | 7.69 |
| 职业/身份 | 教师 | 95.79 | 1.05 | 1.05 | 2.11 |
| | 学生 | 89.53 | 5.34 | 1.23 | 3.90 |
| | 公务员 | 85.25 | 8.20 | 1.64 | 4.92 |
| | 新闻出版者 | 90.91 | 9.09 | 0.00 | 0.00 |

（续表）

| 基本参数 | | 普通话 | 本地话 | 老家话 | 多选 |
|---|---|---|---|---|---|
| 职业/身份 | 技术人员 | 79.12 | 12.09 | 3.30 | 5.49 |
| | 公司职员 | 82.09 | 13.43 | 1.49 | 2.99 |
| | 服务人员 | 80.00 | 9.33 | 1.33 | 9.33 |
| | 体力劳动者 | 72.97 | 24.32 | 2.70 | 0.00 |
| | 其他 | 75.23 | 15.60 | 2.75 | 6.42 |
| 是否本地人 | 本地人 | 81.48 | 12.40 | 1.29 | 4.83 |
| | 外地人 | 91.75 | 2.18 | 1.94 | 3.88 |

2. 家庭中的常用语言

工作语言的选择是社会大环境决定的，不以个人的喜好为转移，但家庭语言的选择不一样，主要是由家庭主要成员的方言背景以及家庭权威成员的语言态度决定的，普通话在家庭语言的选择上并没有天然的优势。调查显示，鹰潭民众在家庭中使用普通话的只占42%，使用鹰潭话的占27%，使用其他方言的也占27%，整体上，使用方言的比例要高出普通话12个百分点。

表3-1-13的调查数据显示，家庭中语言的选择与人群的自然和社会属性有一定的关系。男性在家庭中使用普通话比女性高出4个百分点，这和工作中男女对语言的选择有相反关系，男性使用鹰潭本地话的比女性高出10个百分点，使用老家话则低大约13个百分点。从年龄看，17岁以下的青少年和41—60岁的中年人使用普通话比例相对较高，使用方言的比例相对较低，相差有近15个百分点。从学历层次看，小学及以下学历者在家使用普通话的比例最低，只有23%，他们使用方言的比例最高，达到77%，研究生学历者在家使用普通话的比例最高，达到69%，他们使用方言的比例最低，只有23%。从职业来看，在家说普通话比例最高的是新闻出版者和公务员，分别达到了73%和64%，在家说方言比例最高的是体力劳动者、学生和其他行业人员，分别达到65%、58%、61%，而服务人员交替使用普通话和方言的比例最高，达11%。是否本地人对其家庭语言的选择影响非常大。整体来说，本地人在家说普通话的比例达到44.6%，比外地人高

出约 8 个百分点，外地人说老家话的比例较高，达到 54.6%。另外，外地人在鹰潭生活时间的长短对其家庭语言的选择影响也很大，生活少于 5 年的说普通话的比例只有 23.3%，说老家话的比例达到 69.6%；生活了 5—10 年的说普通话比例达 47.7%，说老家话则达到 36.4%；生活超过 10 年的说普通话的比例则高达 64.7%，说老家话的则只有 23.5%。数据的变化表明，外地人在鹰潭生活的时间越久，老家话使用的频率就越低，而普通话使用的频率则越高。

表 3-1-13　　　　　　　　　家庭常用语言　　　　　　　　（%）

| 基本参数 | | | 普通话 | 本地话 | 老家话 | 其他 | 多选 |
|---|---|---|---|---|---|---|---|
| 性别 | | 男 | 43.52 | 32.31 | 19.12 | 0.22 | 4.62 |
| | | 女 | 39.45 | 22.49 | 33.74 | 0.17 | 4.33 |
| 年龄 | | 10—17 岁 | 50.75 | 28.57 | 15.79 | 0.38 | 4.14 |
| | | 18—40 岁 | 34.33 | 24.87 | 36.08 | 0.18 | 4.55 |
| | | 41—60 岁 | 49.15 | 31.07 | 15.25 | 0.00 | 4.52 |
| | | 61 岁及以上 | 36.84 | 21.05 | 36.84 | 0.00 | 5.26 |
| 学历 | | 小学及以下 | 23.08 | 34.62 | 42.31 | 0.00 | 0.00 |
| | | 初中 | 52.94 | 30.98 | 11.76 | 0.00 | 4.31 |
| | | 高中 | 33.81 | 42.35 | 19.57 | 0.71 | 2.85 |
| | | 大学 | 39.52 | 15.28 | 39.96 | 0.00 | 5.24 |
| | | 研究生 | 69.23 | 0.00 | 23.08 | 0.00 | 7.69 |
| 身份/职业 | | 教师 | 48.42 | 21.05 | 25.26 | 0.00 | 5.26 |
| | | 学生 | 37.37 | 20.74 | 37.37 | 0.21 | 4.31 |
| | | 公务员 | 63.93 | 24.59 | 8.20 | 0.00 | 3.28 |
| | | 新闻出版者 | 72.73 | 9.09 | 18.18 | 0.00 | 0.00 |
| | | 技术员 | 46.15 | 32.97 | 15.38 | 1.10 | 4.40 |
| | | 公司职员 | 47.76 | 29.85 | 19.40 | 0.00 | 2.99 |
| | | 服务员 | 33.33 | 45.33 | 10.67 | 0.00 | 10.67 |
| | | 体力劳动者 | 32.43 | 29.73 | 35.14 | 0.00 | 2.70 |
| | | 其他 | 36.70 | 40.37 | 20.18 | 0.00 | 2.75 |
| 是否本地人 | | 本地人 | 44.61 | 41.55 | 9.18 | 0.16 | 4.51 |
| | 外地人 | 在鹰潭少于 5 年 | 23.31 | 3.01 | 69.55 | 0.00 | 4.14 |
| | | 在鹰潭 5—10 年 | 47.73 | 11.36 | 36.36 | 0.00 | 4.55 |
| | | 在鹰潭超过 10 年 | 64.71 | 5.88 | 23.53 | 0.98 | 4.90 |

### 3. 和熟人聊天的常用语言

和熟人聊天的语言选择具有一定的随意性，只要能够沟通，用普通话和方言都无关紧要。调查显示，使用普通话的比例最高，达到68%，其次是鹰潭本地话，达到21%，还有少部分人老家话或普通话和方言都用。

表3-1-14 的调查数据显示，不同人群在与熟人聊天时其语言选择有一定的差别。女性选择普通话的比例达73%，比男性高出13个百分点；男性选择方言的比例占33%，比女性高出11个百分点。年龄越大选择普通话聊天的比例越来越低，选择方言聊天的比例则越来越高。学历越高，选择用普通话聊天的比例越高，用方言聊天的比例则越低，用于聊天的方言主要是鹰潭本地话，但小学及以下学历者选择用老家话聊天的比例比较高，占19.2%。从职业身份看，选择用普通话聊天比例较高的群体是新闻出版者、教师、学生、公务员，选择用方言聊天比例较高的群体是体力劳动者和其他职业属性不明人员。从籍贯属性来看，外地人用普通话聊天比例较高，达80%，比本地人高出了约20个百分点，本地人用鹰潭话聊天的比例达31%，比外地人高出约26个百分点。

表 3-1-14　　　　　　　　和熟人聊天的语言选择　　　　　　　　（%）

| 基本参数 | | 普通话 | 本地话 | 老家话 | 其他 | 多选 |
|---|---|---|---|---|---|---|
| 性别 | 男 | 60.22 | 27.47 | 5.71 | 0.66 | 5.71 |
| | 女 | 73.36 | 15.05 | 6.57 | 0.17 | 4.84 |
| 年龄 | 10—17 岁 | 72.18 | 18.05 | 5.64 | 0.00 | 3.76 |
| | 18—40 岁 | 67.95 | 18.74 | 6.30 | 0.70 | 6.30 |
| | 41—60 岁 | 61.02 | 29.38 | 5.08 | 0.00 | 4.52 |
| | 61 岁及以上 | 52.63 | 26.32 | 21.05 | 0.00 | 0.00 |
| 学历 | 小学及以下 | 46.15 | 30.77 | 19.23 | 3.85 | 0.00 |
| | 初中 | 66.27 | 23.53 | 7.06 | 0.00 | 3.14 |
| | 高中 | 51.96 | 36.30 | 6.76 | 0.36 | 3.56 |
| | 大学 | 79.04 | 8.73 | 4.80 | 0.00 | 7.42 |
| | 研究生 | 69.23 | 15.38 | 0.00 | 0.00 | 15.38 |

（续表）

| 基本参数 | | 普通话 | 本地话 | 老家话 | 其他 | 多选 |
|---|---|---|---|---|---|---|
| 职业/身份 | 教师 | 75.79 | 14.74 | 2.11 | 1.05 | 6.32 |
| | 学生 | 75.77 | 11.91 | 6.78 | 0.21 | 5.13 |
| | 公务员 | 72.13 | 18.03 | 3.28 | 0.00 | 6.56 |
| | 新闻出版者 | 81.81 | 0.00 | 9.09 | 0.00 | 9.09 |
| | 技术人员 | 59.34 | 30.77 | 4.40 | 1.10 | 4.40 |
| | 公司职员 | 61.19 | 29.85 | 4.48 | 0.00 | 4.48 |
| | 服务员 | 50.67 | 33.33 | 4.00 | 1.33 | 10.67 |
| | 体力劳动者 | 51.35 | 37.84 | 10.81 | 0.00 | 0.00 |
| | 其他 | 47.71 | 38.53 | 11.01 | 0.00 | 11.93 |
| 是否本地人 | 本地人 | 59.26 | 30.92 | 4.51 | 0.32 | 4.99 |
| | 外地人 | 80.10 | 4.85 | 8.74 | 0.49 | 5.58 |

### 4. 和陌生人交谈的常用语言

调查显示，在与陌生人交谈时89%的人选择普通话，而选择鹰潭话的只有10%，这和熟人之间聊天时的语言选择差别很大。熟人之间的聊天很多是寒暄，其目的主要是情感交流，而语言的信息传递目的往往处于次要地位，所以在语言选择时往往会根据彼此的语言背景来选择最能拉近双方心理距离的语言。而陌生人之间的交谈主要目的是信息交流，而且彼此之间的语言背景也不明确，普通话自然成为首要的交际工具。

表3-1-15的调查数据显示，在与陌生人交谈时，不同群体的语言选择有一定差别。女性选择普通话的比例达到93.6%，比男性高出10个百分点，而男性使用方言的比例则比女性高出约10个百分点。从年龄来看，基本趋势是年龄越大使用普通话的比例越低，而使用方言的比例则越高。从学历看，基本特征是高学历者使用普通话的比例相对较高，而低学历者使用方言的比例相对较高。从职业身份来看，使用普通话比例最高的是学生、教师和公司职员等群体，使用方言比例较高的是公务员、技术人员和体力劳动者。外地人使用普通话的比例比本地人高，而本地人使用方言的比例比外地人高。

**表 3-1-15　　　　　　　　和陌生人交谈的语言选择　　　　　　　（%）**

| 基本参数 | | 普通话 | 本地话 | 老家话 | 其他 |
|---|---|---|---|---|---|
| 性别 | 男 | 82.86 | 14.29 | 1.10 | 0.44 |
| | 女 | 93.60 | 5.71 | 0.52 | 0.00 |
| 年龄 | 10—17 岁 | 90.98 | 7.89 | 0.38 | 0.00 |
| | 18—40 岁 | 88.62 | 9.81 | 0.88 | 0.00 |
| | 41—60 岁 | 87.57 | 10.17 | 1.13 | 0.56 |
| | 61 岁及以上 | 78.95 | 15.79 | 0.00 | 5.26 |
| 学历 | 小学及以下 | 76.92 | 19.23 | 3.85 | 0.00 |
| | 初中 | 84.31 | 13.33 | 23.08 | 0.39 |
| | 高中 | 88.26 | 11.03 | 0.36 | 0.36 |
| | 大学 | 92.79 | 6.68 | 0.66 | 0.00 |
| | 研究生 | 84.61 | 15.38 | 0.00 | 0.00 |
| 职业/身份 | 教师 | 88.42 | 9.47 | 0.00 | 0.00 |
| | 学生 | 93.63 | 4.93 | 1.03 | 0.00 |
| | 公务员 | 80.33 | 18.03 | 0.00 | 1.64 |
| | 新闻出版者 | 81.81 | 9.09 | 0.00 | 0.00 |
| | 技术人员 | 80.22 | 18.68 | 1.10 | 0.00 |
| | 公司职员 | 88.06 | 11.94 | 0.00 | 0.00 |
| | 服务人员 | 85.33 | 12.00 | 0.00 | 1.33 |
| | 体力劳动 | 81.08 | 16.22 | 2.70 | 0.00 |
| | 其他 | 86.24 | 11.93 | 0.92 | 0.00 |
| 是否本地人 | 本地人 | 85.51 | 12.88 | 0.48 | 0.16 |
| | 外地人 | 93.93 | 4.37 | 1.21 | 0.24 |

5. 在农贸市场的常用语言

对农贸市场的语言使用情况，我们设置了两个题目，一是自己使用普通话和方言的情况，二是听到卖家使用普通话和方言的情况。调查显示，在农贸市场或路边小摊买东西时，只有 69% 的被调查者会使用普通话，比例并不很高。而听到卖家使用普通话的比例只有 41%，使用方言的比例超过了普通话。很明显，在农贸市场这种低端的消费场所，方言有较高的使用频率。具体数据见图 3-1-5。

表 3-1-16 的数据显示，在农贸市场等低端场所，不同群体在语

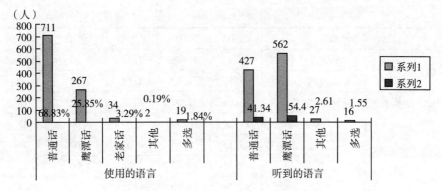

**图 3-1-5　在农贸市场的语言**

言选择上也有一定的差别。女性有 75%使用普通话，比男性高出 15
个百分点，而男性使用方言比女性高出约 14 个百分点。使用普通话
的比例与年龄具有负相关性，而使用方言的比例与年龄具有正相关
性，即年龄越大使用普通话的比例越低，使用方言的比例则越高。学
历与普通话的使用基本具有正相关性，与方言的使用具有负相关性，
即学历越高使用普通话的比例越高，使用方言的比例越低，但研究生
学历者有点例外，他们使用普通话比例最低，而使用方言比例最高，
我们估计很可能是这个群体想尽量用当地话来拉近买卖双方的心理距
离，以获得一定的经济效益。从职业身份来看，使用普通话比例最高
的是学生，达到 82%。本地人和外地人在语言选择上有明显差异，外
地人使用普通话的比例高出本地人近 20 个百分点，外地人随着在鹰
潭居住年限的增长，说普通话的比例越来越低，说鹰潭本地话的比例
则越来越高。

**表 3-1-16　　　　　　　　农贸市场的语言选择　　　　　　　　（%）**

| 基本参数 | | 普通话 | 本地话 | 老家话 | 其他 | 多选 |
|---|---|---|---|---|---|---|
| 性别 | 男 | 60.66 | 33.63 | 3.30 | 0.22 | 1.98 |
| | 女 | 75.26 | 19.72 | 3.29 | 0.17 | 1.73 |
| 年龄 | 10—17 岁 | 77.82 | 17.67 | 1.88 | 0.38 | 2.26 |
| | 18—40 岁 | 69.18 | 24.87 | 4.20 | 0.18 | 1.58 |
| | 41—60 岁 | 54.80 | 40.11 | 2.82 | 0.00 | 2.26 |
| | 61 岁及以上 | 63.16 | 36.84 | 0.00 | 0.00 | 0.00 |

（续表）

| 基本参数 | | 普通话 | 本地话 | 老家话 | 其他 | 多选 |
|---|---|---|---|---|---|---|
| 学历 | 小学及以下 | 53.85 | 38.46 | 7.69 | 0.00 | 0.00 |
| | 初中 | 63.53 | 31.37 | 3.14 | 0.00 | 1.96 |
| | 高中 | 64.06 | 32.03 | 1.42 | 0.71 | 1.78 |
| | 大学 | 76.20 | 17.47 | 4.37 | 0.00 | 1.97 |
| | 研究生 | 46.15 | 53.85 | 0.00 | 0.00 | 0.00 |
| 职业/身份 | 教师 | 63.16 | 26.32 | 5.26 | 0.00 | 5.26 |
| | 学生 | 82.34 | 11.70 | 4.11 | 0.21 | 1.64 |
| | 公务员 | 57.38 | 40.98 | 0.00 | 0.00 | 1.64 |
| | 新闻出版者 | 63.64 | 0.00 | 0.00 | 0.00 | 0.00 |
| | 技术人员 | 52.75 | 41.76 | 2.20 | 1.10 | 2.20 |
| | 公司职员 | 64.18 | 35.82 | 0.00 | 0.00 | 0.00 |
| | 服务人员 | 54.67 | 44.00 | 0.00 | 0.00 | 1.33 |
| | 体力劳动者 | 54.05 | 43.24 | 0.00 | 0.00 | 0.00 |
| | 其他 | 51.38 | 41.28 | 5.50 | 0.00 | 1.83 |
| 是否本地人 | 本地人 | 58.45 | 37.04 | 2.09 | 0.16 | 2.25 |
| | 外地人 在鹰潭少于5年 | 89.10 | 3.38 | 6.77 | 0.00 | 0.75 |
| | 在鹰潭5—10年 | 81.82 | 15.91 | 0.00 | 2.27 | 0.00 |
| | 在鹰潭超过10年 | 73.53 | 20.59 | 2.94 | 0.00 | 2.94 |

6. 在大型商业场所的常用语言

此处设置了两个题目，一是自己说的话，二是听到服务人员说的话。图3-1-6显示，被调查者在银行、超市、商场等大型商业场所办事、购物时最常用的语言是普通话，比例达到96%，被调查者听到服务人员说普通话的比例也达到92%。大型商业场所是属于高端的消费场所，在这种特定语境之下民众更倾向于使用普通话。

表3-1-17的数据显示，在大型商业场所使用的语言，尽管主要是普通话，但不同群体还是有一定的差别。女性比男性更喜欢使用普通话，大约高出4个百分点。年龄越大使用普通话的比例越低，使用方言的比例则更高，其中61岁及以上的老人使用本地话的比例超过了10%。学历越高，使用普通话的比例也越高。从职业来看，使用普

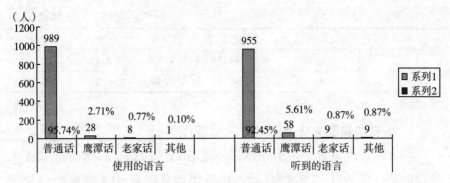

**图 3-1-6 在大型商场的语言**

通话比例相对较低的是体力劳动者。外地人使用普通话的比例高出本
地人大约 4 个百分点。

表 3-1-17　　　　　　　在大型商业场所的语言选择　　　　　　　（%）

| 基本参数 | | 普通话 | 本地话 | 老家话 | 其他 |
|---|---|---|---|---|---|
| 性别 | 男 | 93.63 | 3.74 | 1.32 | 0.22 |
| | 女 | 97.40 | 1.90 | 0.35 | 0.00 |
| 年龄 | 10—17 岁 | 96.99 | 1.88 | 0.38 | 0.00 |
| | 18—40 岁 | 95.45 | 2.80 | 0.70 | 0.18 |
| | 41—60 岁 | 95.48 | 2.82 | 1.69 | 0.00 |
| | 61 岁及以上 | 89.47 | 10.53 | 0.00 | 0.00 |
| 学历 | 小学及以下 | 80.77 | 15.38 | 3.85 | 0.00 |
| | 初中 | 92.16 | 4.31 | 1.18 | 0.00 |
| | 高中 | 95.37 | 3.20 | 1.07 | 0.36 |
| | 大学 | 98.69 | 0.87 | 0.22 | 0.00 |
| | 研究生 | 100.00 | 0.00 | 0.00 | 0.00 |
| 职业/身份 | 教师 | 97.89 | 1.05 | 0.00 | 0.00 |
| | 学生 | 97.95 | 1.03 | 0.62 | 0.00 |
| | 公务员 | 95.08 | 1.64 | 3.28 | 0.00 |
| | 新闻出版者 | 100.00 | 0.00 | 0.00 | 0.00 |
| | 技术人员 | 94.50 | 2.20 | 2.20 | 1.10 |
| | 公司职员 | 95.52 | 4.48 | 0.00 | 0.00 |
| | 服务人员 | 92.00 | 8.00 | 0.00 | 0.00 |
| | 体力劳动者 | 86.49 | 8.11 | 2.70 | 0.00 |
| | 其他 | 93.58 | 6.42 | 0.00 | 0.00 |

（续表）

| 基本参数 | | 普通话 | 本地话 | 老家话 | 其他 |
|---|---|---|---|---|---|
| 是否本地人 | 本地人 | 94.36 | 4.19 | 0.48 | 0.00 |
| | 外地人 | 98.54 | 0.49 | 1.21 | 0.24 |

### 7. 在餐馆和服务员交流时的常用语言

餐馆语言也设置了两个问题，一是自己说的话，二是听到服务人员说的话。图3-1-7数据显示，在餐馆就餐时有91%的人会选择使用普通话，8%的人会使用鹰潭本地话；在餐馆听到服务人员有84%使用普通话，15%使用鹰潭话。这个比例介于大型商业场所和农贸市场之间，餐馆使用普通话比农贸市场的比例要高，比大型商业场所要低，这显示餐馆作为一种话语语境其正式程度介于大型商场和农贸市场之间。

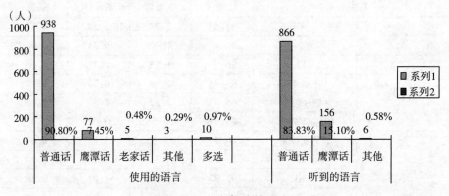

图 3-1-7　在餐馆的语言

表3-1-18的数据显示，不同人群在餐馆和服务员交流时使用的语言有一定的差别。女性说普通话的比例高达95%以上，比男性高出10个百分点。年龄越大使用普通话的比例越低，使用方言的比例越高。文化程度越高使用普通话的比例也越来越高，使用方言的比例则越来越低，但研究生学历者有差异，他们使用普通话的比例较低，只有81.8%，而使用方言的比例最高，达到18%。从职业来看，使用普通话比例最低的是体力劳动者。本地人使用普通话的比例只有88%，而外地人使用普通话的比例则达到95%，在鹰潭生活少于5年的外地

人使用普通话比例最高，达到97%，生活超过5年后，使用普通话比例有所下降，只有91%。

表 3-1-18　　　　　　在餐馆和服务员交流时的语言选择　　　　　（%）

| 基本参数 | | 普通话 | 本地话 | 老家话 | 其他 | 多选 |
|---|---|---|---|---|---|---|
| 性别 | 男 | 85.05 | 11.87 | 0.88 | 0.44 | 1.54 |
| | 女 | 95.33 | 3.98 | 0.17 | 0.17 | 0.52 |
| 年龄 | 10—17岁 | 96.99 | 1.88 | 0.38 | 0.00 | 0.75 |
| | 18—40岁 | 90.89 | 7.36 | 0.35 | 0.35 | 1.05 |
| | 41—60岁 | 82.49 | 14.69 | 1.13 | 0.56 | 1.13 |
| | 61岁及以上 | 78.95 | 21.05 | 0.00 | 0.00 | 0.00 |
| 学历 | 小学及以下 | 76.92 | 11.54 | 3.85 | 3.85 | 3.85 |
| | 初中 | 86.67 | 9.80 | 1.18 | 0.00 | 2.35 |
| | 高中 | 89.32 | 9.25 | 0.00 | 0.71 | 0.71 |
| | 大学 | 94.98 | 4.59 | 0.22 | 0.00 | 0.22 |
| | 研究生 | 81.82 | 18.18 | 0.00 | 0.00 | 0.00 |
| 职业/身份 | 教师 | 88.42 | 11.58 | 0.00 | 0.00 | 0.00 |
| | 学生 | 97.33 | 1.23 | 0.62 | 0.21 | 0.62 |
| | 公务员 | 91.80 | 8.20 | 0.00 | 0.00 | 0.00 |
| | 新闻出版者 | 100.00 | 0.00 | 0.00 | 0.00 | 0.00 |
| | 技术人员 | 80.22 | 15.38 | 1.10 | 1.10 | 2.20 |
| | 公司职员 | 89.55 | 10.45 | 0.00 | 0.00 | 0.00 |
| | 服务人员 | 84.00 | 14.67 | 0.00 | 0.00 | 1.33 |
| | 体力劳动者 | 72.97 | 24.32 | 0.00 | 2.70 | 0.00 |
| | 其他 | 82.57 | 12.84 | 0.92 | 0.00 | 3.67 |
| 是否本地人 | 本地人 | 88.08 | 10.14 | 0.48 | 0.00 | 1.29 |
| | 外地人 在鹰潭少于5年 | 96.99 | 1.50 | 0.75 | 0.38 | 0.38 |
| | 在鹰潭5—10年 | 90.91 | 6.82 | 0.00 | 2.27 | 0.00 |
| | 在鹰潭超过10年 | 91.18 | 6.86 | 0.00 | 0.98 | 0,98 |

　　综上所述，在不同的场合民众对语言的选择有较明显差别。在工作中，在银行超市商场等相对高端的商业场所交际，在和陌生人交谈，在餐馆和服务人员交流时，最常用的是普通话，比例都在85%以

上，而在家中、在和朋友聊天时、在农贸市场等低端商业场所交际时，使用普通话的比例下降，使用方言的比例上升。这说明在比较正式或陌生的场合，更倾向于使用普通话，在比较随意或熟悉的场合很容易用方言交际。就各个参数而言，相对来说，女性比男性更倾向于使用普通话，年龄越小越倾向于使用普通话，学历越高越倾向于使用普通话，教师、学生、公务员、新闻出版者等职业更倾向于使用普通话。外地人更倾向于使用普通话，特别是在鹰潭生活不到五年的外地人更倾向于使用普通话，随着在鹰潭生活时间的延长，在各种场合使用方言的比例有所提高。

（四）对语言文字的态度

我们主要调查了鹰潭民众对普通话、方言以及繁体字的主观态度。

1. 对普通话的态度

对待普通话的态度我们主要调查了两个问题，"是否喜欢普通话"和"希望普通话达到什么程度"。图3-1-8显示，明确表示喜欢普通话的人占绝大多数，达到75%，有一部分人持一种无所谓的态度，真正不喜欢普通话的人很少，只有2%。从普通话使用水平来看，有88%的人希望能熟练使用普通话，对普通话没什么要求的人很少，不到6%。

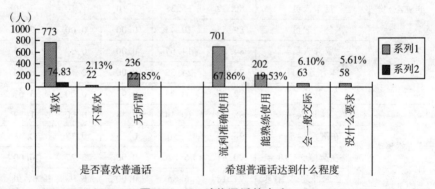

**图3-1-8　对普通话的态度**

第一，对普通话喜欢程度的人群差异。

表3-1-19的调查数据显示，不同人群对普通话的喜欢程度有差别。女性相比于男性更喜欢普通话，高出了10个百分点。越是年轻，

喜欢普通话的比例越高。学历越高喜欢普通话的比例也越高，但研究生学历者喜欢普通话的比例与小学生差不多，研究生学历者对普通话持无所谓态度的超过30%。从职业看，喜欢普通话比例较高的群体是教师、学生和公务员，令人惊讶的是新闻工作者有9%的被调查者表示不喜欢普通话，这个比例在所有群体里面是最高的。外地人比本地人更喜欢普通话，高出了6个百分点。

表3-1-19　　　　　　　　是否喜欢普通话　　　　　　　　（%）

| 基本参数 | | 喜欢 | 无所谓 | 不喜欢 |
|---|---|---|---|---|
| 性别 | 男 | 69.01 | 27.69 | 2.86 |
| | 女 | 79.41 | 19.03 | 1.56 |
| 年龄 | 10—17岁 | 78.57 | 20.30 | 1.13 |
| | 18—40岁 | 74.78 | 22.59 | 2.45 |
| | 41—60岁 | 70.06 | 27.68 | 2.26 |
| | 61岁及以上 | 68.42 | 21.05 | 5.26 |
| 学历 | 小学及以下 | 69.23 | 26.92 | 3.85 |
| | 初中 | 70.20 | 28.63 | 0.78 |
| | 高中 | 74.02 | 23.49 | 2.49 |
| | 大学 | 78.38 | 18.78 | 2.62 |
| | 研究生 | 69.23 | 30.77 | 0.00 |
| 职业/身份 | 教师 | 85.26 | 11.58 | 3.16 |
| | 学生 | 79.06 | 18.48 | 2.26 |
| | 公务员 | 78.69 | 18.03 | 3.27 |
| | 新闻出版者 | 63.64 | 27.27 | 9.09 |
| | 技术人员 | 65.93 | 32.97 | 1.10 |
| | 公司职员 | 59.70 | 40.30 | 0.00 |
| | 服务人员 | 70.67 | 29.33 | 0.00 |
| | 体力劳动者 | 70.27 | 24.32 | 5.41 |
| | 其他 | 66.97 | 30.28 | 1.83 |
| 是否本地人 | 本地人 | 72.30 | 25.93 | 1.61 |
| | 外地人 | 78.64 | 18.20 | 2.91 |

第二，普通话水平期望值的人群差异。

表 3-1-20 的调查数据显示，不同人群对其普通话水平的期望值有差异。女性比男性更希望流利准确使用普通话，其比例高出了约 18 个百分点，而男性希望"熟练使用"和"一般交际"的比例则高出女性 15 个百分点。从年龄来看，年龄越小，希望自己的普通话"流利准确"的比例越高，而随着年岁的增加，希望普通话达到"熟练使用"和"一般交际"的比例则越来越高。从学历来看，学历越高，希望自己的普通话程度达到"流利准确"的比例也越高，但具有研究生学历者是例外。从职业来说，学生希望自己的普通话达到"准确流利"程度的比例最高，占 80.7%。是否本地人，对普通话"准确流利"的期望值并没有明显影响，但是外地人随着在鹰潭生活时间的延长，对普通话"准确流利"的期望值越来越低，而对能"熟练使用"的期望值则越来越高。

表 3-1-20　　　　　　　　希望普通话达到程度　　　　　　　　（%）

| 基本参数 | | 流利准确 | 熟练使用 | 一般交际 | 无要求 |
|---|---|---|---|---|---|
| 性别 | 男 | 58.02 | 24.84 | 9.01 | 7.25 |
| | 女 | 75.61 | 15.40 | 3.81 | 4.33 |
| 年龄 | 10—17 岁 | 78.95 | 11.65 | 3.01 | 5.26 |
| | 18—40 岁 | 70.23 | 19.79 | 4.90 | 4.20 |
| | 41—60 岁 | 48.02 | 29.38 | 12.43 | 9.60 |
| | 61 岁及以上 | 26.32 | 31.58 | 26.32 | 15.79 |
| 学历 | 小学及以下 | 38.46 | 19.23 | 23.08 | 19.23 |
| | 初中 | 60.78 | 19.22 | 9.80 | 9.41 |
| | 高中 | 66.19 | 21.00 | 7.47 | 5.34 |
| | 大学 | 74.89 | 18.78 | 2.18 | 2.62 |
| | 研究生 | 53.85 | 23.08 | 7.69 | 15.38 |
| 职业/身份 | 教师 | 69.47 | 24.21 | 3.16 | 0.00 |
| | 学生 | 80.70 | 13.35 | 2.05 | 3.08 |
| | 公务员 | 57.38 | 32.79 | 1.64 | 8.20 |
| | 新闻出版者 | 63.64 | 27.27 | 9.09 | 0.00 |
| | 技术人员 | 60.44 | 23.08 | 9.89 | 6.59 |
| | 公司职员 | 56.72 | 20.90 | 16.42 | 5.97 |
| | 服务人员 | 58.67 | 22.67 | 9.33 | 9.33 |
| | 体力劳动者 | 27.03 | 43.24 | 24.32 | 5.41 |
| | 其他 | 48.62 | 22.94 | 11.01 | 17.43 |

（续表）

| 基本参数 | | 流利准确 | 熟练使用 | 一般交际 | 无要求 |
|---|---|---|---|---|---|
| 是否本地人 | 本地人 | 66.83 | 19.65 | 6.60 | 5.96 |
| | 外地人 在鹰潭少于5年 | 75.19 | 17.67 | 4.14 | 2.26 |
| | 在鹰潭5—10年 | 70.45 | 20.45 | 0.00 | 9.09 |
| | 在鹰潭超过10年 | 53.92 | 23.53 | 10.78 | 10.78 |

综合可见，绝大多数人都喜欢普通话，都希望自己的普通话达到一个比较好的水平。从各项参数来看，女性、低龄者、大学学历者、学生及其在鹰潭生活不足5年的城市新移民期望自己普通话达到"流利准确"程度的比例最高。

2. 对方言的态度

我们主要调查民众是否喜欢鹰潭话。勿庸置疑，鹰潭话是鹰潭本地的强势方言，不管被调查者是不是鹰潭本地人，也不管会不会说鹰潭话，只要在鹰潭生活，就不可避免接触到鹰潭话。每个鹰潭人对鹰潭话都会有自己的态度，或喜欢或不喜欢。调查显示，明确表示喜欢鹰潭话的人比例并不高，只有38%，但明确表示不喜欢的人也比较少，只有13%，有49%的受访者持一种无所谓的态度。

表3-1-21的调查数据显示，不同人群对鹰潭话的喜欢程度有较大差别。男性喜欢鹰潭话的比女性高出了约13个百分点，女性明确表示不喜欢鹰潭话的占16.6%，比男性高出了8个百分点。从年龄看，最喜欢鹰潭话的竟然是17岁以下的青少年，比例达到49%，令人不可思议的是，明确表示不喜欢鹰潭话中比例最高的竟然是61岁及以上的老年人，其比例高达32%。从学历来说，喜欢鹰潭话比例最高的是初中和高中学历者。从职业来看，技术人员、新闻出版者相对更喜欢鹰潭话。本地人明显比外地人更喜欢鹰潭话，高出了35个百分点，在鹰潭生活不到5年的外地人喜欢鹰潭话的只有10.9%，而不喜欢鹰潭话的达到32%，随着在鹰潭生活时间的延长，对鹰潭话的喜欢程度慢慢增加，而不喜欢程度则慢慢减少。

**表 3-1-21**　　　　　　　　　　**是否喜欢鹰潭本地话**　　　　　　　　（%）

| 基本参数 | | 喜欢 | 一般 | 不喜欢 |
|---|---|---|---|---|
| 性别 | 男 | 45.05 | 46.38 | 8.57 |
| | 女 | 31.83 | 51.56 | 16.61 |
| 年龄 | 10—17 岁 | 48.87 | 46.24 | 4.89 |
| | 18—40 岁 | 32.22 | 49.74 | 18.04 |
| | 41—60 岁 | 37.85 | 54.24 | 7.91 |
| | 61 岁及以上 | 36.84 | 31.58 | 31.58 |
| 学历 | 小学及以下 | 34.62 | 46.15 | 19.23 |
| | 初中 | 45.10 | 47.84 | 7.06 |
| | 高中 | 48.40 | 44.48 | 7.12 |
| | 大学 | 26.86 | 52.84 | 20.31 |
| | 研究生 | 38.46 | 61.54 | 0.00 |
| 职业/身份 | 教师 | 37.89 | 54.74 | 7.37 |
| | 学生 | 34.50 | 47.84 | 17.66 |
| | 公务员 | 40.98 | 55.74 | 3.28 |
| | 新闻出版者 | 45.45 | 54.55 | 0.00 |
| | 技术人员 | 46.15 | 46.15 | 7.69 |
| | 公司职员 | 32.84 | 47.76 | 19.40 |
| | 服务人员 | 42.67 | 48.00 | 9.33 |
| | 体力劳动者 | 35.14 | 56.76 | 8.11 |
| | 其他 | 41.28 | 48.62 | 10.09 |
| 是否本地人 | 本地人 | 51.69 | 44.44 | 3.86 |
| | 外地人 在鹰潭少于 5 年 | 10.90 | 57.14 | 31.95 |
| | 在鹰潭 5—10 年 | 29.55 | 50.00 | 20.45 |
| | 在鹰潭超过 10 年 | 24.51 | 57.84 | 18.63 |

3. 对普通话和方言关系的态度

普通话和方言是我们生活中最常用的两种交际工具，普通话作为国家法定语言在国家的积极推动下基本上已经成为全民的主要交际工具，而方言尽管交际空间相对比较狭窄但其某些作用仍然不可替代。民众对普通话和方言关系持一种什么样的态度呢？我们调查了三方面问题，一是现实价值，即哪种话更常用；二是心理价值，即哪种话更亲近；三是发展价值，即对中小学教学语言的看法。

第一，普通话和方言的现实价值。

我们以"您认为在鹰潭哪种话更常用"为题展开调查，结果显示，普通话自然是最常用的，但也并没有达到绝对优势，其比例只有57%，另有40%的被调查者认为鹰潭话更常用。

表3-1-22的数据显示，不同人群对普通话和方言的现实价值认知上有差别。女性认为普通话更常用的比例高于男性，而男性认为鹰潭话更常用的比例高于女性。年龄越大越觉得普通话更常用。从学历来说，基本趋势是，学历越高越觉得普通话更常用。从职业来看，认为普通话更常用比例较高的群体是体力劳动者、教师、公务员和学生。是否本地人对其普通话与方言的现实价值认知差别很大，外地人有70.6%认为普通话更常用，比本地人高出了22个百分点；而本地人有49.3%认为鹰潭话更常用，比外地人高出22个百分点。

**表 3-1-22**　　　　　　　　在鹰潭哪种话更常用　　　　　　　　（%）

| 基本参数 | | 普通话 | 本地话 | 其他话 | 多选 |
|---|---|---|---|---|---|
| 性别 | 男 | 52.53 | 44.40 | 0.88 | 2.20 |
| | 女 | 60.90 | 37.37 | 0.52 | 1.21 |
| 年龄 | 10—17 岁 | 51.50 | 45.49 | 2.26 | 2.26 |
| | 18—40 岁 | 59.19 | 38.70 | 0.70 | 1.40 |
| | 41—60 岁 | 59.32 | 38.98 | 0.00 | 1.69 |
| | 61 岁及以上 | 57.89 | 36.84 | 5.26 | 5.26 |
| 学历 | 小学及以下 | 53.85 | 46.15 | 0.00 | 0.00 |
| | 初中 | 60.78 | 35.69 | 0.78 | 2.75 |
| | 高中 | 39.86 | 58.36 | 1.07 | 0.71 |
| | 大学 | 65.72 | 32.10 | 0.44 | 1.75 |
| | 研究生 | 69.23 | 30.88 | 0.00 | 0.00 |
| 职业/身份 | 教师 | 67.37 | 28.42 | 0.00 | 4.21 |
| | 学生 | 59.96 | 37.99 | 0.82 | 1.23 |
| | 公务员 | 60.66 | 37.70 | 0.00 | 1.64 |
| | 新闻出版者 | 45.45 | 54.55 | 0.00 | 0.00 |
| | 技术人员 | 49.45 | 48.35 | 1.10 | 1.10 |

（续表）

| 基本参数 | | 普通话 | 本地话 | 其他话 | 多选 |
|---|---|---|---|---|---|
| 职业/身份 | 公司职员 | 49.25 | 46.27 | 1.49 | 2.99 |
| | 服务人员 | 56.00 | 40.00 | 1.33 | 2.67 |
| | 体力劳动者 | 70.27 | 29.73 | 0.00 | 0.00 |
| | 其他 | 43.12 | 55.96 | 0.00 | 0.92 |
| 是否本地人 | 本地人 | 48.31 | 49.28 | 0.32 | 2.09 |
| | 外地人 | 70.63 | 27.18 | 1.21 | 0.97 |

第二，普通话和方言的心理价值。

主要调查普通话、鹰潭本地话和老家话在民众心中的认同程度，调查哪种话更亲切友好，哪种话更好听。从友善性来看，46%的被调查者表示普通话更亲切友好，而49%的被调查者表示方言（包括鹰潭话和老家话）更加亲切友好。从可听性来看，78%的受访者表示普通话更好听，占绝对优势，只有18%的人认为方言更好听。

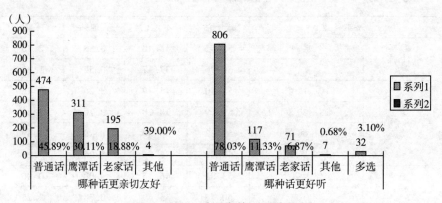

图 3-1-9　对语言的心理认同

不同性质的人群对普通话和方言的心理认同程度有差别。表3-1-23的数据显示，男性认为鹰潭话更加亲切友好的比例高出女性约8个百分点，女性认为老家话更加亲切友好的比例高出男性约4个百分点，而在普通话亲切友好的认同度方面性别差异不明显。从年龄方面看，61岁及以上的老年人认为普通话更加亲切友好的比例最高，达到63.2%，而认为鹰潭本地话更亲切友好比例最高的是41—60岁的中年人，达到 35.6%。从学历来看，研究生学历者和初中学历者对普通话更亲切友好认可的比例最高，都达到了约 53%，对鹰潭话亲切友好认可最高的是高中学历者，对老家话亲切友好认可最高的是大学学历者。从职业来看，新闻出版者认为普通话更亲切友好的比例最高，占 72.7%，而对鹰潭本地话亲切友好认可最高的是服务人员，占 46.7%，对老家话亲切友好认可最高的是教师，占 26.3%。本地人约 45.1%认为鹰潭话更亲切友好，认为普通话更亲切友好的只占 43%，外地人对普通话的亲切友好认可度比本地人高出大约 7 个百分点。在鹰潭生活时间少于 10 年的外地人对老家话的亲切友好认可比例最高，约占 40%，而对鹰潭话的亲切友好认可比例较低，只占 11%；在鹰潭生活超过 10 年的外地人对普通话亲切友好的认可比例最高，占 55.9%，对老家话亲切友好认可比例明显降低，只占 23%，而对鹰潭话亲切友好的认可比例有所提升，总之，随着在鹰潭生活时间的延长，对普通话和鹰潭话的亲切友好认可比例会提升，但对老家话的亲切友好认可比例在下降。

表 3-1-23　　　　　　　　哪种话更亲切友好　　　　　　　　（%）

| 基本参数 | | 普通话 | 鹰潭话 | 老家话 | 其他 |
|---|---|---|---|---|---|
| 性别 | 男 | 45.27 | 34.29 | 16.70 | 0.44 |
| | 女 | 46.37 | 26.82 | 20.59 | 0.35 |
| 年龄 | 10—17 岁 | 50.75 | 32.33 | 11.28 | 0.75 |
| | 18—40 岁 | 39.05 | 23.64 | 19.61 | 0.35 |
| | 41—60 岁 | 42.37 | 35.59 | 19.77 | 0.00 |
| | 61 岁及以上 | 63.16 | 26.32 | 10.53 | 0.00 |
| 学历 | 小学及以下 | 46.15 | 34.62 | 19.23 | 0.00 |
| | 初中 | 53.73 | 31.76 | 11.37 | 0.39 |
| | 高中 | 41.99 | 42.35 | 11.74 | 0.36 |
| | 大学 | 43.67 | 21.62 | 27.51 | 0.22 |
| | 研究生 | 53.85 | 23.08 | 15.38 | 7.69 |
| 职业/身份 | 教师 | 31.58 | 32.63 | 26.32 | 0.00 |
| | 学生 | 49.69 | 22.38 | 20.74 | 0.62 |
| | 公务员 | 42.62 | 37.70 | 16.39 | 1.64 |
| | 新闻出版者 | 72.73 | 27.27 | 0.00 | 0.00 |

（续表）

| 基本参数 | | 普通话 | 鹰潭话 | 老家话 | 其他 |
|---|---|---|---|---|---|
| 职业/身份 | 技术人员 | 47.25 | 40.66 | 12.09 | 0.00 |
| | 公司职员 | 46.27 | 31.34 | 20.90 | 0.00 |
| | 服务人员 | 38.67 | 46.67 | 12.00 | 0.00 |
| | 体力劳动者 | 48.65 | 27.03 | 24.32 | 0.00 |
| | 其他 | 43.12 | 38.53 | 14.68 | 0.00 |
| 是否本地人 | 本地人 | 43.00 | 45.09 | 7.89 | 0.48 |
| 外地人 | 在鹰潭少于5年 | 48.50 | 3.38 | 39.47 | 0.38 |
| | 在鹰潭5—10年 | 47.73 | 11.36 | 40.91 | 0.00 |
| | 在鹰潭超过10年 | 55.88 | 16.67 | 22.55 | 0.00 |

表 3-1-24 显示，对于哪种话更好听，不同人群的认知也有差别。女性对普通话更好听的认可比例高出男性 10 个百分点，男性对鹰潭话更好听的认可比例高出女性约 8 个百分点。年龄越小，认为普通话更好听的比例越高，认为鹰潭本地话更好听比例最高的是 61 岁及以上的老年人。从学历来说，初中、高中、大学学历者认为普通话更好听的比例最高，超过 78%，小学学历者认为鹰潭本地话更好听的比例最高，占 23.1%。从职业来看，认为普通话更好听比例最低的是体力劳动者，这个群体对老家话更好听的认可比例最高。无论是本地人还是外地人，对普通话更好听的认可比例都很高，达到 77% 以上，二者之间也没有明显差别。本地人认为鹰潭话更好听的比例也很低，只有 17.1%；就外地人而言，随着在鹰潭生活时间的延长，认为普通话和鹰潭话更好听的比例在增加，认为老家话更好听的比例在下降。

表 3-1-24　　　　　　　　　　哪种话更好听　　　　　　　　　　（%）

| 基本参数 | | 普通话 | 鹰潭话 | 老家话 | 其他 | 多选 |
|---|---|---|---|---|---|---|
| 性别 | 男 | 72.97 | 16.04 | 7.69 | 1.10 | 1.98 |
| | 女 | 82.01 | 7.62 | 6.22 | 0.35 | 3.98 |

（续表）

| 基本参数 | | 普通话 | 鹰潭话 | 老家话 | 其他 | 多选 |
|---|---|---|---|---|---|---|
| 年龄 | 10—17 岁 | 81.58 | 11.28 | 3.01 | 0.38 | 3.38 |
| | 18—40 岁 | 77.58 | 10.51 | 7.53 | 1.05 | 3.32 |
| | 41—60 岁 | 75.71 | 11.86 | 10.73 | 0.00 | 1.69 |
| | 61 岁及以上 | 63.16 | 31.58 | 5.26 | 0.00 | 5.26 |
| 学历 | 小学及以下 | 65.38 | 23.08 | 7.69 | 3.85 | 0.00 |
| | 初中 | 78.43 | 12.94 | 4.71 | 0.39 | 3.53 |
| | 高中 | 79.00 | 14.59 | 4.63 | 0.71 | 1.07 |
| | 大学 | 78.17 | 7.64 | 9.39 | 0.78 | 4.37 |
| | 研究生 | 69.23 | 15.38 | 7.69 | 7.69 | 0.00 |
| 职业/身份 | 教师 | 78.95 | 10.53 | 5.26 | 1.05 | 4.21 |
| | 学生 | 80.70 | 7.80 | 6.37 | 0.41 | 4.72 |
| | 公务员 | 67.21 | 19.67 | 9.84 | 1.64 | 1.64 |
| | 新闻出版者 | 90.91 | 9.09 | 0.00 | 0.00 | 0.00 |
| | 技术人员 | 72.53 | 17.58 | 7.69 | 7.69 | 7.69 |
| | 公司职员 | 82.09 | 10.45 | 5.97 | 0.00 | 1.49 |
| | 服务人员 | 84.00 | 13.33 | 1.33 | 1.33 | 0.00 |
| | 体力劳动者 | 59.46 | 13.51 | 27.03 | 0.00 | 0.00 |
| | 其他 | 74.31 | 16.51 | 6.42 | 0.92 | 1.83 |
| 是否本地人 | 本地人 | 77.62 | 17.07 | 2.58 | 0.64 | 2.09 |
| | 外地人 在鹰潭少于 5 年 | 78.20 | 0.75 | 14.66 | 0.38 | 6.02 |
| | 在鹰潭 5—10 年 | 77.27 | 6.82 | 13.64 | 2.27 | 0.00 |
| | 在鹰潭超过 10 年 | 80.39 | 5.88 | 9.80 | 0.98 | 2.94 |

第三，方言的发展空间。

从目前的现实情况来看，方言的使用空间有一定的局限性，有人提出是不是可以把方言作为中小学的教学语言，我们就此设计了两个问题展开调查。结论如图 3-1-10 所示，无论小学还是中学，绝大多数人都支持普通话作为教学语言，但也有 6%—8% 的人认为可以普通话和鹰潭话并用，支持单纯用鹰潭话教学的人为数极少。

表 3-1-25 的调查数据显示，对于本地小学教学语言的选择，不同人群的看法有差别。女性选择普通话的比例略高于男性，男性选择

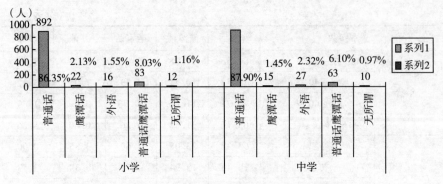

图 3-1-10　对本地中小学教学语言的看法

鹰潭话、外语或普通话和本地话并用的比例略高于女性。从年龄来看，选择普通话比例最高的是 41—60 岁的中年人和 18—40 岁的中青年，选择鹰潭话比例最高的是 61 岁及以上的老年人。从学历来说，选择普通话比例最高的是具有大学学历者，选择鹰潭话比例最高的是小学及以下学历者，选择普通话和鹰潭话并用比例最高的是研究生学历者。从职业来看，教师、公务员、服务员、公司职员支持普通话作为小学教学语言的比例最高，支持鹰潭话比例最高的是新闻出版者，支持普通话和方言并用比例最高的是技术人员。外地人支持普通话教学的比例略高于本地人。

表 3-1-25　　　　　对本地小学教学语言选择的看法　　　　　（％）

| 基本参数 | | 普通话 | 鹰潭话 | 外语 | 普通话鹰潭话 | 无所谓 |
|---|---|---|---|---|---|---|
| 性别 | 男 | 83.08 | 3.08 | 2.42 | 9.45 | 1.32 |
| | 女 | 88.93 | 1.38 | 0.87 | 6.92 | 1.04 |
| 年龄 | 10—17 岁 | 80.83 | 2.26 | 2.63 | 10.90 | 2.26 |
| | 18—40 岁 | 87.92 | 1.75 | 1.05 | 7.71 | 0.70 |
| | 41—60 岁 | 90.96 | 2.26 | 1.69 | 4.52 | 0.56 |
| | 61 岁及以上 | 73.68 | 10.53 | 0.00 | 10.53 | 5.26 |
| 学历 | 小学及以下 | 73.08 | 15.38 | 3.85 | 3.85 | 3.85 |
| | 初中 | 80.78 | 3.14 | 1.96 | 10.98 | 1.96 |
| | 高中 | 83.63 | 2.14 | 2.85 | 9.25 | 1.42 |
| | 大学 | 92.14 | 0.66 | 0.44 | 5.68 | 0.44 |
| | 研究生 | 76.92 | 7.69 | 0.00 | 15.38 | 0.00 |

（续表）

| 基本参数 | | 普通话 | 鹰潭话 | 外语 | 普通话鹰潭话 | 无所谓 |
|---|---|---|---|---|---|---|
| 职业/身份 | 教师 | 91.58 | 2.11 | 0.00 | 6.32 | 0.00 |
| | 学生 | 86.24 | 1.03 | 2.05 | 8.21 | 1.44 |
| | 公务员 | 90.16 | 3.28 | 3.28 | 1.64 | 1.64 |
| | 新闻出版者 | 81.82 | 9.09 | 0.00 | 9.09 | 0.00 |
| | 技术人员 | 79.12 | 3.30 | 0.00 | 16.48 | 1.10 |
| | 公司职员 | 88.06 | 2.99 | 0.00 | 8.96 | 0.00 |
| | 服务人员 | 92.00 | 1.33 | 0.00 | 5.33 | 1.33 |
| | 体力劳动者 | 81.08 | 5.41 | 2.70 | 8.11 | 0.00 |
| | 其他 | 83.49 | 4.59 | 1.83 | 6.42 | 1.83 |
| 是否本地人 | 本地人 | 85.02 | 2.58 | 1.77 | 8.37 | 1.29 |
| | 外地人 | 88.35 | 1.46 | 1.21 | 7.52 | 0.97 |

　　表3-1-26的调查数据显示，对于本地中学教学语言的选择，与小学的基本情况差不多。女性选择普通话的比例略高于男性，男性选择鹰潭话的比例略高于女性。青年和中年选择普通话比例略高于少年和老年，而后者选择鹰潭话比例则略高于前者。大学学历者选择普通话的比例最高，选择鹰潭话比例最高的是小学及以下学历者，选择外语教学比例最高的是研究生学历者。从职业看，新闻出版者、教师、公务员和学生更支持普通话作为中学的教学语言，而支持鹰潭话比例最高的是体力劳动者。外地人支持普通话的比例略高于本地人。

表3-1-26　　　　　　对本地中学教学语言选择的看法　　　　　（%）

| 基本参数 | | 普通话 | 鹰潭话 | 外语 | 普通话鹰潭话 | 无所谓 |
|---|---|---|---|---|---|---|
| 性别 | 男 | 85.49 | 2.88 | 2.20 | 7.25 | 1.10 |
| | 女 | 89.79 | 0.35 | 2.94 | 5.19 | 0.87 |
| 年龄 | 10—17岁 | 85.34 | 1.13 | 2.63 | 7.89 | 1.88 |
| | 18—40岁 | 88.79 | 0.88 | 2.98 | 5.78 | 0.35 |
| | 41—60岁 | 89.83 | 3.39 | 1.69 | 4.52 | 0.56 |
| | 61岁及以上 | 78.95 | 5.26 | 0.00 | 5.26 | 10.53 |

（续表）

| 基本参数 | | 普通话 | 鹰潭话 | 外语 | 普通话鹰潭话 | 无所谓 |
|---|---|---|---|---|---|---|
| 学历 | 小学及以下 | 76.92 | 15.38 | 0.00 | 7.69 | 0.00 |
| | 初中 | 83.53 | 1.57 | 3.92 | 7.84 | 1.96 |
| | 高中 | 84.70 | 2.14 | 3.20 | 7.83 | 1.42 |
| | 大学 | 93.23 | 0.22 | 1.31 | 3.93 | 0.22 |
| | 研究生 | 76.92 | 0.00 | 15.38 | 7.69 | 0.00 |
| 职业/身份 | 教师 | 90.53 | 1.05 | 0.00 | 8.42 | 0.00 |
| | 学生 | 89.73 | 0.82 | 2.26 | 5.13 | 1.03 |
| | 公务员 | 90.16 | 3.28 | 3.28 | 1.64 | 1.64 |
| | 新闻出版者 | 100.00 | 0.00 | 0.00 | 0.00 | 0.00 |
| | 技术人员 | 81.32 | 3.30 | 1.10 | 13.19 | 1.10 |
| | 公司职员 | 88.06 | 8.96 | 0.00 | 2.99 | 0.00 |
| | 服务人员 | 88.00 | 0.00 | 2.67 | 6.67 | 0.00 |
| | 体力劳动者 | 83.78 | 8.11 | 0.00 | 5.41 | 0.00 |
| | 其他 | 81.65 | 1.83 | 4.59 | 7.34 | 2.75 |
| 是否本地人 | 本地人 | 86.80 | 1.29 | 2.90 | 6.92 | 1.13 |
| | 外地人 | 89.56 | 1.70 | 2.18 | 4.85 | 0.73 |

综合来看，普通话作为中小学教学语言毫无疑问受到了绝大多数民众的支持。有少数低学历者支持用鹰潭话教学，部分研究生学历者支持用外语教学。

4. 对繁体字的态度

当代语言生活中，简化字最常用，繁体字也并不少见，从名胜古迹到街头巷尾，都可以见到繁体字的踪影。那么民众对繁体字的态度如何呢？我们调查了四个问题：是否喜欢繁体字？是否愿意学习繁体字？中小学是否有必要开设繁体字教学课程？是否赞成户外广告使用繁体字？调查总情况如图 3-1-11 所示：

喜欢繁体字的人不是很多，但也不少，占34%，不喜欢的人占27%。愿意学习繁体字的人比例相对较高，达到47%，不愿意学的只有22%。认为有必要在学校开展繁体字教学的占36%，认为没必要的占28%。赞成户外广告使用繁体字的人比例不高，只占19%，反对者占44%。总之，

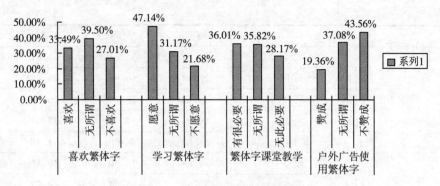

图 3-1-11　对繁体字的态度

对于繁体字持任何一种态度的人都没有占绝对优势，处于一种相对均衡状态。不同人群在这四个问题上的态度还有所差别。

第一，是否喜欢繁体字的人群差异。

表 3-1-27 的调查数据显示，不同人群对繁体字的喜欢程度有差别。在喜欢繁体字上男性和女性差别不明显，但在不喜欢繁体字上女性表现比较明显，比男性高出 7 个百分点。令人意想不到的是，对繁体字的喜欢程度与年龄的增加成负相关性，年纪越大越不喜欢繁体字，青少年喜欢繁体字的比例最高。从学历来看，研究生学历者喜欢繁体字的比例最高，占 53.85%。从职业来说，喜欢繁体字的比例最高的是学生和公务员，比例都超过了 39%，不喜欢繁体字比例最高的是服务人员和体力劳动者，比例都超过了 35%。外地人喜欢繁体字的比例比本地人高出约 5 个百分点，其不喜欢繁体字的比例也高出了 5 个百分点。

表 3-1-27　　　　　　　　　　是否喜欢繁体字　　　　　　　　　　（%）

| 基本参数 | | 喜欢 | 无所谓 | 不喜欢 |
|---|---|---|---|---|
| 性别 | 男 | 32.53 | 44.62 | 22.86 |
| | 女 | 34.26 | 35.47 | 30.28 |
| 年龄 | 10—17 岁 | 36.47 | 46.24 | 17.29 |
| | 18—40 岁 | 35.20 | 69.00 | 30.30 |
| | 41—60 岁 | 24.29 | 45.20 | 30.51 |
| | 61 岁及以上 | 26.32 | 42.10 | 31.58 |

（续表）

| 基本参数 | | 喜欢 | 无所谓 | 不喜欢 |
|---|---|---|---|---|
| 学历 | 小学及以下 | 30.77 | 34.62 | 34.62 |
| | 初中 | 23.14 | 50.98 | 25.88 |
| | 高中 | 34.52 | 38.79 | 26.69 |
| | 大学 | 16.38 | 34.72 | 27.07 |
| | 研究生 | 53.85 | 7.69 | 38.46 |
| 职业/身份 | 教师 | 33.68 | 35.79 | 30.53 |
| | 学生 | 39.43 | 36.34 | 24.23 |
| | 公务员 | 39.34 | 36.07 | 24.59 |
| | 新闻出版者 | 36.36 | 45.45 | 18.18 |
| | 技术人员 | 30.77 | 49.45 | 19.78 |
| | 公司职员 | 16.42 | 53.73 | 29.85 |
| | 服务人员 | 25.33 | 34.67 | 40.00 |
| | 体力劳动者 | 24.32 | 40.54 | 35.13 |
| | 其他 | 24.77 | 44.04 | 31.20 |
| 是否本地人 | 本地人 | 31.40 | 43.80 | 24.80 |
| | 外地人 | 36.65 | 33.01 | 30.34 |

第二，是否愿意学习繁体字的人群差异。

表 3-1-28 的数据显示，女性学习繁体字的意愿相对较强，占 51.6%，高出男性 10 个百分点。越是年轻，学习繁体字的意愿越强，青少年愿意学习繁体字的比例达 54.1%。从学历看，愿意学习繁体字比例最低的群体是初中学历者，不愿意学习繁体字比例最高的是小学学历者。从职业看，学生学习繁体字意愿最强，比例达 58.7%；体力劳动者不愿意学习繁体字的比例最高，达到 37.8%。外地人比本地人学习繁体字的意愿相对要强一点。

表 3-1-28　　　　　　　是否愿意学习繁体字　　　　　　　（%）

| 基本参数 | | 愿意 | 无所谓 | 不愿意 |
|---|---|---|---|---|
| 性别 | 男 | 41.54 | 36.48 | 21.98 |
| | 女 | 51.56 | 26.99 | 21.45 |

（续表）

| 基本参数 | | 愿意 | 无所谓 | 不愿意 |
|---|---|---|---|---|
| 年龄 | 10—17 岁 | 54.14 | 30.08 | 15.79 |
| | 18—40 岁 | 48.69 | 29.77 | 21.54 |
| | 41—60 岁 | 33.90 | 37.85 | 28.25 |
| | 61 岁及以上 | 26.32 | 26.32 | 47.37 |
| 学历 | 小学及以下 | 50.00 | 11.54 | 38.46 |
| | 初中 | 37.65 | 40.00 | 22.35 |
| | 高中 | 48.40 | 30.25 | 21.35 |
| | 大学 | 51.53 | 28.17 | 20.31 |
| | 研究生 | 46.15 | 23.08 | 30.77 |
| 职业/身份 | 教师 | 43.16 | 28.42 | 28.42 |
| | 学生 | 58.73 | 24.02 | 17.25 |
| | 公务员 | 39.34 | 37.70 | 22.95 |
| | 新闻出版者 | 45.45 | 36.36 | 18.18 |
| | 技术人员 | 35.16 | 49.45 | 15.38 |
| | 公司职员 | 34.33 | 44.78 | 20.90 |
| | 服务人员 | 32.00 | 37.33 | 30.67 |
| | 体力劳动者 | 37.84 | 24.32 | 37.84 |
| | 其他 | 34.86 | 35.78 | 29.36 |
| 是否本地人 | 本地人 | 44.61 | 32.37 | 23.03 |
| | 外地人 | 50.97 | 29.37 | 19.66 |

第三，是否支持中小学开设繁体字课程的人群差异。

中小学是否有必要开设繁体字教学课程，这是近年来社会上讨论得比较多的问题，我们的调查显示整体上支持率并不高，基本在 40%以下，不同人群态度有一定的差别。表 3-1-29 的数据显示，女性支持开展繁体字教学的比例略高于男性，40 岁以下的青年和少年支持开展繁体字教学的比例略高于 40 岁以上的中年和老年。从学历来看，小学及以下学历者支持开展繁体字教学的比例最高，占 50%；研究生学历者反对开展繁体字教学的比例最高，占 46.2%。从职业来说，支持开展繁体字课堂教学比例最高的群体是体力劳动者和新闻出版者，比例都超过了 45%；反对繁体字课堂教学比例最高的群体是教师，比例达到了 46.3%。是否是本地人，对开展繁体字课堂教学的态度没有明显影响。

表 3-1-29　　　　　中小学是否有必要开设繁体字教学课程　　　　　（%）

| 基本参数 | | 有必要 | 无所谓 | 无必要 |
|---|---|---|---|---|
| 性别 | 男 | 32.75 | 36.04 | 31.21 |
| | 女 | 38.58 | 35.64 | 25.78 |
| 年龄 | 10—17 岁 | 35.71 | 42.48 | 36.84 |
| | 18—40 岁 | 39.40 | 33.63 | 26.97 |
| | 41—60 岁 | 25.99 | 33.90 | 40.11 |
| | 61 岁及以上 | 31.58 | 26.32 | 42.11 |
| 学历 | 小学及以下 | 50.00 | 23.08 | 26.92 |
| | 初中 | 31.76 | 40.00 | 28.24 |
| | 高中 | 40.21 | 36.30 | 23.49 |
| | 大学 | 34.72 | 34.72 | 30.57 |
| | 研究生 | 46.15 | 7.69 | 46.15 |
| 职业/身份 | 教师 | 27.37 | 26.32 | 46.32 |
| | 学生 | 38.60 | 38.60 | 22.79 |
| | 公务员 | 36.07 | 40.98 | 22.95 |
| | 新闻出版者 | 45.46 | 27.27 | 27.27 |
| | 技术人员 | 29.67 | 38.46 | 31.87 |
| | 公司职员 | 31.34 | 38.81 | 29.85 |
| | 服务人员 | 33.33 | 34.67 | 32.00 |
| | 体力劳动者 | 45.95 | 29.73 | 24.32 |
| | 其他 | 37.61 | 28.44 | 33.94 |
| 是否本地人 | 本地人 | 35.91 | 36.07 | 28.02 |
| | 外地人 | 36.17 | 35.44 | 28.40 |

第四，是否支持户外广告使用繁体字的人群差异。

《国家通用语言文字法》明确规定，户外广告应该使用通用规范简化汉字，但目前户外广告使用繁体字的情况并不少见，对此有支持者也有反对者，整体上反对者更多。表 3-1-30 的数据显示，男性和

女性的区别度不明显，从年龄来看，老年人支持的比例比年轻人要
高。从学历来看，研究生学历者支持的比例最高，占31%，反对的比
例也是最高，占62%。从职业来看，公务员、学生赞成户外广告使用
繁体字的比例最高，超过22%，而服务业人员和体力劳动者反对的比
例最高，超过了51%。外地人支持户外广告繁体字的比例稍高于本
地人。

表 3-1-30　　　　　　是否赞成鹰潭户外广告使用繁体字　　　　（%）

| 基本参数 | | 赞成 | 无所谓 | 不赞成 |
|---|---|---|---|---|
| 性别 | 男 | 20.22 | 38.46 | 41.32 |
| | 女 | 18.69 | 35.99 | 45.33 |
| 年龄 | 10—17 岁 | 20.68 | 42.48 | 36.84 |
| | 18—40 岁 | 19.79 | 35.03 | 45.18 |
| | 41—60 岁 | 14.69 | 36.72 | 48.59 |
| | 61 岁及以上 | 31.58 | 26.32 | 42.11 |
| 学历 | 小学及以下 | 23.08 | 42.31 | 34.62 |
| | 初中 | 15.69 | 45.10 | 39.22 |
| | 高中 | 19.22 | 33.45 | 47.33 |
| | 大学 | 20.96 | 35.37 | 43.67 |
| | 研究生 | 30.77 | 7.69 | 61.54 |
| 职业/身份 | 教师 | 16.84 | 42.11 | 41.05 |
| | 学生 | 22.38 | 36.34 | 41.27 |
| | 公务员 | 22.95 | 34.43 | 42.62 |
| | 新闻出版者 | 18.18 | 36.36 | 45.45 |
| | 技术人员 | 17.58 | 43.96 | 38.46 |
| | 公司职员 | 14.93 | 37.31 | 47.76 |
| | 服务业人员 | 13.33 | 33.33 | 53.33 |
| | 体力劳动者 | 21.62 | 27.03 | 51.35 |
| | 其他 | 13.76 | 37.61 | 48.62 |
| 是否本地人 | 本地人 | 17.87 | 38.00 | 44.12 |
| | 外地人 | 21.60 | 35.68 | 42.72 |

综上所述，民众对繁体字整体上持一种比较消极的态度，只有青年学生和高学历者的态度相对要积极一点。

（五）关于语言文字的学习

本部分调查了民众学习普通话、方言、繁体字的基本情况。

1. 关于普通话的学习

关于民众普通话学习情况，我们调查了三个问题：是否学过普通话，学习普通话的主要途径，学习普通话的原因。图 3-1-12 是整体调查结果。

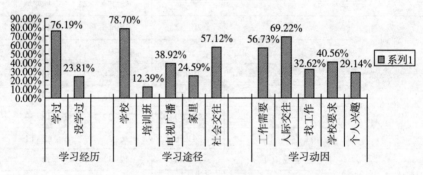

图 3-1-12

整体来看，学过普通话的人占绝对多数，超过 76%；学习普通话的主要途径是学校，其次是社会交往；学习普通话的主要原因是为了和更多人交往，其次是工作业务的需要。对于学习普通话的相关认知，不同的人群有一定的差别。

第一，普通话学习经历的人群差异。

表 3-1-31 的数据显示，女性学过普通话的比例高出男性 13 个百分点，年轻人学习过普通话的比例整体上略高于老年人，高学历者学过普通话的比例明显高于低学历者。从职业来看，教师学过普通话的比例最高，占 91.6%，公司职员学过普通话的比例最低，只有49.3%。外地人学习过普通话的比例高出本地人 10 个百分点，在鹰潭生活时间越短的外地人学过普通话的比例越高，在鹰潭生活不到 5 年、5—10 年、超过 10 年三个群体学过普通话的比例分别是 86.5%、79.6%、71.6%。

表 3-1-31　　　　　　　　　学过普通话的比例　　　　　　　　　　（%）

| 性别 | | 年龄（岁） | | | | 学历 | | | | |
|---|---|---|---|---|---|---|---|---|---|---|
| 男 | 女 | 10—17 | 18—40 | 41—60 | 61 及以上 | 小学及以下 | 初中 | 高中 | 大学 | 研究生 |
| 69.2 | 81.7 | 71.8 | 79.7 | 72.3 | 68.4 | 57.7 | 62.2 | 70.8 | 88.2 | 84.6 |

| 职业/身份 | | | | | | | | | 是否本地人 | |
|---|---|---|---|---|---|---|---|---|---|---|
| 教师 | 学生 | 公务员 | 新闻出版者 | 技术人员 | 公司职员 | 服务人员 | 体力劳动者 | 其他 | 本地人 | 外地人 |
| 91.6 | 80.5 | 78.7 | 72.7 | 70.3 | 49.3 | 68.0 | 73.0 | 70.6 | 72.3 | 82.2 |

第二，对普通话学习途径认知的人群差异。

表 3-1-32 的数据显示，不同群体对普通话学习途径的认知有明显差别。男性和女性都认为学校和社会交往是学习普通话的最好途径，但女性对通过学校学习普通话的认可度高出男性近 10 个百分点，对通过电视广播学习普通话的认可度也高出男性近 10 个百分点。从年龄看，年轻人比老年人学习普通话的途径更加多样化，年轻人认为学校、社会交往、广播电视、家里都是学习普通话的重要途径，而老年人则偏向于主要通过学校和电视广播学习。学历越高，支持通过学校学习普通话的比例也越高，而支持在社会交往中学习普通话的比例则越低。从职业来看，教师、学生支持通过学校学习普通话的比例最高，都超过了 88%，而学生支持通过社会交往和电视广播学习普通话的比例最高。外地人支持通过学校学习普通话的比例略高于本地人，但外地人随着在鹰潭生活时间的延长，其支持学校学习的比例在下降，支持在社会交往和广播电视中学习普通话的比例也在下降，但支持在家中学习的比例却有所上升。

表 3-1-32　　　　　　学习普通话的主要途径（可多选）　　　　　（%）

| 基本参数 | | 学校 | 培训班 | 电视广播 | 家中 | 社会交往 |
|---|---|---|---|---|---|---|
| 性别 | 男 | 73.41 | 9.45 | 32.97 | 28.35 | 54.29 |
| | 女 | 82.87 | 12.98 | 43.60 | 21.63 | 59.34 |

（续表）

| 基本参数 | | 学校 | 培训班 | 电视广播 | 家中 | 社会交往 |
|---|---|---|---|---|---|---|
| 年龄 | 10—17 岁 | 83.08 | 12.78 | 51.50 | 53.01 | 70.68 |
| | 18—40 岁 | 80.56 | 13.31 | 36.25 | 13.49 | 55.17 |
| | 41—60 岁 | 67.23 | 9.60 | 28.81 | 18.08 | 46.89 |
| | 61 岁及以上 | 68.42 | 5.26 | 36.84 | 21.05 | 21.05 |
| 学历 | 小学及以下 | 23.08 | 11.54 | 34.62 | 23.08 | 53.85 |
| | 初中 | 68.24 | 11.76 | 29.02 | 38.82 | 61.18 |
| | 高中 | 78.65 | 7.47 | 46.26 | 31.67 | 66.90 |
| | 大学 | 87.55 | 15.94 | 40.61 | 12.66 | 49.56 |
| | 研究生 | 84.62 | 7.69 | 23.08 | 15.38 | 38.46 |
| 职业/身份 | 教师 | 89.47 | 22.11 | 36.84 | 12.63 | 35.79 |
| | 学生 | 88.09 | 14.78 | 50.51 | 34.29 | 69.40 |
| | 公务员 | 83.61 | 4.92 | 34.43 | 9.84 | 34.43 |
| | 新闻出版者 | 63.64 | 0.00 | 18.18 | 0.00 | 36.36 |
| | 技术人员 | 69.23 | 6.59 | 28.57 | 17.58 | 53.85 |
| | 公司职员 | 58.21 | 5.97 | 29.85 | 22.39 | 53.73 |
| | 服务人员 | 64.00 | 12.00 | 21.33 | 13.33 | 53.33 |
| | 体力劳动者 | 54.05 | 10.81 | 32.43 | 37.84 | 45.95 |
| | 其他 | 65.14 | 8.26 | 22.02 | 12.84 | 46.79 |
| 是否本地人 | 本地人 | 76.17 | 10.63 | 38.65 | 29.63 | 57.00 |
| | 外地人 在鹰潭少于 5 年 | 86.47 | 17.67 | 44.74 | 13.16 | 62.78 |
| | 在鹰潭 5—10 年 | 81.82 | 11.36 | 38.64 | 18.18 | 50.00 |
| | 在鹰潭超过 10 年 | 72.55 | 9.80 | 25.49 | 26.47 | 46.08 |

第三，普通话学习动因的人群差异。

表 3-1-33 的数据显示，不同人群学习普通话的动因有所差异。男性女性都认为人际交往需要和工作需要是学习普通话的主要动因，但女性在"工作需要"方面高出男性 8 个百分点，在"为了找更好的工作"方面高出男性 21 个百分点，在"学校要求"方面高出男性 18 个百分点。年龄越大，因工作需要学习普通话的比例越来越高，因社会交往需要或找工作需要学习普通话的比例则越来越低，因个人兴趣学习普通话的比例也越来越低。学历越高，越认同普通话学习原因的

多样性。从职业来看，教师基于工作业务需要学习普通话的比例最高，占87.4%，体力劳动者基于同更多人交往学习普通话的比例最高，占78.4%，学生基于为找更好的工作、学校要求、个人兴趣学习普通话的比例最高。外地人因为工作业务需要学习普通话的比例高出本地人10个百分点，因为找工作需要高出本地人14个百分点，因为学校要求高出本地人22个百分点。总之，为同更多人交往是学习普通话的最主要原因，其次是工作、业务需要，再次是学校要求，最后才是个人兴趣。

表3-1-33　　　　　　学习普通话的原因（可多选）　　　　　（%）

| 基本参数 | | 工作需要 | 交往需要 | 找工作 | 学校要求 | 个人兴趣 |
|---|---|---|---|---|---|---|
| 性别 | 男 | 52.31 | 67.69 | 20.66 | 30.33 | 25.27 |
| | 女 | 60.21 | 70.42 | 42.04 | 48.62 | 32.18 |
| 年龄 | 10—17 岁 | 43.61 | 79.70 | 35.71 | 43.23 | 43.23 |
| | 18—40 岁 | 61.65 | 66.02 | 37.13 | 43.43 | 26.44 |
| | 41—60 岁 | 59.32 | 64.97 | 16.38 | 31.64 | 18.08 |
| | 61 岁及以上 | 68.42 | 57.89 | 5.26 | 0.00 | 15.79 |
| 学历 | 小学及以下 | 38.46 | 57.69 | 15.38 | 19.23 | 3.85 |
| | 初中 | 40.78 | 75.69 | 21.18 | 29.41 | 27.45 |
| | 高中 | 49.47 | 76.51 | 31.32 | 30.25 | 32.74 |
| | 大学 | 70.74 | 61.79 | 41.48 | 54.80 | 29.48 |
| | 研究生 | 69.23 | 69.23 | 7.69 | 23.08 | 23.08 |
| 职业/身份 | 教师 | 87.37 | 65.26 | 25.26 | 41.05 | 25.26 |
| | 学生 | 53.80 | 73.72 | 47.64 | 54.21 | 41.89 |
| | 公务员 | 67.21 | 57.38 | 21.31 | 36.07 | 22.95 |
| | 新闻出版者 | 45.45 | 45.45 | 9.09 | 18.18 | 0.00 |
| | 技术人员 | 57.14 | 68.13 | 15.38 | 28.57 | 14.29 |
| | 公司职员 | 56.72 | 62.69 | 19.40 | 19.40 | 22.39 |
| | 服务人员 | 56.00 | 62.67 | 29.33 | 17.33 | 14.67 |
| | 体力劳动者 | 43.24 | 78.38 | 8.11 | 29.73 | 16.22 |
| | 其他 | 43.12 | 67.89 | 13.76 | 26.61 | 12.84 |
| 是否本地人 | 本地人 | 52.82 | 69.08 | 27.05 | 31.56 | 28.66 |
| | 外地人 | 62.62 | 69.42 | 41.02 | 54.13 | 29.85 |

2. 关于方言的学习

图 3-1-13 的数据显示，民众对方言学习整体上并不太积极，特别希望孩子学会自己老家方言的比例只有 23%，特别希望自己学习父母方言的比例也只占 32%，多数人对方言学习持一种无所谓的态度。对方言学习途径的认知也明显区别于普通话学习，一般认为普通话学习的途径主要是学校，然后才是社会交往，而方言学习的首要途径是社会交往，占 73%，其次是家里，占 45%，认同学校学习方言的比例只占 23%。不同人群对方言学习的认知也有一定的差别。

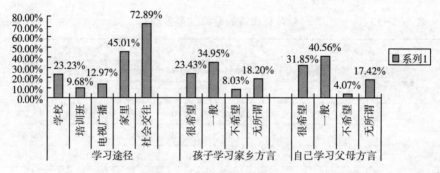

**图 3-1-13　关于方言学习**

第一，鹰潭话学习途径认知的人群差异。

表 3-1-34 的调查数据显示，关于学习鹰潭话的最好途径，男女的选择区别度不太大，男性主张跟家里人学的比例略高，女性主张在社会交往中学的比例略高。越是年轻越是主张学习途径的多样性，年龄越大，主张通过学校学习、广播电视学习的比例越低。低学历者主张通过学校学习鹰潭话的比例略高于高学历者，中间学历者（初中、高中、大学）比两头学历者（小学、研究生）主张学习途径多样化的比例更高。从职业身份来看，认同学校学习比例最高的是学生，认同培训班学习比例最高的是学生和公务员，认同电视广播学习比例最高的是教师，认同与家人学习比例最高的是体力劳动者、服务人员、公司职员，认同社会交往中学习比例最高的是教师和公务员。本地人认同在家里学习的比例大大高于外地人，超过了近 45 个百分点，而外地人认同在社会交往中学习的比例则高出本

地人 15 个百分点。

表 3-1-34　　　学习鹰潭本地话的较好途径（可多选）　　　　（%）

| 基本参数 | | 学校 | 培训班 | 电视广播 | 家人 | 社会交往 |
|---|---|---|---|---|---|---|
| 性别 | 男 | 24.62 | 8.57 | 11.65 | 50.11 | 68.79 |
| | 女 | 22.15 | 10.55 | 14.01 | 41.00 | 76.12 |
| 年龄 | 10—17 岁 | 32.71 | 12.03 | 19.92 | 69.17 | 65.04 |
| | 18—40 岁 | 21.02 | 9.63 | 10.86 | 34.50 | 75.83 |
| | 41—60 岁 | 16.38 | 6.21 | 10.17 | 44.07 | 75.71 |
| | 61 岁及以上 | 21.05 | 10.53 | 5.26 | 31.58 | 68.42 |
| 学历 | 小学及以下 | 26.92 | 0.00 | 0.00 | 26.92 | 69.23 |
| | 初中 | 26.67 | 8.63 | 16.47 | 60.00 | 58.82 |
| | 高中 | 23.49 | 9.25 | 11.74 | 59.79 | 73.31 |
| | 大学 | 20.96 | 11.35 | 12.88 | 28.60 | 81.00 |
| | 研究生 | 23.08 | 0.00 | 0.00 | 46.15 | 61.54 |
| 职业/身份 | 教师 | 14.74 | 5.26 | 28.57 | 43.16 | 82.11 |
| | 学生 | 29.36 | 13.96 | 19.30 | 46.00 | 70.84 |
| | 公务员 | 18.03 | 14.75 | 11.48 | 31.15 | 81.97 |
| | 新闻出版者 | 18.18 | 9.09 | 0.00 | 27.27 | 63.64 |
| | 技术人员 | 23.08 | 4.40 | 14.29 | 37.36 | 76.92 |
| | 公司职员 | 17.91 | 4.48 | 4.48 | 53.73 | 74.63 |
| | 服务人员 | 12.00 | 8.00 | 4.00 | 54.67 | 66.67 |
| | 体力劳动者 | 13.51 | 0.00 | 10.81 | 56.76 | 70.27 |
| | 其他 | 21.10 | 3.67 | 5.50 | 42.20 | 70.64 |
| 是否本地人 | 本地人 | 24.96 | 8.86 | 13.20 | 61.84 | 66.67 |
| | 外地人 | 20.63 | 10.92 | 12.62 | 17.23 | 82.28 |

　　第二，对孩子学习老家方言态度的人群差异。

　　方言在公开场所的交际价值非常有限，其价值主要体现在心理认同方面。不同人群在孩子是否学习老家方言方面的态度有何差异呢？表 3-1-35 的数据显示，性别的区分度不明显，无论男性还是女性都没有特别希望小孩学习家乡方言。从年龄来说，18—40 岁的中青年人希望小孩学习家乡方言的比例最高，有意思的是 61 岁及以上的老人不希望小孩学习家乡方言的比例最高，达到 26.3%，超出其他群体 16 个百分点以上。从学历来看，小学及以下学历者不希望小孩学习方言的比例最高，占 26.9%，超出其他群体 18 个百分点以上。希望小孩学习家乡方言比例较高的群体包括教师、公务员、技术人员和公司职员，希望学习方言比例较低的群体是服务人员。外地人希望小孩学习家乡方言的比例略高于本地人。

表 3-1-35　　　　　　　是否希望或要求孩子学会家乡方言　　　　　　　（%）

| 基本参数 | | 很希望 | 一般 | 不希望 | 无所谓 |
|---|---|---|---|---|---|
| 性别 | 男 | 25.93 | 33.63 | 8.79 | 18.90 |
| | 女 | 21.45 | 35.99 | 7.44 | 17.65 |
| 年龄 | 10—17 岁 | 17.67 | 24.81 | 4.51 | 11.28 |
| | 18—40 岁 | 26.09 | 38.35 | 8.58 | 18.74 |
| | 41—60 岁 | 23.73 | 39.55 | 9.60 | 27.12 |
| | 61 岁及以上 | 21.05 | 31.58 | 26.32 | 21.05 |
| 学历 | 小学及以下 | 26.92 | 30.77 | 26.92 | 11.54 |
| | 初中 | 18.04 | 27.45 | 6.27 | 24.71 |
| | 高中 | 19.93 | 35.59 | 7.47 | 19.22 |
| | 大学 | 28.38 | 38.86 | 8.30 | 13.97 |
| | 研究生 | 23.08 | 38.46 | 7.69 | 30.77 |
| 职业/身份 | 教师 | 34.74 | 36.84 | 10.53 | 17.89 |
| | 学生 | 19.92 | 32.44 | 8.22 | 10.06 |
| | 公务员 | 32.79 | 40.98 | 1.64 | 24.59 |
| | 新闻出版者 | 27.27 | 54.55 | 9.09 | 9.09 |
| | 技术人员 | 31.87 | 32.97 | 12.09 | 23.08 |
| | 公司职员 | 31.34 | 38.81 | 4.48 | 23.88 |
| | 服务人员 | 14.67 | 42.67 | 6.67 | 33.33 |
| | 体力劳动者 | 18.92 | 29.73 | 13.51 | 35.14 |
| | 其他 | 19.27 | 34.86 | 15.60 | 28.44 |
| 是否本地人 | 本地人 | 22.22 | 33.17 | 6.76 | 20.29 |
| | 外地人 | 25.24 | 37.62 | 9.95 | 15.05 |

第三，对学习父母家乡方言态度的人群差异。

表 3-1-36 的数据显示，关于是否希望学会父母家乡方言，男性的期望值略高于女性，18—40 岁的中青年高于其他年龄群体。从学历看，高学历者（大学、研究生）和低学历者（小学及以下）希望学会父母家乡方言的比例高出中等学历者（初中、高中）十多个百分点，不希望学习父母家乡方言比例最高的是小学及以下学历者。从职业来看，希望学习父母方言比例最高的是新闻出版者，达到 54.6%。外地人希望学习父母方言的比例略高于本地人。

表 3-1-36　　　是否希望学会父亲或母亲的家乡方言　　　　（%）

| 基本参数 | | 很希望 | 一般 | 不希望 | 无所谓 |
|---|---|---|---|---|---|
| 性别 | 男 | 34.51 | 34.95 | 5.05 | 18.46 |
| | 女 | 29.76 | 44.98 | 3.29 | 16.61 |
| 年龄 | 10—17 岁 | 30.83 | 45.86 | 4.14 | 19.17 |
| | 18—40 岁 | 35.20 | 40.11 | 3.33 | 15.24 |
| | 41—60 岁 | 22.60 | 36.72 | 6.21 | 22.60 |
| | 61 岁及以上 | 31.58 | 15.79 | 5.26 | 10.53 |
| 学历 | 小学及以下 | 38.46 | 19.23 | 11.54 | 15.38 |
| | 初中 | 22.35 | 40.39 | 5.88 | 29.02 |
| | 高中 | 31.32 | 44.84 | 3.91 | 15.66 |
| | 大学 | 36.68 | 39.30 | 2.84 | 12.45 |
| | 研究生 | 46.15 | 38.46 | 0.00 | 7.69 |
| 职业/身份 | 教师 | 37.89 | 30.53 | 2.11 | 9.47 |
| | 学生 | 33.88 | 48.87 | 3.49 | 13.55 |
| | 公务员 | 29.51 | 34.43 | 0.00 | 16.39 |
| | 新闻出版者 | 54.55 | 45.45 | 0.00 | 0.00 |
| | 技术人员 | 38.46 | 21.98 | 8.79 | 20.88 |
| | 公司职员 | 32.84 | 29.85 | 1.49 | 31.34 |
| | 服务人员 | 22.67 | 38.67 | 4.00 | 25.33 |
| | 体力劳动者 | 29.73 | 43.24 | 5.41 | 18.92 |
| | 其他 | 17.43 | 39.45 | 8.26 | 26.61 |
| 是否本地人 | 本地人 | 29.95 | 40.90 | 3.86 | 19.65 |
| | 外地人 | 34.71 | 40.05 | 4.37 | 14.08 |

### 3. 关于繁体字的学习

今天的基础教育体系中并没有系统教授繁体字，但调查显示，还有是24.5%的被调查者表示学习过繁体字。就繁体字学习的途径看，民众认为最好的途径是学校教育，占55.9%，其次，自学也是一条重要的途径，占47.7%。不同人群的繁体字学习经历及其认同的繁体字学习途径有一定的差异。

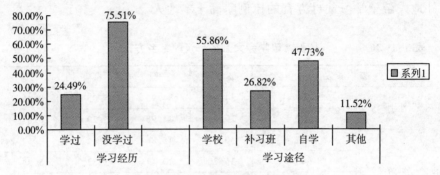

**图 3-1-14　关于繁体字学习**

第一，繁体字学习经历的人群差异。

表3-1-37的数据显示，总体上学过繁体字的人并不多，相对来说，女性学过繁体字的比例稍高于男性。就年龄来看，61岁及以上的老人学过繁体字的比例最高，占47.4%。从学历来看，大学学历者学过繁体字的比例最高，占35.2%。从职业来看，教师、学生、新闻出版者学过繁体字的比例更高。外地人学过繁体字的比例高出了本地人18个百分点。

**表 3-1-37　　　　　　　学过繁体字的比例　　　　　　　（%）**

| 性别 | | 年龄（岁） | | | | 学历 | | | | |
|---|---|---|---|---|---|---|---|---|---|---|
| 男 | 女 | 10—17 | 18—40 | 41—60 | 61及以上 | 小学及以下 | 初中 | 高中 | 大学 | 研究生 |
| 21.5 | 26.8 | 16.5 | 28.7 | 20.3 | 47.4 | 23.1 | 14.1 | 17.4 | 35.2 | 7.7 |

| 职业/身份 | | | | | | | | | 是否本地人 | |
|---|---|---|---|---|---|---|---|---|---|---|
| 教师 | 学生 | 公务员 | 新闻出版者 | 技术人员 | 公司职员 | 服务人员 | 体力劳动 | 其他 | 本地人 | 外地人 |
| 30.5 | 29.6 | 24.6 | 27.3 | 23.1 | 13.4 | 10.7 | 24.3 | 13.8 | 17.2 | 35.4 |

第二，对繁体字学习途径认知的人群差异。

对繁体字学习的途径，不同人群的认知有一定的差别。表 3-1-38 的数据显示，女性更支持通过学校学习，其比例高出男性 13 个百分点。40 岁以下的人主张通过学校学习的比例高出 40 岁以上的人十几个百分点，17 岁以下的青少年主张补习班学习的比例高出其他群体十几个百分点。学历越高，主张通过学校学习的比例越高，但研究生学历者是例外。从职业来看，学生支持学校学习和补习班学习的比例最高，公务员支持自学的比例最高。外地人支持通过学校学习的比例略高于本地人。

表 3-1-38　　　　　学习繁体字的较好途径（可多选）　　　　　（%）

| 基本参数 | | 学校 | 补习班 | 自学 | 其他 |
|---|---|---|---|---|---|
| 性别 | 男 | 48.57 | 24.62 | 49.23 | 12.31 |
| | 女 | 61.59 | 28.55 | 46.54 | 10.90 |
| 年龄 | 10—17 岁 | 59.40 | 39.10 | 53.38 | 11.65 |
| | 18—40 岁 | 59.54 | 23.64 | 43.43 | 11.38 |
| | 41—60 岁 | 40.11 | 19.21 | 54.24 | 11.30 |
| | 61 岁及以上 | 42.11 | 21.05 | 36.84 | 15.79 |
| 学历 | 小学及以下 | 30.77 | 15.38 | 38.46 | 23.08 |
| | 初中 | 44.71 | 27.06 | 45.88 | 16.47 |
| | 高中 | 56.23 | 32.03 | 49.11 | 10.32 |
| | 大学 | 63.54 | 24.24 | 48.47 | 8.73 |
| | 研究生 | 46.15 | 23.08 | 46.15 | 15.38 |
| 职业/身份 | 教师 | 58.95 | 17.89 | 49.47 | 6.32 |
| | 学生 | 68.99 | 34.91 | 48.25 | 10.27 |
| | 公务员 | 37.70 | 14.75 | 65.57 | 11.48 |
| | 新闻出版者 | 54.55 | 18.18 | 27.27 | 9.09 |
| | 技术人员 | 45.05 | 26.37 | 41.76 | 10.99 |
| | 公司职员 | 44.78 | 14.93 | 59.70 | 14.93 |
| | 服务人员 | 38.67 | 21.33 | 42.67 | 16.00 |
| | 体力劳动者 | 35.14 | 21.62 | 40.54 | 16.22 |
| | 其他 | 39.45 | 19.27 | 39.45 | 15.60 |

（续表）

| 基本参数 | | 学校 | 补习班 | 自学 | 其他 |
|---|---|---|---|---|---|
| 是否本地人 | 本地人 | 53.30 | 27.86 | 48.31 | 11.11 |
| | 外地人 | 59.71 | 25.24 | 46.84 | 12.14 |

就对普通话的态度来说，综合所有调查数据，鹰潭民众对语言文字相关法律的知晓度并不高，大部分人都喜欢普通话，并且学过普通话，并经常使用普通话与人交流，对方言学习的态度和喜好程度一般，对繁体字学习持比较消极的态度。至于公共场所用字，大多数人都支持为方便民众认读最好使用简化字。

（六）关于海西经济区的知晓度

海西经济区的主体在福建，江西上饶、鹰潭、抚州、赣州也属于海西经济区，但调查显示，民众对鹰潭属于海西经济区并不是太了解，只有42%的人知道，有24%的人认为不是，34%的人明确表示不知道。

表3-1-39 的数据显示，对于鹰潭是否属于海西经济区，男性的知晓度略高于女性，40 岁以上的人比 40 岁以下的人知晓度略高，学历越高知晓度也越高。从职业来看，公务员、教师和新闻出版者知晓度最高，但公务员也只有 72%的人知道，新闻出版者只有 55%的人知道，应该说这个比例还是比较低的。外地人和本地人的知晓情况差别不明显。

表 3-1-39　　　　　　　鹰潭是否属于海西经济区　　　　　　　（％）

| 基本参数 | | 属于 | 不属于 | 不知道 |
|---|---|---|---|---|
| 性别 | 男 | 43.74 | 21.76 | 34.51 |
| | 女 | 40.14 | 25.95 | 33.91 |
| 年龄 | 10—17 岁 | 41.35 | 19.55 | 39.10 |
| | 18—40 岁 | 39.23 | 26.80 | 33.98 |
| | 41—60 岁 | 49.72 | 22.03 | 28.25 |
| | 61 岁及以上 | 47.36 | 26.32 | 26.32 |
| 学历 | 小学及以下 | 7.69 | 46.15 | 46.15 |
| | 初中 | 32.55 | 22.75 | 44.71 |
| | 高中 | 45.91 | 22.06 | 32.03 |
| | 大学 | 45.20 | 25.11 | 29.69 |
| | 研究生 | 76.92 | 15.38 | 7.69 |

（续表）

| 基本参数 | | 属于 | 不属于 | 不知道 |
|---|---|---|---|---|
| 职业/身份 | 教师 | 55.79 | 20.00 | 24.21 |
| | 学生 | 41.07 | 24.23 | 34.70 |
| | 公务员 | 72.13 | 11.48 | 16.39 |
| | 新闻出版者 | 54.55 | 36.36 | 9.09 |
| | 技术人员 | 46.15 | 25.27 | 28.57 |
| | 公司职员 | 26.87 | 31.34 | 41.79 |
| | 服务人员 | 24.00 | 22.67 | 53.33 |
| | 体力劳动者 | 43.24 | 24.32 | 27.03 |
| | 其他 | 30.28 | 27.52 | 42.20 |
| 是否本地人 | 本地人 | 42.83 | 22.54 | 34.62 |
| | 外地人 | 40.05 | 26.46 | 33.50 |

## 三　座谈、访谈内容

### （一）座谈内容

2015年7月17日上午，在鹰潭市市政厅会议室举行了一次关于语言文字使用情况的座谈会。座谈会由鹰潭市教育局毛克副局长主持，与会代表主要有市委、市政府、市人大、市政协、市委宣传部、市文化广电新闻出版局、市卫计委、市场监督管理局、市旅发委、市台办、市侨办、市教育局、市语委办等政府各部门的办公室主任或从事语言文字工作的相关人员，以及市一中、市二中、市四中、市实验中学的教师代表。与会者的主要意见如下：

第一，鹰潭市政府各部门工作人员在工作中最常说普通话，平时主要写简化字，积极配合并主动参与推普和规范使用汉字的相关工作。

第二，推广普通话的同时应该注重方言的保护。与会者充分认识到普通话与方言具有不同的社会功能，在教育、传媒等公共正式场合使用普通话，在家庭、日常生活等场合可以使用方言，充分发挥方言的文化功能，发挥其维系特定人群情感的纽带作用。

第三，主要使用简化字，但一定场合下应该允许繁体字的使用。

平时生活交流、教育工作中应该使用简化字，但在美术书法、台胞交流方面可以使用繁体字。可以适当编写繁体字教材，在中学和大学开设自愿报名的繁体字课程，也可以自学，达到识繁用简。

（二）访谈内容

2015 年 7 月 17 日下午，在鹰潭市教育局和语委办相关人员陪同下走访了两家台商企业，分别是联展科技和统联光学。

联展科技公司总部在台湾，2012 年在鹰潭成立。联展科技公司负责人（台商）表示，在内地的公司基本使用简化字，在台湾的公司使用繁体字，在美国的分公司也大多使用繁体字。台商完全能看懂简化字，没有识读障碍。平时私下为节约时间使用简化字，在与台湾总部来往的正式文件上使用繁体字，在大陆的公司正式文件使用简化字。大陆和台湾在词汇上尽管有些不同，但基本不影响交际。台商子女大多在台湾出生，在台湾读书。台商的秘书（大陆人）来联展科技已经两年，已经能完全看懂繁体字，但书写还有困难。

统联光学公司总部就在鹰潭，来鹰潭已经十几年了，语言交际没有任何障碍，平时交流主要使用普通话，其次是闽南语。公司所有的单据都使用简化字，台商认为学习简化字很简单，小孩两三个月即可适应。台湾有专门培训简化字的机构，台湾人来大陆之前可自行学习。

总之，台商大都能看懂简化字，能说普通话，交际基本没有障碍，在大陆的日常工作生活中基本都使用简化字，在与台湾来往的文书中才使用繁体字。

## 四　调查结论及建议

（一）调查的基本结论

从本次鹰潭市语言文字使用情况的调查中可以获得以下结论：

第一，语言文字相关法律知识在鹰潭的整体知晓度不高，不同群体也有一定差别，对这些法律知识比较熟悉的主要是教师、学生、公务员和新闻出版者，其他职业人群则相对不熟悉。

第二，被调查者普遍认为在正式场合为交际方便最好说普通话，在公共场合为方便民众认读最好使用简化字。

第三，民众普通话能力较强，方言能力稍差。鹰潭市民能用普通话与人交流的比例达到95.8%，能用鹰潭话与人交流的比例为44%，能用老家话与人交流的比例为34%，大部分被调查者认为自身普通话程度较好。

第四，普通话使用频率很高，方言使用空间有限。普通话成为工作、日常聊天、与陌生人交谈、大型商业场所办事、餐馆吃饭等场合最主要的语言。方言主要存在于家庭以及某些低端买卖场所。整体来说，民众对学会家乡方言的期望值也不高。

第五，普通话的社会认可度较高，民众对自身普通话的期望值也较高。74.8%的人喜欢普通话，87.4%的人希望能流利准确或熟练使用普通话，大多数人认为普通话应该成为本地中小学最主要的教学语言。民众对鹰潭本地话喜好程度很一般，大多数人认为普通话比鹰潭本地话更亲切、友好，更好听，也更常用。

第六，普通话的学习应该正规化，方言的学习可以生活化。民众对学习普通话和鹰潭本地话最好途径的认知有差别，一般认为，学习普通话的最好途径是通过学校学习，其次是在社会交往中学习，然后是通过看电视听广播学习；学习鹰潭本地话的最好途径是在社会交往中，其次是跟家里人学习，然后是在学校学习。民众学习普通话的主要原因是为了同更多人交往，其次是工作、业务需要，然后是学校要求。

第七，繁体字阅读能力一般，喜好程度一般，学习方式可以多样化。大部分人没有学过繁体字，也不赞成鹰潭户外广告使用繁体字，超过一半的人不愿意学习繁体字，将近三分之二的人认为中小学没有必要开设繁体字教学课程。被调查者认为学习繁体字最好的途径是学校学习，其次是自学。

（二）相关建议

从此次调查结果的分析中，我们就鹰潭市语言文字工作提出以下建议：

第一，需要在整体上加大对相关法律的宣传和执行力度，使我国的语言文字相关工作越做越好，使民众更加规范地使用语言文字。

第二，方言的使用空间狭窄，这个应该引起重视，但是保护方言并不需要让方言进课堂，家庭是保护方言的重要土壤，可以用适当的方式对方言进行文化宣传。

第三，目前的推普工作取得了不错的效果，以后主要的工作对象应该是未成年人，重点抓好学校的普通话宣传和教学工作。

第四，应当进一步强调使用规范简化汉字，这不仅符合《国家通用语言文字法》的要求，也符合民众的意愿。但是，对于某些特殊行业和服务于港澳台同胞的领域，应该适当允许使用繁体字，这样会更有利于经济发展和语言生活的和谐。

# 第二节　公共空间语言景观

语言景观跟社会联系紧密，对某一地区的语言景观进行描写分析，能有效了解当地的语言生态和社会语境，对语言政策制定也有积极的引导和借鉴作用。本节鹰潭市语言景观研究还是从自上而下和自下而上两个方面进行。自上而下的语言景观形式上相对比较单一，主要体现政府相关部门的语言生活管理能力和服务能力；自下而上的语言景观具有更大的自由灵活度，形式丰富多样，彰显了民众的聪明才智，也可以反映国家语言政策的具体落实情况。

我们采用现场拍照的方法收集语言景观原始材料，共拍摄了852张照片，主要拍摄对象是商店名、交通指示牌、路标、景区指示牌等，主要拍摄地点是鹰潭市交通路、胜利东路、胜利西路、环城东路、环城西路、林荫东路、林荫西路、正大路、鹰潭公园、龙虎山等。通过对这些照片进行量化分析，从形式入手，分析其语符搭配、语法结构、音节特征等相关特征。

## 一　自下而上的语言景观

本文所搜集的语料中，关于自下而上的语言标牌主要是指商店名称标牌。商店名称是一种具有标识作用的语言符号，不仅具有对大众"投其所好""循循善诱"的特点，而且常常直接凸显特定时期的社会文化走向。（郑梦娟，2006）对商店名称的特点进行分析可以了解当地的语言文字使用情况，并进一步探究当地经济发展水平和社会文化心理等。我们共拍摄到鹰潭店名照片751张，搜集店名896个，通过分析这些店名的语符搭配、音节结构等特征来探讨其背后的文化景观。

（一）店名的语符类型及语符搭配

鹰潭市店名的语符类型以汉字为主，其次是英文，然后是拼音，此外还有少量日文、韩文、法文和某些符号。具体的语符搭配情况如表 3-2-1 所示：

**表 3-2-1　　　　　鹰潭店名的语符搭配模式比率表**

| | | 次数 | 比率 | 店名示例 |
|---|---|---|---|---|
| 汉语型 | 纯汉字 | 610 | 68.08% | 芳香足浴 |
| | 汉字配拼音 | 65 | 7.25% | FENGSHANG 风尚男装 |
| | 纯拼音 | 6 | 0.67% | Aiyaya |
| | 汉字、拼音配符号 | 3 | 0.34% | M&DI 鸣笛 |
| | 汉字、拼音配数字 | 4 | 0.45% | 第 1 时间 Diyishijian |
| | 拼音配数字 | 1 | 0.11% | FENGSHANG · 1988 |
| | 数字配符号 | 1 | 0.11% | 361° |
| | 汉语型占比 | | 77.01% | — |
| 汉外混配型 | 汉字配英文 | 130 | 14.51% | Hodo 红豆 |
| | 汉字配拼音、英文 | 20 | 2.32% | 流星雨百货 LIU XING YU STORES |
| | 汉字配英文、符号 | 20 | 2.23% | S&C 名品汇 |
| | 拼音配英文 | 2 | 0.22% | APPGUO |
| | 汉字、英文配数字 | 2 | 0.22% | 3M 全屋净化 |
| | 汉字配英文、韩文 | 1 | 0.11% | In 首尔　한국희장 |
| | 汉字配英文、法文 | 1 | 0.11% | Alphabet création　爱法贝 |
| | 汉字配韩文 | 1 | 0.11% | 안지반 安之伴　晨笑内衣 |
| | 汉字配意大利文 | 1 | 0.3% | Distin Kidny 迪斯廷 · 凯 |
| | 汉字配日文 | 1 | 0.11% | 优宿優品 ゆらやと |
| | 汉外混配型占比 | | 19.98% | — |

（续表）

| | | 次数 | 比率 | 店名示例 |
|---|---|---|---|---|
| 外语型 | 纯英文 | 23 | 2.57% | Goldlion |
| | 西文字母配数字 | 2 | 0.22% | D2 |
| | 英文配符号 | 2 | 0.22% | Covla&Cduui |
| 外语型占比 | | | 3.01% | — |

　　店名的语符模式和搭配情况，可以提供很多社会经济文化信息。第一，鹰潭市店名的语符搭配类型比较丰富，共有20多种语符搭配模式，有纯汉语型的，有纯外语型的，有汉外混配型的，每一种大的类型里面又有若干种小的类型，类型的丰富性体现了店名作为城市语言生活重要组成部分其语言特征的多姿多彩，体现了民众文化观念的多元多样性。第二，鹰潭店名中汉外混配型店名和外语型店名占所有店名的23%，而且其外语语种涉及英语、法语、韩语、日语、意大利语等多种语言，显示了鹰潭尽管是一个内陆地级市，但具有一定的开放性，也接受了一定的外来文化。第三，纯汉语型店名在鹰潭市店名中仍然占有绝对优势，达到了77%，另20%的汉外混配型也都有汉语汉字存在，由此可见，鹰潭店名中有近97%都有汉语汉字存在。这符合Spolsky（2009）提出的公共标牌语言选择理论，即选择使用创设者熟知的语言书写，使用读者能读懂的语言书写，使用自己的语言或者能标明自己身份的语言书写。汉语汉字是我国的官方语言文字，通用度最广，大众最熟悉，汉语类店名有利于大众认读，产生熟悉感和认同感。无论是从客观认读方便还是从主观文化心理来看，汉语类店名在鹰潭都处于绝对主流和优势的地位。第四，鹰潭店名中使用英语比较多。在896个店名中有208个店名有英文，说明了随着经济全球化的发展，英语作为国际通用语已逐渐走进人们的日常生活，英语的国际影响力不容小觑。第五，鹰潭店名尽管显示了一定的开放性，但真正国际化程度并不高。纯外语型店名很少，只占3%；汉外混配型店名尽管语种类型有5种，但其实英语占了绝大多数，其他语种少之又少。除了英文外，另外的外文类商店名中，只有1个使用了日文，"优宿優品 ゆラやと"，2个使用了韩文，"안지반 安之伴 晨笑

内衣" 和 "In 首尔한국희장 ", 1 个使用了法文, "Alphabet creation 爱法贝", 1 个使用了意大利文, "Distin Kidny 迪斯廷·凯"。第六, 有些店名尽管有外文字符, 但外语的信息标示功能很弱, 主要作用在文化心理方面, 即通过异域视感来提高商店档次, 营造国际高端感。如"紫荆花漆 BAUHINIA PAINTS" "乐町 LE TEEN", 这些店名中汉字都处于凸显地位, 标示商店经营信息, 英语的作用仅仅在于陌生化的视感, 给人高大上的感觉, 从而吸引消费者。

（二）店名的语音特征

一个好的店名不仅要有个性鲜明的语符搭配模式, 长短适度的音节结构也是很重要的因素。店名太短, 不易彰显特色, 难以提供全面信息; 太长则不易为消费者认读, 也不利于记忆, 容易造成视觉疲劳, 从某种程度上说, 可能会影响顾客的回头率。因此, 一个长短合适的店名既能凸显商店特色又有利于读者认读记忆, 对商店经营者而言是很重要的。我们对所收集的店名音节数量进行了统计分析, 具体情况如表 3-2-2 所示:

表 3-2-2　　　　　　鹰潭市商店名的音节数量特征

| 音节数量 | 店名数 | 所占比率 | 举例 |
| --- | --- | --- | --- |
| 单音节 | 3 | 0.34% | MI（小米手机）//澜（服装店） |
| 双音节 | 75 | 8.38% | VILAN//OPPO//誘惑//乐町 |
| 三音节 | 115 | 12.85% | 艾米塔//伊姿韵//川味馆//时尚坊 |
| 四音节 | 289 | 32.18% | 舌尖烧烤//鑫辉茶行//SIMA COVA |
| 五音节 | 137 | 15.31% | 正大足浴城//川妹美食城//民生大药房 |
| 六音节 | 120 | 13.41% | 寶芝林大药房//美国花花公子 |
| 七音节 | 64 | 7.15% | 圣保罗巴西餐厅//梦幻时空动漫城 |
| 八音节 | 36 | 4.02% | 黄海实业有限公司//信江黄冻玉文化馆 |
| 九音节 | 22 | 2.46% | 鹰潭市公交广告公司//鹰潭天裕豪生大酒店 |
| 十音节 | 11 | 1.23% | 伊丽莎白国际美容会所 |
| 十一音节 | 9 | 1.01% | 金百合文化传播有限公司 |
| 十二音节 | 9 | 1.01% | 鹰潭市集力机电设备经营部 |
| 十三音节 | 1 | 0.11% | 鹰潭市月湖区五金机电经营部 |
| 十四音节 | 3 | 0.34% | 鹰潭市雷康装饰公司不锈钢分店 |
| 十五音节 | 2 | 0.22% | 筛网不锈钢网滤布保温材料总经销 |

依上边的统计表可知，鹰潭店名的音节长短跨度很大，从最少的一音节到最长的十五音节，其中四音节所占比率最高，达 32.2%，以四音节为峰值，向两端递减，总体而言，三音节到六音节所占比率最高，占 73.8%。一个好的店名音节太长和太短都不适宜，一音节和二音节虽然便于识记，但是所包含的信息量太少，不易凸显特色；七音节以上的店名，虽然能够提供足够的信息，但音节太长，不便于人们识记。统计发现，九音节以上的店名很少，只占 3.9%。根据认知心理学的记忆理论，人们短时记忆的容量是有限的，一般为 7±2，如果超过九音节，人们短时记忆很难记住。如今社会讲求快节奏生活，人们往往求快求简，一个需要专门花时间去记忆的店名是不符合大众需求的，因此音节太长的店名出现频率很低。赵世举（1999）将店名内部构成分为属名、业名和通名，分别表明区别性特征、从业类型以及通用称呼。在一个商店名中，有区别意义的属名往往是 2—4 音节，由 2—4 音节构成的区别性属名，由于提供的信息有限，因此后面常加类名或场所名，为了音节韵律的和谐与对称，进行补充说明的类名往往也是双音节的。如"晨笑内衣""月湖宾馆""福万家超市"。因此，四音节到六音节店名占很大比例，但店名具有很大的自由灵活度，随意性很强，所以其音节特点也表现出多样性。很多店名省去了通名，甚至连业名都省去了，只剩下属名。在 604 个纯汉字店名中，共有 61 个店名省略了业名、通名，只剩下属名，占 10.1%。这些省略业名、通名的店名大多由三音节构成，有 43 个，比如"花梓伊""步步顺""南极人"等。业名和通名省略，符合语言经济性原则，也体现了如今社会开放多元，不拘泥于定式的特点。当然，只剩下属名的商店名，在彰显特色与个性的同时，也造成了信息不全的后果，一部分消费者很难从店名中直接看出其经营信息。我们统计了 61 个省略业名、通名的商店名，发现有 50% 看不出商店的经营信息，如"二號街角""花梓伊""玛雅""组合"。此类商店大多经营年轻人比较喜欢的产品，如时装、美容等，这些店名的出现反映了民众消费观念的改变。随着人们生活水平以及审美需求的普遍提高，人们在商业消费时不仅仅注重所购买的商品或消费的商品本身，也很在乎商业场所本身的时尚和潮流，一个凸显个性甚至异类的商店名往往能吸引一批消费者的目光，作为经营者，除了要销售独特新颖的商品之外，为自己的商店起一个标新立异、与众不同的店名也是必不可少的。

（三）店名的用字特征

1. 字种字频状况

在我们所搜集的店名语言中，共使用简化字的字种数 1039 个，其中常用字 1021 个，占 98.3%，占绝对优势，次常用字有 18 个，分别是"潢、钵、馥、伽、灏、斛、仂、麟、焗、麒、汕、挞、缇、汀、町、禧、幺、翙"，非常用字只有一个，即"哒"。店名使用常用字，符合语言习用性原则，利于消费者的认读，不会造成阅读理解障碍。这 1039 个汉字字符的出现频率并不均衡，使用次数最多的"馆"字出现了 88 次，而大多数汉字出现次数较少，很多只出现了 1 次。具体情况如表 3-2-3 所示：

**表 3-2-3　　　　　鹰潭市商店名汉字字符使用频次表**

| 频级 | 高频字 | 中频字 | 低频字 |
|---|---|---|---|
| 频次范围 | 频次>20 | 10≤频次≤20 | 频次<10 |
| 汉字个数 | 24 | 74 | 941 |
| 代表汉字 | 馆、店、宾、市、美、金、大、中、超、家、公、天、装、味、国 | 海、钢、老、一、心、艺、特、信、饰、丽、麻、面、药、绣、土、米、平、务、西、心、艺 | 巴、自、银、王、凯、玫、曼、诺、庙、漠、抹、诺、牌、谱、淇、日、容、造、站、州、珠、衣、用、鱼、兰、联 |

由表 3-2-3 可知，大部分汉字字符出现频率并不高，也即汉字字符重复率较低，重复的汉字多是"馆、店、宾、金、国"等业名、通名类词，而表明个性和所属的属名类词重复率较低，这也反映了大众在为商店命名时尽量会彰显个性，突出特色，所以汉字字符重复率较低。

2. 繁体字的使用状况

在鹰潭店名中还出现了一定数量的繁体字。在所搜集到的 896 个商店名中有 77 个商店名中使用了繁体字，占 8.6%。其中，"東、館"出现了八次，"賓、華"出现了七次，"龍"出现了五次，"風、廣、國"出现了四次，"寶、飯、漢、號、記、時、魚"出现了三次，"誠、會、麗、羅、僑、養、藥、莊"出现了两次，"車、馳、寵、燈、點、頓、鵝、發、鋼、貢、觀、韓、鶴、經、鏡、藍、蘭、樂、連、瀘、馬、饅、納、鳥、慶、紗、鎖、湯、題、鐵、頭、紋、窩、現、鴨、揚、業、藝、優、誘、漁、棧、診、磚"出现了一次。繁体字有几千年的历史，有着深厚的文化内涵、厚重的历史感以及典雅的艺术感。一些店家给商店命名时使用繁体字，目的在于营造一种高端、古典、艺术的氛围，提高商店的文化品味和档次。繁体字店名涉及诸多商店类型，有餐饮类、鞋服类、日用百货类、建材类、住宿旅馆类、美容美发类、娱乐休闲类、珠宝首饰类、婚纱摄影类等，其中使用繁体字较多主要是餐饮类、住宿旅馆类和鞋服类，分别有 16 个、13 个和 12 个，占总数的 54%。当然这些繁体字几乎都是与日常生活联系紧密的常用字，往往不会造成阅读障碍。如"藍天賓館""吳氏湯包""啄木鳥""巴國漁夫""白金漢宮""鑫發钢材""龍摄影"等。

（四）店名的语法特征

我们对收集的纯汉字型店名进行语法结构分析，具体结果如下：

表 3-2-4　　　　　　　　　鹰潭市商店名的语法特征

| 语法结构 | 出现次数 | 所占比率 | 举例 |
| --- | --- | --- | --- |
| 定中 | 556 | 92.05% | 塘湾谷//天源济生健康会所 |
| 状中 | 6 | 0.99% | 步步顺//千寻 |
| 主谓 | 5 | 0.83% | 食香汇//沙驰 |
| 动宾 | 4 | 0.66% | 挑战完美//爱美丽 |
| 联合 | 15 | 2.48% | 自由自在//浓妆淡抹 |
| 其他 | 18 | 2.98% | 花梓伊//平价做精品//玛雅 |

在所有纯汉字店名中，定中结构所占比率高达 92.1%。如果商店名属名、业名、通名俱全，则往往是定中结构，如"天源济生健康会所""老薛烟酒超市"等，可见定中结构是店名的传统语法结构。鹰潭店名定中结构占绝对优势，可见鹰潭店名还是以传统为主。如果省略通名甚至业名，只留下属名，其店名的语法结构就会表现出多样性，如"千寻""挑战完美""自由自在"等，此类店名往往对经营信息所指不明，

语法结构上可能是主谓、动宾、联合等。"其他"类店名，多是对外文的英译或类似英译的汉字拼凑而成，无法分析其内部结构，如"果唯伊""玛雅""漫莎""阿凡达"等都无法分析其内部结构，这反映了外来文化对商店命名的影响、大众的创造性以及商店名结构的多元性。除了短语形式外，还有些店名采用小句的结构形式，如："平价做精品""全球唯有饼糕机"等。

## 二　自上而下的语言景观

我们调查鹰潭市自上而下语言景观，主要包括鹰潭市路标和交通指示牌、旅游景区指示牌的语言文字情况。我们调查路标和交通指示牌的范围主要包括市区主要道路交通路、建设路、环城西路、正大路、林荫路等，景区主要调查了龙虎山和鹰潭公园。

（一）景区语言景观

景区的语言景观主要包括景区解说牌、景区提示牌、景区指示牌的语言文字使用和配置情况。龙虎山的景区解说牌以汉语为主，大都辅之以英语、日语和韩语，英语都排在日语和韩语的前面，也有的只配了英语。

龙虎山的景区提示牌、指示牌也都是以汉语为主，辅以英语、日语、韩语进行标注，这四种语言的排列顺序基本一致。

景区解说牌、提示牌、指示牌都使用了四种语言，反映了龙虎山作为国家5A级景区，具有明显的国际视野，能在一定程度上满足境外游客的需求。外语语码的排列顺序则反映了景区外籍游客的来源地状况以及对外籍客源的某种预期。英语作为国际通用语，其地位仅次于汉语，在标牌中占据着重要位置，日语和韩语也出现在解说牌中说明日韩游客在龙虎山的外来游客中占据很大比重，日语在前韩语在后说明日籍游客数量多于韩籍游客。

鹰潭公园的指示标牌都是以汉字为主，辅以英文解说，汉字处于凸显位置，并无其他语种文字。鹰潭公园作为鹰潭市民平时休闲娱乐的场所，由于其游客主要是市内民众，少有外国游客，因此外语语种单一。当然，英语能够出现在指示牌上，一方面显示了英语的国际影响力，另一方面也显示了鹰潭公共事业管理的国际化视野。

（二）交通指示语言景观

交通指示语言包括路标语言和指示牌语言。路标的主要作用是标明街道，给行人指示道路信息。鹰潭市市区街道路标一律使用简化汉字，并辅以拼音标注。拼音字母一律采用大写形式。背景颜色有的使用绿色，有的使用蓝色，不是很统一。交通指示牌的主要作用是为车辆提供道路信息，起到道路语言作用。鹰潭市的道路交通指示牌跟路标一样，使用简化汉字，汉字在标牌上处于凸显地位，与路标不同的是，交通指示牌辅以英文对汉字进行标注，英文位于汉字下方，处于从属地位，此外背景颜色统一使用蓝色。

## 三　公开空间可视化语言中的不规范现象

鹰潭市商店名、路标和交通指示牌、旅游景区牌的语言景观，整体上体现了鹰潭社会经济文化的特征，但同时也发现存在一些不规范现象，主要体现为拼写不规范、用字不规范和译注不规范。

（一）拼写不规范

鹰潭店名在采用拼音和英文进行标注时，有些店名都存在拼写不规范的问题。主要体现在两方面：

第一，西文字母大小写不规范，生造英文单词。在用英文进行标注时，英文字母大小写拼写不规范。如"盛百年"英文标注"sanBELEn"中的"bele"作为英文单词内部字母，不应该大写而大写了。此外，"sanbelen"是生造的英文单词，类似的情况还有很多，有的商家刻意生造英文词语来进行标注，显示其国际化特征，以此提高档次，如"SOM SOM 索玛""ueron · 花漾人生""MUSIG 木茜格"等。除了英文标注存在大小写不规范现象外，一些采用拼音标注的店名也存在大小写不规范现象，如"固邦 gUBANG 鞋博士""DOnG PEnG 东鹏瓷砖"，"固邦""东鹏"可以看作是专有名词，根据《汉语拼音正词法基本规则》的规定：专有名词的首字母需大写，其他字母小写，在某些场合，专有名词的所有字母可全部大写。因此，"固邦""东鹏"要么写作"Gubang""Dongpeng"，要么写作"GUBANG""DONGPENG"，而"gUBANG""DOnG PEnG"这种任意大小写的方式显然是不规范的。

第二，拼音拼写不规范。一些店名采用拼音对汉字店名进行标注时，往往出现拼音错误。如"GDFENDU 古典风度"中的"FEN"应为"FENG"，"LIYINGFAN 丽婴坊"中的"FAN"应为"FANG"。另外，根据《正词法》规定：汉语拼音拼写应分词连写，且四音节及四音节以上表示一个整体概念的名称，按词或语节（词语内部由语音停顿而划分成的片段）分写。因此"古典风度"应按词分写为"GD FENGDU"，"丽婴坊"应拼写为"LIYING FANG"。

（二）用字不规范

用字不规范现象主要是指繁体字的频繁使用。根据江西省 2011 年 1 月 1 日开始实施的《〈中华人民共和国国家通用语言文字法〉办法》（以下简称《办法》）规定："各类名称牌、指示牌、标志牌、招牌、标语、公务印章、电子屏幕等用字，应当使用规范汉字。"除了手写体等书法作品，一般商店名称应该使用规范简化汉字，而在我们所收集到的 896 个商店名中有 77 个商店名存在繁体字，按照《办法》的规定，这些繁体字的使用不符合规范要求。

（三）译注不规范

译注不规范存在两种情况，一是配注的英语错误，二是译注不统一。有些店名会使用英语对汉语进行配注，但英文容易出现语法错误。如"I' HAPPY 海贝"，"I' HAPPY"在英语语法上是错误的，中间缺了系动词"am"，"HAPPY"与"海贝"互译也有点蹩脚。再如"香江国际大酒店 Xiang Jiang Internation Hotel"中的"国际"应使用形容词"International"，而非名词"Internation"。

路标和交通指示牌的译注不统一。路标采用拼音标注，而交通指示牌则使用拼音和英文混搭标注，同样是"交通路"，作为路标译注为"JIAOTONG LU"，而作为交通指示牌则译注为"JiaoTong Road"，而且译注部分大小写也不统一。

总之，鹰潭语言景观整体上具有多元多彩的特征，折射出鹰潭开放的文化氛围，也反映了民众的卓越智慧与丰富创造力，但其语言景观中的外语语种有限，反映了鹰潭作为一个内陆中小城市，其国际化程度有限。

# 第四章

# 抚州市语言文字使用调查研究

　　抚州市位于江西东部，东邻福建，南接赣州而达广东，北临鄱阳湖，所谓"襟领江湖，控带闽粤"，地理位置非常重要。鹰厦铁路、浙赣铁路、向乐铁路在境内交汇通过。地貌以丘陵为主，东、南、西三面环山，水资源丰富，有抚河、信江、赣江三大水系，其中抚河为全省仅次于赣江的第二大河流，自然条件优越，历史上素有"赣抚粮仓"之称。抚州是国家区域性商品粮基地，农业特色产品众多，下属的南丰、广昌、崇仁、临川分别被农业部命名为中国蜜桔之乡、中国白莲之乡、中国麻鸡之乡、中国西瓜之乡。

　　抚州古属扬州，周武王时属吴，春秋为百越之地，战国属楚，秦时属九江郡。汉属豫章郡，以地处豫章南境而定名为南城县，此为抚州市境区建县之始。东汉时置临汝县。南城、临汝两县均属扬州豫章郡。三国时，分豫章郡之临汝、南城两县置临川郡，此为抚州境区建郡之始，郡隶扬州。西晋时期，临川郡属江州，后临川郡治由临汝迁南城，分临川郡之地建巴山郡。隋朝废临川、巴山两郡置抚州（取安抚之意），抚州之名始于此。唐时先后隶洪州总管府、洪州都督府、江南道、江南西道，宋时分属江南西路、江南路、江南东路，元属江西行中书省，明隶抚州府和建昌府，清朝抚州市境隶属江西省湖东道、江西省南抚建道。中华人民共和国成立后市境隶属江西省第七、第八行政区。2000年设立地级抚州市和临川区。

　　抚州市今下辖2区10县，具体包括临川区、南城县、南丰县、黎川县、崇仁县、乐安县、宜黄县、金溪县、资溪县、广昌县、东乡县和抚州高新技术产业园区。全市土地总面积1.88万平方千米，占全省总面积的11.26%。总人口超过400万，其中城镇人口187.1万人。

2016 年全市实现生产总值 1210.91 亿元。

抚州素有"才子之乡""文化之邦"的美誉，教育昌隆，文风鼎盛，历经千年岁月孕育生成的"临川文化"博大精深、辉煌灿烂，与"庐陵文化"并称为赣文化的两大支柱。唐宋八大家，江西有三大家，抚州就有两家，宋代江西共有进士 5442 名，其中抚州有 1419 名，占 26%，清代江西共有进士 1787 名，其中抚州有 555 名，占 31%。抚州历史上涌现出了晏殊、曾巩、王安石、陆九渊、汤显祖等一大批对中国历史文化有深远影响的名儒巨公，培育了舒同、游国恩、盛中国等一大批现代文化名人。抚州的现代教育也走在全省乃至全国前列，十年来，全省被清华、北大录取的学生共 1527 人，其中抚州有 426 人，占全省的 28%；尤其"十一五期间"，抚州被清华、北大录取的学生占全省的 35.76%。抚州已成为盛产清华、北大学生的"风水宝地"，抚州的高考成绩被人誉为"神话"。

抚州文化源远流长，人文底蕴深厚，名胜古迹众多，自然风光宜人。市内有王安石纪念馆、汤显祖文化艺术中心、汤显祖纪念馆、汤显祖墓、曾巩读书岩、曾巩纪念馆、谭纶墓、陆象山墓、乐史墓、吴澄墓、舒同书画博物馆、名人雕塑园、拟岘台、梦园、文昌里等。历代到抚州为官或周游的文人墨客如颜真卿、王羲之、白居易、陆游、谢灵运等，为市内留下大量诗词、文赋、字画、雕塑、摩岩石刻及许多美好的历史传说。市内文物古迹星罗棋布，全市属省、县级重点文物保护单位达 200 余处。古建筑群很多，其中乐安流坑村被誉为"千古一村"，历经数百年甚至上千年的古桥、古塔众多。此外，还有磨盘山新石器时代遗址、商代文化遗址、白浒古瓷窑遗址、白舍古瓷窑遗址、岳口益王墓葬区、洪门益王墓葬区、祝徽旧居、抚州会馆等。同时也不乏秀美的自然景观，风景奇丽的麻姑山素有"洞天福地"之盛名，还有高比泰山的军峰山，极具宗教特色的金山寺。

抚州市是一个少数民族散杂居地区，呈"山区小聚居畲族为主，城市大分散其他为辅"的特点，共有 35 个少数民族，相对集中的是畲族，约占少数民族人口的 75%，主要分布在乐安、资溪、宜黄、崇仁、南丰、黎川、广昌、东乡八个县，其他少数民族主要有满族、蒙古族、壮族等，约占少数民族人口的 20%。

　　抚州市内通行赣方言，市政府所在地方言称"临川话"，以城区话为代表。临川话属于江西赣方言抚州片。区境内方言一致性较强，赣方言抚广片包括了抚州市临川区、南城、南丰、黎川、崇仁、乐安、宜黄、金溪、资溪、广昌、东乡 11 个县市。比较特别的是，南丰、广昌这一小片兼有赣方言和客家话的一些特点，可以看作是赣语和客家话的过渡地带。

# 第一节　民众语言文字使用与态度

　　关于抚州市民众语言文字使用的相关调查方法与上饶、鹰潭一样，也是通过在社会公共场所发放问卷、组织政府主要职能部门相关人员召开座谈会、对台资企业的专门走访等多种形式进行。

## 一　问卷样本结构

　　本问卷涉及被调查者的基本信息包括性别、年龄、学历、职业/身份、是否本地人五个参数。调查共收回有效问卷 956 份，各样本具体分布情况见表 4-1-1：

表 4-1-1　　　　　　　　　　问卷样本构成

| 基本参数 | | 人数 | 百分比 |
|---|---|---|---|
| 性别 | 男性 | 488 | 51.05% |
| | 女性 | 462 | 48.33% |
| | 未知 | 6 | 0.63% |
| 年龄 | 10—17 岁 | 324 | 33.89% |
| | 18—40 岁 | 388 | 40.59% |
| | 41—60 岁 | 198 | 20.71% |
| | 61 岁及以上 | 31 | 3.24% |
| | 未知 | 15 | 1.57% |

| 基本参数 | | 人数 | 百分比 |
|---|---|---|---|
| 学历 | 小学及以下 | 33 | 3.45% |
| | 初中 | 346 | 36.19% |
| | 高中 | 210 | 21.97% |
| | 大学 | 319 | 33.37% |
| | 研究生 | 30 | 3.14% |
| | 未知 | 18 | 1.88% |
| 职业/身份 | 教师 | 85 | 8.89% |
| | 学生 | 482 | 50.42% |
| | 公务员 | 62 | 6.49% |
| | 新闻出版者 | 5 | 0.52% |
| | 技术人员 | 57 | 5.96% |
| | 公司职员 | 64 | 6.69% |
| | 服务人员 | 55 | 5.75% |
| | 体力劳动者 | 93 | 9.73% |
| | 其他 | 53 | 5.54% |
| 是否本地人 | 本地人 | 623 | 65.17% |
| | 外地人 生活不到5年 | 249 | 26.05% |
| | 外地人 生活5—10年 | 25 | 2.62% |
| | 外地人 生活超过10年 | 22 | 2.30% |
| | 外地人 未知 | 7 | 0.73% |
| | 未知 | 30 | 3.14% |

　　表4-1-1显示本次调查对象的基本情况如下：第一，性别比例基本均衡，男性略多于女性。第二，从年龄层次看，调查对象主要是中青年，18—40岁的人员超过了40%，另外10—17岁的青少年（主要是在读的初中生和高中生）占了约34%，41—60岁的中年占了约21%，61岁及以上的老年人比较少。第三，从受教育程度看，初中和大学学历者比例相对较高，分别占36%和33%，其次是高中学历者，约占22%，小学以下的低学历者及研究生以上的高学历者都比较少。第四，从职业/身份来看，学生（包括大学生、高中生、初中生）占了约50%，其他各行业人员分布相对均衡，教师约占8.9%，公务员

约占 6.5%，技术人员约占 6.0%，公司职员约占 6.7%，服务人员约占 5.8%，体力劳动者约占 9.7%，其他各职业人数约占 5.5%。第五，从籍贯属性看，调查对象以抚州本地人为主，超过了 65%，外地人占 30% 左右，其中在抚州生活不到 5 年的外地人约占 26%。值得说明的一点是：有些被调查人在基本信息上填写不完全，有 6 人没填性别，有 15 人没填年龄，有 18 人没填学历，有 30 人没填籍贯，我们在统计时把这些情况都单独列出来。总之，本次调查的样本覆盖面比较广，各种参数的比例相对较为合理，所以本调查结果能够在一定程度上反映抚州民众语言文字使用的基本状况。

## 二　调查问卷数据分析

本次调查问卷一共 40 个题目，主要内容涉及五个方面：第一，语言文字相关法律知识的社会知晓度；第二，语言文字使用的能力，包括普通话和方言的使用能力、繁体字的认读能力；第三，语言文字使用的状况，包括普通话和方言的使用状况、简化字和繁体字的使用状况；第四，对语言文字的态度，包括对普通话和方言的态度、对繁体字的态度；第五，关于语言文字的学习，包括普通话、方言以及繁体字的学习情况。问卷分析也从五个方面展开。

### （一）语言文字相关法律知识的社会知晓度

本部分内容具体包括两方面：一是民众是否知道国家语言文字法律的颁布情况，二是民众是否知道国家语言文字法律的某些内容。

### 1. 对国家颁布语言文字法律的知晓度

我国在 2000 年 10 月 31 日发布《中华人民共和国国家通用语言文字法》，自 2001 年 1 月 1 日起施行，这是我国历史上第一部语言文字方面的法律。我们设计了一个相对发散的题目"国家有没有专门规范语言文字使用方面的法律"。调查数据显示，只有 49% 的民众知道国家有专门的语言文字法律，有 40% 的人不知道，11% 的人明确表示没有，整体知晓度并不高。

下表 4-1-2 的数据显示，对国家语言文字法律的知晓度，性别差异不明显；年龄与知晓度之间有反向关系，年龄越大，知道有相关法律的比例越低，而且明确说没有相关法律的比例则越高。学历与知晓度成正比例关系，学历越高，对国家语言文字法律的知晓度就越高，明确表示没有相关法律的比例则越低。从职业/身份来看，教师、公务员和新闻出版者对国家语言文字法律的知晓度比较高，其比例都超过了60%，其他职业则相对较低。本地人和外地人知道有语言文字法律的比例差别不大，但明确表示没有相关法律的本地人其比例远远高于外地人，超过了24个百分点。总之，影响语言文字法律社会知晓度最明显的参数主要是年龄、学历和职业。

**表 4-1-2　　　　《国家通用语言文字法》的社会知晓度**　　　　（%）

| 基本参数 | | 有 | 没有 | 不知道 |
|---|---|---|---|---|
| 性别 | 男 | 47.95 | 42.01 | 10.04 |
| | 女 | 49.35 | 38.31 | 12.34 |
| 年龄 | 1—18 岁 | 59.26 | 33.64 | 7.10 |
| | 18—40 岁 | 51.85 | 40.98 | 18.83 |
| | 41—60 岁 | 45.96 | 45.96 | 8.08 |
| | 60 岁以上 | 29.03 | 54.84 | 16.13 |
| 学历 | 小学及以下 | 24.24 | 63.64 | 12.12 |
| | 初中 | 45.38 | 44.80 | 9.83 |
| | 高中 | 52.86 | 39.05 | 8.10 |
| | 大学 | 52.04 | 33.54 | 14.42 |
| | 研究生 | 63.33 | 26.67 | 10.00 |
| 职业/身份 | 教师 | 63.53 | 25.88 | 10.59 |
| | 学生 | 52.90 | 35.48 | 11.62 |
| | 公务员 | 64.52 | 29.03 | 6.45 |
| | 新闻出版者 | 60.00 | 40.00 | 0.00 |
| | 技术人员 | 42.11 | 49.12 | 8.77 |
| | 公司职员 | 43.75 | 45.31 | 10.94 |
| | 服务人员 | 47.27 | 50.91 | 7.27 |
| | 体力劳动者 | 27.96 | 60.22 | 11.83 |
| | 其他 | 22.64 | 58.49 | 18.87 |
| 是否本地人 | 本地人 | 49.44 | 42.22 | 8.35 |
| | 外地人 | 47.30 | 17.91 | 34.80 |

2. 对普通话使用的法律知晓度

《国家通用语言文字法》规定："国家机关以普通话和规范汉字为公务用语用字。""学校及其他教育机构以普通话和规范汉字为基本的教育教学用语用字。""广播电台、电视台以普通话为基本的播音用语。"可见，某些特定人群在特定的工作环境中必须说普通话，这不是由个人兴趣决定的，而是遵守法律的表现。我们设计了三个题目，调查民众对这些相关法律内容的知晓度。图4-1-1是具体的数据情况：

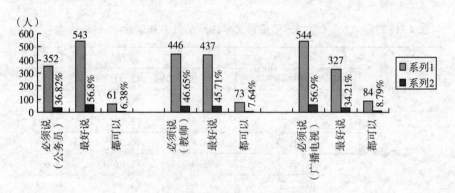

**图4-1-1  普通话使用的法律知晓度**

《国家通用语言文字法》规定公务员的公务接待用语、教师的教育教学用语、广播电视的播音用语必须是普通话，但分别只有36.8%、46.7%、56.9%的被调查者知道这是法律的规定，很明显，总体上社会知晓度并不高。有很大一部分人认为使用普通话只是为了交际方便，与法律无关。从公务员到教师到广播电视播音员，人们似乎对其使用普通话的法律认知度越来越高，这也许反映了民众对这三个群体使用普通话的期望值越来越高。

对这三个群体使用普通话的法律知晓度不同人群有一定的差异，具体差别情况如下：

第一，公务员必须说普通话的法律认知。下表4-1-3的数据显示，关于国家机关工作人员在公务活动中是否必须说普通话，男性和女性的认知水平差别不大。从年龄看，老年人的熟知比例相对要低一点，其他群体差别不大，值得提出的是，61岁及以上的老年调查对象中有23%的人认为公务员在公务活动中说普通话和方言都可以，而60岁以下的人这个比例都在8%以下，由此看来，老年人对方言的认可度相对比较高。从学历来看，相对来说，高学历者知道这一法律知识的人数比例要高于低学历者，研究生的比例最高，达到57%。从职业和身份来看，新闻出版者的知晓度最高，达到100%，其他群体一般都在50%以下。被调查人的籍贯对其法律认知基本没什么影响。

表4-1-3　　公务员在公务活动中必须使用普通话的法律认知　　（%）

| 基本参数 | | 必须说 | 最好说 | 都可以 |
|---|---|---|---|---|
| 性别 | 男 | 36.27 | 57.38 | 6.35 |
| | 女 | 37.45 | 56.06 | 6.49 |
| 年龄 | 1—18岁 | 35.80 | 59.88 | 4.32 |
| | 18—40岁 | 38.14 | 53.87 | 7.99 |
| | 41—60岁 | 37.37 | 58.08 | 4.55 |
| | 60岁以上 | 29.03 | 48.39 | 22.58 |
| 学历 | 小学及以下 | 30.30 | 54.55 | 9.09 |
| | 初中 | 28.32 | 64.16 | 7.51 |
| | 高中 | 44.76 | 50.95 | 4.29 |
| | 大学 | 39.81 | 54.23 | 5.96 |
| | 研究生 | 56.67 | 40.00 | 3.33 |
| 职业/身份 | 教师 | 48.24 | 45.88 | 5.88 |
| | 学生 | 35.68 | 58.71 | 5.60 |
| | 公务员 | 46.77 | 50.00 | 3.23 |
| | 新闻出版者 | 100.00 | 0.00 | 0.00 |
| | 技术人员 | 42.11 | 52.63 | 5.26 |
| | 公司职员 | 32.81 | 62.50 | 4.69 |
| | 服务人员 | 36.36 | 58.18 | 5.45 |
| | 体力劳动者 | 30.11 | 56.99 | 12.90 |
| | 其他 | 22.64 | 66.04 | 11.32 |
| 是否本地人 | 本地人 | 36.44 | 56.82 | 6.74 |
| | 外地人 | 37.95 | 56.11 | 5.94 |

第二，教师必须说普通话的法律认知。

下表4-1-4的数据显示，关于教师在教育活动中是否必须说普通话，男性的法律认知度比女性略高 4 个百分点。从年龄看，中青年的法律认知度高于青少年和老年，超出十几个百分点，值得提出的是老年人有 23% 的人认为说普通话和方言都可以，高出其他群体十几个百分点。学历的高低与其法律认知情况成正相关性，学历越高，对教师在教育教学活动中必须说普通话的法律认知比例越高，其间的差距还很大，小学学历者只有 27% 的人知道，而研究生学历者有 70% 的人知道。从职业来看，新闻出版者最熟悉，比例达到 100%，其次是公务员和教师，比例分别达到 68% 和 64%。被调查者的籍贯属性对其法律认知度影响不明显。

**表 4-1-4　　教师在教育教学活动中必须使用普通话的法律认知**　　　　（%）

| 基本参数 | | 必须说 | 最好说 | 都可以 |
|---|---|---|---|---|
| 性别 | 男 | 48.36 | 43.03 | 8.61 |
| | 女 | 44.81 | 48.70 | 6.49 |
| 年龄 | 1—18 岁 | 34.88 | 55.86 | 9.26 |
| | 18—40 岁 | 55.15 | 39.43 | 5.41 |
| | 41—60 岁 | 50.00 | 42.93 | 7.07 |
| | 60 岁以上 | 38.71 | 38.71 | 22.58 |
| 学历 | 小学及以下 | 27.27 | 54.55 | 18.18 |
| | 初中 | 37.57 | 51.45 | 10.98 |
| | 高中 | 45.24 | 46.19 | 8.57 |
| | 大学 | 58.31 | 39.81 | 1.88 |
| | 研究生 | 70.00 | 26.67 | 3.33 |
| 职业/身份 | 教师 | 63.53 | 34.12 | 2.35 |
| | 学生 | 41.08 | 51.66 | 7.26 |
| | 公务员 | 67.74 | 29.03 | 3.23 |
| | 新闻出版者 | 100.00 | 0.00 | 0.00 |
| | 技术人员 | 54.39 | 40.35 | 5.26 |
| | 公司职员 | 48.44 | 45.31 | 6.25 |
| | 服务人员 | 50.91 | 41.82 | 7.27 |
| | 体力劳动者 | 36.56 | 45.16 | 18.28 |
| | 其他 | 43.40 | 45.28 | 11.32 |

（续表）

| 基本参数 | | 必须说 | 最好说 | 都可以 |
|---|---|---|---|
| 是否本地人 | 本地人 | 47.51 | 44.46 | 8.03 |
| | 外地人 | 45.87 | 47.85 | 6.27 |

第三，广播电视必须说普通话的法律认知。

下表 4-1-5 的数据显示，民众对广播电视的播音用语必须是普通话的法律认知其性别差异不明显，但年龄因素有较明显影响，中青年的知晓度比较高，青少年和老年的知晓度相对较低，二者相差十几个百分点。学历与法律认知方面基本上具有正相关性，学历越高，熟知这一法律知识的人数比例越高，但其中小学学历者要稍高于初中学历者。从职业身份来看，新闻出版者的知晓度最高，达到 80%，其次是公务员、技术人员和教师，学生的知晓度最低。被调查者的籍贯属性对其相关法律认知的影响不大。

表 4-1-5　　广播电视的播音用语必须使用普通话的法律认知　　　（%）

| 选项 | | 必须说 | 最好说 | 都可以 |
|---|---|---|---|
| 性别 | 男 | 57.38 | 33.40 | 9.02 |
| | 女 | 56.28 | 35.28 | 8.44 |
| 年龄 | 1—18 岁 | 44.14 | 46.30 | 9.57 |
| | 18—40 岁 | 62.27 | 27.91 | 9.82 |
| | 41—60 岁 | 66.67 | 26.77 | 6.57 |
| | 60 岁以上 | 51.61 | 41.94 | 6.45 |
| 学历 | 小学及以下 | 57.58 | 42.42 | 0.00 |
| | 初中 | 47.98 | 44.51 | 7.51 |
| | 高中 | 60.48 | 30.00 | 9.52 |
| | 大学 | 64.47 | 25.16 | 10.38 |
| | 研究生 | 66.67 | 23.33 | 10.00 |
| 职业/身份 | 教师 | 67.06 | 18.82 | 14.12 |
| | 学生 | 49.59 | 40.46 | 9.96 |
| | 公务员 | 74.19 | 14.52 | 11.29 |
| | 新闻出版者 | 80.00 | 0.00 | 20.00 |

（续表）

| 选项 | | 必须说 | 最好说 | 都可以 |
|---|---|---|---|---|
| 职业/身份 | 技术人员 | 70.18 | 21.05 | 8.77 |
| | 公司职员 | 60.32 | 36.51 | 3.17 |
| | 服务人员 | 65.45 | 29.09 | 5.45 |
| | 体力劳动者 | 52.69 | 43.01 | 4.30 |
| | 其他 | 66.04 | 30.19 | 3.77 |
| 本地与否 | 是 | 56.34 | 35.15 | 8.35 |
| | 否 | 57.10 | 32.34 | 10.56 |

总之，调查显示，民众对普通话使用的法律认知度总体上并不高。从各项参数的情况看，年龄、学历、职业这些因素对普通话使用的法律认知影响相对比较明显，而性别、籍贯等因素的影响比较小。

3. 对规范简化汉字使用的法律知晓度

在日常语言生活中，使用简化字还是繁体字，有时可以由个人兴趣决定，但很多时候，在一些公共空间，必须使用简化字，这不仅仅是简化字更方便人们认读，而且这也是一项国家公共政策，对此法律有明确的规定。《国家通用语言文字法》第十三条规定："公共服务行业以规范汉字为基本的服务用字。"第十四条第（二）款和第（三）款规定，公共场所的设施用字和招牌、广告用字都应当以国家通用语言文字为基本的用字。我们针对这些条款内容设计了三个题目，调查民众的知晓度。下图4-1-2显示具体的数据情况①。

《国家通用语言文字法》明确规定，公共服务行业的服务用字、公共场所的设施用字、广告招牌用字都必须是通用规范简化字，但民众对这些法律内容并不熟悉，其相关认知比例分别只有 26.9%、31.2%、25.5%。绝大多数人认为之所以使用简化字主要是为方便民众认读，与法律无关，其比例分别达到了 65.5%、61.4%、60.2%。

---

① 本图包括三个题目的数据，我们设计的都是单选题，但第一题有1人做成了多选，第二题有2人做成了多选，第三题有1人做成了多选，我们统计数据时多选项按每个选项分别统计。

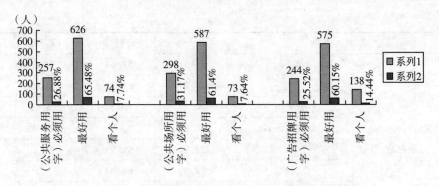

**图 4-1-2　规范简化汉字使用环境的法律认知**

对于通用规范汉字使用的法律认知不同人群有一定的差异，具体情况如下：

第一，公共服务行业服务用字的法律认知。

下表 4-1-6 的数据显示，关于公共服务行业服务用字应该使用通用规范简化字，男性知道这一法律内容的占 30%，高出女性约 8 个百分点。从年龄来看，中青年熟知这一法律知识的比例高出青少年和老年约八九个百分点。学历层次与相关认知具有正相关性，研究生的认知度最高，达到 56.7%，小学学历者只有 18.2%。从职业来看，新闻出版者和公务员的熟知比例最高，都超过了 55%，其他职业人群基本在 30% 以下。籍贯属性对其法律认知影响并不明显。

**表 4-1-6　对公共服务行业的服务用字必须使用通用规范简化字的法律认知**（%）

| 基本参数 | | 必须用 | 最好用 | 都可以 |
|---|---|---|---|---|
| 性别 | 男 | 30.33 | 61.68 | 7.99 |
| | 女 | 22.94 | 69.70 | 7.58 |
| 年龄 | 1—18 岁 | 22.53 | 69.44 | 8.02 |
| | 18—40 岁 | 29.90 | 61.86 | 8.25 |
| | 41—60 岁 | 28.28 | 65.66 | 6.57 |
| | 61 岁及以上 | 19.35 | 77.42 | 3.23 |
| 学历 | 小学及以下 | 18.18 | 78.79 | 3.03 |
| | 初中 | 21.97 | 71.39 | 6.65 |
| | 高中 | 23.33 | 68.10 | 8.57 |
| | 大学 | 33.86 | 57.68 | 8.78 |
| | 研究生 | 56.67 | 40.00 | 3.33 |

（续表）

| 基本参数 | | 必须用 | 最好用 | 都可以 |
|---|---|---|---|---|
| 职业/身份 | 教师 | 31.76 | 57.65 | 10.59 |
| | 学生 | 24.69 | 67.22 | 8.09 |
| | 公务员 | 54.84 | 40.32 | 6.45 |
| | 新闻出版者 | 60.00 | 20.00 | 20.00 |
| | 技术人员 | 22.81 | 64.91 | 12.28 |
| | 公司职员 | 32.81 | 65.63 | 1.56 |
| | 服务人员 | 20.00 | 72.73 | 7.27 |
| | 体力劳动者 | 21.51 | 74.19 | 4.30 |
| | 其他 | 16.98 | 73.58 | 9.43 |
| 是否本地人 | 是 | 26.00 | 67.09 | 7.06 |
| | 否 | 28.71 | 62.05 | 9.24 |

第二，公共场所设施用字的法律认知。

下表 4-1-7 的数据显示，对公共场所设施用字的法律认知，男性熟知这一法律知识的达到 35.5%，高出女性 9 个百分点。年龄差异影响不大，中青年的认知度略高于青少年和老年。学历层次与相关法律知识的熟悉情况成正相关性，学历越高其法律认知度也越高，小学学历者只有 21% 的人熟悉这一法律知识，但研究生学历者熟知比例达 53%。从职业来看，新闻出版者和公务员的认知比例最高，分别达到 60% 和 57%，而体力劳动者和服务人员的认知比例最低，分别只有 21.8% 和 18.3%。外地人的熟知比例高出本地人约 7 个百分点。

表 4-1-7　对公共场所设施用字必须使用通用规范简化字的法律认知　　（%）

| 基本参数 | | 必须用 | 最好用 | 都可以 |
|---|---|---|---|---|
| 性别 | 男 | 35.45 | 57.58 | 7.17 |
| | 女 | 26.41 | 65.80 | 8.01 |
| 年龄 | 1—18 岁 | 29.01 | 61.42 | 9.57 |
| | 18—40 岁 | 32.73 | 59.28 | 7.99 |
| | 41—60 岁 | 31.31 | 65.66 | 4.04 |
| | 60 岁以上 | 29.03 | 61.29 | 9.68 |

（续表）

| 基本参数 | | 必须用 | 最好用 | 都可以 |
|---|---|---|---|---|
| 学历 | 小学及以下 | 21.21 | 69.70 | 9.09 |
| | 初中 | 24.57 | 66.47 | 8.96 |
| | 高中 | 31.43 | 61.90 | 6.67 |
| | 大学 | 38.24 | 55.17 | 7.21 |
| | 研究生 | 53.33 | 46.67 | 0.00 |
| 职业/身份 | 教师 | 36.47 | 57.65 | 5.88 |
| | 学生 | 31.95 | 59.75 | 8.30 |
| | 公务员 | 56.45 | 41.94 | 3.23 |
| | 新闻出版者 | 60.00 | 40.00 | 0.00 |
| | 技术人员 | 29.82 | 59.65 | 10.53 |
| | 公司职员 | 25.00 | 73.44 | 1.56 |
| | 服务人员 | 21.82 | 76.36 | 1.82 |
| | 体力劳动者 | 18.28 | 67.74 | 13.98 |
| | 其他 | 24.53 | 67.92 | 9.43 |
| 是否本地人 | 本地人 | 28.73 | 63.56 | 8.03 |
| | 外地人 | 35.97 | 57.10 | 6.93 |

第三，广告招牌用字的法律认知。

下表4-1-8的调查数据显示，对于广告招牌必须使用规范简化字的法律认知，男性的熟知比例高出女性大约8个百分点。年龄和法律认知具有正相关性，年龄越大，对这一法律知识的熟悉比例越高，但悬殊不太大，上下相差只有10个百分点。从学历层次上看，研究生法律认知度最高，达到了60%，其他学历层次的人认知比例都在33%以下。在职业上，新闻出版者和公务员的认知比例最高，都在50%以上，而服务人员的认知比例最低，只有12.7%。外地人熟悉这一法律知识的比例高出本地人大约7个百分点。

表 4-1-8　　　　广告招牌用字必须使用通用规范简化字　　　　（%）

| 基本参数 | | 必须用 | 最好用 | 都可以 |
|---|---|---|---|---|
| 性别 | 男 | 29.71 | 56.76 | 13.52 |
| | 女 | 21.00 | 63.64 | 15.58 |

（续表）

| 基本参数 | | 必须用 | 最好用 | 都可以 |
|---|---|---|---|---|
| 年龄 | 1—18 岁 | 22.53 | 61.42 | 16.05 |
| | 18—40 岁 | 26.29 | 59.02 | 14.69 |
| | 41—60 岁 | 27.27 | 60.61 | 12.63 |
| | 61 岁及以上 | 32.26 | 61.29 | 6.45 |
| 学历 | 小学及以下 | 33.33 | 51.52 | 15.15 |
| | 初中 | 19.36 | 64.45 | 16.18 |
| | 高中 | 23.81 | 60.95 | 15.24 |
| | 大学 | 30.72 | 57.05 | 12.54 |
| | 研究生 | 60.00 | 40.00 | 0.00 |
| 职业/身份 | 教师 | 32.94 | 54.12 | 12.94 |
| | 学生 | 24.07 | 61.20 | 14.73 |
| | 公务员 | 53.23 | 38.71 | 9.68 |
| | 新闻出版者 | 60.00 | 20.00 | 20.00 |
| | 技术人员 | 21.05 | 57.89 | 21.05 |
| | 公司职员 | 23.44 | 65.63 | 10.94 |
| | 服务人员 | 12.73 | 76.36 | 10.91 |
| | 体力劳动者 | 21.15 | 61.29 | 17.20 |
| | 其他 | 18.87 | 66.04 | 15.09 |
| 是否本地人 | 本地人 | 23.27 | 61.80 | 15.09 |
| | 外地人 | 30.03 | 57.10 | 12.87 |

　　总之，抚州民众对国家语言文字相关法律知识的熟知情况总体上并不太理想，只有大约40%的被调查者知道国家有语言文字法律，只有大约49%的被调查者知道公务员、教师、广播电视使用普通话是法律的规定，只有大约28%的被调查者知道公共场所、公共设施、广告招牌使用通用规范简化字是法律的规定。不同人群对这些语言文字法律知识的认知情况有差别，整体来看，高学历者的熟知比例较高，中年人的熟知比例较高，新闻出版者、公务员的熟知比例较高，而性别和籍贯属性对其法律认知影响不太明显。

（二）语言文字使用的能力

我们主要调查了普通话和方言的运用能力、普通话的熟练程度、繁体字的识解能力。

1. 普通话和方言的使用能力

普通话和方言共存于当代语言生活中，但二者使用语境有差异，普通话主要使用于公共性或比较正式的交际场合，方言主要存在于家庭或随意性交际场合。我们调查民众"能用哪些话与人交流"，调查结果（图4-1-3）显示，有近93%的被调查者表示能用普通话交流，而能用抚州话交流的人只占约62%，能用老家话交流的人只占约34%，以此看来，民众的普通话使用能力一般比较强，但方言使用能力相对要弱一点。

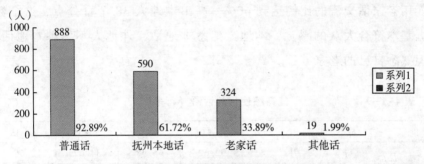

图4-1-3 能用哪些话交流

下表4-1-9的数据显示，对于能否使用普通话或方言交际，不同人群有一定的差别。在普通话的使用方面，性别差异没有明显影响，但在方言使用方面有一定影响，男性能用抚州本地话的比例高出女性约9个百分点，老家话的使用方面性别差异不明显。从年龄来看，40岁以下的人普通话能力较强，超过95%的人都能用普通话交流，61岁及以上的老年人能用普通话交流的比例最低，只有58%；能用本地话交流的比例最高的是41—60岁的中年人，比例达到83%，其次是老年人，约占68%；能用老家话交流比例较高的群体是40岁以下的青少年和中青年，比例都在35%以上，高出40岁以上的人群10个百分点，40岁以下的人很大一部分是城市新移民，对抚州本地话不熟悉，相对来说对老家话更熟悉一点。学历层次与普通话的使用能力基本是成正相关性，学历越高能用普通话的比例也越高；学历层次与抚州本地话的使用能力成反相关性，低学历者（小学、初中、高中）能使用本地话的比例明显高于高学历者（大学、研究生），但高学历者能使用老家话的比例则高于低学历者，估计很多高学历者并非抚州本地人。从职业来看，各职业群体能用普通话交流的比例都很高，相对较低的是体力劳动者，只有75%的人能使用普通话交流；能使用本地话交流比例最低的是学生，只有48%，低于其他职业群体二三十个百分点；但学生却是能用老家话交流比例最高的群体，达到40%，高出其他职业群体一二十个百分点。外地人和本地人能用普通话交流的比例差不多，外地人略高一点点，但能用方言交流的比例差别非常大，本地人81%能用抚州本地话交流，高出外地人60个百分点，外地人能用老家话交流的比例达到60%，高出本地人38个百分点，这个数据基本符合大众的感觉，本地人熟悉本地话，外地人不熟悉本地话，但熟悉自己的老家方言。

**表 4-1-9　　　　　　　能熟练使用的话语（可多选）　　　　　　（%）**

| 基本参数 | | 普通话 | 本地话 | 老家话 | 其他话 |
|---|---|---|---|---|---|
| 性别 | 男 | 92.62 | 65.98 | 34.02 | 2.66 |
| | 女 | 93.29 | 56.93 | 33.77 | 1.30 |
| 年龄 | 10—17 岁 | 95.06 | 59.57 | 35.19 | 1.54 |
| | 18—40 岁 | 95.88 | 51.55 | 37.11 | 2.84 |
| | 41—60 岁 | 88.89 | 83.33 | 26.77 | 1.01 |
| | 61 岁及以上 | 58.06 | 67.74 | 25.81 | 0.00 |
| 学历 | 小学及以下 | 66.67 | 81.82 | 24.24 | 0.00 |
| | 初中 | 90.75 | 63.58 | 32.08 | 1.16 |
| | 高中 | 92.86 | 73.33 | 30.95 | 2.38 |
| | 大学 | 98.12 | 50.16 | 37.62 | 2.19 |
| | 研究生 | 96.67 | 53.33 | 50.00 | 6.67 |
| 职业/身份 | 教师 | 95.29 | 70.59 | 34.12 | 2.35 |
| | 学生 | 95.85 | 47.51 | 39.63 | 1.66 |
| | 公务员 | 100.00 | 80.65 | 33.87 | 3.23 |
| | 新闻出版者 | 100.00 | 60.00 | 20.00 | 0.00 |
| | 技术人员 | 91.23 | 71.93 | 28.07 | 5.26 |
| | 公司职员 | 98.44 | 76.56 | 23.44 | 1.56 |

（续表）

| 基本参数 | | 普通话 | 本地话 | 老家话 | 其他话 |
|---|---|---|---|---|---|
| 职业/身份 | 服务业人员 | 89.09 | 81.82 | 21.82 | 1.82 |
| | 体力劳动者 | 75.27 | 76.34 | 25.81 | 2.15 |
| | 其他 | 83.02 | 79.25 | 28.30 | 0.00 |
| 是否本地人 | 本地人 | 92.46 | 81.06 | 21.67 | 2.09 |
| | 外地人 | 94.06 | 21.12 | 60.40 | 1.98 |

### 2. 普通话的熟练程度

经过国家几十年的推普工作，普通话已经成为民众最常用的交际工具，特别城市民众的普通话水平整体上已经比较高了。本次抚州普通话水平自我评价调查显示①，有32%的被调查者自认为能流利准确使用普通话，有48%的被调查者认为尽管有些音不准但能熟练使用普通话，有7%的人表示能熟练使用普通话但口音较重，这三部分人都是能熟练使用普通话的，合占87%，可见绝大多数民众对自己的普通话运用能力有较高自信。有10%的人表示基本能交谈但不太熟练，只有3%的人表示能听懂但不太会说。

下表4-1-10的数据显示，不同人群对普通话水平的自我评价有一定的差别。从性别来看，自我判断"流利准确"的女性比男性高出约6个百分点，而认为"熟练但不准"的男性比女性略高3个百分点，整体上，"能熟练使用普通话"男女差别不太明显。从年龄来看，整体趋势是越年轻对普通话水平的自我认同越高，值得一提的是仍有29%的老年调查对象表示普通话能听懂但不会说。从学历来看，基本趋势是学历越高对普通话水平的自我认同越强。在职业方面，新闻出版者自我判断普通话水平最高，有60%的人表示其普通话流利准确，其次是教师、公务员和学生，普通话水平自我认同最低的群体主要是体力劳动者。外地人对自身普通话水平的评价略高于本地人。

---

① 本题为单选题，但有1人做成了多选，我们统计数据时多选项按每个选项分别统计。

表 4-1-10　　　　　　　　　　普通话水平的自我评价　　　　　　　　（%）

| 基本参数 | | 流利准确 | 熟练但不准 | 熟练但口音重 | 能交谈不熟练 | 能听懂不会说 |
|---|---|---|---|---|---|---|
| 性别 | 男 | 29.10 | 50.20 | 7.17 | 10.66 | 2.87 |
| | 女 | 35.06 | 47.19 | 6.93 | 8.66 | 2.16 |
| 年龄 | 10—17 岁 | 33.34 | 54.01 | 3.09 | 8.64 | 0.92 |
| | 18—40 岁 | 40.98 | 46.65 | 6.96 | 4.90 | 0.51 |
| | 41—60 岁 | 17.18 | 46.46 | 13.13 | 18.18 | 5.05 |
| | 61 岁及以上 | 6.45 | 32.26 | 9.68 | 22.58 | 29.03 |
| 学历 | 小学及以下 | 9.10 | 21.21 | 18.18 | 36.36 | 15.15 |
| | 初中 | 26.88 | 49.42 | 8.09 | 11.85 | 3.76 |
| | 高中 | 29.52 | 51.43 | 5.72 | 12.38 | 0.95 |
| | 大学 | 42.01 | 49.22 | 5.01 | 3.45 | 0.31 |
| | 研究生 | 43.34 | 50.00 | 3.33 | 3.33 | 0.00 |
| 职业/身份 | 教师 | 49.41 | 44.71 | 2.35 | 2.35 | 1.18 |
| | 学生 | 36.72 | 52.70 | 3.53 | 6.22 | 0.83 |
| | 公务员 | 37.10 | 53.23 | 8.06 | 1.61 | 0.00 |
| | 新闻出版者 | 60.00 | 20.00 | 20.00 | 0.00 | 0.00 |
| | 技术人员 | 24.56 | 45.62 | 12.28 | 17.54 | 0.00 |
| | 公司职员 | 25.00 | 48.44 | 12.50 | 12.50 | 1.56 |
| | 服务人员 | 25.45 | 50.91 | 14.55 | 5.45 | 3.64 |
| | 体力劳动者 | 11.83 | 27.96 | 15.05 | 29.03 | 16.13 |
| | 其他 | 15.10 | 50.94 | 11.32 | 20.75 | 1.89 |
| 是否本地人 | 本地人 | 31.14 | 47.35 | 7.06 | 11.72 | 2.73 |
| | 外地人 | 35.31 | 50.83 | 6.60 | 5.94 | 1.32 |

　　3. 繁体字识读能力

　　在当代语言生活中，繁体字尽管用得比较少，但并没有完全消失，诸多风景名胜文物古迹中都大量存在繁体字。民众对繁体字也并不陌生，本次调查显示，尽管繁体字"基本认识"的人只占24%，比例并不高，但基本不认识繁体字的人也很少，只占8%，有50%的人表示认识小部分，24%的人表示认识大部分，由此可见，绝大多数人都认识一部分繁体字。

　　下表 4-1-11 的调查数据显示，不同群体的繁体字识读能力有较明显的差别，男性繁体字的识读能力比女性稍强，成年人的繁体字识读能力比青少年要强，学历越高繁体字的识读能力越强，而且差别还比较大，低学历者认识大部分繁体字的只占 20%左右，而研究生学历者认识大部分繁体字的比例达 76%。从职业来看，认识繁体字比较多的群体是新闻出版者、公务员和教师。外地人的繁体字识读能力略高于本地人。总的看来，影响繁体字识读能力比较明显的因素主要是年龄、学历和职业。

**表 4-1-11**　　　　　　　　　**对常用繁体字认识情况**　　　　　　　　（%）

| 基本参数 | | 基本认识 | 认识大部分 | 认识小部分 | 基本不认识 |
|---|---|---|---|---|---|
| 性别 | 男 | 18.85 | 26.02 | 48.77 | 6.35 |
| | 女 | 16.67 | 21.65 | 51.52 | 10.17 |
| 年龄 | 10—17 岁 | 9.57 | 14.51 | 66.36 | 9.57 |
| | 18—40 岁 | 24.23 | 31.44 | 38.92 | 5.41 |
| | 41—60 岁 | 18.18 | 24.24 | 49.49 | 8.08 |
| | 61 岁及以上 | 25.81 | 22.58 | 19.35 | 32.26 |
| 学历 | 小学及以下 | 6.06 | 15.15 | 30.30 | 48.48 |
| | 初中 | 8.09 | 15.90 | 67.05 | 8.96 |
| | 高中 | 17.14 | 20.95 | 54.29 | 7.62 |
| | 大学 | 28.53 | 34.80 | 34.17 | 2.51 |
| | 研究生 | 40.00 | 36.67 | 16.67 | 6.67 |
| 职业/身份 | 教师 | 27.06 | 36.47 | 32.94 | 3.53 |
| | 学生 | 14.94 | 20.54 | 57.47 | 7.05 |
| | 公务员 | 37.10 | 33.87 | 25.81 | 3.23 |
| | 新闻出版者 | 60.00 | 20.00 | 20.00 | 0.00 |
| | 技术人员 | 15.79 | 31.58 | 45.61 | 7.02 |
| | 公司职员 | 23.44 | 25.00 | 40.63 | 10.94 |
| | 服务人员 | 14.55 | 27.27 | 52.73 | 5.45 |
| | 体力劳动者 | 10.75 | 17.20 | 51.61 | 20.43 |
| | 其他 | 16.98 | 20.75 | 49.06 | 13.21 |
| 是否本地人 | 本地人 | 16.37 | 23.60 | 50.08 | 9.95 |
| | 外地人 | 21.45 | 24.75 | 49.17 | 4.62 |

（三）语言使用的状况

本次调查的语言使用状况主要指普通话和方言的使用状况。我们调查了抚州民众在多种语境中对普通话和方言的选择，具体包括工作中，在家里，在和朋友聊天，在和陌生人交谈，在农贸市场，在大型商业场所，在餐馆，这些交际场所有的很正式，有的很随意，有的高档，有的低端，交际场所的变化对语言选择是会有影响的。我们设计的题目是在各种场所被调查人最常使用哪种话，选项包括普通话、抚州话、老家话、其他，统计时把抚州话和老家话合并成方言，从而得出使用普通话和方言的各种场合差异。具体数据见图4-1-4。

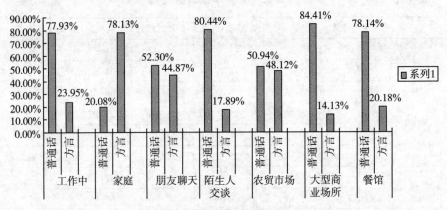

**图4-1-4　语言使用状况**

由图4-1-4可知，民众在银行超市商场等大型商业场所、在餐馆、在和陌生人交谈、在工作中等这些比较正式的场合主要使用普通话，占77%以上；在农贸市场、在朋友聊天等相对比较随意的场所使用普通话比例下降，都在52%以下；在家庭，使用普通话比例最低，只有20%，而且使用方言的比例超过了普通话50多个百分点。可见，人们会根据说话场所的正式程度选择普通话和方言的使用，家庭是方言的主要使用空间。

1. 工作中的常用语言

工作环境是一个比较正式的社交场合，在工作中使用全国通用普通话已经形成了一种不容置疑的社会趋势，调查显示，76%的人在工作中会选择普通话。当然，工作的种类很多，不同类型的工作对语言的要求不一样，有些工作需要使用方言，调查显示，18%的人在工作中会使用抚州方言，4%的人使用老家方言，还有2%的人会变换使用普通话或方言。

下表4-1-12的数据表显示，尽管工作中的主要语言是普通话，但不同人群使用普通话和方言的比例有一定的差别。女性使用普通话的比例达到80%，比男性高出约9个百分点，男性使用抚州本地话和老家话的比例达到26%，比女性高出约8个百分点。从年龄来看，越年轻使用普通话的比例越高，年龄越大使用方言的比例越高。学历高低与工作中使用普通话具有正相关性，与工作中使用方言具有负相关性，学历越高，在工作中使用普通话的比例越高，使用方言的比例则越低。从职业身份来看，工作中使用普通话比例较高的人群是教师和学生，其比例达到90%以上，使用方言比例最高的是体力劳动者，达到约68%。外地人使用普通话比本地人高出了近20个百分点，而本地人使用抚州方言则比外地人高出了18个百分点。

表 4-1-12　　　　　　　　　工作中的常用语言　　　　　　　（%）

| 基本参数 | | 普通话 | 本地话 | 老家话 | 其他 | 多选 |
|---|---|---|---|---|---|---|
| 性别 | 男 | 71.72 | 21.52 | 4.10 | 0.61 | 2.05 |
| | 女 | 80.30 | 14.50 | 3.03 | 0.22 | 1.95 |
| 年龄 | 10—17 岁 | 88.89 | 5.86 | 4.94 | 0.31 | 0.00 |
| | 18—40 岁 | 82.73 | 12.63 | 1.55 | 0.52 | 2.58 |
| | 41—60 岁 | 48.48 | 41.92 | 4.04 | 0.51 | 5.05 |
| | 61 岁及以上 | 29.03 | 54.84 | 16.13 | 0.00 | 0.00 |
| 学历 | 小学及以下 | 24.24 | 54.55 | 21.21 | 0.00 | 0.00 |
| | 初中 | 60.94 | 22.83 | 5.78 | 0.58 | 0.87 |
| | 高中 | 74.76 | 20.95 | 1.90 | 0.48 | 1.90 |
| | 大学 | 88.09 | 8.15 | 0.63 | 0.31 | 2.82 |
| | 研究生 | 90.00 | 0.00 | 0.00 | 0.00 | 10.00 |
| 职业/身份 | 教师 | 90.59 | 7.06 | 0.00 | 0.00 | 2.35 |
| | 学生 | 90.66 | 5.39 | 3.73 | 0.21 | 0.00 |
| | 公务员 | 69.35 | 14.52 | 1.61 | 1.61 | 12.90 |
| | 新闻出版者 | 80.00 | 20.00 | 0.00 | 0.00 | 0.00 |

（续表）

| 基本参数 | | 普通话 | 本地话 | 老家话 | 其他 | 多选 |
|---|---|---|---|---|---|---|
| 职业/身份 | 技术人员 | 54.39 | 40.35 | 3.51 | 1.75 | 1.75 |
| | 公司职员 | 76.56 | 21.88 | 0.00 | 0.00 | 1.56 |
| | 服务人员 | 63.64 | 32.73 | 1.82 | 0.00 | 1.82 |
| | 体力劳动者 | 29.03 | 59.14 | 8.60 | 1.08 | 2.15 |
| | 其他 | 41.51 | 39.62 | 9.43 | 0.00 | 9.43 |
| 是否本地人 | 本地人 | 69.18 | 24.08 | 3.21 | 0.48 | 3.05 |
| | 外地人 | 88.78 | 5.94 | 4.62 | 0.33 | 0.33 |

## 2. 家庭中的常用语言

工作语言的选择是社会大环境决定的，不以个人的喜好为转移，但家庭语言的选择是由家庭主要成员的方言背景以及家庭权威成员的语言态度决定的，普通话在家庭语言的选择上并没有天然的优势。调查显示，抚州民众在家庭中使用普通话的只占 20%，使用抚州话的占 46%，使用其他方言的占 32%，也有普通话和方言都使用的，整体上，使用方言的比例要远远高出普通话，超过 58 个百分点。

下表 4-1-13 的调查数据显示，家庭中语言的选择与人群的自然和社会属性有一定的关系。女性使用普通话比男性高出 6 个百分点，男性使用抚州本地话比女性高出 10 个百分点，使用老家话则低 3 个百分点。年龄越大使用普通话和老家话的比例越低，使用抚州本地话的比例则越高。学历越高，使用普通话的比例越高，使用方言的比例则越低。从职业来看，在家说普通话比例最高的是新闻出版者，达到了 40%，比例最低的是体力劳动者，只有 7.5%。是否本地人对其家庭语言的选择影响非常大，外地人在家说普通话的比例明显高于本地人，外地人在抚州生活的时间越长说普通话的比例越高，本地人说抚州话的比例明显高于外地人，外地人说老家话比例最高的是在抚州生活 10 年以内的，达到 68%，在抚州生活超过 10 年的人在家说老家话的比例也很低了，只有 23%，但说抚州话的比例达到了 32%。数据的变化表明，外地人在抚州生活的时间越久，老家话使用的频率就越低，而普通话和抚州话使用的频率则越高。

**表 4-1-13** 　　　　　　　　　　　 **家庭常用语言** 　　　　　　　　　（%）

| 基本参数 | | 普通话 | 本地话 | 老家话 | 其他 | 多选 |
|---|---|---|---|---|---|---|
| 性别 | 男 | 17.01 | 51.84 | 30.33 | 0.20 | 0.61 |
| | 女 | 23.16 | 41.13 | 33.33 | 0.00 | 2.38 |
| 年龄 | 10—17 岁 | 24.07 | 38.89 | 36.73 | 0.31 | 0.00 |
| | 18—40 岁 | 22.94 | 40.21 | 34.79 | 0.00 | 2.06 |
| | 41—60 岁 | 12.12 | 64.65 | 19.19 | 0.51 | 3.54 |
| | 61 岁及以上 | 3.23 | 74.19 | 22.58 | 0.00 | 0.00 |
| 学历 | 小学及以下 | 9.09 | 63.64 | 27.27 | 0.00 | 0.00 |
| | 初中 | 19.94 | 45.38 | 33.24 | 0.58 | 0.87 |
| | 高中 | 16.19 | 58.10 | 24.76 | 0.00 | 0.95 |
| | 大学 | 24.14 | 39.18 | 34.17 | 0.00 | 2.51 |
| | 研究生 | 26.67 | 20.00 | 46.67 | 0.00 | 6.67 |
| 身份/职业 | 教师 | 16.47 | 52.94 | 27.06 | 0.00 | 3.53 |
| | 学生 | 25.10 | 31.74 | 42.95 | 0.21 | 0.00 |
| | 公务员 | 20.97 | 54.84 | 17.74 | 0.00 | 6.45 |
| | 新闻出版者 | 40.00 | 60.00 | 0.00 | 0.00 | 0.00 |
| | 技术员 | 19.30 | 61.40 | 19.30 | 0.00 | 0.00 |
| | 公司职员 | 17.19 | 62.50 | 18.75 | 0.00 | 1.56 |
| | 服务员 | 12.73 | 61.82 | 20.00 | 1.82 | 3.64 |
| | 体力劳动者 | 7.53 | 67.74 | 23.66 | 0.00 | 1.08 |
| | 其他 | 11.32 | 69.81 | 11.32 | 0.00 | 7.55 |
| 是否本地人 | 本地人 | 16.05 | 65.33 | 16.37 | 0.16 | 2.09 |
| | 外地人 在抚州少于 5 年 | 27.31 | 4.42 | 67.87 | 0.00 | 0.40 |
| | 在抚州 5—10 年 | 32.00 | 0.00 | 68.00 | 0.00 | 0.00 |
| | 在抚州超过 10 年 | 40.91 | 31.91 | 22.73 | 0.00 | 4.55 |

3. 和熟人聊天的常用语言

和熟人聊天的语言选择具有一定的随意性，只要能够沟通，用普通话和方言都无关紧要。但调查显示，使用普通话的比例最高，达到53%，其次是抚州本地话，达到36%，使用老家话的有9%，还有部分普通话和方言都使用的。

下表 4-1-14 的调查数据显示，不同人群在与熟人聊天时其语言选择有一定的差别。女性选择普通话的比例达 58%，比男性高出 11 个百分点；男性选择方言的比例占 50%，比女性高出 11 个百分点。年龄越大选择普通话聊天的比例越来越低，选择方言聊天的比例则越来越高。学历越高，选择用普通话聊天的比例越高，用方言聊天的比例则越低，用于聊天的方言主要是抚州本地话，但小学及以下学历者选择用老家话聊天的比例比较高，占 21%。从职业身份看，选择用普通话聊天比例较高的群体是学生和新闻出版者，选择用方言聊天比例较高的群体是体力劳动者、专业技术人员和服务人员。从籍贯属性来看，外地人用普通话聊天比例较高，达 77%，比本地人高出了约 37 个百分点，本地人用抚州话聊天的比例达 48.8%，比外地人高出 40 多个百分点。

表 4-1-14　　　　　　　　和熟人聊天的语言选择　　　　　　　　（%）

| 基本参数 | | 普通话 | 本地话 | 老家话 | 其他 | 多选 |
|---|---|---|---|---|---|---|
| 性别 | 男 | 47.13 | 40.78 | 9.43 | 0.20 | 2.46 |
| | 女 | 58.23 | 29.87 | 9.09 | 0.65 | 2.16 |
| 年龄 | 10—17 岁 | 70.37 | 20.37 | 8.95 | 0.31 | 0.00 |
| | 18—40 岁 | 57.22 | 32.22 | 7.73 | 0.00 | 2.84 |
| | 41—60 岁 | 19.19 | 62.12 | 11.11 | 1.52 | 6.06 |
| | 61 岁及以上 | 12.90 | 64.52 | 22.58 | 0.00 | 0.00 |
| 学历 | 小学及以下 | 15.15 | 60.61 | 21.21 | 3.03 | 0.00 |
| | 初中 | 52.02 | 33.24 | 13.29 | 0.29 | 1.16 |
| | 高中 | 50.00 | 40.48 | 7.62 | 0.48 | 1.43 |
| | 大学 | 57.68 | 33.23 | 4.39 | 0.31 | 4.39 |
| | 研究生 | 63.33 | 20.00 | 13.33 | 0.00 | 3.33 |
| 职业/身份 | 教师 | 41.18 | 49.41 | 5.88 | 0.00 | 3.53 |
| | 学生 | 75.93 | 15.98 | 7.88 | 0.21 | 0.00 |
| | 公务员 | 24.19 | 58.06 | 9.68 | 1.61 | 6.45 |
| | 新闻出版者 | 60.00 | 40.00 | 0.00 | 0.00 | 0.00 |
| | 技术人员 | 26.32 | 59.65 | 12.28 | 0.00 | 1.75 |
| | 公司职员 | 31.25 | 53.13 | 9.38 | 0.00 | 6.25 |
| | 服务员 | 23.64 | 63.64 | 7.27 | 1.82 | 3.64 |
| | 体力劳动者 | 21.51 | 55.91 | 19.35 | 0.00 | 3.23 |
| | 其他 | 24.53 | 52.83 | 9.43 | 1.89 | 11.32 |

（续表）

| 基本参数 | | 普通话 | 本地话 | 老家话 | 其他 | 多选 |
|---|---|---|---|---|---|---|
| 是否本地人 | 本地人 | 40.61 | 48.80 | 6.74 | 0.64 | 3.21 |
| | 外地人 | 77.23 | 7.26 | 14.52 | 0.00 | 0.99 |

### 4. 和陌生人交谈的常用语言

调查显示，在与陌生人交谈时 81% 的人选择普通话，而选择抚州话的只有 16%，还有部分选择老家话的，这和熟人之间聊天时的语言选择差别很大。熟人之间的聊天很多是寒暄，其目的主要是人际互动，而语言的信息传递目的往往处于次要地位，所以在语言选择时往往会根据彼此的语言背景来选择最能拉近双方心理距离的语言。而陌生人之间的交谈主要目的是信息交流，而且彼此之间的语言背景也不明确，普通话自然成为首要的交际工具。

下表 4-1-15 的调查数据显示，在与陌生人交谈时，性别对语言选择影响不明显，女性用普通话的比例略高于男性。年龄因素有较大影响，年龄越大使用普通话的比例越低，而使用方言的比例则越高。初中以上学历者使用普通话的比例较高，都超过了 80%，高于小学学历者 35 个百分点；而小学学历者使用方言的比例则高出其他群体近 30 个百分点，高学历者使用普通话的比例相对较高，而低学历者使用方言的比例相对较高。从职业身份来看，使用普通话比例最高的是学生，其次是新闻出版者、技术人员、教师和公司职员；使用方言比例最低的群体是学生，只有 8%，其他群体差别不太大，比例都在百分之二三十之间。外地人使用普通话的比例达到 91%，高出本地人 16 个百分点；本地人使用方言的比例有 22%，高出外地人 13 个百分点。

表 4-1-15　　　　　　　　和陌生人交谈的语言选择　　　　　　　　（%）

| 基本参数 | | 普通话 | 本地话 | 老家话 | 其他 | 多选 |
|---|---|---|---|---|---|---|
| 性别 | 男 | 79.51 | 15.98 | 2.25 | 0.41 | 1.84 |
| | 女 | 81.60 | 16.67 | 0.87 | 0.22 | 0.65 |

（续表）

| 基本参数 | | 普通话 | 本地话 | 老家话 | 其他 | 多选 |
|---|---|---|---|---|---|---|
| 年龄 | 10—17 岁 | 91.05 | 6.79 | 2.61 | 0.00 | 0.00 |
| | 18—40 岁 | 82.47 | 14.69 | 0.77 | 0.26 | 1.80 |
| | 41—60 岁 | 65.15 | 29.80 | 1.01 | 1.01 | 3.03 |
| | 61 岁及以上 | 48.39 | 41.94 | 9.68 | 0.00 | 0.00 |
| 学历 | 小学及以下 | 45.45 | 45.45 | 9.09 | 0.00 | 0.00 |
| | 初中 | 82.37 | 15.32 | 1.73 | 0.29 | 0.29 |
| | 高中 | 80.95 | 15.71 | 2.38 | 0.00 | 0.95 |
| | 大学 | 82.13 | 14.42 | 0.31 | 0.63 | 2.51 |
| | 研究生 | 80.00 | 16.67 | 0.00 | 0.00 | 3.33 |
| 职业/身份 | 教师 | 74.12 | 23.53 | 0.00 | 0.00 | 2.35 |
| | 学生 | 91.91 | 6.02 | 1.87 | 0.21 | 0.00 |
| | 公务员 | 62.90 | 30.65 | 0.00 | 1.61 | 4.84 |
| | 新闻出版 | 80.00 | 20.00 | 0.00 | 0.00 | 0.00 |
| | 技术人员 | 75.44 | 22.81 | 0.00 | 0.00 | 1.75 |
| | 公司职员 | 73.44 | 23.44 | 1.56 | 0.00 | 1.56 |
| | 服务人员 | 63.64 | 34.55 | 1.82 | 0.00 | 0.00 |
| | 体力劳动 | 69.89 | 26.88 | 3.23 | 0.00 | 0.00 |
| | 其他 | 56.60 | 28.30 | 3.77 | 0.00 | 11.32 |
| 是否本地人 | 本地人 | 75.28 | 21.03 | 1.28 | 0.32 | 2.09 |
| | 外地人 | 90.76 | 6.60 | 2.31 | 0.33 | 0.00 |

5. 在农贸市场的常用语言

调查（图 4-1-5）显示，在农贸市场或路边小摊买东西时，只有 51% 的被调查者会使用普通话，比例并不很高。而听到卖家使用普通话的比例更低，只有 22%，使用方言的比例远远超过了普通话，达 72%。很明显，在农贸市场这种低端的消费场所，方言有较大的使用空间。

下表 4-1-16 的数据显示，在农贸市场等低端场所，不同群体在语言选择上也有一定的差别。女性有 55% 使用普通话，比男性高出 7 个百分点，而男性使用方言比女性高出 7 个百分点。使用普通话的比例与年龄成负关性，而使用方言的比例与年龄具有正相关性，即年龄

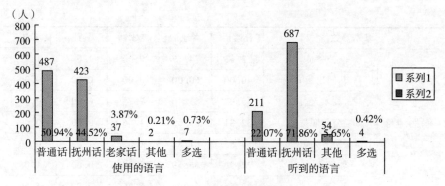

**图 4-1-5　在农贸市场的语言**

越大使用普通话的比例越低，使用方言的比例则越高。学历与普通话的使用基本具有正相关性，与方言的使用具有负相关性，即学历越高使用普通话的比例越高，使用方言的比例越低。从职业身份来看，使用普通话比例最高的是学生，达到 72%，使用方言比例最高的是公务员，达到 74%。本地人和外地人在语言选择上有明显差异，外地人使用普通话的比例高出本地人近 30 个百分点，外地人随着在抚州居住年限的增长，说普通话的比例越来越低，说抚州本地话的比例则越来越高。

**表 4-1-16　　　　　　　农贸市场的语言选择　　　　　　　　（%）**

| 基本参数 | | 普通话 | 本地话 | 老家话 | 其他 | 多选 |
|---|---|---|---|---|---|---|
| 性别 | 男 | 47.54 | 47.34 | 4.30 | 0.20 | 0.61 |
| | 女 | 54.98 | 40.69 | 3.46 | 0.22 | 0.65 |
| 年龄 | 10—17 岁 | 66.67 | 28.70 | 4.63 | 0.00 | 0.00 |
| | 18—40 岁 | 54.64 | 41.75 | 2.84 | 0.00 | 0.77 |
| | 41—60 岁 | 24.75 | 69.19 | 3.03 | 1.01 | 2.02 |
| | 61 岁及以上 | 6.45 | 77.42 | 16.13 | 0.00 | 0.00 |
| 学历 | 小学及以下 | 27.27 | 63.64 | 9.09 | 0.00 | 0.00 |
| | 初中 | 52.89 | 40.46 | 5.78 | 0.29 | 0.58 |
| | 高中 | 49.05 | 48.10 | 2.86 | 0.00 | 0.00 |
| | 大学 | 54.55 | 41.38 | 2.51 | 0.31 | 1.25 |
| | 研究生 | 50.00 | 46.67 | 0.00 | 0.00 | 3.33 |
| 职业/身份 | 教师 | 31.76 | 63.53 | 2.35 | 0.00 | 2.35 |
| | 学生 | 71.78 | 23.24 | 4.98 | 0.00 | 0.00 |

（续表）

| 基本参数 | | 普通话 | 本地话 | 老家话 | 其他 | 多选 |
|---|---|---|---|---|---|---|
| 职业/身份 | 公务员 | 22.58 | 74.19 | 0.00 | 1.61 | 1.61 |
| | 新闻出版者 | 40.00 | 60.00 | 0.00 | 0.00 | 0.00 |
| | 技术人员 | 35.09 | 63.16 | 1.75 | 0.00 | 0.00 |
| | 公司职员 | 32.81 | 65.63 | 1.56 | 0.00 | 0.00 |
| | 服务人员 | 34.55 | 61.82 | 1.82 | 1.82 | 0.00 |
| | 体力劳动者 | 27.96 | 65.59 | 5.38 | 0.00 | 1.08 |
| | 其他 | 22.64 | 66.04 | 5.66 | 0.00 | 5.66 |
| 是否本地人 | 本地人 | 37.24 | 58.91 | 2.41 | 0.32 | 1.12 |
| | 在抚州少于 5 年 | 83.94 | 7.63 | 8.43 | 0.00 | 0.00 |
| | 在抚州 5—10 年 | 72.00 | 28.00 | 0.00 | 0.00 | 0.00 |
| | 在抚州超过 10 年 | 31.82 | 68.18 | 0.00 | 0.00 | 0.00 |

## 6. 在大型商业场所的常用语言

图 4-1-6 显示，被调查者在银行、超市、商场等大型商业场所办事、购物时最常用的语言是普通话，比例达到 84%，被调查者听到服务人员说普通话的比例也达到 84%。大型商业场所是属于高端的消费场所，在这种特定语境之下民众更倾向于使用普通话。

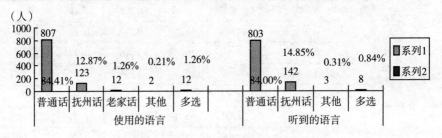

**图 4-1-6　在大型商场的语言**

下表 4-1-17 的数据显示，在大型商业场所使用的语言，尽管主要是普通话，但不同群体还是有一定差别。女性比男性更喜欢使用普通话，大约高出 3 个百分点。年龄越大使用普通话的比例越低，使用方言的比例则越高，61 岁及以上的老人使用本地话的比例超过了 38%。学历越高，使用普通话的比例也越高，但研究生学历者例外，其使用普通话和方言的比例都介于小学学历者和初中学历者之间。从职业来看,使用普通话比例最高的是学生,约占 96.7%,相对较低的是服务人员和体力劳动者,这两个群体使用方言比例最高。外地人使用普通话的比例高出本地人 13 个百分点,本地人使用抚州方言的比例则高出外地人 11 个百分点。

表 4-1-17　　　　　在大型商业场所的语言选择　　　　　　　(%)

| 基本参数 | | 普通话 | 本地话 | 老家话 | 其他 | 多选 |
|---|---|---|---|---|---|---|
| 性别 | 男 | 83.20 | 14.14 | 1.02 | 0.20 | 1.43 |
| | 女 | 86.36 | 11.26 | 1.30 | 0.22 | 0.87 |
| 年龄 | 10—17 岁 | 96.30 | 2.16 | 1.23 | 0.31 | 0.00 |
| | 18—40 岁 | 85.31 | 13.14 | 0.77 | 0.00 | 0.77 |
| | 41—60 岁 | 69.19 | 24.75 | 1.52 | 0.51 | 4.04 |
| | 61 岁及以上 | 51.61 | 38.71 | 6.45 | 0.00 | 3.23 |
| 学历 | 小学及以下 | 54.55 | 33.33 | 12.12 | 0.00 | 0.00 |
| | 初中 | 84.68 | 12.43 | 1.45 | 0.58 | 0.87 |
| | 高中 | 86.19 | 11.43 | 0.95 | 0.00 | 1.43 |
| | 大学 | 87.15 | 10.97 | 0.31 | 0.00 | 1.57 |
| | 研究生 | 73.33 | 23.33 | 0.00 | 0.00 | 3.33 |
| 职业/身份 | 教师 | 77.65 | 20.00 | 1.18 | 0.00 | 1.18 |
| | 学生 | 96.68 | 2.07 | 1.04 | 0.21 | 0.00 |
| | 公务员 | 75.81 | 20.97 | 0.00 | 0.00 | 3.23 |
| | 新闻出版者 | 80.00 | 20.00 | 0.00 | 0.00 | 0.00 |
| | 技术人员 | 73.68 | 21.05 | 1.75 | 0.00 | 3.51 |
| | 公司职员 | 78.13 | 20.31 | 1.56 | 0.00 | 0.00 |
| | 服务人员 | 61.82 | 32.73 | 3.64 | 1.82 | 0.00 |
| | 体力劳动者 | 68.82 | 26.88 | 3.23 | 0.00 | 2.15 |
| | 其他 | 64.15 | 26.42 | 0.00 | 0.00 | 9.43 |
| 是否本地人 | 本地人 | 80.10 | 16.69 | 1.28 | 0.16 | 1.77 |
| | 外地人 | 93.07 | 5.28 | 0.99 | 0.33 | 0.33 |

7. 在餐馆和服务员交流时的常用语言

图 4-1-7 数据显示,在餐馆就餐时约有 78% 的人会选择使用普通话,

约 19% 的人会使用抚州本地话，在餐馆听到服务人员约有 70% 是使用普通话，约 27% 使用抚州话。这个比例介于大型商业场所和农贸市场之间，餐馆使用普通话比农贸市场的比例要高，比大型商业场所要低。

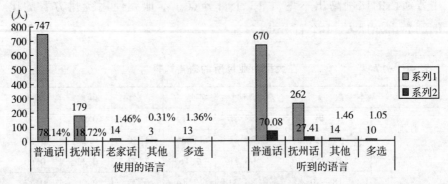

图 4-1-7　在餐馆的语言

　　下表 4-1-18 的数据显示，不同人群在餐馆和服务员交流时使用的语言有一定差别。女性说普通话的比例略高于男性。年龄越大使用普通话的比例越低，使用方言的比例越高。初中以上学历者比小学学历者使用普通话的比例要高出 20 多个百分点。从职业来看，使用普通话比例最高的是学生，达到 94.4%，比例最低的是公务员和服务人员，只有 50% 左右。本地人使用普通话的比例约为 73%，比外地人低 16 个百分点，外地人随着在抚州生活时间的延长其语言选择也会发生一定的变化，在抚州生活少于 10 年的外地人使用普通话比例还很高，达到 88% 以上，生活超过 10 年后，使用普通话比例明显下降，只有约 41%，而使用抚州话的比例则大幅提升。

表 4-1-18　　　　　　在餐馆和服务员交流时的语言选择　　　　　　（%）

| 基本参数 | | 普通话 | 本地话 | 老家话 | 其他 | 多选 |
|---|---|---|---|---|---|---|
| 性别 | 男 | 76.43 | 20.29 | 1.84 | 0.20 | 1.23 |
| | 女 | 80.30 | 17.10 | 1.08 | 0.22 | 1.30 |
| 年龄 | 10—17 岁 | 94.44 | 3.40 | 1.85 | 0.31 | 0.00 |
| | 18—40 岁 | 79.38 | 18.81 | 0.77 | 0.00 | 1.03 |
| | 41—60 岁 | 55.56 | 37.88 | 1.01 | 1.01 | 4.55 |
| | 61 岁及以上 | 45.16 | 45.16 | 9.68 | 0.00 | 0.00 |

（续表）

| 基本参数 | | 普通话 | 本地话 | 老家话 | 其他 | 多选 |
|---|---|---|---|---|---|---|
| 学历 | 小学及以下 | 54.55 | 33.33 | 12.12 | 0.00 | 0.00 |
| | 初中 | 81.50 | 15.03 | 2.02 | 0.58 | 0.87 |
| | 高中 | 80.48 | 17.14 | 0.95 | 0.00 | 1.43 |
| | 大学 | 77.12 | 20.38 | 0.31 | 0.31 | 1.88 |
| | 研究生 | 80.00 | 16.67 | 0.00 | 0.00 | 3.33 |
| 职业/身份 | 教师 | 69.41 | 24.71 | 1.18 | 0.00 | 4.71 |
| | 学生 | 94.40 | 3.94 | 1.45 | 0.21 | 0.00 |
| | 公务员 | 50.00 | 45.16 | 0.00 | 1.61 | 3.23 |
| | 新闻出版者 | 60.00 | 40.00 | 0.00 | 0.00 | 0.00 |
| | 技术人员 | 68.42 | 28.07 | 1.75 | 0.00 | 1.75 |
| | 公司职员 | 71.88 | 28.13 | 0.00 | 0.00 | 0.00 |
| | 服务人员 | 52.73 | 43.64 | 1.82 | 1.82 | 0.00 |
| | 体力劳动者 | 62.37 | 32.26 | 3.23 | 0.00 | 2.15 |
| | 其他 | 50.94 | 39.62 | 1.89 | 0.00 | 7.55 |
| 是否本地人 | 本地人 | 72.55 | 23.92 | 1.12 | 0.32 | 2.09 |
| | 外地人 在抚州少于5年 | 93.57 | 4.02 | 2.41 | 0.00 | 0.00 |
| | 在抚州5—10年 | 88.00 | 8.00 | 4.00 | 0.00 | 0.00 |
| | 在抚州超过10年 | 40.91 | 59.09 | 0.00 | 0.00 | 0.00 |

　　综上所述，在不同场合民众的语言选择有较明显的差别。在工作中、在银行超市商场等相对高端的商业场所交际，在和陌生人交谈，在餐馆和服务人员交流时，最常用的是普通话，而在家中，在和朋友聊天时，在农贸市场等低端商业场所交际时，使用普通话的比例明显下降，使用方言的比例则上升。这说明在比较正式或陌生的场合，更倾向于使用普通话，在比较随意或熟悉的场合很容易用方言交际。就各个参数而言，相对来说，女性比男性更倾向于使用普通话，年龄越小越倾向于使用普通话，学历越高越倾向于使用普通话，教师、学生、公务员、新闻出版者等职业更倾向于使用普通话。外地人更倾向于使用普通话，特别是在抚州生活时间不长的外地人更倾向于使用普通话，随着在抚州生活时间的延长，在各种场合使用方言的比例有所提高。

（四）对语言文字的态度

我们主要调查了抚州民众对普通话、方言以及繁体字的主观态度。

1. 对普通话的态度

对待普通话的态度我们主要调查了两个问题，"是否喜欢普通话"和"希望普通话达到什么程度"。图4-1-8显示，明确表示喜欢普通话的人占绝大多数，达到71%，有一部分人持一种无所谓的态度，真正不喜欢普通话的人很少，只有约2%。从普通话使用水平来看，约有67%的人希望能流利准确使用普通话，约有22%的人希望能熟练使用普通话，而对普通话没什么要求的人很少，不到4%。

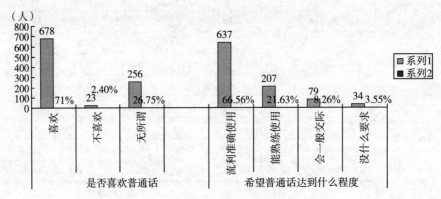

**图 4-1-8　对普通话的态度**

第一，对普通话喜欢程度的人群差异。

下表4-1-19的调查数据显示，不同人群对普通话的喜欢程度有一定差别。女性相比于男性更喜欢普通话，高出了9个百分点。越是年轻，喜欢普通话的比例越高。学历越高喜欢普通话的比例也越高。从职业看，喜欢普通话比例较高的群体是教师、公务员和新闻出版者。外地人和本地人在喜欢普通话方面没有明显差别。

**表 4-1-19　　　　　　　是否喜欢普通话　　　　　　　（%）**

| 基本参数 | | 喜欢 | 无所谓 | 不喜欢 |
|---|---|---|---|---|
| 性别 | 男 | 66.60 | 30.33 | 3.07 |
| | 女 | 75.54 | 22.73 | 1.73 |

（续表）

| 基本参数 | | 喜欢 | 无所谓 | 不喜欢 |
|---|---|---|---|---|
| 年龄 | 10—17 岁 | 73.77 | 23.77 | 2.47 |
| | 18—40 岁 | 75.00 | 23.97 | 1.03 |
| | 41—60 岁 | 61.62 | 34.85 | 3.54 |
| | 61 岁及以上 | 45.16 | 45.16 | 9.68 |
| 学历 | 小学及以下 | 42.42 | 51.52 | 6.06 |
| | 初中 | 66.47 | 29.48 | 4.05 |
| | 高中 | 70.00 | 29.05 | 0.95 |
| | 大学 | 79.00 | 19.75 | 1.25 |
| | 研究生 | 90.00 | 10.00 | 0.00 |
| 职业/身份 | 教师 | 83.53 | 14.12 | 2.35 |
| | 学生 | 73.86 | 23.86 | 2.28 |
| | 公务员 | 80.65 | 17.74 | 1.61 |
| | 新闻出版者 | 80.00 | 20.00 | 0.00 |
| | 技术人员 | 64.91 | 33.33 | 1.75 |
| | 公司职员 | 65.63 | 34.38 | 0.00 |
| | 服务人员 | 72.73 | 27.27 | 0.00 |
| | 体力劳动者 | 43.01 | 49.46 | 7.53 |
| | 其他 | 71.70 | 26.42 | 1.89 |
| 是否本地人 | 本地人 | 70.63 | 27.29 | 2.09 |
| | 外地人 | 70.96 | 24.75 | 3.30 |

第二，普通话水平期望值的人群差异。

下表 4-1-20 的调查数据显示①，不同人群对其普通话水平的期望值有差异。女性比男性更希望流利准确地使用普通话，其比例高出了约 9 个百分点，而男性希望"熟练使用"和"一般交际"的比例则高出女性约 9 个百分点。从年龄来看，年龄越小，希望自己的普通话达到"流利准确"程度的比例越高，而随着年岁的增加，则希望普通话达到"熟练使用"和"一般交际"的比例越来越高。从学历来看，学历越高，希望自己的普通话程度达到"流利准确"的比例越高。从

① 有一份问卷做成了多选，我们根据实际选项进行分项统计。

职业来说，教师、新闻工作者和学生希望自己的普通话达到"准确流利"程度的比例最高，分别占80%、80%、76%。外地人希望普通话达到"准确流利"的比例略高于本地人，但是外地人随着在抚州生活时间的延长，对普通话"准确流利"的期望值在降低，在抚州生活10年以内的外地人，希望普通话"流利准确"者超过了70%，但在抚州生活超过10年的外地人希望普通话"流利准确"者只占约41%，而对能"熟练使用"的期望值则远高于生活不到10年的人。

表4-1-20　　　　　　　　希望普通话达到程度　　　　　　　　　　（％）

| 基本参数 | | 流利准确 | 熟练使用 | 一般交际 | 无要求 |
|---|---|---|---|---|---|
| 性别 | 男 | 62.09 | 25.61 | 8.81 | 3.48 |
| | 女 | 71.43 | 17.53 | 7.58 | 3.46 |
| 年龄 | 10—17岁 | 77.16 | 18.52 | 3.09 | 1.23 |
| | 18—40岁 | 70.10 | 19.59 | 6.96 | 3.61 |
| | 41—60岁 | 49.49 | 29.29 | 17.17 | 4.04 |
| | 61岁及以上 | 19.35 | 32.26 | 22.58 | 25.81 |
| 学历 | 小学及以下 | 24.24 | 24.24 | 33.33 | 18.18 |
| | 初中 | 65.32 | 19.94 | 10.98 | 3.76 |
| | 高中 | 69.05 | 24.29 | 4.76 | 2.38 |
| | 大学 | 72.10 | 21.32 | 4.39 | 2.19 |
| | 研究生 | 76.67 | 10.00 | 6.67 | 6.67 |
| 职业/身份 | 教师 | 80.00 | 14.12 | 3.53 | 2.35 |
| | 学生 | 75.73 | 18.88 | 3.73 | 1.66 |
| | 公务员 | 66.13 | 24.19 | 3.23 | 6.45 |
| | 新闻出版者 | 80.00 | 0.00 | 20.00 | 0.00 |
| | 技术人员 | 56.14 | 29.82 | 5.26 | 8.77 |
| | 公司职员 | 64.06 | 21.88 | 12.50 | 1.56 |
| | 服务人员 | 54.55 | 27.27 | 14.55 | 3.64 |
| | 体力劳动者 | 32.26 | 32.26 | 26.88 | 8.60 |
| | 其他 | 49.06 | 24.53 | 20.75 | 7.55 |
| 是否本地人 | 本地人 | 65.97 | 20.71 | 9.31 | 4.17 |
| | 外地人 在抚州少于5年 | 70.68 | 22.09 | 4.82 | 2.41 |
| | 在抚州5—10年 | 72.00 | 16.00 | 8.00 | 4.00 |
| | 在抚州超过10年 | 40.91 | 40.91 | 13.64 | 4.55 |

综合可见，绝大多数人都喜欢普通话，都希望自己的普通话达到一个比较好的水平。从各项参数来看，女性、低龄者、高学历者、教师、公务员、学生及在抚州生活时间不长的城市新移民期望自己普通话达到"流利准确"程度的比例最高。

2. 对方言的态度

我们主要调查民众是否喜欢抚州话。抚州话作为抚州地区的强势方言，对生活在抚州的民众其影响是不容置疑的。调查显示，明确表示喜欢抚州话的人比例并不高，只有39%，但明确表示不喜欢的人也比较少，只有10%，有51%的受访者对方言持一种无所谓的态度，以此看来，民众对于语言的选择更多的是关注其交际功能和现实价值，而不太关注其背后的文化价值和情感价值。

下表4-1-21的调查数据显示，不同人群对抚州话的喜欢程度有较大差别。男性喜欢抚州话的比女性高出了约6个百分点，女性明确表示不喜欢抚州话的比例略高于男性。年龄与对抚州话的喜欢程度具有正相关性，年龄越大，明确表示喜欢抚州话的比例越高。学历与对抚州话的喜欢程度具有负相关性，学历越低，喜欢抚州话的比例越高。从职业来看，新闻出版者喜欢抚州话的比例相对要高。本地人明显比外地人更喜欢抚州话，高出了48个百分点，在抚州生活10年以内的外地人喜欢抚州话的大约占10.9%，而不喜欢抚州话的达到26%，但是在抚州生活超过10年的外地人喜欢抚州话的比例上升到了36%，而不喜欢抚州话的比例则下降到了5%，可见，随着在抚州生活时间的延长，对抚州话的喜欢程度慢慢增加，不喜欢程度则慢慢降低。

表 4-1-21　　　　　　　　　是否喜欢抚州本地话　　　　　　　　（%）

| 基本参数 | | 喜欢 | 一般 | 不喜欢 |
|---|---|---|---|---|
| 性别 | 男 | 41.80 | 49.59 | 8.61 |
| | 女 | 35.50 | 52.38 | 12.12 |
| 年龄 | 10—17 岁 | 35.49 | 56.79 | 7.72 |
| | 18—40 岁 | 35.31 | 47.16 | 17.53 |
| | 41—60 岁 | 47.47 | 50.00 | 2.53 |
| | 61 岁及以上 | 58.06 | 41.94 | 0.00 |

（续表）

| 基本参数 | | 喜欢 | 一般 | 不喜欢 |
|---|---|---|---|---|
| 学历 | 小学及以下 | 63.64 | 33.33 | 3.03 |
| | 初中 | 36.42 | 55.78 | 7.80 |
| | 高中 | 42.38 | 52.86 | 4.76 |
| | 大学 | 36.99 | 46.39 | 16.61 |
| | 研究生 | 26.67 | 50.00 | 23.33 |
| 职业/身份 | 教师 | 44.71 | 48.24 | 7.06 |
| | 学生 | 30.71 | 54.15 | 15.15 |
| | 公务员 | 48.39 | 43.55 | 8.06 |
| | 新闻出版者 | 60.00 | 20.00 | 20.00 |
| | 技术人员 | 45.61 | 50.88 | 3.51 |
| | 公司职员 | 39.06 | 57.81 | 3.13 |
| | 服务人员 | 50.91 | 43.64 | 5.45 |
| | 体力劳动者 | 48.39 | 48.39 | 3.23 |
| | 其他 | 52.83 | 39.62 | 7.55 |
| 是否本地人 | 本地人 | 51.36 | 45.59 | 3.05 |
| | 外地人 在抚州少于5年 | 12.05 | 59.84 | 28.11 |
| | 外地人 在抚州5—10年 | 8.00 | 72.00 | 20.00 |
| | 外地人 在抚州超过10年 | 36.36 | 59.09 | 4.55 |

### 3. 对普通话和方言关系的态度

普通话已经成为全民的主要交际工具，而方言尽管交际空间相对狭窄但其某些作用仍然不可替代。我们从三方面调查了抚州民众对普通话和方言关系的态度：一是现实价值，即哪种话更常用；二是心理价值，即哪种话更亲近；三是发展空间，即对中小学选择何种话作为教学语言的看法。

第一，普通话和方言的现实价值。

我们以"您认为在抚州哪种话更常用"为题展开调查，调查结果显示大多数民众认为抚州话比普通话更常用，认为抚州话最常用的占69%，认为普通话最常用的只占30%，可见，抚州民众更认同抚州话的现实价值，这和上饶、鹰潭两市的调查结果完全相反，上饶、鹰潭两市的民众更认同普通话的现实价值。

下表4-1-22的数据显示①，不同人群对普通话和方言的现实价值认知上有一定差别。从性别来看，女性对普通话更常用的认同比例略高于男性。年龄越大认同普通话更常用的比例越低，而认同抚州话更常用的比例则越高。从学历来说，学历越高认同普通话更常用的比例也越高，而认同抚州话更常用的比例则越低。从职业来看，认为普通话更常用比例最高的群体是新闻出版者，而认同抚州话更常用比例较高的群体是教师、技术人员、公务员、体力劳动者。是否本地人对其普通话与方言的现实价值认知差别很大，外地人有48%认为普通话更常用，比本地人高出了约27个百分点；而本地人则明显比外地人更认同抚州话更常用。

表 4-1-22 在抚州哪种话更常用 （%）

| 基本参数 | | 普通话 | 本地话 | 其他话 |
|---|---|---|---|---|
| 性别 | 男 | 29.92 | 69.47 | 0.61 |
| | 女 | 31.17 | 68.61 | 0.43 |
| 年龄 | 10—17岁 | 33.33 | 66.05 | 0.62 |
| | 18—40岁 | 35.82 | 63.40 | 0.77 |
| | 41—60岁 | 18.69 | 81.82 | 0.00 |
| | 61岁及以上 | 12.90 | 83.87 | 3.23 |
| 学历 | 小学及以下 | 12.12 | 84.85 | 3.03 |
| | 初中 | 32.08 | 67.34 | 0.58 |
| | 高中 | 21.43 | 78.57 | 0.00 |
| | 大学 | 36.68 | 62.70 | 0.94 |
| | 研究生 | 36.67 | 63.33 | 0.00 |
| 职业/身份 | 教师 | 14.12 | 85.88 | 0.00 |
| | 学生 | 39.83 | 59.54 | 0.62 |
| | 公务员 | 20.97 | 80.65 | 0.00 |
| | 新闻出版者 | 60.00 | 40.00 | 0.00 |
| | 技术人员 | 17.54 | 82.46 | 0.00 |

---

① 本题是单选题，但有1份问卷做成了多选，我们都按选项分项统计。

（续表）

| 基本参数 | | 普通话 | 本地话 | 其他话 |
|---|---|---|---|---|
| 职业/身份 | 公司职员 | 28.13 | 68.75 | 3.13 |
| | 服务人员 | 25.45 | 74.55 | 0.00 |
| | 体力劳动者 | 18.28 | 80.65 | 1.08 |
| | 其他 | 22.64 | 77.36 | 0.00 |
| 是否本地人 | 本地人 | 21.67 | 78.17 | 0.32 |
| | 外地人 | 48.18 | 50.83 | 0.99 |

第二，普通话和方言的心理价值。

主要调查普通话、抚州本地话和老家话在民众心中的认同程度，调查哪种话更亲切友好，哪种话更好听。从友善性来看，40%的被调查者表示普通话更亲切友好，而58%的被调查者表示方言（包括抚州话和老家话）更加亲切友好。从可听性来看，76%的受访者表示普通话更好听，占绝对优势，只有23%的人认为方言更好听。具体数据见图4-1-9。

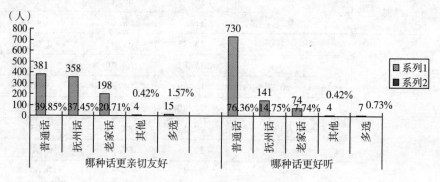

图4-1-9　对语言的心理认同

不同性质的人群对普通话和方言亲切友好的心理认同程度有一定差别。下表4-1-23的数据显示，女性对普通话的认同比例高出男性9个百分点，男性对方言（包括抚州话和老家话）的认同比女性高出8个百分点。年龄越大，对普通话亲切友好的认同比例越低，而对方言亲切友好的认同比例则越高。学历越高，对普通话亲切友好的认同比例越高，而对方言亲切友好的认同则越低。从职业来看，新闻出版者认为普通话更亲切友好的比例最高，占60%，而对方言亲切友好认可最高的是体力劳动者、技术人员、教师和公务员。外地人认同普通话更亲切友好的比例高出本地人 13 个百分点，本地人认同抚州话更亲切友好的比例高出外地人 43 个百分点，外地人认同老家话更亲切友好的比例高出本地人 30 个百分点；外地人随着在抚州生活时间的延长，其对普通话和方言的心理认同有明显的变化，在抚州生活时间少于 10 年的外地人对普通话和老家话的亲切友好认可比例都比较高，超过了 40%，而对抚州话亲切友好认可比例非常低，只有 6%，但在抚州生活超过 10 年的外地人对普通话和老家话亲切友好的认可比例明显下降，都低于 27%，但对抚州话亲切友好认可比例则明显上升，达到 45%，可见，随着在抚州生活时间的延长，对抚州话的亲切友好认可比例会明显提升，而对老家话则因不常用甚至慢慢遗忘而变得疏远，对其亲切友好的认可比例有明显下降。

表 4-1-23　　　　　　　　　　哪种话更亲切友好　　　　　　　　　（%）

| 基本参数 | | 普通话 | 抚州话 | 老家话 | 其他 | 多选 |
|---|---|---|---|---|---|---|
| 性别 | 男 | 35.66 | 40.98 | 21.31 | 0.61 | 1.23 |
| | 女 | 44.37 | 33.55 | 20.13 | 0.22 | 1.73 |
| 年龄 | 10—17 岁 | 48.15 | 29.94 | 21.60 | 0.31 | 0.00 |
| | 18—40 岁 | 41.49 | 31.44 | 23.71 | 0.26 | 3.09 |
| | 41—60 岁 | 27.27 | 56.06 | 13.64 | 1.01 | 1.52 |
| | 61 岁及以上 | 12.90 | 64.52 | 22.58 | 0.00 | 0.00 |
| 学历 | 小学及以下 | 12.12 | 60.61 | 27.27 | 0.00 | 0.00 |
| | 初中 | 45.66 | 34.97 | 18.21 | 0.29 | 0.87 |
| | 高中 | 35.24 | 44.29 | 19.05 | 0.00 | 1.43 |
| | 大学 | 40.13 | 33.23 | 22.88 | 0.94 | 2.82 |
| | 研究生 | 43.33 | 26.67 | 30.00 | 0.00 | 0.00 |
| 职业/身份 | 教师 | 29.41 | 49.41 | 17.65 | 0.00 | 3.53 |
| | 学生 | 48.34 | 24.69 | 26.56 | 0.41 | 0.00 |
| | 公务员 | 22.58 | 53.23 | 14.52 | 3.23 | 6.45 |
| | 新闻出版者 | 60.00 | 40.00 | 0.00 | 0.00 | 0.00 |
| | 技术人员 | 29.82 | 57.89 | 12.28 | 0.00 | 0.00 |
| | 公司职员 | 39.06 | 50.00 | 9.38 | 0.00 | 1.56 |

（续表）

| 基本参数 | | 普通话 | 抚州话 | 老家话 | 其他 | 多选 |
|---|---|---|---|---|---|---|
| 职业/身份 | 服务人员 | 47.27 | 43.64 | 5.45 | 0.00 | 3.64 |
| | 体力劳动者 | 24.73 | 52.69 | 20.43 | 0.00 | 1.08 |
| | 其他 | 28.30 | 45.28 | 18.87 | 0.00 | 7.55 |
| 是否本地人 | 本地人 | 35.15 | 51.52 | 11.40 | 0.32 | 1.61 |
| | 外地人 在抚州少于 5 年 | 51.41 | 6.43 | 41.37 | 0.80 | 0.00 |
| | 在抚州 5—10 年 | 40.00 | 0.00 | 52.00 | 0.00 | 8.00 |
| | 在抚州超过 10 年 | 27.27 | 45.45 | 22.73 | 0.00 | 4.55 |

　　下表 4-1-24 显示，对于哪种话更好听，不同人群的心理认同也有差别。女性对普通话更好听的认同比例高出男性 15 个百分点，男性对方言（包括抚州话和老家话）更好听的认同比例高出女性 14 个百分点。年龄越小，认同普通话更好听的比例越高；而年龄越大，则认同方言更好听的比例越高。学历越高，认同普通话更好听的比例也越高，而认同方言更好听的比例则越低。从职业来看，认为普通话更好听比例最高的是新闻出版者，比例最低的是体力劳动者，体力劳动者对方言更好听的认同比例最高。无论是本地人还是外地人，对普通话更好听的认可比例都很高，达到 75% 以上，二者之间也没有明显差别；本地人认为抚州话更好听的比例也比较低，只有 21%，但高出外地人 16 个百分点，外地人认为老家话更好听的比例也只占 18%，高出本地人 15 个百分点；就外地人而言，随着在抚州生活时间的延长，认同抚州话更好听的比例在增加，而认同普通话和老家话更好听的比例则有所下降。

表 4-1-24　　　　　　　　　哪种话更好听　　　　　　　　　（%）

| 基本参数 | | 普通话 | 抚州话 | 老家话 | 其他 | 多选 |
|---|---|---|---|---|---|---|
| 性别 | 男 | 69.26 | 19.88 | 9.22 | 0.82 | 0.82 |
| | 女 | 83.77 | 9.31 | 6.28 | 0.00 | 0.65 |
| 年龄 | 10—17 岁 | 83.02 | 10.19 | 6.17 | 0.62 | 0.00 |
| | 18—40 岁 | 77.58 | 11.08 | 10.05 | 0.52 | 0.77 |
| | 41—60 岁 | 67.68 | 24.24 | 6.06 | 0.00 | 2.02 |
| | 61 岁及以上 | 45.16 | 45.16 | 9.68 | 0.00 | 0.00 |

（续表）

| 基本参数 | | 普通话 | 抚州话 | 老家话 | 其他 | 多选 |
|---|---|---|---|---|---|---|
| 学历 | 小学及以下 | 54.55 | 27.27 | 18.18 | 0.00 | 0.00 |
| | 初中 | 77.46 | 15.03 | 6.07 | 0.87 | 0.58 |
| | 高中 | 77.62 | 15.24 | 7.14 | 0.00 | 0.00 |
| | 大学 | 75.86 | 13.17 | 9.09 | 0.31 | 1.57 |
| | 研究生 | 83.33 | 6.67 | 10.00 | 0.00 | 0.00 |
| 职业/身份 | 教师 | 71.76 | 20.00 | 7.06 | 0.00 | 1.18 |
| | 学生 | 81.74 | 8.92 | 8.71 | 0.62 | 0.00 |
| | 公务员 | 69.35 | 17.74 | 8.06 | 0.00 | 4.84 |
| | 新闻出版者 | 100 | 0.00 | 0.00 | 0.00 | 0.00 |
| | 技术人员 | 71.93 | 22.81 | 1.75 | 1.75 | 1.75 |
| | 公司职员 | 75.00 | 18.75 | 6.25 | 0.00 | 0.00 |
| | 服务人员 | 76.36 | 18.18 | 3.64 | 0.00 | 1.82 |
| | 体力劳动者 | 55.91 | 30.11 | 12.90 | 0.00 | 1.08 |
| | 其他 | 83.02 | 13.21 | 3.77 | 0.00 | 0.00 |
| 是否本地人 | 本地人 | 75.76 | 20.55 | 2.73 | 0.32 | 0.64 |
| | 外地人　在抚州少于5年 | 79.12 | 2.41 | 17.27 | 0.80 | 0.40 |
| | 外地人　在抚州5—10年 | 72.00 | 0.00 | 24.00 | 0.00 | 4.00 |
| | 外地人　在抚州超过10年 | 63.64 | 18.18 | 18.18 | 0.00 | 0.00 |

第三，方言的发展空间。

从目前的现实情况来看，方言的使用空间有一定局限性，有人提出是不是可以把方言作为中小学的教学语言，我们就此设计了两个问题展开调查。结论如图4-1-10所示，无论小学还是中学，普通话作为教学语言为绝大多数人所支持，但有16%的人认为小学可以普通话和抚州话并用，10%的人认为中学可以普通话和抚州话并用，支持完全用抚州话教学的人为数极少。

下表4-1-25的调查数据显示，对于本地小学教学语言的选择，不同人群的看法有一定差别。女性选择普通话的比例高出男性7个百分点，男性选择抚州话或普通话抚州话并用的比例高出女性5个百分点。从年龄来看，选择普通话比例最高的是18—60岁的青年人和中

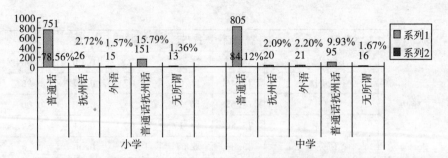

**图 4-1-10　对本地中小学教学语言的看法**

年人，比例最低的是 61 岁及以上的老年人。从学历来说，学历越高
选择普通话的比例也越高，而选择抚州话比例最高的是小学学历者。
从职业来看，新闻出版者支持普通话作为小学教学语言的比例最高，
达 100%，比例较低的是体力劳动者和学生。外地人支持普通话教学
的比例略高于本地人。

表 4-1-25　　　　　对本地小学教学语言选择的看法　　　　　　　（%）

| 基本参数 | | 普通话 | 抚州话 | 外语 | 普通话抚州话 | 无所谓 |
|---|---|---|---|---|---|---|
| 性别 | 男 | 75.20 | 3.89 | 1.84 | 17.21 | 1.84 |
| | 女 | 82.03 | 1.52 | 1.30 | 14.29 | 0.87 |
| 年龄 | 10—17 岁 | 74.38 | 2.47 | 1.85 | 20.06 | 1.23 |
| | 18—40 岁 | 82.22 | 1.55 | 1.29 | 13.66 | 1.29 |
| | 41—60 岁 | 80.81 | 4.55 | 1.52 | 12.12 | 1.01 |
| | 61 岁及以上 | 61.29 | 6.45 | 3.23 | 22.58 | 6.45 |
| 学历 | 小学及以下 | 54.55 | 12.12 | 6.06 | 24.24 | 3.03 |
| | 初中 | 77.17 | 3.76 | 2.02 | 15.90 | 1.16 |
| | 高中 | 79.52 | 1.90 | 1.43 | 16.19 | 0.95 |
| | 大学 | 81.82 | 0.94 | 0.94 | 14.42 | 1.88 |
| | 研究生 | 93.33 | 0.00 | 0.00 | 6.67 | 0.00 |
| 职业/身份 | 教师 | 83.53 | 0.00 | 0.00 | 14.12 | 2.35 |
| | 学生 | 75.52 | 2.28 | 1.87 | 18.46 | 1.87 |
| | 公务员 | 90.32 | 0.00 | 0.00 | 9.68 | 0.00 |
| | 新闻出版者 | 100.00 | 0.00 | 0.00 | 0.00 | 0.00 |
| | 技术人员 | 87.72 | 0.00 | 0.00 | 12.28 | 0.00 |

（续表）

| 基本参数 | | 普通话 | 抚州话 | 外语 | 普通话抚州话 | 无所谓 |
|---|---|---|---|---|---|---|
| 职业/身份 | 公司职员 | 82.81 | 3.13 | 1.56 | 12.50 | 0.00 |
| | 服务人员 | 80.00 | 5.45 | 3.64 | 10.91 | 0.00 |
| | 体力劳动者 | 73.12 | 7.53 | 0.00 | 17.20 | 2.15 |
| | 其他 | 75.47 | 5.66 | 5.66 | 13.21 | 0.00 |
| 是否本地人 | 本地人 | 77.05 | 2.73 | 1.28 | 17.98 | 0.96 |
| | 外地人 | 80.20 | 2.64 | 2.31 | 12.54 | 2.31 |

下表4-1-26的调查数据显示[1]，对于本地中学教学语言的选择，与小学的基本情况差不多。女性选择普通话的比例略高于男性，男性选择抚州话或普通话抚州话并用的比例略高于女性。60岁以下的人选择普通话比例高于61岁及以上的人，而后者选择抚州话或普通话抚州话并用的比例则略高于前者。学历与普通话的选择比例具有正相关性，学历越高认同本地中学用普通话教学的比例也越高，学历越低选择方言教学的比例越高。从职业来看，新闻出版者、公务员支持普通话作为本地中学教学语言的比例最高，支持抚州话教学比例最高的是体力劳动者。外地人支持普通话教学的比例略高于本地人。

表4-1-26　　　　　　　对本地中学教学语言选择的看法　　　　　　（%）

| 基本参数 | | 普通话 | 抚州话 | 外语 | 普通话抚州话 | 无所谓 |
|---|---|---|---|---|---|---|
| 性别 | 男 | 82.99 | 2.66 | 1.64 | 11.27 | 1.43 |
| | 女 | 85.28 | 1.52 | 2.81 | 8.66 | 1.95 |
| 年龄 | 10—17岁 | 82.41 | 1.85 | 1.54 | 11.73 | 2.47 |
| | 18—40岁 | 87.63 | 1.03 | 2.06 | 7.99 | 1.55 |
| | 41—60岁 | 82.32 | 3.54 | 3.54 | 10.10 | 0.51 |
| | 61岁及以上 | 67.74 | 6.45 | 3.23 | 19.35 | 3.23 |
| 学历 | 小学及以下 | 66.67 | 6.06 | 6.06 | 18.18 | 3.03 |
| | 初中 | 80.64 | 3.47 | 2.60 | 10.98 | 2.60 |

---

[1] 本题是单选题，但有1人做成了多选题，我们统计是按实际选项进行统计。

（续表）

| 基本参数 | | 普通话 | 抚州话 | 外语 | 普通话抚州话 | 无所谓 |
|---|---|---|---|---|---|---|
| 学历 | 高中 | 87.62 | 1.43 | 1.90 | 8.10 | 0.95 |
| | 大学 | 87.15 | 0.63 | 1.57 | 9.40 | 1.25 |
| | 研究生 | 96.67 | 0.00 | 0.00 | 3.33 | 0.00 |
| 职业/身份 | 教师 | 85.88 | 2.35 | 0.00 | 11.76 | 0.00 |
| | 学生 | 83.61 | 1.66 | 1.87 | 10.58 | 2.28 |
| | 公务员 | 93.55 | 0.00 | 0.00 | 6.45 | 0.00 |
| | 新闻出版者 | 100.00 | 0.00 | 0.00 | 0.00 | 0.00 |
| | 技术人员 | 84.21 | 0.00 | 5.26 | 8.77 | 1.75 |
| | 公司职员 | 85.94 | 3.13 | 1.56 | 10.91 | 0.00 |
| | 服务人员 | 87.27 | 3.64 | 3.64 | 7.27 | 0.00 |
| | 体力劳动者 | 76.34 | 6.45 | 2.15 | 12.90 | 2.15 |
| | 其他 | 83.02 | 0.00 | 7.55 | 5.66 | 3.77 |
| 是否本地人 | 本地人 | 83.95 | 1.44 | 2.09 | 11.08 | 1.61 |
| | 外地人 | 85.48 | 3.30 | 1.65 | 7.92 | 1.65 |

综合看来，普通话作为教学语言毫无疑问为绝大多数民众所支持。支持用抚州话教学的人数很少，而且主要是低学历者和年龄比较大的人群。

### 4. 对繁体字的态度

繁体字尽管退出了日常交际体系，但并没有完全退出当代语言生活，且不论书法艺术和文物古迹，即使是现代名胜乃至街头巷尾，繁体字并不鲜见。那么民众对繁体字的态度如何呢？我们调查了四个问题：是否喜欢繁体字，是否愿意学习繁体字，中小学是否有必要开设繁体字教学课程，是否赞成户外广告使用繁体字。调查总情况如图4-1-11所示。

依调查数据可知，喜欢繁体字的人不是很多，但也不少，约占35%，不喜欢的人约占27%。愿意学习繁体字的人比例相对较高，达到45%，不愿意学的只有约20%。认为有必要在学校开展繁体字教学的约占34%，认为没必要的约占26%。赞成户外广告使用繁体字的人

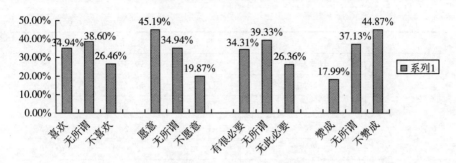

**图 4-1-11　对繁体字的态度**

比例不高，只约占 18%，反对者约占 45%。总之，对于繁体字持任何一种态度的人都没有占绝对优势，处于一种相对均衡状态。不同人群在这四个问题上的态度还有所差别。

第一，是否喜欢繁体字的人群差异。

下表 4-1-27 的调查数据显示，不同人群对繁体字的喜欢程度有一定差别。在喜欢繁体字上男性比例略高于女性，在不喜欢繁体字上也是男性略高于女性，持无所谓态度的则女性略高于男性。令人意想不到的是，对繁体字的喜欢程度与年龄的增加基本上成负相关性，年龄越大越不喜欢繁体字，18—40 岁的中青年喜欢繁体字的比例最高。从学历来看，高中和大学学历者喜欢繁体字的比例最高，小学学历者喜欢繁体字的比例最低。从职业来说，喜欢繁体字比例最高的是学生和教师，不喜欢繁体字比例最高的是体力劳动者和公司职员。外地人喜欢繁体字的比本地人高出约 5 个百分点。

**表 4-1-27**　　　　　　　　　　　　**是否喜欢繁体字**　　　　　　　　　　（%）

| 基本参数 | | 喜欢 | 无所谓 | 不喜欢 |
|---|---|---|---|---|
| 性别 | 男 | 36.07 | 36.07 | 27.87 |
| | 女 | 33.55 | 41.34 | 25.11 |
| 年龄 | 10—17 岁 | 37.35 | 38.89 | 23.77 |
| | 18—40 岁 | 41.49 | 33.76 | 24.74 |
| | 41—60 岁 | 20.20 | 49.49 | 30.30 |
| | 61 岁及以上 | 22.58 | 29.03 | 48.39 |

（续表）

| 基本参数 | | 喜欢 | 无所谓 | 不喜欢 |
|---|---|---|---|---|
| 学历 | 小学及以下 | 24.24 | 39.39 | 36.36 |
| | 初中 | 27.17 | 41.62 | 31.21 |
| | 高中 | 40.95 | 33.81 | 25.24 |
| | 大学 | 41.69 | 38.56 | 19.75 |
| | 研究生 | 30.00 | 40.00 | 30.00 |
| 职业/身份 | 教师 | 37.65 | 38.82 | 23.53 |
| | 学生 | 41.49 | 36.10 | 22.41 |
| | 公务员 | 30.65 | 40.32 | 29.03 |
| | 新闻出版者 | 20.00 | 60.00 | 20.00 |
| | 技术人员 | 24.56 | 45.61 | 29.82 |
| | 公司职员 | 23.44 | 42.19 | 34.38 |
| | 服务人员 | 27.27 | 47.27 | 25.45 |
| | 体力劳动者 | 26.88 | 36.56 | 36.56 |
| | 其他 | 24.53 | 39.62 | 35.85 |
| 是否本地人 | 本地人 | 33.07 | 39.81 | 27.13 |
| | 外地人 | 38.28 | 36.63 | 25.08 |

第二，是否愿意学习繁体字的人群差异。

表4-1-28 的数据显示，性别因素对学习繁体字的意愿影响不明显，年龄与学习繁体字的意愿具有负相关性，越是年轻，学习繁体字的意愿越强，青少年愿意学习繁体字的比例达到 50%。繁体字学习的意愿与学历具有正相关性，学历越高，学习繁体字的意愿就越强。从职业来看，学生学习繁体字意愿最强，比例达到了 51.2%，其次是公务员和教师。外地人比本地人学习繁体字的意愿相对要强一点，高出大约 8 个百分点。

表4-1-28　　　　　　　　是否愿意学习繁体字　　　　　　　　（%）

| 基本参数 | | 愿意 | 无所谓 | 不愿意 |
|---|---|---|---|---|
| 性别 | 男 | 45.90 | 33.61 | 20.49 |
| | 女 | 44.59 | 36.36 | 19.05 |

（续表）

| 基本参数 | | 愿意 | 无所谓 | 不愿意 |
|---|---|---|---|---|
| 年龄 | 10—17 岁 | 50.31 | 34.88 | 14.81 |
| | 18—40 岁 | 47.42 | 32.99 | 19.59 |
| | 41—60 岁 | 35.35 | 38.89 | 25.76 |
| | 61 岁及以上 | 25.81 | 35.48 | 38.71 |
| 学历 | 小学及以下 | 24.24 | 45.45 | 30.30 |
| | 初中 | 38.73 | 38.44 | 22.83 |
| | 高中 | 52.38 | 30.00 | 17.62 |
| | 大学 | 50.47 | 33.23 | 16.30 |
| | 研究生 | 50.00 | 36.67 | 13.33 |
| 职业/身份 | 教师 | 47.06 | 34.12 | 18.82 |
| | 学生 | 51.24 | 34.23 | 14.52 |
| | 公务员 | 48.39 | 30.65 | 20.97 |
| | 新闻出版者 | 40.00 | 20.00 | 40.00 |
| | 技术人员 | 35.09 | 42.11 | 22.81 |
| | 公司职员 | 29.69 | 43.75 | 26.56 |
| | 服务人员 | 41.82 | 38.18 | 20.00 |
| | 体力劳动者 | 34.41 | 36.56 | 29.03 |
| | 其他 | 35.85 | 24.53 | 39.62 |
| 是否本地人 | 本地人 | 42.05 | 35.79 | 22.15 |
| | 外地人 | 50.50 | 33.66 | 15.84 |

第三，是否支持中小学开设繁体字课程的人群差异。

中小学是否有必要开设繁体字教学课程，这是近年来社会上讨论得比较多的问题，我们的调查显示整体上支持率并不高，基本在35%以下，不同人群态度有一定的差别。表4-1-29的数据显示，男性和女性在繁体字教学方面的态度差别不大，但年龄因素有一定影响，18—40岁的中青年支持开展繁体字教学的比例相对高于其他年龄段的人。从学历来看，大学学历者支持开展繁体字教学的比例稍高于其他学历者。从职业来说，支持开展繁体字课堂教学比例相对较高的群体是公务员、专业技术人员和新闻出版者，反对繁体字课堂教学比例最高的群体是教师，比例达到了48.2%。外地人支持开展繁体字课堂教学的比例略高于本地人。

表 4-1-29　　　　　中小学是否有必要开设繁体字教学课程　　　　　（%）

| 基本参数 | | 有必要 | 无所谓 | 无必要 |
|---|---|---|---|---|
| 性别 | 男 | 34.43 | 33.61 | 31.97 |
| | 女 | 33.98 | 45.45 | 20.56 |
| 年龄 | 10—17 岁 | 32.72 | 49.69 | 17.59 |
| | 18—40 岁 | 38.40 | 33.76 | 27.84 |
| | 41—60 岁 | 29.80 | 35.86 | 34.34 |
| | 61 岁及以上 | 29.03 | 29.03 | 41.94 |
| 学历 | 小学及以下 | 27.27 | 39.39 | 33.33 |
| | 初中 | 30.64 | 46.24 | 23.12 |
| | 高中 | 34.76 | 41.90 | 23.33 |
| | 大学 | 39.81 | 30.09 | 30.09 |
| | 研究生 | 33.33 | 20.00 | 46.67 |
| 职业/身份 | 教师 | 25.88 | 25.88 | 48.24 |
| | 学生 | 36.51 | 44.40 | 19.09 |
| | 公务员 | 43.55 | 25.81 | 30.65 |
| | 新闻出版者 | 40.00 | 20.00 | 40.00 |
| | 技术人员 | 42.11 | 28.07 | 29.82 |
| | 公司职员 | 20.31 | 42.19 | 37.50 |
| | 服务人员 | 29.09 | 41.82 | 29.09 |
| | 体力劳动者 | 33.33 | 38.71 | 27.96 |
| | 其他 | 32.08 | 39.62 | 28.30 |
| 是否本地人 | 本地人 | 32.91 | 38.20 | 28.89 |
| | 外地人 | 37.95 | 40.26 | 21.78 |

第四，是否支持户外广告使用繁体字的人群差异。

关于户外广告使用繁体字的情况，目前社会上有支持者也有反对者，但调查显示整体上反对者更多。表 4-1-30 的数据显示，男性支持和反对的比例都略高于女性，从年龄来看，40 岁以上的人反对使用繁体字广告的比例明显高于 40 岁以下的人。从学历来看，研究生学历者和小学学历者反对繁体字广告的比例明显高于其他年龄群体。从职业来看，新闻出版者、体力劳动者、服务业人员、公司职员反对繁体字广告的比例最高，都超过了53%。本地人反对繁体字广告的比例略高于外地人。

表 4-1-30　　　　　　是否赞成抚州户外广告使用繁体字　　　　　　（%）

| 基本参数 | | 赞成 | 无所谓 | 不赞成 |
|---|---|---|---|---|
| 性别 | 男 | 19.26 | 35.45 | 45.29 |
| | 女 | 16.88 | 38.53 | 44.59 |
| 年龄 | 10—17 岁 | 20.99 | 39.51 | 39.51 |
| | 18—40 岁 | 18.81 | 36.60 | 44.59 |
| | 41—60 岁 | 13.13 | 34.85 | 52.02 |
| | 61 岁及以上 | 9.68 | 35.48 | 54.84 |
| 学历 | 小学及以下 | 12.12 | 36.36 | 51.52 |
| | 初中 | 15.03 | 38.15 | 46.82 |
| | 高中 | 20.48 | 40.48 | 39.05 |
| | 大学 | 21.63 | 34.80 | 43.57 |
| | 研究生 | 13.33 | 26.67 | 60.00 |
| 职业/身份 | 教师 | 15.29 | 37.65 | 47.06 |
| | 学生 | 21.99 | 39.21 | 38.80 |
| | 公务员 | 22.58 | 27.42 | 50.00 |
| | 新闻出版者 | 20.00 | 20.00 | 60.00 |
| | 技术人员 | 8.77 | 54.39 | 36.84 |
| | 公司职员 | 10.94 | 35.94 | 53.13 |
| | 服务业人员 | 16.36 | 29.09 | 54.55 |
| | 体力劳动者 | 11.83 | 31.18 | 56.99 |
| | 其他 | 11.32 | 32.08 | 56.60 |
| 是否本地人 | 本地人 | 15.89 | 37.24 | 46.87 |
| | 外地人 | 20.79 | 36.63 | 42.57 |

综上所述，民众对繁体字整体上持一种比较消极的态度，而且没有一个特定的群体对繁体字具有明显积极的态度。

（五）关于语言文字的学习

1. 关于普通话的学习

关于民众普通话学习情况，我们调查了三个问题：是否学过普通话，学习普通话的主要途径，学习普通话的原因。图4-1-12是整体调查结果。

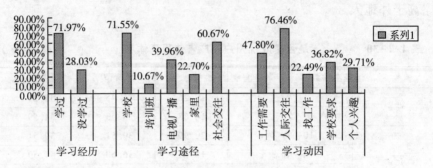

图4-1-12　关于普通话的学习

整体来看，学过普通话的人占绝对多数，有72%；学习普通话的主要途径是学校，其次是社会交往；学习普通话的主要原因是为了和更多人交往，其次是工作业务的需要。对于学习普通话的相关认知，不同的人群有一定的差别。

第一，普通话学习经历的人群差异。

表4-1-31的数据显示，男性学过普通话的比例略高于女性，60岁以下的人学过普通话的比例明显高于61岁及以上的老年人，学历越高学过普通话的比例也越高。从职业来看，教师学过普通话的比例最高，占90.6%，其次是公务员，学过普通话比例最低的是体力劳动者，只有47.3%。外地人学习过普通话的比例高出本地人约7个百分点。

表4-1-31　　　　　　　　　学过普通话的比例　　　　　　　　　　（%）

| 性别 | | 年龄（岁） | | | | 学历 | | | | |
|---|---|---|---|---|---|---|---|---|---|---|
| 男 | 女 | 10—17 | 18—40 | 41—60 | 61及以上 | 小学以下 | 初中 | 高中 | 大学 | 研究生 |
| 74.4 | 69.3 | 67.6 | 80.4 | 66.7 | 41.9 | 42.4 | 60.7 | 70.5 | 86.5 | 96.7 |

| 职业/身份 | | | | | | | | | 是否本地人 | |
|---|---|---|---|---|---|---|---|---|---|---|
| 教师 | 学生 | 公务员 | 新闻出版 | 技术人员 | 公司职员 | 服务人员 | 体力劳动者 | 其他 | 本地人 | 外地人 |
| 90.6 | 72.8 | 87.1 | 80.0 | 68.4 | 64.1 | 74.6 | 47.3 | 69.8 | 70.3 | 76.9 |

第二，对普通话学习途径认知的人群差异。

表 4-1-32 的数据显示，不同群体对普通话学习途径的认知有明显差别。男性和女性都认为学校和社会交往是学习普通话的最好途径，但女性对通过培训班和社会交往中学习普通话的认可度比男性略高，而男性对通过电视广播学习的认可度则比女性略高。相对来说，越是年轻，对通过学校学习的认可度越高。学历越高，支持通过学校学习普通话的比例也越高，而支持在社会交往中学习普通话的比例则越低。从职业来看，教师、公务员、学生和新闻出版者支持通过学校学习普通话的比例最高，都达到了 80%。外地人支持通过学校学习普通话的比例高出本地人 6 个百分点，但外地人因在抚州生活时间长短不同而有不同的态度，在抚州生活不到 10 年的比超过 10 年的人支持学校学习普通话的比例要高。

表 4-1-32　　　　　　学习普通话的主要途径（可多选）　　　　　　（%）

| 基本参数 | | 学校 | 培训班 | 电视广播 | 家中 | 社会交往 |
|---|---|---|---|---|---|---|
| 性别 | 男 | 72.95 | 8.61 | 42.01 | 23.77 | 58.61 |
| | 女 | 70.13 | 12.55 | 38.10 | 21.65 | 62.99 |
| 年龄 | 10—17 岁 | 79.94 | 10.19 | 42.59 | 30.86 | 63.58 |
| | 18—40 岁 | 74.74 | 9.28 | 35.82 | 19.07 | 59.02 |
| | 41—60 岁 | 57.58 | 13.64 | 44.95 | 16.67 | 61.11 |
| | 61 岁及以上 | 25.81 | 3.23 | 32.26 | 25.81 | 54.84 |
| 学历 | 小学及以下 | 27.27 | 15.15 | 51.52 | 21.21 | 63.64 |
| | 初中 | 65.32 | 10.12 | 38.73 | 25.72 | 62.43 |
| | 高中 | 71.43 | 5.71 | 42.38 | 28.57 | 65.71 |
| | 大学 | 82.76 | 13.79 | 39.18 | 15.67 | 55.80 |
| | 研究生 | 90.00 | 13.33 | 30.00 | 23.33 | 50.00 |
| 职业/身份 | 教师 | 87.06 | 18.82 | 45.88 | 11.76 | 48.24 |
| | 学生 | 81.12 | 9.96 | 41.08 | 27.39 | 64.11 |
| | 公务员 | 82.26 | 16.13 | 33.87 | 12.90 | 50.00 |
| | 新闻出版者 | 80.00 | 40.00 | 20.00 | 20.00 | 60.00 |
| | 技术人员 | 57.89 | 3.51 | 38.60 | 22.81 | 61.40 |
| | 公司职员 | 59.38 | 12.50 | 28.13 | 17.19 | 65.63 |

（续表）

| 基本参数 | | 学校 | 培训班 | 电视广播 | 家中 | 社会交往 |
|---|---|---|---|---|---|---|
| 职业/身份 | 服务人员 | 52.73 | 9.09 | 38.18 | 14.55 | 56.36 |
| | 体力劳动者 | 39.78 | 7.53 | 43.01 | 18.28 | 63.44 |
| | 其他 | 50.94 | 7.55 | 41.51 | 26.42 | 50.94 |
| 是否本地人 | 本地人 | 70.14 | 11.24 | 39.81 | 22.31 | 60.51 |
| | 外地人 在抚州少于5年 | 76.31 | 9.24 | 36.95 | 22.09 | 63.05 |
| | 在抚州5—10年 | 80.00 | 12.00 | 60.00 | 40.00 | 68.00 |
| | 在抚州超过10年 | 72.73 | 9.09 | 45.45 | 22.73 | 40.91 |

第三，普通话学习动因的人群差异。

表4-1-33的数据显示，不同人群学习普通话的动因有所差异。男性女性都认为人际交往需要和工作需要是学习普通话的主要动因，但男性在"工作需要""交往需要"和"学校要求"方面的比例要高于女性，而女性在"个人兴趣"方面要高于男性，可见男性更在意语言的功利价值。从年龄来看，因"工作需要"学习普通话比例最高的是18—60岁的青年和中年人，因"交往需要"和"个人兴趣"学习普通话比例最高的是青少年。从学历来看，学历越高因"工作需要"学习普通话的比例也越高。从职业看，教师和公司职员基于工作业务需要学习普通话的比例最高，都超过80%，学生、新闻出版者和服务人员因"交往需要"学习普通话的比例最高，也都达到80%。外地人因"交往需要"学习普通话的比例高于本地人。

表4-1-33　　　　　　学习普通话的原因（可多选）　　　　（%）

| 基本参数 | | 工作需要 | 交往需要 | 找工作 | 学校要求 | 个人兴趣 |
|---|---|---|---|---|---|---|
| 性别 | 男 | 49.80 | 77.05 | 21.93 | 38.32 | 24.59 |
| | 女 | 45.67 | 75.97 | 22.94 | 35.06 | 35.06 |
| 年龄 | 10—17岁 | 25.62 | 87.35 | 19.14 | 45.06 | 42.28 |
| | 18—40岁 | 62.63 | 74.23 | 28.09 | 38.92 | 26.29 |
| | 41—60岁 | 55.05 | 66.67 | 16.16 | 23.23 | 17.68 |
| | 61岁及以上 | 41.94 | 58.06 | 19.35 | 12.90 | 25.81 |

（续表）

| 基本参数 | | 工作需要 | 交往需要 | 找工作 | 学校要求 | 个人兴趣 |
|---|---|---|---|---|---|---|
| 学历 | 小学及以下 | 21.21 | 75.76 | 30.30 | 18.18 | 30.30 |
| | 初中 | 33.53 | 82.08 | 20.52 | 31.79 | 32.95 |
| | 高中 | 40.48 | 78.10 | 20.48 | 36.67 | 29.52 |
| | 大学 | 68.03 | 71.47 | 24.76 | 45.45 | 27.90 |
| | 研究生 | 80.00 | 50.00 | 23.33 | 43.33 | 26.67 |
| 职业/身份 | 教师 | 87.06 | 61.18 | 21.18 | 60.00 | 27.06 |
| | 学生 | 34.02 | 85.06 | 24.07 | 44.40 | 39.00 |
| | 公务员 | 74.19 | 56.45 | 8.06 | 43.55 | 16.13 |
| | 新闻出版者 | 60.00 | 80.00 | 20.00 | 0.00 | 20.00 |
| | 技术人员 | 61.40 | 66.67 | 21.05 | 26.32 | 21.05 |
| | 公司职员 | 81.25 | 68.75 | 37.50 | 25.00 | 18.75 |
| | 服务人员 | 58.18 | 80.00 | 14.55 | 12.73 | 20.00 |
| | 体力劳动者 | 30.11 | 72.04 | 24.73 | 15.05 | 13.98 |
| | 其他 | 43.40 | 69.81 | 15.09 | 15.09 | 26.42 |
| 是否本地人 | 本地人 | 47.99 | 75.44 | 20.22 | 34.51 | 28.25 |
| | 外地人 | 47.19 | 80.86 | 26.07 | 40.92 | 33.33 |

## 2. 关于方言的学习

图 4-1-13 的数据显示，民众对方言学习整体上并不太积极，特别希望孩子学会自己老家方言的比例只有约 33%，特别希望自己学习父母方言的比例也只占约 37%，多数人对方言学习持一种无所谓的态度。对方言学习途径的认知也明显区别于普通话学习，一般认为普通话学习的途径主要是学校，然后才是社会交往，而方言学习的首要途径是社会交往，约占 71%，其次是家里，约占 50%，认同学校学习方言的比例只占约 23%。不同人群对方言学习的认知也有一定的差别。

第一，抚州话学习途径认知的人群差异。

表 4-1-34 的调查数据显示，关于学习抚州话的最好途径，男女的选择区别度不太大，男性主张跟家里人学的比例略高，女性主张在社会交往中学习的比例略高。在选择学校和培训班学习方言两项的人群中，年龄越小所占比例越高，在选择通过家人学习方言的人群中，

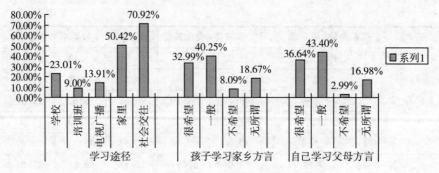

图 4-1-13　关于方言学习

61岁及以上的老人所占比例最高，在选择通过社会交往学习方言的人群中，18—60岁的中青年所占比例最高。低学历者主张通过家人和电视广播学习抚州话的比例高于高学历者，而高学历者主张通过社会交往学习抚州话的比例高于低学历者。从职业身份来看，认同学校学习抚州话比例最高的是学生，认同电视广播学习抚州话比例最高的是专业技术人员，认同与家人学习抚州话比例较高的是公司职员、体力劳动者、技术人员等，认同社会交往中学习抚州话比例较高的是教师、公务员、服务人员和新闻出版者。本地人认同在家里学习抚州话的比例大大高于外地人，超过了38个百分点，而外地人认同在社会交往中学习的比例则高出本地人约9个百分点。

表 4-1-34　　　　　学习抚州本地话的较好途径（可多选）　　　　　（%）

| 基本参数 | | 学校 | 培训班 | 电视广播 | 家人 | 社会交往 |
|---|---|---|---|---|---|---|
| 性别 | 男 | 23.36 | 9.84 | 14.34 | 52.46 | 69.26 |
| | 女 | 22.51 | 8.23 | 13.42 | 48.27 | 72.94 |
| 年龄 | 10—17 岁 | 33.95 | 9.57 | 15.12 | 56.48 | 64.51 |
| | 18—40 岁 | 20.62 | 9.02 | 13.40 | 41.75 | 74.23 |
| | 41—60 岁 | 11.62 | 7.58 | 11.62 | 50.03 | 76.26 |
| | 61 岁及以上 | 9.68 | 3.23 | 19.35 | 74.19 | 61.29 |
| 学历 | 小学及以下 | 9.09 | 12.12 | 21.21 | 57.58 | 69.70 |
| | 初中 | 29.19 | 11.56 | 16.18 | 57.23 | 63.29 |
| | 高中 | 22.86 | 6.19 | 13.81 | 56.19 | 67.14 |
| | 大学 | 18.50 | 7.52 | 10.66 | 38.87 | 82.13 |
| | 研究生 | 13.33 | 6.67 | 10.00 | 43.33 | 80.00 |

（续表）

| 基本参数 | | 学校 | 培训班 | 电视广播 | 家人 | 社会交往 |
|---|---|---|---|---|---|---|
| 职业/身份 | 教师 | 11.76 | 4.71 | 7.06 | 49.41 | 85.88 |
| | 学生 | 30.08 | 9.54 | 14.52 | 45.44 | 68.46 |
| | 公务员 | 9.68 | 8.06 | 4.84 | 56.45 | 83.87 |
| | 新闻出版者 | 0.00 | 0.00 | 0.00 | 40.00 | 80.00 |
| | 技术人员 | 21.05 | 12.28 | 21.05 | 57.89 | 78.95 |
| | 公司职员 | 17.19 | 6.25 | 12.50 | 59.38 | 62.50 |
| | 服务人员 | 20.00 | 10.91 | 16.36 | 52.73 | 81.82 |
| | 体力劳动者 | 15.05 | 7.53 | 17.20 | 59.14 | 59.14 |
| | 其他 | 20.75 | 13.21 | 16.98 | 54.72 | 64.15 |
| 是否本地人 | 本地人 | 22.63 | 9.63 | 14.45 | 63.08 | 68.54 |
| | 外地人 | 23.76 | 7.59 | 11.88 | 25.08 | 77.23 |

第二，对孩子学习老家方言态度的人群差异。

方言在公共场所的交际价值非常有限，其价值主要体现在文化认同上面。不同人群在孩子是否学习老家方言方面的态度有一定差异。表4-1-35的数据显示，整体上民众对孩子学习老家方言的积极性不高，男性希望小孩学习家乡方言的比例略高于女性，年龄越大，希望小孩学习老家方言的比例越来越高，高学历者（大学和研究生）比低学历者希望小孩学习家乡方言的比例相对要高。从职业来看，希望小孩学习家乡方言比例最高的群体是新闻出版者，占60%，比例较低的群体是体力劳动者和服务人员。外地人希望小孩学习家乡方言的比例略高于本地人。

表4-1-35　　　　　　　是否希望或要求孩子学会家乡方言　　　　　（%）

| 基本参数 | | 很希望 | 一般 | 不希望 | 无所谓 |
|---|---|---|---|---|---|
| 性别 | 男 | 34.84 | 40.57 | 7.79 | 16.80 |
| | 女 | 31.06 | 40.43 | 8.51 | 20.00 |
| 年龄 | 10—17 岁 | 22.22 | 55.56 | 11.11 | 11.11 |
| | 18—40 岁 | 31.09 | 43.28 | 8.82 | 16.81 |
| | 41—60 岁 | 33.84 | 37.88 | 7.58 | 20.71 |
| | 61 岁及以上 | 45.16 | 29.03 | 6.45 | 19.35 |

（续表）

| 基本参数 | | 很希望 | 一般 | 不希望 | 无所谓 |
|---|---|---|---|---|---|
| 学历 | 小学及以下 | 33.33 | 33.33 | 13.33 | 20.00 |
| | 初中 | 30.15 | 39.71 | 9.56 | 20.59 |
| | 高中 | 24.44 | 36.67 | 13.33 | 25.56 |
| | 大学 | 36.87 | 45.25 | 3.35 | 14.53 |
| | 研究生 | 53.33 | 26.67 | 13.33 | 6.67 |
| 职业/身份 | 教师 | 40.00 | 47.50 | 6.25 | 12.50 |
| | 学生 | 30.00 | 50.00 | 10.00 | 10.00 |
| | 公务员 | 40.32 | 35.48 | 6.45 | 17.74 |
| | 新闻出版者 | 60.00 | 40.00 | 0.00 | 0.00 |
| | 技术人员 | 28.07 | 40.35 | 5.26 | 26.32 |
| | 公司职员 | 31.75 | 49.21 | 7.94 | 11.11 |
| | 服务人员 | 29.09 | 38.18 | 7.27 | 25.45 |
| | 体力劳动者 | 29.35 | 38.04 | 10.87 | 21.74 |
| | 其他 | 32.08 | 32.08 | 13.21 | 22.64 |
| 是否本地人 | 本地人 | 32.36 | 41.38 | 7.96 | 18.30 |
| | 外地人 | 37.50 | 34.09 | 10.23 | 18.18 |

第三，对学习父母家乡方言态度的人群差异。

表4-1-36 的数据显示，关于是否希望学会父母家乡方言，男性的期望值略高于女性。从年龄看，61 岁及以上的老年人比例最高，达到100%。学历越高，希望学会父母家乡方言的比例也越高。从职业来看，希望学习父母方言比例最高的是公务员，达到52%，而新闻出版者的比例最低，没有一个调查对象明确表示希望学会父母的家乡方言。外地人希望学会父母家乡方言的比例高出本地人约11 个百分点。

**表 4-1-36　　　　　　是否希望学会父亲或母亲的家乡方言**　　　　　　（%）

| 基本参数 | | 很希望 | 一般 | 不希望 | 无所谓 |
|---|---|---|---|---|---|
| 性别 | 男 | 40.19 | 41.12 | 3.12 | 15.58 |
| | 女 | 33.23 | 45.81 | 2.90 | 18.06 |

（续表）

| 基本参数 | | 很希望 | 一般 | 不希望 | 无所谓 |
|---|---|---|---|---|---|
| 年龄 | 10—17 岁 | 33.33 | 48.15 | 2.16 | 16.36 |
| | 18—40 岁 | 42.02 | 36.97 | 5.04 | 15.97 |
| | 41—60 岁 | 28.57 | 44.44 | 0.00 | 26.98 |
| | 61 岁及以上 | 100 | 0.00 | 0.00 | 0.00 |
| 学历 | 小学及以下 | 12.50 | 62.50 | 0.00 | 25.00 |
| | 初中 | 26.67 | 49.02 | 3.53 | 20.78 |
| | 高中 | 41.18 | 42.48 | 1.31 | 15.03 |
| | 大学 | 45.15 | 38.35 | 3.40 | 13.11 |
| | 研究生 | 62.50 | 25.00 | 0.00 | 12.50 |
| 职业/身份 | 教师 | 42.86 | 50.00 | 0.00 | 7.14 |
| | 学生 | 37.55 | 44.40 | 2.90 | 15.15 |
| | 公务员 | 51.85 | 29.63 | 0.00 | 18.52 |
| | 新闻出版者 | 0.00 | 0.00 | 0.00 | 100 |
| | 技术人员 | 25.00 | 50.00 | 6.25 | 18.75 |
| | 公司职员 | 28.57 | 35.71 | 7.14 | 28.57 |
| | 服务人员 | 23.81 | 38.10 | 9.52 | 28.57 |
| | 体力劳动者 | 25.00 | 41.67 | 0.00 | 33.33 |
| | 其他 | 30.43 | 39.13 | 4.35 | 26.09 |
| 是否本地人 | 本地人 | 32.17 | 46.92 | 2.95 | 17.96 |
| | 外地人 | 43.32 | 37.65 | 3.24 | 15.79 |

3. 关于繁体字的学习

今天的基础教育体系中并没有系统教授繁体字，但调查（图 4-1-14）显示，还是有约 17.6% 的被调查者表示学习过繁体字。就繁体字学习的途径看，民众认为最好的途径是自学，约占 52.8%，其次是学校教育，约占 49%。不同人群的繁体字学习经历及其认同的繁体字学习途径有一定的差异。

第一，繁体字学习经历的人群差异。

表 4-1-37 的数据显示，学过繁体字的人整体上并不多，相对来说，男性学过繁体字的比例稍微高于女性，年龄越大，学过繁体字的比例也就越高，学历越高，学过繁体字的比例也越高。从职业来看，

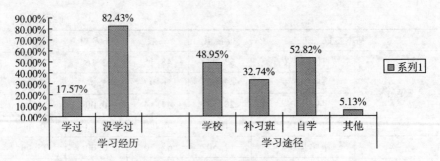

图 4-1-14　关于繁体字学习

教师是学过繁体字比例最高的群体。本地人和外地人学过繁体字的比例没有明显差别。

表 4-1-37　　　　　　　　学过繁体字的比例　　　　　　　　（%）

| 性别 | | 年龄（岁） | | | | 学历 | | | | |
|---|---|---|---|---|---|---|---|---|---|---|
| 男 | 女 | 10—17 | 18—40 | 41—60 | 61及以上 | 小学及以下 | 初中 | 高中 | 大学 | 研究生 |
| 19.90 | 14.70 | 9.30 | 22.20 | 20.70 | 29.00 | 12.10 | 10.70 | 13.30 | 27.30 | 26.70 |

| 职业/身份 | | | | | | | | | 是否本地人 | |
|---|---|---|---|---|---|---|---|---|---|---|
| 教师 | 学生 | 公务员 | 新闻出版者 | 技术人员 | 公司职员 | 服务人员 | 体力劳动者 | 其他 | 本地人 | 外地人 |
| 38.80 | 13.50 | 17.70 | 20.00 | 15.80 | 14.10 | 20.00 | 18.30 | 22.60 | 17.60 | 17.70 |

第二，对繁体字学习途径认知的人群差异。

由表 4-1-38 可知，对繁体字学习的途径，不同人群的认知有一定的差别。男性支持通过学校学习繁体字的比例略高于女性。越是年轻，主张通过学校或补习班学习繁体字的比例越高，主张通过自学繁体字比例最高的是 61 岁及以上的老年人，约占 74.2%。学历越高，主张通过学校学习繁体字的比例也越高，主张自学繁体字的比例也越高，但主张通过补习班学习的比例则越低。从职业来看，支持学校学习繁体字比例最高的群体是服务人员和学生，支持补习班学习繁体字比例最高的群体是体力劳动者、专业技术人员和学生，支持自学繁体字比例最高的群体是新闻出版者。外地人支持通过自学的比例略高于本地人。

表 4-1-38　　　　　　学习繁体字的较好途径（可多选）　　　　（%）

| 基本参数 | | 学校 | 补习班 | 自学 | 其他 |
|---|---|---|---|---|---|
| 性别 | 男 | 50.41 | 31.35 | 53.07 | 4.51 |
| | 女 | 47.62 | 34.42 | 52.60 | 5.84 |
| 年龄 | 10—17 岁 | 56.48 | 40.74 | 46.60 | 5.56 |
| | 18—40 岁 | 47.16 | 26.29 | 57.47 | 5.15 |
| | 41—60 岁 | 43.43 | 32.32 | 50.00 | 4.04 |
| | 61 岁及以上 | 22.58 | 29.03 | 74.19 | 9.68 |
| 学历 | 小学及以下 | 45.45 | 39.39 | 51.52 | 12.12 |
| | 初中 | 47.69 | 42.77 | 45.66 | 6.65 |
| | 高中 | 50.48 | 32.38 | 50.00 | 5.24 |
| | 大学 | 48.28 | 21.94 | 63.95 | 2.51 |
| | 研究生 | 56.67 | 20.00 | 50.00 | 6.67 |
| 职业/身份 | 教师 | 50.59 | 14.12 | 61.18 | 2.35 |
| | 学生 | 53.94 | 35.27 | 53.53 | 4.36 |
| | 公务员 | 37.10 | 27.42 | 53.23 | 0.86 |
| | 新闻出版者 | 20.00 | 20.00 | 80.00 | 0.00 |
| | 技术人员 | 47.37 | 35.09 | 54.39 | 7.02 |
| | 公司职员 | 39.06 | 26.56 | 51.56 | 10.94 |
| | 服务人员 | 60.00 | 32.73 | 43.64 | 1.82 |
| | 体力劳动者 | 35.48 | 46.24 | 49.46 | 9.68 |
| | 其他 | 43.40 | 28.30 | 45.28 | 7.55 |
| 是否本地人 | 本地人 | 49.44 | 35.31 | 51.04 | 5.30 |
| | 外地人 | 48.84 | 27.06 | 56.77 | 4.95 |

综合前边调查数据，抚州民众对语言文字相关法律的知晓度并不高，大部分人都喜欢普通话，也学过普通话，并经常使用普通话与人交流，但对方言学习的态度和喜好程度都很一般，对繁体字学习则持比较消极的态度。至于公共场所用字，大多数人都支持为方便民众认读最好使用简化字。

（六）关于海西经济区的知晓度

海西经济区包括福建、广东、浙江、江西等多省份的城市，抚州属于海西经济区的范围。但调查显示，只有 46% 的人知道抚州属于海西经济区，18%的人认为不属于，36%的人表示不知道。

表4-1-39的数据显示，对于抚州是否属于海西经济区，男性的知晓度略高于女性，10—17岁的青少年知晓度略高于其他年龄段的人，高学历者（大学、研究生）知晓度高于低学历者。从职业来看，公务员、新闻出版者和教师知晓度最高。本地人知晓的比例高出外地人约13个百分点。

表4-1-39　　　　　　　抚州是否属于海西经济区　　　　　　　（%）

| 基本参数 | | 属于 | 不属于 | 不知道 |
|---|---|---|---|---|
| 性别 | 男 | 49.80 | 17.62 | 32.58 |
| | 女 | 43.07 | 18.18 | 38.74 |
| 年龄 | 10—17 岁 | 54.94 | 11.73 | 33.33 |
| | 18—40 岁 | 41.49 | 22.68 | 35.82 |
| | 41—60 岁 | 47.47 | 19.19 | 33.33 |
| | 61 岁及以上 | 25.81 | 6.45 | 67.74 |
| 学历 | 小学及以下 | 27.27 | 9.09 | 63.64 |
| | 初中 | 42.49 | 15.90 | 41.62 |
| | 高中 | 49.05 | 19.05 | 31.90 |
| | 大学 | 47.34 | 21.32 | 31.35 |
| | 研究生 | 83.33 | 3.33 | 13.33 |
| 职业/身份 | 教师 | 72.94 | 10.59 | 16.47 |
| | 学生 | 43.98 | 18.05 | 37.97 |
| | 公务员 | 82.26 | 8.06 | 9.68 |
| | 新闻出版者 | 80.00 | 0.00 | 20.00 |
| | 技术人员 | 40.35 | 33.33 | 26.32 |
| | 公司职员 | 39.06 | 21.88 | 39.06 |
| | 服务人员 | 29.09 | 18.18 | 52.73 |
| | 体力劳动者 | 32.26 | 17.20 | 50.54 |
| | 其他 | 41.51 | 18.87 | 39.62 |
| 是否本地人 | 本地人 | 51.20 | 15.73 | 33.07 |
| | 外地人 | 37.95 | 21.12 | 40.92 |

### 三 座谈、访谈内容

（一）座谈内容

2015 年 8 月 31 日下午，在抚州市教育局会议室召开了语言文字使用情况的座谈会，与会单位包括市政府、市人大、市政协、市委宣传部、高新开发区、市台办、市外侨办、文化广电新闻出版局、市电视台、市教育局、市语委办、市工商局、市旅游局、市卫生局等部门的办公室主任以及临川一中、临川二中、抚州一中、市实验学校等单位的教师代表，共 20 余人参加了座谈会。会议主要是调查政府机关部门及学校语言文字使用的基本情况及其相关人员对语言文字使用的认识和看法。

座谈会上与会人员提出的主要观点如下：

第一，普通话的使用范围越来越广，普通话的使用更加有利于文明城市的创建，仍然应该坚持推广普通话。

第二，在普通话的强力推广下，方言使用空间变小，应该采取适当的措施保护方言，可以开展一些方言节目，扩大方言的影响力。方言的使用有利于融洽家庭成员间的情感，有利于增强抚州人民的社会凝聚力。对待方言的态度应该既不鼓励，也不扼杀。

第三，繁体字传承了大量中华文化的元素，在书法、特定标牌、文化设施等特定领域应该保留使用，在海西经济区的特定场合使用繁体字更有现实意义，方便和港台同胞交流。

第四，户外广告应该严格遵照《国家通用语言文字法》，不使用繁体字。

第五，繁体字可以不用进课堂学习，但可作为业余兴趣培养。

座谈会上与会人员提出目前语言文字领域存在的问题和困难如下：

第一，在中小学教学中，由于城乡学生普通话程度差异较大，教学语言出现普通话和方言并用的现象。

第二，方言的使用空间变窄，方言保护实施起来非常困难，方言的学习渠道单一，方言承载的文化不容易呈现出来，更不容易推广出去。

第三，繁简字方面，有些特定行业部门有繁体字的使用需求，而且也合情合理，但违背了我国语言文字的相关法律法规，致使法律强制规范和工作生活现实需求之间出现矛盾。

（二）访谈内容

2015年9月1日上午，课题组成员在抚州市语委办李晖老师陪同下走访了台资企业"嘉盛精密纺织"。"嘉盛精密纺织"负责人（台商）来大陆已经20多年了，先后在泉州、广州待过，如今在抚州待了也有一段时间。他在工作和生活中基本没有障碍，认识绝大部分简化字，能阅读简化字书报，平时主要说闽南话和普通话，和员工以及朋友交流基本用普通话，早已习惯大陆的生活，并表示与台湾差异不大。

## 四　调查结论及建议

（一）调查的基本结论

综上对抚州地区问卷及座谈会的分析得出以下结论。

第一，抚州民众对语言文字相关法律知识并不熟悉。普通话和规范简化汉字已经成为社会生活各领域最重要最便捷的交际工具，在某些特定场合使用普通话和规范汉字也是《国家通用语言文字法》规定的必须执行的法律行为。但大部分民众使用普通话和规范汉字只是一种习惯性自发行为，并没有上升到自觉的高度，因此带有很大的随意性，想用就用，不想用就不用。

第二，普通话具有较高的社会声誉。调查显示大多数民众对于普通话颇有好感，喜欢普通话，多数人认为普通话比方言好听。绝大多数民众在一些比较高档的消费场所会不自觉地使用普通话，这体现了民众在心理上认同普通话具有较高的社会声誉，民众认为使用普通话能在一定程度上提高社会身份和地位。

第三，方言没必要进课堂。学习普通话的最好途径是学校，学习方言的最好途径是跟家里人学和在社会交往中学。调查显示，绝大多数民众不主张方言走进课堂。

第四，民众对繁体字并没有表现出特别的热情。调查显示，抚州公共空间的繁体字数量并不少，绝大多数民众认识一部分繁体字，但对繁体字学习并没有表现出特别浓厚的兴趣，大多持一种无所谓的态度。大多数民众主张繁体字应以自学为主，对中小学开设繁体字课程的呼声并不高。绝大多数民众不主张户外广告使用繁体字。

（二）相关建议

针对抚州的语言文字使用现状，现提出以下几点建议：

第一，加强语言文字法律知识的宣传普及。多渠道多层面的开展语言文字法律知识的宣传，尤其大中学校是重点领域。

第二，探索保护方言文化的模式。在普通话占绝对优势的今天，应该适当保护抚州本地方言及文化的生存空间，可以举办多种形式的特色民俗活动，加深青少年及外来人员包括港台同胞对抚州本地话及本地文化的了解和兴趣，使得文化相互融合，更加呈现多样性。

第三，繁体字使用不必限制过严。繁体字有其特定的文化内涵，社会上有一批繁体字爱好者，对繁体字表现出特别浓厚的兴趣，在多元文化并存的今天，没必要完全禁止繁体字的使用。特别考虑海西经济区的特殊性，繁体字的使用更应该有一个相对宽松的环境。

# 第二节　公共空间语言景观

本部分依然从自下而上和自上而下两个视角调查研究抚州市公共空间的语言景观，主要研究对象为抚州市商店名称、景区标牌、路标及交通指示牌等语言文字情况。

## 一　自下而上的语言景观

自下而上的语言景观主要指商店名称的语言文字使用情况。我们的调查范围主要包括抚州市区大公路、学府路、玉茗大道、赣东大道以及新城步行街等地点。用数码相机拍摄图片379张，共收集到商店名458个。我们试图探讨抚州市语言景观的概貌及其背后的经济、社会、文化特征。

（一）店名的语符类型及语符搭配

抚州市商店名的语符类型及语符搭配能在一定程度上反映出抚州市语言景观的具体情况，进而折射出抚州市的文化面貌与风土人情。抚州市店名的语符类型以汉字为主，其次是英文、然后是拼音，还发现了韩文。具体的语符搭配情况如表 4-2-1 所示。

**表 4-2-1　　　　　　抚州店名的语符搭配模式比率**

| | | 次数 | 比率 | 店名示例 |
|---|---|---|---|---|
| 汉语型 | 纯汉字 | 318 | 69.4% | 美之源 |
| | 汉字配拼音 | 46 | 10% | QiaoYu 巧遇工坊 |
| | 纯拼音 | 3 | 0.7% | Shunvfang |
| | 汉字配数字 | 1 | 0.2% | 國窖 1573 |
| | 纯数字 | 3 | 0.7% | 8090 |
| | 汉语型占比 | | 72.8% | — |
| 汉外混配型 | 汉字配英文 | 68 | 14.8% | LEMONTREE 柠檬树 |
| | 汉字配英文、数字 | 3 | 0.6% | 999 音乐会所 Music Club |
| | 汉字配英文、韩文 | 1 | 0.2% | in 首尔서울 |
| | 汉字配韩文 | 1 | 0.2% | 아직 미터尚心兰米 |
| | 汉外混配型占比 | | 22.1% | — |
| 外语型 | 纯英文 | 14 | 3.0% | PANARYBODY |
| | 英文配数字 | 1 | 0.2% | FIRS EST. 1989 |
| | 外语型占比 | | 4.9% | |

从表 4-2-1 的调查数据可以看出，抚州店名语符搭配表现出如下几个特点：第一，以汉语型为主，占 72.8%，尤其汉字是店名的主要语符形式，纯汉字或带汉字的店名占所有店名的 94.5%。汉字承载着店名的主要信息传递任务，拼音或英文大多数只是作为汉字的配注或解释的辅助性成分出现，如茶饮店名"LEMONTREE 柠檬树"，其中英文"LEMONTREE"是"柠檬树"对应的英文翻译，它的出现更多只是商家为了标新立异和吸引消费者眼球的一种手段。第二，外语语符类店名数量也不少，占 27%，其中汉外混配型占 22.1%，纯外语型占 4.9%，这显示了抚州尽管是一个内陆中小城市，但也不可避免地

受到外来文化的影响。第三，外来语符的语种单一，主要是英语，仅仅发现两例韩语的情况，另外，纯外语型店名非常少，只占 4.9%，且带外文类店名大部分为服装品牌，如女装品牌"DESIGNICE"和休闲服装品牌"ERKE"，可见，抚州接受外来文化的影响整体来说还是非常有限。

总之，抚州店名的语符类型和语符搭配比较简单，实用性强，多样性和国际化程度较低，这在一定程度上体现了抚州社会经济发展水平以及对外来文化的接受程度。抚州市作为内陆城市，交通上也没有明显优势，经济发展水平和国际化程度整体上并不高，因而店名的传统色彩较强，实用性强。

（二）店名的语音特征

语音特征主要包括音节数量、韵律特征以及节奏等，这里主要研究音节数量特征。抚州店名的组合类型多种多样，既有纯汉字的，也有汉字和汉语拼音、英语、韩语、数字等混合搭配的，其音节特征基本情况如表 4-2-2 所示。

表 4-2-2　　　　　　　　　　抚州店名音节数量情况

| 音节数量 | 商店名（个） | 所占比率 | 举例 |
| --- | --- | --- | --- |
| 双音节 | 33 | 7.2% | Jamor　Fairy　熙然　贝那 |
| 三音节 | 64 | 14% | 铭灯行　丽人坊　冰之恋 |
| 四音节 | 171 | 37.3% | 8090　淑女心情　佳缘房产 |
| 五音节 | 69 | 15% | 喜洋洋蛋糕　大王椰木业　烟波古临川 |
| 六音节 | 49 | 10.7% | 喜合生活酒店　国窖 1573　荣事达小家电 |
| 七音节 | 36 | 7.8% | 新方向文化驿站　外贸童装折扣店 |
| 八音节 | 11 | 2.4% | 雅谷栖美容生活馆　木子养生美容会所 |
| 九音节 | 8 | 1.7% | 维纳斯国际婚纱摄影　抚州文化国际旅行社 |
| 十音节 | 6 | 1.3% | 設界专业形象烫染会所　夢婷美容美发连锁机构 |
| 十一音节 | 1 | 0.2% | 小黄摩托车助力车修理店 |
| 十二音节 | 4 | 0.8% | 撫州市南方住宅建筑設計院 |
| 十三音节 | 4 | 0.8% | 中国移动通信阳阳通信体验店 |

（续表）

| 音节数量 | 商店名（个） | 所占比率 | 举例 |
|---|---|---|---|
| 十四音节 | 1 | 0.2% | 华硕电脑抚州伟丞科技有限公司 |
| 十六音节 | 1 | 0.2% | 永昌杰联 SUS304 不锈钢制作部 |

从表 4-2-2 可以发现，抚州店名以三音节、四音节、五音节和六音节为主。抚州店名没有出现单音节形式，单音节店名虽然简洁且便于记忆，但节奏感不强，不便于口头传递，不便于消费者记忆，而且也不能为消费者提供完整甚至是基本的信息，因而单音节店名比较少见。三音节、四音节、五音节和六音节的商店名数量颇多，占据了所有店名的 77%，属于抚州店名最为常用的音节格式。一方面，这些音节格式可以为消费者提供商店的完整信息，如"喜洋洋蛋糕"，消费者基本上一目了然，不需要做过多的思考就可以判断出这是一家以销售蛋糕为主的糕点店；另一方面，消费者的短时记忆力是有限的，他们不可能在很短的时间内记住音节较长的商店名，而对于音节过短的商店名同样没有印象，因此音节数量居中的商店名自然备受青睐。从心理学上来看，短时记忆的限度为"七左右"（7±2），且短时记忆对"四"比较敏感，因而四音节格式的商店名是最容易被消费者记住的。音节数量在六音节以上的店名数量逐步下降，例如"抚州市南方住宅建筑设计院"，这显然是一个烦琐的商店名，消费者很有可能只选择性地记住了"建筑设计院"这样的关键性的部分。

（三）店名用字特征

1. 字种字频状况

我们搜集到的抚州店名共使用汉字 2701 次，字种数 827 个，其中有 796 个是常用汉字，如"店、馆、金、电、房"等，只有 31 个是次常用汉字，如"驿、鑫、仕、婷、祛、阮、茗、雅、孜、浒"等，没有非常用汉字。从表 4-2-3 可以看出，抚州店名所使用的汉字重复率较低，其中只出现一次的汉字就有 392 个，约占总字数的 47%。出现频率较高的汉字数量较少，而且常常是通名类字，如"店、馆"。

**表 4-2-3**　　　　　　　　　　　**抚州市商店名汉语用字情况**

| 频级 | 出现频次 | 汉字个数 | 汉字举例 |
|---|---|---|---|
| 低频字 | 1 | 392 | 艾、奥、霸、藏、测、策、馋、婵、臣、诚、丞、翠 |
| | 2 | 160 | 安、巴、芭、柏、被、壁、冰、彩、草、场、床、驰 |
| | 3 | 97 | 板、便、厨、吃、串、地、典、豆、芙、赣、古、果 |
| | 4 | 49 | 菜、爱、内、百、广、点、儿、粉、广、婚、具、面 |
| | 5 | 36 | 包、北、部、茶、川、窗、风、港、路、辣、联、木 |
| | 6 | 26 | 布、昌、管、工、红、火、花、记、建、乐、丽、鞋 |
| 中频字 | 7 | 11 | 宝、贝、坊、方、科、城、天、香、新、材、兰 |
| | 8 | 13 | 产、康、门、利、名、色、生、文、尚、人、子、影 |
| | 9 | 9 | 车、达、公、海、老、网、林、时、通 |
| | 10 | 6 | 卖、吧、发、艺、酒、装 |
| | 11 | 5 | 灯、华、水、明、品 |
| | 12 | 2 | 特、农 |
| | 13 | 7 | 抚、行、中、家、南、饰、市 |
| 高频字 | 14 | 7 | 小、大、房、宾、国、心、专 |
| | 15 | 2 | 金、业 |
| | 16 | 1 | 电 |
| | 17 | 1 | 州 |
| | 20 | 2 | 馆、美 |
| | 42 | 1 | 店 |

### 2. 繁体字使用状况

在抚州店名中我们共搜集到 46 个（55 次）繁体字使用情况，占所用汉字字种的 5.6%。其中绝大多数繁体字只出现 1 次，少数几个重复使用了，具体情况见表 4-2-4。

**表 4-2-4**　　　　　　　　　**抚州店名使用繁体字情况**

| 出现次数 | 3 | 2 | 1 |
|---|---|---|---|
| 总字数 | 2 | 5 | 39 |
| 繁体字列举 | 當、業 | 鳳、撫、館、設、莊 | 號、倉、庫、臨、貢、華、醫、遠、築、計、夢、銀、樓、頭、記、勞、聖、羅、龍、寶、飲、慶、媽、鍋、興、歐、後、來、進、發、國、藥、藝、機、車、陽、廣、東、賓 |

　　繁体字具有浓厚的人文情怀,使用繁体字的店名颇具书卷气息,显得古典而淡雅,能在一定程度上提升商店的文化层次与文化内涵,因此成为商家吸引消费者眼球的一种重要的营销手段。近年来,繁体字在全国各地店名中都有出现,抚州也不例外。

　　(四) 店名的语法特征

　　一个结构完整的店名应该包括属名、业名和通名,但为追求简洁方便或标新立异,很多店名会有结构性省略,店名应有的命名要素有可能出现缺失,缺失的可能性为:通名>业名>属名。店名的通名最容易出现缺失,如"玖鑫石材""九天家私""北极熊冰棒批发"等均属于这一情况。其次是业名的缺失,如"惠选超市""常鑫超市""丽人坊"等。再就是业名和通名都缺失而只有属名的情况,主要是在带有汉语拼音或是外文词汇进行配注的混合型商店名中出现缺失,如"达芙妮 DAPHNE""kekafu 珂卡芙""佐色 JOYCOLOR""ibudu 伊布都""BAYILU 芭依璐""VILAN 慧兰""XUANZI 宣孜""歐羅巴 OU LUO BA""Midanyang 米丹阳"等,仅从商店名基本无法判断出其从业类型,但经过分析整理也不难发现,只有属名的商店名主要以经营服饰,特别是品牌服饰的居多,如"达芙妮 DAPHNE"和"kekafu 珂卡芙"主营品牌女鞋,而"佐色 JOYCOLOR""ibudu 伊布都""BAYILU 芭依璐""VILAN 慧兰""XUANZI 宣孜""歐羅巴 OU LUO BA""Midaya 米丹阳"等都是主营品牌女装,且以上例子均属于国产中低档品牌服饰,其用英语或汉语拼音符号来进行配注,瞬间给消费者营造出了一种高端大气上档次的感觉,这在一定程度上有利于吸引顾客和增加销量,再加上商家一向喜欢标新立异和追求个性,业名和通名的缺失使得消费者只会注意到展示其自身个性特点的属名,对这样的店铺自然也就印象深刻。

　　另外,在收集到的437个含汉字的商店名中,有392个是偏正结构,所占比率为89.7%,一般属名、业名和通名均具备的店名在语法结构上应该是偏正结构,如"浒湾特色粉面店",缺少通名的店名也以偏正结构居多,如"兰婷女装",总之,传统的店名在语法结构上基本是偏正结构,由此可见,抚州店名还是以传统店名为主。

## 二　自上而下的语言景观

我们调查的抚州市自上而下的语言景观主要包括抚州市景区标牌、路标及交通指示牌等，调研的景区主要是抚州市名人雕塑园，路标和交通指示牌的范围主要是抚州市临川区的主要大道和中心街区。

（一）景区语言景观

景区语言景观主要包括了景区提示牌、景区指示牌、景区解说牌等的语言文字使用情况，它们不仅是为游客提供各类服务信息和游览信息的重要媒介，同时也是展现景区历史文化底蕴和人文气息的重要平台。抚州景区我们主要调查了名人雕塑园和王安石纪念馆。

名人雕塑园的景区解说牌一般都只有汉字，如"临川四大才子与文昌桥"，也有少数解说牌以汉字为主，配注了英文、日文、韩文，如对"王安石""揭暄"的介绍。王安石纪念馆的解说牌基本上以汉字为主，配注英文。名人雕塑园的景区提示牌语言大多以汉字为主，辅以英语进行配注。

总之，抚州名人雕塑园和王安石纪念馆都是4A级及以下景区，外来游客较少，所以其语言景观的国际性不强，外来语符主要是英语，其他语种较少。

（二）交通指示语言景观

交通指示语言景观主要包括路标和交通指示牌。抚州市的路标主要以汉字为主，并辅之以汉语拼音进行配注。如：路标"大公路（DAGONG LU）""赣东大道（GANDONG DADAO）""学府路（XUEFU LU）"等，汉语拼音全部大写，但词语之间的间隔并不一致，"DAGONG LU""GANDONG DADAO"都是以词为单位隔开，符合汉语拼音正词法的基本拼写规则，但"XUE FU LU"是以字为单位间隔，不符合拼音的基本拼写规则。抚州的交通指示牌有些只有汉字，没有拼音或英语配注。

## 三　公共空间可视化语言中的不规范现象

抚州公共空间可视化语言中还存在一些不规范现象和问题，主要表现在用字不规范、拼写不规范、翻译不规范等几个方面。

（一）用字不规范

用字不规范主要表现在繁体字的使用上。繁体字具有浓厚的人文气息，在书法等艺术活动中也确实具有诸多不可替代的优势，但并不是说一定要使用繁体字才能显示有文化。文字是记录语言的符号，是一种交际工具，简化字在交际活动中有更明显的优势。《中华人民共和国国家通用语言文字法》对繁体字的使用有明确的规定，江西省《〈中华人民共和国国家通用语言文字法〉办法》（2011 年 1 月 1 日开始实行）明确规定："各类名称牌、指示牌、标识牌、招牌、标语、公务印章、电子屏幕等用字，应当使用规范汉字。""手书招牌和公共场所题词，提倡使用规范汉字；已经使用或者确需使用繁体字、异体字的，应当在明显的位置配放规范汉字的副牌。"而抚州的许多商店名并没有遵循这些原则和规定，使用繁体字的店名很多，如"3 號倉庫"（非印刷体）和"光陽機車"，仓库和机车在日常生活中较为常用，并不需要用繁体字来进行标注，只需要用简化汉字即可，用繁体字来表示反而让人觉得不恰当和别扭。当然繁体字并不是完全不能用，如果想要突显人文特色应当可以适当使用繁体字，比如"老鳳祥銀樓""龍鳳珠寶"等珠宝店适当地使用繁体字似乎可以接受，毕竟珠宝店属于高层次消费场所，比较富有古典和人文气息，店名使用繁体字能给人一种文化感。

江西省实施国家语言文字法《办法》中还明确规定："企业名称、个体工商户名称应当使用规范汉字，不得使用汉语拼音、字母、阿拉伯数字。"但抚州市有些店名只使用拼音、外语、数字等字符，如店名"6677""8090""MOD'S M JEANS"等。很明显这些用法不符合《国家通用语言文字法》的规定，但是由于其在民众当中使用范围较广，而且民众似乎也并不反感，所以是不是以后可以成为规范的形式有待进一步讨论。

（二）拼写不规范

拼写不规范主要表现在汉语拼音拼写错误上。例如服装店名"速购"配注的汉语拼音是"Sugo"，服装店名"秋水伊人"配注的汉语拼音是"CHIU·SHUI"，服装店名"米丹阳"配注的汉语拼音是"Midaya"，女装店名"伊布都"配注的汉语拼音是"ibudu"，这些都出现了拼写错误。

之所以会出现这些拼写不规范现象，一方面可能是由于商家对汉语拼音的拼写规则了解和掌握得不够全面，另一方面也可能是商家一味追求标新立异，而故意将汉语拼音写错，或者是拼成英语的形式，表面上看起来新颖独特，实际上却显得较为蹩脚和突兀。一个城市的语言景观特别是商店名反映了该城市基本的文化面貌和人文气息，因此，应该尽量避免这些不规范现象的出现。

（三）翻译不规范

翻译不规范现象主要表现在景区标牌的英语翻译上。抚州语言景观存在一些完全中式化的英语翻译，基本上是词对词的生硬翻译，最终翻译出来的意义往往不地道，甚至和原本的意义出现较大偏差。如"小心台阶"的英语翻译"Careful Steps"或"Careful stair"；"小心碰头"的英语翻译"WATCH YOUR HEAD"或"Attention! MIND YOUR HEAD"；"禁止攀爬"的翻译"NO CLIMB"；"注意安全"的翻译"Caution danger"等。这些形式的翻译大多只是生搬硬套原来语序的结构，并没有结合实际情况和语境进行灵活处理，只是一味牵强附会于字面意义，这就使得翻译出来的意思和本意相去甚远。

城市语言景观是城市文化底蕴的重要表现，加强语言景观的规划与建设是城市文化建设的重要组成部分，尽量避免语言景观中的不规范有助于改善城市的文化面貌和文化印象。抚州语言景观整体上文化色彩比较浓，但国际化程度有限，这折射了抚州的经济发展水平和文化特质。

# 第五章

# 赣州市语言文字使用调查研究

　　赣州，位于江西南部，赣江上游，俗称赣南。赣州三面环水，整个城市被章江、贡江两条江水所环抱，章贡二江在赣州合流为赣江，赣州的"赣"因此而得名。赣州东邻福建三明、龙岩，南毗广东梅州、韶关，西接湖南郴州，北连本省吉安、抚州，是珠江三角洲、闽东南三角区的腹地，是内地通向东南沿海的重要通道，"据五岭之要会，扼赣闽粤湘之要冲"，自古就是"承南启北、呼东应西、南抚百越、北望中州"的战略要地。当代赣州形成了铁路、航空、高速公路、水上运输相互配合的立体交通网络，境内赣粤高速、赣韶高速、蓉厦高速、鹰瑞高速、石吉高速已全线开通，京九铁路、赣龙铁路纵横赣州东西南北，赣州机场开通了北京、上海、深圳、广州、厦门、海口、成都、昆明、南昌等十多条航线，依托章江、贡江、赣江而形成便捷的水运。

　　赣州形成行政区的历史悠久。有行政建制县始于秦，时隶九江郡，汉属豫章郡。三国时设置相当于市一级的行政机构——庐陵南部都尉（隶于吴）。晋时属南康郡，隋时属洪州总管府，唐时先后隶于洪州总管府、江南道、江南西道，宋时隶江南西路，元隶于江西行省赣州路总管府，明清时属赣州府，中华民国时属江西省政府。清康熙年间和民国初先后置分巡赣南道和赣南道（俗称"赣南"亦与此有关）。中华人民共和国成立后设赣州市。

　　赣州今辖章贡区、南康区两个市辖区，以及赣县、大余、上犹、崇义、信丰、龙南、定南、全南、安远、宁都、于都、兴国、会昌、石城、寻乌15个县，代管瑞金1个县级市，共18个县级政区，另有3个国家经济技术开发区和1个国家级出口加工区，总面积3.94万平方公里，为江西省最大的地级行政区，占江西总面积的 23.6%，以山地、丘陵为主，山地、丘陵占全市总面积的 80.98%。总人口 987 万，地区生产总值（GDP）2194 亿元（2016 年数据），总量占全省第二。

赣州历史悠久，文化底蕴非常丰厚，有"红色故都""江南宋城""客家摇篮""堪舆圣地"之美誉。

赣州是毛泽东思想的重要发祥地，是全国著名的革命老区，第二次国内革命战争时期，中央革命根据地在这里创建，中华苏维埃共和国在这里奠基（赣州瑞金），二万五千里长征从这里出发，故有"红色故都""共和国摇篮"之称。赣州为革命牺牲的有名有姓的烈士多达 10.8 万人，占江西省烈士总数的 43%。在共和国的第一代将帅中，十大元帅中有 9 位（徐向前除外）、十大将中的 7 位（粟裕、陈赓、黄克诚、谭政、萧劲光、张云逸、罗瑞卿）都在赣州生活过、战斗过。

早在宋代，赣州就已经成为全国 36 大城市之一，当时"商贾如云""货物如雨"。赣州古迹众多：被学界称为宋代孤品的古城墙，中国唯一至今仍在使用的古代排水系统——古福寿沟，江南第一石窟——通天岩，沿用近 900 年仍在使用的古浮桥，中国八景文化的发祥地——八境台，辛弃疾留下千古绝唱"青山遮不住，毕竟东流去"的郁孤台。众多的宋代文物，使赣州获得"江南宋城"和"宋城博物馆"之称。

赣州也被誉为"客家摇篮"。魏晋南北朝时期，客家先民为避战乱而离开中原故土，沿着赣江溯流而上，涌进赣南山区，然后深入福建、广东。赣州是客家先民中原南迁的第一站，是客家人的发祥地、中转站、主要聚居地和客家民系形成的摇篮，如今，赣州 987 万人口中，95%以上为客家人。这里有 600 余幢神奇的客家围屋，被称为"东方的古罗马"，有规模宏大的客家文化城，是客家后人寻根祭祖的圣地，还有那尘封已久的客家古村落，更有那古风古朴的赣南采茶戏、兴国山歌、赣县东河戏、石城灯彩、信丰手端木偶戏等丰富多彩的客家文艺形式。

赣州还是享誉世界的"堪舆圣地"。世界风水在中国，中国风水在赣州。赣州兴国的三僚村，被称为"中国风水文化第一村"，成为堪舆文化的发祥地、世界风水文化爱好者朝觐的圣地。风水祖师杨筠松（名益，号救贫）曾隐居三僚著书立说，创立中国赣派风水文化理论体系，从此，中国风水文化传播海内外。自五代十国至宋、元、明、清，三僚共出了24个国师、72个明师，其中白衣承诏，由皇帝钦封为钦天监博士的风水师就达36人。古都南京、北京著名建筑，如明十三陵、故宫、长城清东陵等都是三僚风水先生堪择。

赣州也是宋明理学的发祥地。理学的开山始祖周敦颐在赣州发表了代表理学的经典之作——《太极图说》和《通书》，此后，"二程"（程颢、程颐）、杨时、朱熹、王阳明等将理学思想发扬光大。

赣州文化厚重，是宋明理学的奠基地、客家文化的孕育地和传播地，更是风水文化发展和形成的地方。诸多历史文化名人都曾在此驻足，周敦颐在此著《爱莲说》，王阳明在此潜心研究心学，汤显祖在此作《牡丹亭》，风水祖师杨救贫在此创立形势派风水理论，王安石、苏东坡、辛弃疾、文天祥、海瑞、岳飞、戚继光、石达开等都曾在此留下了许多传奇故事。近代，蒋经国也曾主政赣州6年。赣州共有国家级文化保护单位10处64个点，省级文物保护单位54处，1994年赣州被国务院批准命名为"国家历史文化名城"。

赣州自然风景秀美，素有"绿色宝库""生态王国""江南水乡"之美称，著名的景点有东江（香港饮用水）源头——安远三百山，高峡平湖——上犹陡水湖，"天然氧吧"——崇义阳岭，"水上丝绸之路"——大余梅关，道教第35福地——宁都翠微峰，"江南蓬莱"——会昌汉仙岩。赣州还是名扬海内外的"世界橙乡"，脐橙种植面积世界第一，年产量世界第三。赣州有国家级风景名胜区4处，国家级自然保护区3处，国家级森林公园9个，国家4A级旅游区20处，国家5A级旅游区1处。

赣州的民族成分构成比较复杂，以汉族为主，占总人口的99.2%，另外还有41个兄弟民族，包括畲、回、蒙古、藏、维吾尔、苗、彝、壮、布依、朝鲜、满、侗、瑶、白、土家、哈尼、哈萨克、傣、黎、傈僳、高山、佤、拉祜、水、东乡、纳西、景颇、独龙、土、达斡尔、仫佬、羌、布朗、撒拉、毛南、仡佬、锡伯、塔吉克、怒、乌孜别克、鄂温克等民族，其中，畲、回、蒙古3个民族人口超过千人。

赣州各地的主要汉语方言是客家方言，可以分为东片、西片、环形片，东片主要流通在兴国、于都、宁都、石城、安远、会昌、龙南等县，西片主要流通在赣州市郊区、赣县、南康、信丰、兴国、上犹、崇义、大余等县，环形片主要流通在上犹、崇义、大余、信丰、全南、龙南、定南、寻乌、会昌、瑞金、兴国等县。赣州第二大汉语方言是西南官话，俗称为赣州话，主要流通在赣州市区、信丰县城以及城郊二三市里以内，在客家方言的汪洋大海中形成了一个特殊的赣州话方言岛现象。

# 第一节　民众语言文字使用与态度

赣州语言文字调查与上饶、鹰潭、抚州的基本思路一致，调查目的一致，调查方法也一致，但调查问卷的内容以及回收问卷的数量有一定的差别。上饶、鹰潭、抚州是国家语委 2015 年重点课题"海西经济区江西三城市（上饶、鹰潭、抚州）语言文字使用情况调查"的调查对象，而赣州是国家语委 2012 年委托项目"海西经济区语言文字使用情况调查"的调查对象，二者大致思路一致，但有细微差别。

## 一　调查问卷设计

（一）调查问卷的主要内容

被调查人的基本情况包括：①性别；②年龄；③受教育程度；④现从事的职业；⑤在校学生的年级和专业。

被调查人的语言法律知识、语言使用情况及其态度，包括：①"国家推广全国通用的普通话"出自哪部法律；②是否愿意说普通话；③是否学过普通话；④学习普通话的途径；⑤学习普通话的原因；⑥普通话程度；⑦希望普通话达到什么程度；⑧认为本地小学应该采用什么教学语言；⑨认为本地中学应该采用什么教学语言；⑩能用哪些话与人交谈：⑪在家最常说哪种话；⑫工作中最常说哪种话；⑬是否喜欢说当地话；⑭学习当地话的最好途径；⑮是否愿意参加普通话水平测试。

被调查人的文字法律知识、文字使用情况及其态度，包括：①"国家推行规范汉字"出自哪部法律；②看繁体字书报是否有困难；③平时主要写简化字还是繁体字；④是否赞成海西经济特区户外广告使用繁体字；⑤是否愿意学繁体字；⑥是否学过繁体字；⑦学习繁体字的最好途径是什么。

（二）问卷调查的对象和方法

问卷调查的对象主要包括三方面人员：第一是公务员，包括人大、政协、文化、广电、出版、工商、卫生、侨办、台办、旅游等相关部门工作人员；第二是大、中学校的教师和学生；第三是社会各行业从业人员。

在调查方法上，各类人员有所差别，对于公务员，主要通过参加座谈的人员帮助发放问卷并最后回收，前一天发下去第二天收回来；对于教师和学生，主要请相关老师帮助发放问卷并监督即时填写即时回收；对于各行业从业人员，主要在两个场合进行现场调查，一是公园，二是商业街，进行非随机调查，由调查人员当场发放问卷当场引导被调查人填写问卷当场回收。

二　问卷样本结构

本问卷涉及被调查者的主要信息包括性别、年龄、学历、职业（身份）四个参数。调查共收回有效问卷300份，各样本所占比例如图5-1-1所示。

依数据图5-1-1可知，问卷对象的性别比例基本均衡，女性略多于男性；年龄构成主要是14—50岁之间，尤其18—40岁之间的青年人和中年人最多；学历层次基本都在高中以上，尤其大学学历者居多；从职业（身份）来看，以学生最多，其次是教师和公务员。总之，调查样本分布基本合理、比例均衡，具有一定的代表性，基本能

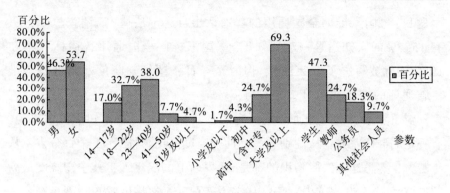

**图5-1-1 问卷样本构成**

反映赣州市民语言文字使用现状。

### 三 调查问卷数据分析

调查问卷共22题，主要内容涉及五方面：第一，语言文字相关法律知识的社会知晓度；第二，语言文字使用的能力，包括普通话和方言的运用能力、繁体字的认读能力；第三，语言文字使用的状况，包括普通话和方言的使用状况、简化字和繁体字的使用状况；第四，对语言文字的态度，包括对普通话和方言的态度、对繁体字的态度；第五，关于语言文字的学习，包括普通话的学习、方言的学习以及繁体字的学习情况。问卷分析就从这五方面展开。

（一）语言文字相关法律知识的社会知晓度

关于语言文字法律知识的社会知晓度我们调查了两方面内容：一是"国家推广全国通用的普通话出自哪部法律"，二是"国家推行规范汉字出自哪部法律"。我们通过统计熟悉某项知识的人数在所有调查对象中的占比情况来判断社会知晓度。

1. 对"国家推广全国通用普通话"法律出处的知晓度

自新中国成立以来，国家一直致力于普通话的推广工作。推广普通话是我国的一项基本国策，有法律依据。我国《宪法》第十九条明确规定："国家推广全国通用的普通话。"《宪法》是国家的根本大法，是国家行政的最根本依据，自然也是国家语言文字各项工作的最根本依据。为了解赣州民众对这一法律知识的知晓度，我们设计了一个题目："国家推广全国通用的普通话出自哪部法律？"调查显示，只有15.7%的人知道这一法律知识。"国家推广全国通用普通话"早在1982年就被写进了《宪法》，但时至今日，整体知晓度非常低，与推广普通话的重要性明显不相符合。

对于熟悉"推广普通话是《宪法》规定"这一法律知识的人来说，有一定的群体差异：从性别看，女性知晓度高出男性近11个百分点；从年龄看，熟悉这一法律知识的都是18岁以上的成年人，其中知晓度最高的群体是23—40岁的中青年；从学历来看，大学学历者知晓度最高，达到85.1%；从职业身份来看，教师知晓度最高，达到44.7%，其次是公务员，也达到了34%。具体数据如图5-1-2所示。

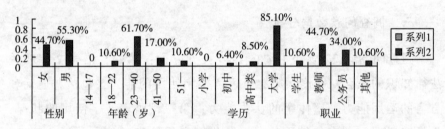

**图 5-1-2　国家推广普通话社会认知的群体差异**

2. 对"国家推行规范汉字"法律出处的知晓度

新中国成立以来一直在推行规范简化汉字，当代语言生活中民众也基本习惯了使用规范简化汉字。"国家推行规范汉字"已经被法律固定下来。自2001年1月1日起施行的《中华人民共和国国家通用语言文字法》第三条明确规定"国家推行规范汉字"。对此我们设计了一个题目"国家推行规范汉字出自哪部法律"，调查结果显示，有87.7%的人知道这一法律知识，知晓度相对较高。不同人群对这一法律知识的熟悉情况也有一定的差别，女性比男性更熟悉，年轻人比50岁以上的人更熟悉，学历越高越熟悉，学生、教师比其他人员更熟悉，具体数据如图5-1-3所示。

总之，推广普通话和推行规范汉字是我国最基本的语文政策，有很强的法律依据，但社会对这些法律知识的知晓情况整体上并不理想，特别是对推广普通话写入《宪法》的事实，社会认知度极低，应

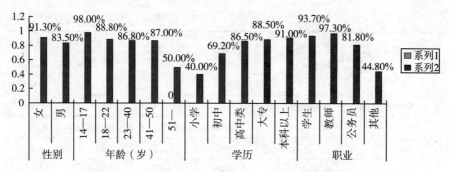

**图 5-1-3 国家推行规范汉字社会认知的群体差异**

该进一步加强这方面的宣传工作，尤其要在学校教育中加强这一基本知识的宣传。

（二）语言文字使用的能力

本次调查的语言文字使用能力主要包括普通话与方言的使用能力、普通话的熟练程度，以及繁体字的识解能力。

1. 普通话和方言的使用能力

普通话是当代语言生活中应用范围最广泛的交际工具，相比于方言来说更强势。在公共场所使用普通话越来越多，而使用方言则越来越少，很多人担心民众的方言能力在大幅下降。对此我们设计了一个多选题目"能用哪些话与人交流"，调查结果显示，99.3%被调查者表示能用普通话交流，而能用方言（包括赣州当地话和其他方言）交流的人则只有73.3%，以此看来，民众的普通话能力比较强，但方言能力相对弱一点。

能使用普通话和方言交流的能力，不同群体有一定的差别：女性普通话能力略强于男性，男性方言能力略强于女性；年龄越大方言能力越强，但 23—40 岁的人略有差异；从学历看，小学学历者方言能力最强，初中学历者方言能力最差；从职业来看，方言能力最强的是公务员。详细数据如表 5-1-1 所示。

表 5-1-1　　　　能熟练使用的话语（可多选）　　　　（%）

| 基本参数 | | 普通话 | 当地话 | 外语 | 其他话 |
|---|---|---|---|---|---|
| 性别 | 男 | 98.6 | 74.1 | 14.4 | 4.3 |
| | 女 | 100 | 71.4 | 24.8 | 0.6 |

（续表）

| 基本参数 | | 普通话 | 当地话 | 外语 | 其他话 |
|---|---|---|---|---|---|
| 年龄 | 14—17 岁 | 100 | 62.7 | 15.7 | 3.9 |
| | 18—22 岁 | 99.0 | 75.5 | 35.7 | 1.0 |
| | 23—40 岁 | 100 | 69.3 | 14.0 | 2.6 |
| | 41—50 岁 | 100 | 87.0 | 4.3 | 4.3 |
| | 51 岁及以上 | 100 | 92.9 | 0 | 0 |
| 学历 | 小学 | 100 | 100 | 0 | 0 |
| | 初中 | 100 | 46.2 | 30.8 | 0 |
| | 高中 | 100 | 70.3 | 8.1 | 2.7 |
| | 大专 | 100 | 78.8 | 3.8 | 3.8 |
| | 本科 | 98.7 | 73.1 | 30.8 | 1.9 |
| 职业/身份 | 学生 | 98.6 | 71.8 | 30.3 | 2.1 |
| | 教师 | 100 | 68.9 | 16.2 | 1.4 |
| | 公务员 | 100 | 80.0 | 9.1 | 5.5 |
| | 其他 | 100 | 72.4 | 0 | 0 |

## 2. 普通话的熟练程度

当代语言生活中，普通话已经成为民众日常生活中最常用的交际工具，普通话的普及程度已经非常高，特别是城市民众的普通话水平整体上比较高。赣州民众普通话水平自我评价调查显示，有近46.5%的被调查者认为能流利准确使用普通话，有44.6%的被调查者认为尽管有些音不准但基本能熟练使用普通话，7.3%的人认为能熟练使用普通话但口音较重，这三部分人合占97.3%，真正不熟练或不会说的只占1.7%，可见绝大多数民众对自己的普通话交际能力有较高的自信。

关于普通话水平的自我评价，不同群体有一定差别：女性自认为"流利准确"的比例明显高于男性，男性自认为"熟练但不准、口音重"的比例高于女性；40岁以下的人自认为"流利准确"的比例明显高于40岁以上的人，后者自认为"不准确、口音重"的比例高于前者；从学历看，初中学历者自认为"流利准确"的比例最高，小学学历者没有一人认为自己的普通话"流利准确"；从职业看，公务员和在校学生自认为普通话"流利准确"的比例最高。具体数据见表5-1-2所示：

**表 5-1-2** 普通话水平的自我评价 （%）

| 基本参数 | | 流利准确 | 熟练但不准 | 熟练但口音重 | 能交谈不熟练 | 能听懂不会说 |
|---|---|---|---|---|---|---|
| 性别 | 男 | 39.6 | 46.8 | 11.5 | 1.4 | 0.7 |
| | 女 | 53.4 | 42.2 | 3.1 | 1.2 | 0 |
| 年龄 | 14—17 岁 | 49.0 | 45.1 | 5.9 | 0 | 0 |
| | 18—22 岁 | 53.1 | 38.8 | 5.1 | 2.0 | 1.0 |
| | 23—40 岁 | 50.0 | 45.6 | 3.5 | 0.9 | 0 |
| | 41—50 岁 | 21.7 | 56.5 | 21.7 | 0 | 0 |
| | 51 岁及以上 | 14.3 | 50.0 | 28.6 | 7.1 | 0 |
| 学历 | 小学 | 0 | 40.0 | 40.0 | 20.0 | 0 |
| | 初中 | 76.9 | 23.1 | 0 | 0 | 0 |
| | 高中 | 47.3 | 45.9 | 6.8 | 0 | 0 |
| | 大专 | 32.7 | 51.9 | 15.4 | 0 | 0 |
| | 本科 | 50.6 | 42.9 | 3.8 | 1.9 | 0.6 |
| 职业/身份 | 学生 | 50.0 | 43.0 | 4.9 | 1.4 | 0.7 |
| | 教师 | 41.9 | 54.1 | 2.7 | 1.4 | 0 |
| | 公务员 | 52.7 | 32.7 | 14.5 | 0 | 0 |
| | 其他 | 34.5 | 48.3 | 13.8 | 3.4 | 0 |

### 3. 繁体字识读能力

在当代语言生活中，简化字是民众主要的书面交际工具，但繁体字并没有从现实语言生活中消失，民众对繁体字也并不陌生。赣州调查显示，尽管看繁体字书报"基本没有困难"的人并不多，只占25.7%，然而"困难很多"的人也很少，只占11.7%，有62.7%的人虽然有点困难，但能凭猜测读懂大概意思，可见大多数民众都具有一定的繁体字识读能力。

识读繁体字的能力，不同群体有差别：男性识读繁体字"基本没困难"的比例明显高于女性；从年龄看，"基本没困难"比例最高的是41—50岁的中年人，而"困难很大"比例最高的是51岁及以上的中老年人，达到 35.7%。从学历看，小学学历者 100% "基本没有困难"，这是几位年纪较大受过繁体字教育的人，初中学历者识读繁体字 "基本没有困难" 的比例也很大，达到 53.8%；从职业来看，准确识读繁体字能力最强的是公务员，"基本没有困难" 达到 45.5%，其他职业人员识读繁体字 "困难很大" 的比例最高，达到 34.5%。详见表 5-1-3。

表 5-1-3　　　　　　　　对常用繁体字认识情况　　　　　　　　（%）

| 基本参数 | | 基本没困难 | 有困难但能懂 | 困难很大 |
|---|---|---|---|---|
| 性别 | 男 | 29.5 | 59.0 | 11.5 |
| | 女 | 22.4 | 65.8 | 11.8 |
| 年龄 | 14—17 岁 | 23.5 | 64.7 | 11.8 |
| | 18—22 岁 | 15.3 | 71.4 | 13.3 |
| | 23—40 岁 | 31.6 | 60.5 | 7.9 |
| | 41—50 岁 | 43.5 | 47.8 | 8.7 |
| | 51 岁及以上 | 28.6 | 35.7 | 35.7 |
| 学历 | 小学 | 100 | 0 | 0 |
| | 初中 | 53.8 | 38.5 | 7.7 |
| | 高中 | 17.6 | 64.9 | 17.6 |
| | 大专 | 34.6 | 61.5 | 3.8 |
| | 本科 | 25.0 | 66.0 | 9.0 |
| 职业/身份 | 学生 | 17.6 | 69.0 | 13.4 |
| | 教师 | 29.7 | 64.9 | 5.4 |
| | 公务员 | 45.5 | 50.9 | 3.6 |
| | 其他 | 17.2 | 48.3 | 34.5 |

　　总的来看，民众基本能熟练运用普通话进行交流，而只有 75% 左右的受调查者表示能用方言（赣州话和其他方言）交流，特别是初中在校学生只有 46.2% 的人能用方言交流，可见，赣州民众方言能力的前景并不乐观。有大约 88% 的民众认识生活中大部分繁体字，繁体字识读能力并不低。

　　（三）语言文字使用的状况

　　本次调查的语言文字使用状况主要指普通话、方言、简化字、繁体字的使用场所和使用习惯。我们设计了三个问题："在工作中最常说哪种话""在家里最常说哪种话""平时主要写简化字还是繁体字"。具体数据见图 5-1-4。

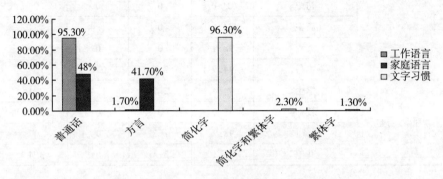

**图 5-1-4　语言文字使用习惯**

### 1. 工作中的常用语言

在工作中使用全国通用普通话已经形成了一种不容置疑的社会趋势，赣州民众有 95% 的人在工作中会选择普通话。不同群体在工作中是否使用普通话有一定的差别：女性使用普通话的比例略高于男性；从年龄看，51 岁及以上的人使用普通话的比例略低于 51 岁以下的人；从学历看，初中学历者比例最高，100% 使用普通话，而小学学历者使用当地话比例最高，达到 20%；从职业身份看，公务员、教师、学生之外的其他人员使用当地话的比例相对要高。详见表 5-1-4。

**表 5-1-4　　　　　　　　　工作中的常用语言　　　　　　　　（%）**

| 基本参数 | | 普通话 | 当地话 | 外语 | 其他① |
|---|---|---|---|---|---|
| 性别 | 男 | 94.2 | 2.2 | 1.4 | 2.1 |
| | 女 | 96.3 | 1.2 | 0 | 2.5 |
| 年龄 | 14—17 岁 | 94.1 | 0 | 2.0 | 3.9 |
| | 18—22 岁 | 94.9 | 3.1 | 1.0 | 1.0 |
| | 23—40 岁 | 96.5 | 0.9 | 0 | 2.7 |
| | 41—50 岁 | 95.7 | 0 | 0 | 4.3 |
| | 51 岁及以上 | 92.9 | 7.1 | 0 | 0 |

---

① "其他"指不单纯使用哪种话，而是几种话变换使用。

（续表）

| 基本参数 | | 普通话 | 当地话 | 外语 | 其他 |
|---|---|---|---|---|---|
| 学历 | 小学 | 80.0 | 20.0 | 0 | 0 |
| | 初中 | 100 | 0 | 0 | 0 |
| | 高中 | 94.6 | 0 | 1.4 | 4.1 |
| | 大专 | 98.1 | 0 | 0 | 1.9 |
| | 本科 | 94.9 | 2.6 | 0.6 | 1.9 |
| 职业/身份 | 学生 | 94.4 | 2.1 | 1.4 | 2.1 |
| | 教师 | 95.9 | 0 | 0 | 4.1 |
| | 公务员 | 98.2 | 1.8 | 0 | 0 |
| | 其他 | 93.1 | 3.4 | 0 | 3.4 |

### 2. 家庭中的常用语言

在当代语言生活中，普通话作为工作语言已经成为大众的一种习惯，但在家庭交际中普通话并不占很大优势，方言在家庭交际中仍然占很重要地位。调查显示，赣州民众家庭语言选择普通话的只占48%，选择方言的占42%，二者基本上是平分秋色。不同群体在家庭语言选择方面也有一定的差别：女性选择普通话的比例高出男性近10个百分点，男性选择方言的比例则高出女性12个百分点；从年龄看，选择普通话比例最高的群体是23—50岁的青年人和中年人，选择方言比例最高的是51岁以上和18—22岁两个年龄段的人；从学历看，初中学历者选择普通话的比例最高，而小学学历者100%用方言交流；从职业身份看，教师选择普通话的比例最高，学生选择方言的比例最高，而公务员普通话和方言交替使用的比例最高，达到20%。详见表5-1-5。

**表 5-1-5**　　　　　　　　　　　家庭常用语言　　　　　　　　　　（%）

| 基本参数 | | 普通话 | 当地话 | 其他① |
|---|---|---|---|---|
| 性别 | 男 | 42.4 | 48.2 | 9.3 |
| | 女 | 52.8 | 36.0 | 11.1 |

---

① "其他"指不单纯使用哪种话，而是几种话变换使用。

| 基本参数 | | 普通话 | 当地话 | 其他 |
|---|---|---|---|---|
| 年龄 | 14—17 岁 | 49.0 | 47.1 | 3.9 |
| | 18—22 岁 | 30.6 | 62.2 | 7.1 |
| | 23—40 岁 | 59.6 | 23.7 | 16.7 |
| | 41—50 岁 | 69.6 | 17.4 | 13 |
| | 51 岁及以上 | 35.7 | 64.3 | 0 |
| 学历 | 小学 | 0 | 100 | 0 |
| | 初中 | 69.2 | 30.8 | 0 |
| | 高中 | 39.2 | 58.1 | 2.8 |
| | 大专 | 39.2 | 58.1 | 2.8 |
| | 本科 | 50.0 | 37.8 | 12.1 |
| 职业/身份 | 学生 | 35.9 | 58.5 | 5.6 |
| | 教师 | 73.0 | 13.5 | 13.6 |
| | 公务员 | 45.5 | 34.5 | 20.0 |
| | 其他 | 48.3 | 44.8 | 6.8 |

## 3. 汉字使用习惯

简化字已经成为当代民众最主要的书面交际工具，但繁体字也有人在使用。调查显示，赣州民众有 96.3% 的人主要使用简化字，1.3% 的人主要使用繁体字，2.3% 的人简化字和繁体字都写。在使用繁体字的人当中，男性比例要高于女性，51 岁及以下的人比例要高于 51 岁以上的人，高学历者比低学历者更常书写繁体字，从职业看，教师书写繁体字的比例最低。详见表 5-1-6。

表 5-1-6　　主要使用繁体字或繁体字简化字都使用者的比例　　（%）

| 性别 | | 年龄 | | | | |
|---|---|---|---|---|---|---|
| 女 | 男 | 14—17 岁 | 18—22 岁 | 23—40 岁 | 41—50 岁 | 51 岁及以上 |
| 1.9 | 5.8 | 3.9 | 4.1 | 3.5 | 4.3 | 0 |
| 学历 | | | | | 职业 | |
| 小学 | 初中 | 高中类 | 大专 | 本科 | 学生 | 教师 | 公务员 | 其他 |
| 0 | 0 | 1.4 | 1.9 | 3.2 | 3.5 | 1.4 | 3.6 | 10.3 |

综上所述，在工作中选择普通话作为交际工具已经成为民众的一种习惯，而在赣州家庭中普通话和方言使用情况基本对等，有书写繁体字习惯的人总体上并不多。

（四）对语言文字的态度

语言文字是基本工具的交际，人们在使用语言文字过程中往往会产生一定的主观态度，特别是同时使用多种话语或文字形态时，其主观态度会有一定的偏向性。本部分我们主要调查了赣州民众对普通话、方言以及繁体字的主观态度。

1. 对普通话的态度

对待普通话的态度我们主要调查了三个问题：第一，是否愿意说普通话；第二，希望普通话达到什么程度；第三，是否愿意参加普通话水平测试。图 5-1-5 是具体的调查结果。

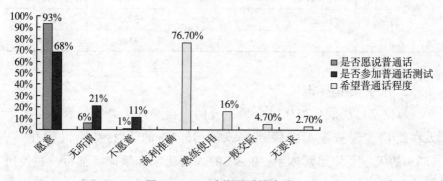

图 5-1-5　对普通话的态度

总的来看，赣州民众对普通话是持一种比较积极的态度，愿意说普通话的人比例很高，绝大多数人希望普通话水平很高，也愿意参加普通话测试。具体每个问题有一定的差异。

第一，说普通话意愿的人群差异。

赣州民众中愿意说普通话的占 93%，不愿意说普通话的只有 1%，另有 6% 持无所谓态度，可见真正排斥普通话的人数微乎其微。对于说普通话的意愿，不同人群有一定的差别：女性意愿强于男性；14—50 岁的人意愿强于 51 岁及以上的人，值得注意的是 18—22 岁的人有 3.1% 不愿意说普通话，年轻群体中有这个比例有点出人意料；从学历看，初中以下学历者说普通话的意愿明显低于初中以上学历者，尤其值得关注的是初中学历者100%持一种无所谓态度，这个比例相当高；从职业身份看，教师说普通话的意愿最强，达到100%。详见表5-1-7。

表 5-1-7　　　　　　　　　是否愿意说普通话　　　　　　　　　　（%）

| 基本参数 | | 愿意 | 无所谓 | 不愿意 |
|---|---|---|---|---|
| 性别 | 男 | 90.6 | 7.9 | 1.4 |
| | 女 | 95.0 | 4.3 | 0.6 |
| 年龄 | 14—17 岁 | 90.2 | 9.8 | 0 |
| | 18—22 岁 | 93.9 | 3.1 | 3.1 |
| | 23—40 岁 | 93.9 | 6.1 | 0 |
| | 41—50 岁 | 95.7 | 4.3 | 0 |
| | 51 岁及以上 | 85.7 | 14.3 | 0 |
| 学历 | 小学 | 40.0 | 60.0 | 0 |
| | 初中 | 0 | 100 | 0 |
| | 高中 | 91.9 | 8.1 | 0 |
| | 大专 | 98.1 | 1.9 | 0 |
| | 本科 | 92.3 | 5.8 | 1.9 |
| 职业/身份 | 学生 | 91.5 | 6.3 | 2.1 |
| | 教师 | 100 | 0 | 0 |
| | 公务员 | 87.3 | 12.7 | 0 |
| | 其他 | 93.1 | 6.9 | 0 |

第二，普通话水平期望值的人群差异。

关于"希望普通话达到什么程度"，赣州民众有76.7%的人希望能流利准确使用普通话，有16%的人希望能熟练使用普通话，4.7%的人满足一般交际，有2.7%的对普通话没什么要求，总的来看，绝大多数人对自身普通话水平的期望值比较高。不同人群对普通话水平的期望值有一定的差别：女性希望普通话"流利准确"的比例明显高于男性，而男性满足于"熟练使用"和"一般交际"的比例高于女性；从年龄看，越是年轻，对普通话"流利准确"的期望值越高，越是年纪大，越是满足于普通话的"熟练使用"和"一般交际"；从学历看，初中学历者希望普通话"流利准确"的比例最高，而小学学历者希望普通话满足"一般交际"的比例最高；从职业身份看，学生希望普通话"流利准确"的比例最高。具体数据如表5-1-8所示。

**表 5-1-8　　　　　　　希望普通话达到程度　　　　　　（%）**

| 基本参数 | | 流利准确 | 熟练使用 | 一般交际 | 无要求 |
|---|---|---|---|---|---|
| 性别 | 男 | 67.6 | 21.6 | 7.2 | 3.6 |
| | 女 | 84.5 | 11.2 | 2.5 | 1.9 |
| 年龄 | 14—17 岁 | 88.2 | 5.9 | 2.0 | 3.9 |
| | 18—22 岁 | 84.7 | 10.2 | 3.1 | 2.0 |
| | 23—40 岁 | 75.4 | 19.3 | 3.5 | 1.8 |
| | 41—50 岁 | 47.8 | 43.5 | 8.7 | 0 |
| | 51 岁及以上 | 41.2 | 23.5 | 23.5 | 11.8 |
| 学历 | 小学 | 20.0 | 20.0 | 60.0 | 0 |
| | 初中 | 84.6 | 15.4 | 0 | 0 |
| | 高中 | 75.7 | 25.0 | 6.8 | 5.4 |
| | 大专 | 71.2 | 25.0 | 3.8 | 0 |
| | 本科 | 80.1 | 14.7 | 2.6 | 2.6 |
| 职业/身份 | 学生 | 85.9 | 8.5 | 2.8 | 2.8 |
| | 教师 | 75.7 | 20.3 | 4.1 | 0 |
| | 公务员 | 67.3 | 27.3 | 1.8 | 3.6 |
| | 其他 | 51.7 | 20.7 | 20.7 | 6.9 |

第三，参加普通话测试意愿的人群差异。

普通话水平测试既是国家对社会民众普通话水平的一个检阅，也是民众认识自身普通话水平的一个重要途径。调查显示，赣州民众有68%愿意参加普通话水平测试，21%无所谓，只有11%不愿意参加测试。如果调查对象全是在校学生，只有68%的人愿意参加普通话水平测试，其比例并不高，但我们的调查是面向全社会的，68%的比例还是比较高的，这显示了赣州民众希望了解自身普通话水平的意愿很强，也是对普通话持积极态度的表现。不同人群参加普通话水平测试的意愿有一定差别：女性的意愿明显强于男性，18—40岁的中青年的意愿要强于其他年龄段的人，初中和本科学历者强于其他学历者，教师和学生强于其他职业身份的人。具体数据如表5-1-9所示。

表 5-1-9　　　　　　　是否愿意参加普通话水平测试　　　　　（%）

| 基本参数 | | 愿意 | 无所谓 | 不愿意 |
|---|---|---|---|---|
| 性别 | 男 | 56.8 | 30.2 | 12.9 |
| | 女 | 77.6 | 13.0 | 9.3 |
| 年龄 | 14—17 岁 | 58.8 | 23.5 | 17.6 |
| | 18—22 岁 | 78.6 | 14.3 | 7.1 |
| | 23—40 岁 | 67.5 | 21.1 | 11.4 |
| | 41—50 岁 | 56.5 | 30.4 | 13.0 |
| | 51 岁及以上 | 50.0 | 42.9 | 7.1 |
| 学历 | 小学 | 60.0 | 40.0 | 0 |
| | 初中 | 76.9 | 23.1 | 0 |
| | 高中 | 59.5 | 25.7 | 14.9 |
| | 大专 | 51.9 | 32.7 | 15.4 |
| | 本科 | 76.9 | 14.1 | 9.0 |
| 职业/身份 | 学生 | 72.5 | 16.2 | 11.3 |
| | 教师 | 73.0 | 17.6 | 9.5 |
| | 公务员 | 54.5 | 29.1 | 16.4 |
| | 其他 | 58.6 | 37.9 | 3.4 |

综合可见，赣州民众绝大多数人都喜欢普通话，都希望自己的普通话达到一个比较好的水平。从各项参数来看，女性、年龄小的追求普通话"流利准确"的意愿相对较强，而男性、年龄大的则大多只求能利用普通话进行交际。

2. 对方言的态度

在当代语言生活中，方言在公共场所的交际功能已经大为减弱，普通话成为公共场所最主要的交际工具。但是方言并没有完全消退，在一些相对随意的场合方言的交际功能依然不可低估。赣州话作为赣州地区的主要方言，对绝大多数赣州人都多多少少有点影响，那么赣州民众对赣州话的主观态度如何呢？调查结果显示，赣州民众明确表示喜欢赣州话的人比例最高，占 48.7%，然而并不占绝对优势；但明确表示不喜欢的人非常少，只占 0.7%，42.7% 的人表示喜欢程度一般，8% 的人无态度，总的来看，民众并不排斥赣州话。不同群体对赣州话的态度有差异：男性喜欢赣州话的比例高于女性，51 岁及以上的人喜欢赣州话的比例高于 51 岁以下的人，从学历看，小学学历者喜欢赣州话的比例相对要高，从职业身份看，公务员和学生喜欢赣州话的比例相对要高。表 5-1-10 是具体的调查数据。

表 5-1-10            是否喜欢说当地话           （%）

| 基本参数 | | 喜欢 | 一般 | 不喜欢 | 无态度 |
|---|---|---|---|---|---|
| 性别 | 男 | 55.4 | 40.3 | 4.3 | 0 |
| | 女 | 42.9 | 44.7 | 11.2 | 1.2 |
| 年龄 | 14—17 岁 | 51.0 | 35.3 | 5.9 | 2.0 |
| | 18—22 岁 | 49.0 | 43.9 | 7.1 | 0 |
| | 23—40 岁 | 43.9 | 45.6 | 10.5 | 0 |
| | 41—50 岁 | 47.8 | 39.1 | 8.7 | 4.3 |
| | 51 岁以上 | 64.3 | 35.7 | 0 | 0 |
| 学历 | 小学 | 60.0 | 40.0 | 0 | 0 |
| | 初中 | 38.5 | 46.2 | 7.7 | 7.7 |
| | 高中 | 55.4 | 35.1 | 9.5 | 0 |
| | 大专 | 46.2 | 46.2 | 7.7 | 0 |
| | 本科 | 46.8 | 44.9 | 7.7 | 0.6 |
| 职业/身份 | 学生 | 52.8 | 40.1 | 6.3 | 0.7 |
| | 教师 | 37.8 | 55.4 | 6.8 | 0 |
| | 公务员 | 54.5 | 36.4 | 7.3 | 1.8 |
| | 其他 | 44.8 | 34.5 | 20.7 | 0 |

3. 对普通话和方言关系的态度

普通话和方言是当代语言生活中最常用的两种交际工具，但相对来说，普通话更强势，使用范围更广，而方言的交际空间则似乎变得越来越狭窄，从而引发一部分人对方言生存状况的担忧。有人提出可以把方言作为中小学的教学语言，为此我们设计了两个问题展开调查："本地小学应该采取什么教学语言""本地中学应该采取什么教学语言"。结论如图 5-1-6 所示。

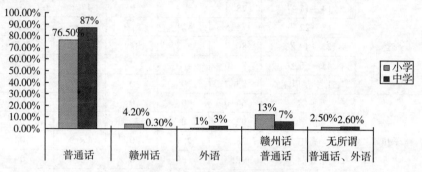

**图 5-1-6 对中小学教学语言的选择**

调查显示，无论小学还是中学，普通话作为教学语言获得了绝大多数人的支持，只有很少的一部分支持用赣州话教学，或者普通话和赣州并用。民众对小学和中学教学语言的选择态度有一定的差别。

第一，对本地小学教学语言选择的群体差别。

赣州民众有 76.5% 的人支持小学用普通话教学，13% 的人支持普通话和当地话并用教学，支持单纯用赣州话教学的人数很少，只占 4.2%。男性支持普通话教学的比例高于女性，女性支持赣州话教学的比例高于男性；从年龄看，41 岁以上的人支持普通话教学的比例高于 41 岁以下的人，而后者支持普通话赣州话并用教学的比例高于前者；从学历看，初中和大专学历者支持普通话教学的比例相对较高，而高中和本科学历者支持普通话和赣州话并用教学的比例相对较高；从职业看，教师支持普通话教学的比例最高，学生和公务员支持普通话和赣州话并用教学的比例相对较高。表 5-1-11 是具体的统计数据。

表 5-1-11　　　　对本地小学教学语言选择的看法　　　　（%）

| 基本参数 | | 普通话 | 赣州话 | 外语 | 普通话赣州话 | 普通话、外语无所谓 |
|---|---|---|---|---|---|---|
| 性别 | 男 | 82.7 | 2.9 | 0 | 13.7 | 0.7 |
| | 女 | 75.8 | 5.6 | 1.9 | 12.4 | 4.3 |

（续表）

| 基本参数 | | 普通话 | 赣州话 | 外语 | 普通话赣州话 | 普通话、外语无所谓 |
|---|---|---|---|---|---|---|
| 年龄 | 14—17 岁 | 78.4 | 3.9 | 0 | 17.6 | 0 |
| | 18—22 岁 | 74.5 | 4.1 | 2.0 | 16.3 | 3.0 |
| | 23—40 岁 | 80.7 | 5.3 | 0.9 | 10.5 | 2.7 |
| | 41—50 岁 | 87.0 | 4.3 | 0 | 4.3 | 4.3 |
| | 51 岁及以上 | 85.7 | 0 | 0 | 7.1 | 7.1 |
| 学历 | 小学 | 60.0 | 0 | 0 | 0 | 40 |
| | 初中 | 92.3 | 0 | 7.7 | 0 | 0 |
| | 高中 | 78.4 | 2.7 | 0 | 18.9 | 0 |
| | 大专 | 92.3 | 1.9 | 0 | 5.8 | 0 |
| | 本科 | 74.4 | 6.4 | 1.3 | 14.1 | 3.8 |
| 职业/身份 | 学生 | 74.6 | 4.2 | 1.4 | 17.6 | 2.1 |
| | 教师 | 90.5 | 1.4 | 0 | 6.8 | 1.4 |
| | 公务员 | 70.9 | 10.9 | 0 | 16.4 | 1.8 |
| | 其他 | 86.2 | 0 | 3.4 | 3.4 | 6.9 |

第二，对本地中学教学语言选择的群体差别。

对于中学的教学语言，赣州民众有 87% 支持用普通话，7% 的人支持普通话和赣州话并用，支持单纯用赣州话的微乎其微，只有0.3%。不同群体态度有一定差别：男性支持普通话的比例高于女性；从年龄看，14—17 岁的人支持普通话的比例最高，达到 98%，这个群体基本都是在校的中学生，支持普通话和赣州话并用比例较高的是18—40 岁这个年龄段的人；从学历看，支持普通话比例最高的是高中和大专学历者，值得注意的是小学学历者有 20% 支持用外语教学；从职业身份看，支持普通话比例最高的是教师，其次是学生和公务员。具体数据如表 5-1-12 所示。

**表 5-1-12　　　　对本地中学教学语言选择的看法**　　　　　（%）

| 基本参数 | | 普通话 | 赣州话 | 外语 | 普通话赣州话 | 普通话、外语、无所谓 |
|---|---|---|---|---|---|---|
| 性别 | 男 | 89.2 | 0.7 | 2.2 | 6.5 | 1.4 |
| | 女 | 85.1 | 0 | 3.7 | 7.5 | 3.7 |

（续表）

| 基本参数 | | 普通话 | 赣州话 | 外语 | 普通话赣州话 | 普通话、外语、无所谓 |
|---|---|---|---|---|---|---|
| 年龄 | 14—17 岁 | 98.0 | 0 | 0 | 2.0 | 0 |
| | 18—22 岁 | 80.6 | 1.0 | 6.1 | 9.2 | 3.0 |
| | 23—40 岁 | 87.7 | 0 | 1.8 | 8.8 | 1.8 |
| | 41—50 岁 | 87.0 | 0 | 4.3 | 4.3 | 4.3 |
| | 51 岁及以上 | 85.7 | 0 | 0 | 0 | 14.2 |
| 学历 | 小学 | 60.0 | 0 | 20.0 | 0 | 20 |
| | 初中 | 84.6 | 0 | 7.7 | 7.7 | 0 |
| | 高中 | 95.9 | 0 | 0 | 2.7 | 1.4 |
| | 大专 | 94.2 | 0 | 0 | 5.8 | 0 |
| | 本科 | 81.4 | 0.6 | 4.5 | 9.6 | 3.8 |
| 职业/身份 | 学生 | 86.6 | 0.7 | 4.2 | 6.3 | 2.1 |
| | 教师 | 91.9 | 0 | 1.4 | 2.7 | 4.2 |
| | 公务员 | 85.5 | 0 | 0 | 12.7 | 1.8 |
| | 其他 | 79.3 | 0 | 6.9 | 10.3 | 3.4 |

综合来看，普通话作为教学语言毫无疑问受到了绝大多数民众的支持，但对中小学的态度有一定的差别，支持中学用普通话教学的比例高出小学 10 个百分点，支持中学用外语教学的比例高于小学，支持小学用赣州话教学或者普通话赣州话并用的比例高于中学。

4. 对繁体字的态度

繁体字尽管不常用，但也没有完全退出当代语言生活，繁体字仍然在某些领域发挥特定的作用。那么民众对繁体字的态度如何呢？我们设计了两个问题：第一，是否愿意学习繁体字；第二，是否赞成户外广告使用繁体字。调查数据如图 5-1-7 所示。

第一，是否愿意学习繁体字的人群差异。

调查显示，赣州民众不愿意学习繁体字的人相对较少，只占 25.3%，愿意学习繁体字的人占 46.7%，接近一半的比例。不同群体学习繁体字的意愿有差异：女性学习繁体字的意愿强于男性；年龄与学习繁体字的意愿成反比例，越是年轻学习繁体字的意愿越强；从学

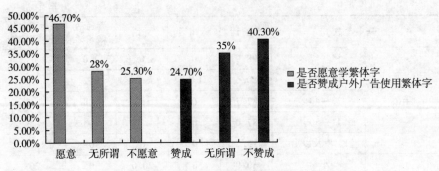

图 5-1-7　对繁体字的态度

历看，初中学历者学习繁体字的意愿最强，小学学历者不愿意学习繁体字的比例最高；从职业身份看，学生和公务员愿意学习繁体字的比例最高。具体数据如表 5-1-13 所示。

表 5-1-13　　　　　　　　是否愿意学习繁体字　　　　　　　　　（%）

| 基本参数 | | 愿意 | 无所谓 | 不愿意 |
|---|---|---|---|---|
| 性别 | 男 | 39.6 | 31.7 | 28.8 |
| | 女 | 52.8 | 24.8 | 22.4 |
| 年龄 | 14—17 岁 | 52.9 | 31.4 | 15.7 |
| | 18—22 岁 | 59.2 | 20.4 | 20.4 |
| | 23—40 岁 | 38.6 | 33.3 | 28.1 |
| | 41—50 岁 | 30.4 | 21.7 | 47.8 |
| | 51 岁及以上 | 28.6 | 35.7 | 35.7 |
| 学历 | 小学 | 20.0 | 20.0 | 60.0 |
| | 初中 | 69.2 | 30.8 | 0 |
| | 高中 | 43.2 | 33.8 | 23.0 |
| | 大专 | 32.7 | 32.7 | 34.6 |
| | 本科 | 51.9 | 23.7 | 24.4 |
| 职业/身份 | 学生 | 57.7 | 21.8 | 20.4 |
| | 教师 | 24.3 | 37.8 | 37.8 |
| | 公务员 | 56.4 | 23.6 | 20.0 |
| | 其他 | 31.0 | 41.4 | 27.6 |

第二，是否支持户外广告使用繁体字的人群差异。

　　《国家通用语言文字法》明确规定，户外广告应该使用通用规范简化汉字，但目前户外广告使用繁体字的情况并不少见，对此有支持者也有反对者。调查显示，赣州民众支持户外广告使用繁体字的人还是少数，只占24.7%，反对者达到40.3%。不同群体态度上有差异：男性反对的比例明显高于女性；从年龄看，反对比例最高的是14—17岁的在校中学生和41—50岁的中青年；从学历来看，支持比例最高的是本科和大专学历者，反对比例最高的是高中学历者；从职业身份来看，支持比例最高的是公务员，反对比例最高的是学生和教师。具体数据如表5-1-14所示。

表5-1-14　　　　　　　是否赞成户外广告使用繁体字　　　　　　（%）

| 基本参数 | | 赞成 | 无所谓 | 不赞成 |
| --- | --- | --- | --- | --- |
| 性别 | 男 | 25.2 | 28.8 | 46 |
| | 女 | 24.2 | 40.4 | 35.4 |
| 年龄 | 14—17岁 | 21.6 | 25.5 | 52.9 |
| | 18—22岁 | 20.4 | 37.8 | 41.8 |
| | 23—40岁 | 28.1 | 39.5 | 32.5 |
| | 41—50岁 | 34.8 | 13.0 | 52.2 |
| | 51岁及以上 | 21.4 | 50.0 | 28.6 |
| 学历 | 小学 | 20.0 | 60.0 | 20.0 |
| | 初中 | 23.1 | 53.8 | 23.1 |
| | 高中 | 13.5 | 28.4 | 58.1 |
| | 大专 | 26.9 | 32.7 | 40.4 |
| | 本科 | 29.5 | 36.5 | 34.0 |
| 职业/身份 | 学生 | 20.4 | 31.0 | 48.6 |
| | 教师 | 27.0 | 33.8 | 39.2 |
| | 公务员 | 32.7 | 36.4 | 30.9 |
| | 其他 | 24.1 | 55.2 | 20.7 |

　　综上所述，民众对学习繁体字有一定的意愿，但对户外广告使用繁体字整体上持一种比较消极的态度。

（五）关于语言文字的学习

关于语言文字的学习我们主要调查了普通话、方言和繁体字三方面的学习问题。

1. 关于普通话的学习

关于赣州民众普通话学习情况，我们调查了三个问题：第一，是否学过普通话；第二，学习普通话的主要途径；第三，学习普通话的原因。图 5-1-8 显示调查结果：

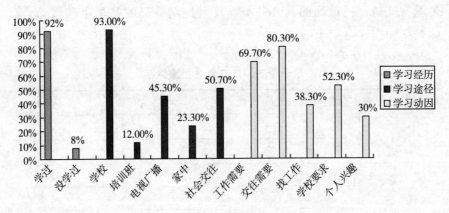

**图 5-1-8　关于普通话学习**

总体来看，赣州民众学过普通话的占绝大多数，而学习普通话的主要途径是学校，学习普通话的主要动因是社会生活的需要。

第一，普通话学习经历的人群差异。

赣州民众有 92% 表示学过普通话，其中女性学过普通话的比例略高于男性，51 岁以下的人学过普通话的比例高于 51 岁及以上的人，从学历看，初中以上学历者学过普通话的比例都很高，但小学学历者学过普通话的比例较低，只占 40%，从职业身份看，教师学过普通话的比例最高，其次是公务员和学生，其他社会人员比例相对较低。具体数据如表 5-1-15。

表 5-1-15　　　　　　　　　学过普通话的比例　　　　　　　　　（％）

| 性别 | | 年龄 | | | | |
|---|---|---|---|---|---|---|
| 女 | 男 | 14—17 岁 | 18—22 岁 | 23—40 岁 | 41—50 岁 | 51 岁及以上 |
| 93.2 | 90.6 | 94.1 | 88.8 | 95.6 | 95.7 | 71.4 |

| 学历 | | | | | 职业 | | | |
| --- | --- | --- | --- | --- | --- | --- | --- | --- |
| 小学 | 初中 | 高中类 | 大专 | 本科 | 学生 | 教师 | 公务员 | 其他 |
| 40.0 | 100 | 90.5 | 94.2 | 92.9 | 90.8 | 98.6 | 94.5 | 75.9 |

第二，对普通话学习途径认知的人群差异。

对于普通话学习途径的认知，93%的人认为主要是通过学校学习，有50%左右的人认可在社会交往和电视广播中学习，认可在家里和培训班学习普通话的比例最低。不同群体的认知有差别：女性认可通过"社会交往""电视广播"和"家中"学习普通话的比例高于男性；从年龄看，认可在学校学习比例最高的是41—50岁的中青年，认可培训班学习比例较高的是41岁以上的人群，认可电视广播学习比例较高的是18—50岁的人群，认可社会交往比例较高的是18岁以上的人群，基本趋势是年龄越大越认可普通话学习途径的多样性；从学历看，认可学校学习比例最低的是小学学历者，认可电视广播学习比例相对较高的是初中、大专和本科学历者，认可社会交往中学习比例较高的是小学、大专和本科学历者；从职业身份来看，教师认可学校和培训班学习普通话的比例最高，学生、教师、公务员认可广播电视和家中学习普通话的比例要高于其他人员。具体数据如表5-1-16：

表5-1-16　　　　学习普通话的主要途径（可多选）　　　　（%）

| 基本参数 | | 学校 | 培训班 | 电视广播 | 家中 | 社会交往 |
| --- | --- | --- | --- | --- | --- | --- |
| 性别 | 男 | 93.5 | 12.2 | 37.4 | 19.4 | 41.0 |
| | 女 | 92.5 | 11.8 | 52.2 | 26.7 | 59.0 |
| 年龄 | 14—17岁 | 96.1 | 3.9 | 27.5 | 25.5 | 27.5 |
| | 18—22岁 | 90.8 | 4.1 | 52.0 | 27.6 | 59.2 |
| | 23—40岁 | 93.9 | 15.8 | 46.5 | 21.9 | 51.8 |
| | 41—50岁 | 100 | 30.4 | 60.9 | 17.4 | 56.5 |
| | 51岁及以上 | 85.7 | 35.7 | 35.7 | 28.6 | 57.1 |

（续表）

| 基本参数 | | 学校 | 培训班 | 电视广播 | 家中 | 社会交往 |
|---|---|---|---|---|---|---|
| 学历 | 小学 | 60.0 | 0 | 0 | 0 | 60.0 |
| | 初中 | 92.3 | 7.7 | 46.2 | 15.4 | 46.2 |
| | 高中 | 95.9 | 5.4 | 21.6 | 24.3 | 25.7 |
| | 大专 | 96.2 | 23.1 | 50.0 | 25.0 | 63.5 |
| | 本科 | 91.7 | 12.2 | 56.0 | 23.7 | 58.3 |
| 职业/身份 | 学生 | 92.3 | 3.5 | 43.7 | 26.8 | 49.3 |
| | 教师 | 97.3 | 28.4 | 51.4 | 23.0 | 47.3 |
| | 公务员 | 94.5 | 12.7 | 49.1 | 20.0 | 54.5 |
| | 其他 | 82.8 | 10.3 | 31.0 | 13.8 | 58.6 |

第三，普通话学习动因的人群差异。

调查显示，赣州民众普通话学习最主要的动因是社会交往的需要和工作的需要。不同群体学习动因有一定差别：男性认可因工作需要学习普通话的比例高于女性，而女性因个人兴趣而学习普通话的比例明显高于男性；从年龄看，认可工作需要而学习普通话比例较高的是41—50岁的人群，认可因交往和找工作需要学习普通话比例较高的是14—17岁的人群，因个人兴趣而学习普通话比例较高的是41—50岁的人群；从学历来看，高中以上学历者认可工作需要学习普通话比例高于初中以下学历者，大专以下学历者因交往需要学习普通话的比例高于本科学历者，高中学历者因找工作和学校要求学习普通话的比例最高，因个人兴趣学习普通话比例较高的是初中学历者，特别值得注意的是小学学历者没有人因为个人兴趣而学习普通话；从职业身份看，教师因工作需要，学习普通话比例最高，学生因交往、找工作和学校要求学习普通话的比例最高，因个人兴趣学习普通话比例最高的是教师。具体数据如表5-1-17：

表 5-1-17　　　　　学习普通话的原因（可多选）　　　　　（％）

| 基本参数 | | 工作需要 | 交往需要 | 找工作 | 学校要求 | 个人兴趣 |
|---|---|---|---|---|---|---|
| 性别 | 男 | 75.5 | 79.1 | 40.3 | 54.0 | 20.9 |
| | 女 | 64.6 | 81.4 | 36.6 | 50.9 | 37.9 |

（续表）

| 基本参数 | | 工作需要 | 交往需要 | 找工作 | 学校要求 | 个人兴趣 |
|---|---|---|---|---|---|---|
| 年龄 | 14—17 岁 | 70.6 | 92.2 | 62.7 | 60.8 | 29.4 |
| | 18—22 岁 | 66.3 | 84.7 | 46.9 | 58.2 | 30.6 |
| | 23—40 岁 | 69.3 | 70.2 | 27.2 | 45.6 | 31.6 |
| | 41—50 岁 | 87.0 | 82.6 | 26.1 | 56.5 | 47.8 |
| | 51 岁及以上 | 71.4 | 85.7 | 7.1 | 28.6 | 7.1 |
| 学历 | 小学 | 40.0 | 80.0 | 20.0 | 20.0 | 0 |
| | 初中 | 38.5 | 84.6 | 23.1 | 46.2 | 46.2 |
| | 高中 | 75.7 | 87.8 | 60.8 | 64.9 | 23.0 |
| | 大专 | 76.9 | 86.5 | 30.8 | 50.0 | 34.6 |
| | 本科 | 67.9 | 74.4 | 32.1 | 48.7 | 31.4 |
| 职业/身份 | 学生 | 65.5 | 86.6 | 50.7 | 59.2 | 28.2 |
| | 教师 | 81.1 | 75.7 | 28.4 | 50.0 | 41.9 |
| | 公务员 | 65.5 | 72.7 | 18.2 | 41.8 | 25.5 |
| | 其他 | 69.0 | 75.9 | 41.4 | 44.8 | 17.2 |

### 2. 关于方言的学习

调查显示，赣州民众认为学习方言的最好途径是家庭和社会交往，分别占比 63.3% 和 61.3%，其次是学校（占 22.3%）、电视广播（占 15%）和培训班（占 6.7%）。

不同群体对方言学习途径的认知有一定的差别：女性认可学校、培训班、电视广播、社会交往学习方言的比例均高于男性；从年龄看，41 岁以下的人认可学校学习的比例高于 41 岁以上的人，14—17 岁的人认可培训班学习的比例高于其他群体，23—40 岁的群体认可电视广播学习的比例最低，41—50 岁认可在家学方言的比例最高，51 岁及以上的人群认可社会交往学方言的比例最高；从学历看，初中学历者主张学校学习的比例最高，小学学历者主张培训班、电视广播和社会交往中学习的比例最高，主张在家里学方言比例最低的是小学学历者；从职业身份看，主张在学校学习比例相对较高的是公务员，在培训班学习比例相对较高的是教师，主张在广播电视中学习比例最低的是公务员，主张在家里学习的比例相对较高的是学生，主张在社会交往中学习比例最低的是学生。具体数据如表 5-1-18：

表 5-1-18　　　　　学习当地话的主要途径（可多选）　　　　　（%）

| 基本参数 | | 学校 | 培训班 | 电视广播 | 家中 | 社会交往 |
|---|---|---|---|---|---|---|
| 性别 | 男 | 18.0 | 2.9 | 11.5 | 63.3 | 54.0 |
| | 女 | 26.1 | 9.9 | 18.0 | 63.4 | 67.7 |
| 年龄 | 14—17 岁 | 25.5 | 11.8 | 13.7 | 72.5 | 31.4 |
| | 18—22 岁 | 22.4 | 3.1 | 19.4 | 63.3 | 60.2 |
| | 23—40 岁 | 25.4 | 8.8 | 9.6 | 57.9 | 67.5 |
| | 41—50 岁 | 13.0 | 4.3 | 17.4 | 73.9 | 73.9 |
| | 51 岁及以上 | 21.4 | 7.1 | 21.4 | 50.0 | 92.9 |
| 学历 | 小学 | 20.0 | 20.0 | 60.0 | 20.0 | 100 |
| | 初中 | 46.2 | 7.7 | 38.5 | 46.2 | 46.2 |
| | 高中 | 13.5 | 6.8 | 12.2 | 75.7 | 37.8 |
| | 大专 | 23.1 | 3.8 | 9.6 | 61.5 | 80.8 |
| | 本科 | 24.4 | 7.1 | 14.7 | 60.9 | 66.0 |
| 职业/身份 | 学生 | 20.4 | 4.2 | 16.9 | 70.4 | 50.7 |
| | 教师 | 23.0 | 12.2 | 14.9 | 59.5 | 67.6 |
| | 公务员 | 30.9 | 3.6 | 9.1 | 56.4 | 70.9 |
| | 其他 | 13.8 | 10.3 | 17.2 | 51.7 | 79.3 |

### 3. 关于繁体字的学习

关于繁体字的学习我们调查了两个问题：第一，是否学过繁体字；第二，学习繁体字最好的途径应该是什么？调查结果显示，学过繁体字的人并不多，民众认可学习繁体字的最好途径是学校教育和自学。图 5-1-9 显示具体调查数据。

第一，繁体字学习经历的人群差异。

调查显示，只有 15% 的人表示学过繁体字，其中男性学过繁体字的比例高于女性。从年龄看，18—40 岁这个年龄段的人学过繁体字的比例最高，51 岁以上的人比例也相对较高。从学历看，小学学历者 100% 学过繁体字，这些人都是年龄比较大的，确实接受过繁体字教育，高中学历者学过繁体字比例最低。从职业看，公务员学过繁体字

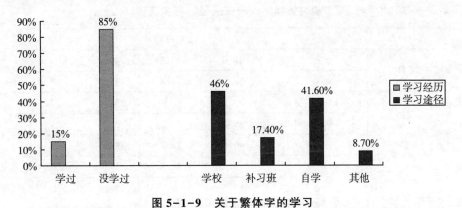

图 5-1-9　关于繁体字的学习

的比例最高。详见表 5-1-19：

表 5-1-19　　　　　　　　　　学过繁体字的比例　　　　　　　　　　（％）

| 性别 | | 年龄 | | | | | |
| --- | --- | --- | --- | --- | --- | --- | --- |
| 女 | 男 | 14—17 岁 | 18—22 岁 | 23—40 岁 | 41—50 岁 | 51 岁及以上 | |
| 11.8 | 18.7 | 7.8 | 16.3 | 18.4 | 8.7 | 14.3 | |
| 学历 | | | | | 职业 | | |
| 小学 | 初中 | 高中类 | 大专 | 本科 | 学生 | 教师 | 公务员 | 其他 |
| 100 | 15.4 | 9.5 | 19.2 | 16.7 | 13.4 | 10.0 | 25.5 | 13.8 |

第二，对繁体字学习途径认知的人群差异。

就繁体字学习的途径看，很大一部分民众认为学校教育和自学是两种比较好的学习途径，分别占比 46% 和 41.6%。不同人群在认知上有一定的差异：女性认可学校教育的比例明显高于男性；从年龄看，认可学校教育的比例相对较高的群体是 18—22 岁和 51 岁及以上两个年龄段的人，认可补习班比例相对较高的群体是 23—50 岁的人，认可自学比例相对较高的是 14—17 岁的人；从学历看，认可学校教育比例相对较高的群体是初中和本科学历者，认可补习班比例相对较高的群体是小学学历者，而小学学历者没有人认可繁体字的自学；从职业身份看，教师认可学校教育的比例相对较低，而认可补习班的比例则相对较高，学生和教师认可自学的比例相对较高。表 5-1-20 是具体的统计数据：

| 表 5-1-20 | 学习繁体字的较好途径（可多选） | | | | （%） |
|---|---|---|---|---|---|
| 基本参数 | | 学校 | 补习班 | 自学 | 其他 |
| 性别 | 男 | 40.3 | 15.1 | 40.3 | 9.3 |
| | 女 | 50.9 | 17.4 | 41.6 | 7.5 |
| 年龄 | 14—17 岁 | 33.3 | 9.8 | 58.8 | 2.0 |
| | 18—22 岁 | 59.2 | 9.2 | 37.8 | 7.4 |
| | 23—40 岁 | 43.0 | 23.7 | 38.6 | 7.9 |
| | 41—50 岁 | 21.7 | 30.4 | 39.1 | 26.0 |
| | 51 岁及以上 | 64.3 | 7.1 | 21.4 | 21.4 |
| 学历 | 小学 | 40.0 | 40.0 | 0 | 20.0 |
| | 初中 | 61.5 | 7.7 | 38.5 | 0 |
| | 高中 | 35.1 | 18.9 | 44.6 | 4.1 |
| | 大专 | 30.8 | 19.2 | 48.1 | 13.5 |
| | 本科 | 55.1 | 14.1 | 38.5 | 8.9 |
| 职业/身份 | 学生 | 50.0 | 9.2 | 45.8 | 4.9 |
| | 教师 | 32.4 | 29.7 | 43.2 | 5.4 |
| | 公务员 | 50.9 | 12.7 | 36.4 | 20.0 |
| | 其他 | 51.7 | 24.1 | 20.7 | 6.9 |

综合所有数据可以看出，赣州民众对语言文字相关法律的知晓度整体上并不高，使用普通话交流已经成为常态，对方言和繁体字的态度是既不排斥，但也不很积极。

## 四　座谈内容

2014 年 12 月 15 日，在赣州市政厅召开"海西经济区语言文字使用情况"课题调研座谈会。主要调研政府各部门在语言文字使用方面的情况和问题，以及公务员对国家语言文字相关政策的基本认知情况。会议由市语委办仲年萍主任主持，参会单位包括市人大、市文广局、市广播电视台、市新闻出版局、市侨办、市台办、市工商局、市卫生局、赣州四中、文清实验学校、文清路小学、章贡中学等，每单位 1 人，基本都是办公室主任或从事语言文字工作的人员。

座谈会代表提出的主要观点如下：

第一，普通话使用范围广，民众愿意说普通话。政府部门积极响应推广普通话，举办了诸多推普活动。学校基本使用普通话交流，政府机关、大型商业场所都使用普通话交流，城镇家庭普遍都说普通话。民众普遍愿意说普通话，认为普通话便于交际，促进经济发展，也是文明的象征，说普通话能给所有市民带来归属感。

第二，主张保护方言，但不提倡用方言交际。座谈者普遍认为推普的同时要保护方言，不能任其消亡，希望法律对方言的规定可以灵活一点，不要因为推行普通话把方言扼杀掉了。方言不仅是交际工具，也是一种文化，是地方特色，能起联系情感的作用。方言可以通过家庭、媒体、社会、艺术等加以保护，比如采茶戏（用方言唱）进校园，电视台开设方言节目，公交车上用客家话、普通话双言做宣传等。但方言进课堂不现实，也没必要通过学校教学推广。反对大力提倡使用地方方言，以便外地人更好地融入赣州这座城市。

第三，繁体字不一定要普及，但民众要了解，国家的繁体字政策可以适度调整。繁体字蕴藏了中国文字发展历史方面的大量信息，民众有必要适当了解一点繁体字知识；繁体字比较适合书法，更能表现书法艺术之美，符合传统书法艺术文化习惯。有的行业有使用繁体字的需求，如酒店招牌、古玩行业等，国家可以适度调整繁体字政策，建议这些行业可以简化字和繁体字同时使用。市台办、市侨办等部门在工作当中经常接触繁体字，他们形成了灵活的工作方式，正式场合"以我为主"，用简化字，比如正式场合给台商馈赠的小礼品上附的文字都是用规范的简体字，私人交往"尊重客人"，用繁体字，比如私信、贺卡往来往往会按台湾的语言习惯，用繁体字。

座谈会代表提出目前语言文字领域存在的问题和困难如下：

第一，普通话在基层推广有难度。在县城及广大农村地区，普通话的推广还有点难度，还需要一个过程。比如说，机关里面，大家都是老乡，平时都说惯了方言，突然讲普通话较难适应，也会让人误以为在摆官架子。

第二，多方言家庭的方言保护有困难。如果父母双方的方言不同，在家只能用普通话交流，小孩就只会说普通话，这种家庭很难进行方言保护，而现在这种家庭比较普遍。

第三，繁体字使用标准不好把控。尽管国家对繁体字使用有相关规定，但这些规定过于宏观，没有具体细化的准则，在实际工作中并不好操作。工商局、新闻出版局等部门在工作中确实遇到了一些困难和困惑。有些行业有使用繁体字的需要，如古玩、出版、广告以及服务港澳台等行业，到底哪些领域可以使用繁体字没有明确界定。比如有人出书使用印刷的繁体字做书名，有人请书法家手书繁体字广告，这些算不算规范难以把握，台办等部门因工作需要有使用繁体字的习惯，到底哪些情况可以使用繁体字，也没有明确的规定。

## 五　调查结论及建议

### （一）调查的基本结论

综上对赣州地区问卷及座谈会的分析得出以下结论：

第一，目前普通话的推广取得了一定成效，但民众对语言文字相关法律的知晓度还不高，普通话流利准确程度还有较大提升空间，有关部门在推普和规范汉字方面的宣传还有做得不到位的地方，特别要加强面向未成年人和低学历者的推普宣传。

第二，普通话与当地话相比，被访者对普通话青睐有加，方言的生存空间主要以家庭为主，在当地处于相对弱势。虽然当地方言暂时还没进入濒危状态，但从年龄段来看，能用当地话与人交谈的人呈现老龄化状态，当地方言的保护应当引起重视。

第三，本地中小学最优教学语言是普通话，其次是普通话和当地话并用。除普通话和当地话以外，人们还关注外语教学。

第四，绝大多数（88.4%）被访者基本能看懂繁体字书报，普遍认为学校是习得繁体字的最好途径，其次是自学，最后是补习班。此外，阅读港台媒体的刊物、观看港台媒体的综艺节目等具有辅助学习的作用。对海西经济特区户外广告使用繁体字持赞成态度的人群集中为具备大学文化水平的中年公务员，持无所谓态度的集中为女性、50岁以上、低文化水平、其他职业的人，持不赞成态度的人群集中为男性、高中生。

（二）相关建议

针对赣州的语言文字使用现状，提出以下几点建议：

第一，随着海西经济区与港、台等地经济发展关系日益密切，人员接触、信息交流日益频繁，完全使用简体字似乎不利于两岸经济文化的发展建设。对赣州这座文化宋城，恰当地使用繁体字，把繁体字融入城市文化布局之中，可能会更好地体现宋城文化，也有利于促进两岸的交流和发展。对于某些特殊行业适当允许使用繁体字可能会更有利，如古玩、书法、医学等行业以及服务于港澳台同胞的行业部门。

第二，当地方言已经呈现出萎缩状态，方言的保护应当引起重视。保护方言，家庭语言环境非常重要，除了政府、媒体、社会、艺术形式等加以保护和传承外，更应唤起人们保护方言的意识，让民众意识到方言是一笔非常宝贵的财富。

第三，目前推普工作取得了可喜的成绩，但还应进一步加强对薄弱人群的推普宣传，特别是未成年人，他们是祖国的花朵和未来，应重点抓好学校的普通话宣传和教学工作，加强推行力度。同时，也可以通过广播电视等营造一个好的环境学习普通话和保护当地方言。

# 第二节  公共空间语言景观

本部分从自上而下（官方）和自下而上（私人或非官方）两个视角分析赣州公共空间在语言景观上表现出来的诸多特征。

## 一  自下而上的语言景观

自下而上的语言景观主要指商店牌匾上语言文字的使用情况。我们调查的范围包括赣州市繁华街道南京路、青年路、环城路、大公路、文清路、公园路、迎宾大道、客家大道、红旗大道、文明大道等几条主干道，用数码相机共拍照 479 张，共搜集店名 663 个。

（一）店名的语符类型及语符搭配

语符即语言文字符号，包括文字、符号、汉语拼音等。赣州市店名语符主要包括汉字、拼音、英文、韩文及其他符号。我们搜集的 663 个店名中，纯汉字店名 513 个，英文和汉字搭配使用店名 84 个，汉字和拼音搭配使用的店名 27 个，纯英文店名 7 个，具体情况见表 5-2-1。

表 5-2-1　　　　　　　　赣州店名的语符搭配模式比率

| | | 次数 | 比率 | 店名示例 |
|---|---|---|---|---|
| 汉语型 | 纯汉字 | 513 | 77.4% | 地毯大王 |
| | 汉字配拼音 | 27 | 4.0% | 如鱼得水 RUYUDESHUI |
| | 纯拼音 | 2 | 0.3% | Gui mi |
| | 汉字配数字 | 1 | 0.2% | 1983 时尚造型 |
| | 汉字配符号 | 2 | 0.3% | 数码相机 & 台电科技 |
| | 汉语型占比 | | 82.2% | — |
| 汉外混配型 | 汉字配英文 | 84 | 12.7% | 老果农 Fruit Master |
| | 汉字配拼音、英文 | 9 | 1.4% | 章江大酒店 ZHANG JIANG HOTEL |
| | 汉字配英文、符号 | 9 | 1.6% | TASTE—SIX℃ 六度滋味 |
| | 汉字配韩文 | 2 | 0.3% | 차원남자三维男人 |
| | 汉字配英文、数字 | 4 | 0.6% | 九方 9SOUARE |
| | 汉外混配型占比 | | 16.6% | — |
| 外语型 | 纯英文 | 7 | 1.0% | FROLDTREE |
| | 英文配数字 | 1 | 0.2% | AAA SINCE 1955 |
| | 英文配符号 | 2 | 0.3% | LANC&DAX |
| | 英文配韩文 | 1 | 0.2% | the Frypan 프라이팬 |
| | 外语型占比 | | 1.5% | — |

语言景观可以给人们提供一种信息功能（informational function），可以帮助人们了解某个语言群体使用语言的特点，还可以进一步探讨某个区域经济社会发展和民众思想观念状况。赣州市店名的语符搭配模式，在一定程度上映射了赣州经济社会发展的诸多信息。我们所搜集的 663 个店名，共有 16 种语符搭配模式，其中汉语型占 82.2%，处于绝对优势地位，纯外语型店名非常少，只占 1.5%，可见赣州作为一个内陆中小城市，整体看来其国际化程度低。赣州店名中汉外混

配型店名和外语型店名合占 18.1%，比例尽管不太高，但毕竟还是出现了一定数量的外语店名，可见，即使是内陆城市也不可避免受到外来文化的影响。当然很多汉外混配型店名中的外语其经营信息传递功能比较弱，更多的是商家的一种营销策略。如"TIENS 天狮""Fiesh 菲尔雪""Loardan 欧雅顿"，这些汉外混配型店名中，商店的经营信息基本都由汉字来传递，汉字一般都处于比较凸显的位置，而英语是作为汉字的配注身份出现的。此类英文只是作为一种装饰性的成分出现，商家用英文的目的是为了提高商店的档次，给人营造一种国际化的视感。赣州店名外语语种比较单一，主要是英语，只出现 3 例韩语的情况，没有出现其他语种，这也是国际化程度不高的表现。

（二）店名的语音特征

商店名除了传递特定的语义信息之外，其外在形式也很重要。外在形式是诉诸消费者视觉形象的部分，通过视觉刺激，从而进入消费者大脑，成为短时记忆的内容。语音特征是外在形式的重要组成部分，包括音节数量、韵律特征等情况。我们主要分析了赣州店名的音节特征，详细情况见表 5-2-2：

表 5-2-2　　　　　　　　赣州市商店名音节选择情况

| 音节特征 | 店名数 | 比率 | 举例 |
| --- | --- | --- | --- |
| 单音节 | 3 | 0.5% | 汤//Lu |
| 双音节 | 32 | 4.8% | Wallsbest//德记 |
| 三音节 | 78 | 11.8% | 丰德園//财記號 |
| 四音节 | 256 | 38.6% | 纸尚美学//I feel 头彩 |
| 五音节 | 104 | 15.7% | 君佳副食店//鼎信房地产 |
| 六音节 | 82 | 12.3% | POSO 品上照明//宁都佬曹飯店 |
| 七音节 | 34 | 5.1% | 南昌绳金塔汤店//FSL 佛山照明 |
| 八音节 | 27 | 4.1% | 1983 时尚造型//数码相机＆台电科技 |
| 九音节 | 10 | 1.5% | 東洋不锈钢有限公园//赣州市老专家门诊部 |
| 十音节 | 12 | 1.8% | 江西赣州司法鉴定中心 |
| 十一音节 | 8 | 1.2% | 江西赣州永昌物资经销部 |
| 十二音节 | 9 | 1.4% | 赣州金泽环保工程有限公司 |

（续表）

| 音节特征 | 店名数 | 比率 | 举例 |
|---|---|---|---|
| 十三音节 | 6 | 0.9% | 江西客家人环境管理有限公司 |
| 十四音节 | 1 | 0.1% | 赣州鲲鹏广告装饰工程有限公司 |
| 十六音节 | 1 | 0.1% | 江西省耀威盛工程机械设备有限公司 |

从表5-2-2可以看出，赣州店名的音节有长有短，从1个到16个不等，少到一个音节，如"汤"，多到十六个音节，如"江西省耀威盛工程机械设备有限公司"，音节数量相差很大。单、双音节店名只占5.3%，究其原因是单、双音节店名虽然便于记忆，但其涵盖的信息量比较小，视觉效果上显得比较单薄，听觉上达不到乐感，修辞上"难以成器"，不能很好地把商店的特色凸显出来。七音节以上店名也很少，占总数的16.2%，因为七音节以上店名，音节较多，视、听觉上显得很繁琐，在记忆和传播上都显得比较困难，因此出现比例较低。七音节以上店名主要是那些要保证信息量充足且要强调自我特色和主打品牌的企业，如"德正有机整体厨房、美菱健康家居生活馆、辉达汽车美容装饰中心"等。三音节、四音节、五音节和六音节店名数量最多，占所搜集语料的78.4%，是店名命名的"黄金格"，因三、四、五和六音节商店名避开了二音节以下和七音节以上商店名的弱点，既精简又便于记忆，更能满足民众所需的信息需求，其中四音节店名最多，因为四音节店名符合汉民族传统四字格的审美追求，又能够保证提供充分的信息。另外，从店名音节奇偶数来看，一、三、五、七音节的商店名有219个，而二、四、六、八音节的商店名有397个，可见，店名偏向于偶数化，这符合国人的基本认知和审美心理，因为汉民族传统就追求匀称、整齐、和谐之美。

（三）店名的用字特征

1. 字种字频状况

店名用字在理论上是开放的，但事实上往往有一定的限度。我们搜集到赣州店名共使用汉字3575次，其中字种数只有890个。这890个汉字当中有849是常用汉字，如"州、大、超、花、纸"等，只有40个是次常用汉字，如"鑫、茗、仕、潢、璜、菁、笆、煲、葆、蓓、炳、婵、孚、铂、蚝、亨、逅、馄、好"等，只有 1 个是非常用汉字，即"鼺"。根据这些汉字出现的频率，我们把这 890 个字分成三个频级，出现次数多于 20 次的是高频字，出现次数介于 10 次至 20 次之间的是中频字，出现次数低于 10 次的是低频字。

表 5-2-3　　　　　　　赣州市商店名汉字字符使用频次表

| 频级 | 高频字 | 中频字 | 低频字 |
|---|---|---|---|
| 频次范围 | 20<频次 | 10≤频次≤20 | 频次<10 |
| 汉字个数 | 22 | 55 | 813 |
| 代表汉字 | 汽、赣、州、配、馆、店、金、美、公、司、大、车、行、有、业 | 商、水、中、餐、门、品、告、广、装、茶、小、材、国、西、新、鑫、部、龙、工、花 | 保、产、窗、记、佳、网、务、眼、建、经、调、会、明、饭、来、克、连、罗、名、楼、卖、男、宗、传 |

从表 5-2-3 可以看出，赣州店名用字较少趋同，高频字只有 22 个，中频字也只有 55 个，低频字有 813 个，低频字占所有用字的 91.4%，其中有 388 个汉字只出现了一次，占所有汉字的 43.6%。

2. 繁体字使用状况

在赣州店名中还出现了一定数量的繁体字。赣州店名共使用汉字 3575 次，字种数 890 个，其中繁体字的字次数为 84，占所用汉字的 2.35%，总体来看繁体字的使用频率并不高。繁体字的字种数为 60，占所有字种的 6.74%，这个比例并不低，说明繁体字的字符范围还比较宽。繁体字的具体使用情况如下："產、廣、東"都出现了 4 次，"記、資、時"分别出现了 3 次，"園、龍、號、榮、書、雲、發、創、陽、連、鎖"这 11 个繁体字都出现了 2 次，而"鴨、聲、馬、樹、車、興、藝、瀘、麵、軒、閣、飯、許、樂、臺、灣、嚴、選、譚、誠、樓、蘭、華、鋁、業、羅、診、鵬、匯、飛、鴻、濟、藥、頭、寶、槍、貢、際、會、餅、氣、飾、鐵"这 43 个繁体字都只出现 1 次，总的来看，繁体字重复使用的情况并不多。在当代以简化字为主要交际工具的背景下，店名中使用繁体字一方面能增强文化感，营造典雅的氛围，另一方面还能产生陌生化的审美效果，能夺取消费者的眼球，吸引消费者注意。因此，采用繁体字作为店名是商家的重要营销手段之一。当然这些繁体字几乎都是与日常生活联系紧密的常用字，往往不会造成阅读障碍，如"臺灣原創 嚴選素材""雲鑫畫廊""東陽木雕館""世華地產""鵬匯物資""乾坤連鎖""濟元大藥房"。

（四）店名的语法特征

我们对收集的纯汉字型店名进行语法结构分析，具体结果如表5-2-4所示。

**表 5-2-4　　　　　　　　　赣州市商店名的语法结构特征**

| 结构类型 | 出现次数 | 所占比率 | 举例 |
|---|---|---|---|
| 偏正结构 | 570 | 85.9% | 谢人龙诊所//自然养生馆 |
| 主谓结构 | 4 | 0.7% | 清华测绘//花饰家 |
| 动宾结构 | 16 | 2.4% | 包括你//艾美丽 |
| 联合结构 | 18 | 2.6% | 卡莱·曼菲//理发洗头 |
| 其他结构 | 55 | 8.4% | 瑞尔//多拉美 |

赣州店名的语法结构以偏正结构为主，所占比率为85.9%。偏正结构是店名的传统结构形式，一般属名、业名、通名俱全的店名都是偏正结构，可见赣州店名还是以传统为主。其他结构如主谓结构"花饰家"、动宾结构"包括你"以及"多拉美"等音译形式的结构，都带有一定的时尚元素，但此类店名整体占比并不高。总之，赣州店名的语法结构还是循规蹈矩为主，追求时尚与潮流的店名并不多，这体现了赣州作为内陆中小城市具有相对传统的基本文化特征。

## 二　自上而下的语言景观

赣州自上而下的语言景观我们主要调查了赣州市的主要景点的标牌语言、赣州市区的路标和交通指示牌。调查的赣州景区包括通天岩风景区、蒋经国旧址、赣州古城墙、赣州总工会筹备会议旧址、八镜台、涌金门等，路标和交通指示牌主要是赣州市章贡区主要大道和中心街区。

（一）景区语言景观

景区语言景观主要是指景区标识牌的语言文字使用情况，是传递景区信息的服务系统、是景区使用功能、服务功能及游览信息的载体，更是观察景区文化品位与人文情怀的橱窗。景区语言景观主要包括景区提示牌、景区指示牌、景区解说牌所使用的语言文字情况。

在赣州几个景区的标牌都是以汉字为主，辅之以英文进行配注，没有出现韩语、日语等其他配注语言。我们所调查的都是 4A 级及以下景区，其标牌语言一般都配注英语，说明赣州景区有一定的国际视野，为国际游客提供了方便，另外也具有一定的局限性，毕竟外语的语种单一，只有英语，没有像很多 5A 级景区一样配注其他外语。

（二）交通指示语言景观

交通指示语言景观包括路标语言景观和交通指示牌语言景观。路标的主要作用是标明街道，给行人指示道路信息。交通指示牌的主要作用是为车辆提供道路信息，起到道路语言作用。赣州市路标和指示牌以简化汉字为主，辅以汉语拼音或英文进行配注。如路标"黄金广场"附注"Huangjin Square"，交通指示牌"瑞金路"附注"RUIJIN ROAD"，交通指示牌"客家大道"附注"KEJIA AVE"。

总体来看，赣州自上而下语言景观都以简化汉字为主，采用英语进行配注，可以反映出英语作为一种国际强势语言的广泛分布和重要地位，另外也显示出赣州语言景观的国际化特色，当然外语语种的单一也显示出其局限性。

## 三　公共空间可视化语言中的不规范现象

从调查结果来看，赣州公共空间可视化语言中还存在某些不规范现象，主要表现为拼写不规范和翻译不规范。

（一）拼写不规范

赣州市语言景观中也存在一些比较低级的错误，如汉语拼音拼写错误、英文单词拼写错误。如：店名"ZHOYA 卓娅佳人"中的"卓娅"应拼成"ZHUOYA"；景区提示牌中"十二生肖园"的配注英文写成"TWELVE BIRTH ANIMALS CENTE"，"CENTE"应是"CENTER"之误；"住宿（POT OP）"，其配注英文应该是"PUT UP"。还有生造英文的情况，如店面"好宜买"，用音译的手段配注英文

"Hoimall"，明显属于乱造英文。还有生造汉字，如下图所示：

规范简化汉字应该是"响当当"，该店名想当然地用"口+当"组成形声字，属于乱造汉字。这些拼写不规范在一定程度上影响到城市的文化面貌。

（二）路标和交通指示牌配注不统一。

路标和交通指示牌以简化汉字为主，并进行了相关语言文字的配注，但配注并不统一，表现如下：第一，指示行人交通的路标一般使用汉语拼音配注，但指示行车的交通指示牌则用英语配注，二者并不一致，同是"红旗大道"，作为路标的"大道"用拼音"DADAO"，而作为交通指示牌的"大道"则用英语"AVE"。第二，地名配注也不一致，"黄金广场"配注的是汉语拼音加英语"Huangjin Square"，而"东门市场"则全配注英语"East Gate Market"。第三，汉语拼音的空格模式不一致，根据"汉语拼音正词法"的基本规则，用拼音拼写时，词与词之间应该有空格，但赣州路标中有的有空格，有的没有空格。

另外，在店名中随意使用繁体字以及各种符号、数字也不符合国家有关语言文字的政策。

总之，赣州语言景观的基本状况体现了赣州的经济文化发展水平和民众的思想观念，受到了外来文化的影响但国际化程度不高，时尚店名比较少，潮流性不太强。

# 第六章

# 语言文字使用的社会共变

　　语言与社会具有共变关系，随着社会的发展变化，民众语言文字的使用状况及其对语言文字的主观态度都会发生一定的变化，不同城市的语言文字使用状况也有一定差异，这种差异往往能映照出城市的经济发展状况以及文化面貌。本章从三方面讨论语言文字使用的社会共变。

## 第一节　民众语言文字使用与态度的城市差异

　　民众语言文字的使用状况以及对语言文字的态度与城市整体状况具有一定的相关性，城市的宏观人文、经济环境决定了民众的语言文字使用及态度，从相反的视角来看，不同城市民众语言文字使用状况及其对语言文字的态度在某种程度上也反映了城市之间的某些重要差异。上饶、鹰潭、抚州、赣州虽然都属于江西的地级市，都属于海西经济区，但四城市历史沿革、地理位置、自然条件、人文环境、经济发展等方面都存在差别，因此民众在语言文字的使用及其对语言文字的态度方面都存在一定的差别，这些差别在某种程度上也折射出四城市之间人文状况和经济发展的某些差别。本节主要就此问题做一番探讨。四城市调查的样本数，上饶 902 份，鹰潭 1033 份，抚州 956 份，赣州 300 份，四城市合计样本 3191 份。上饶、鹰潭、抚州的调查问卷完全一样，但赣州的调查问卷有细微差别，所以整体上是四城市的比较，但少数问题只比较三城市。

## 一　语言文字相关法律知识知晓度的差异

关于语言文字相关法律的社会知晓度，我们主要调查了两类问题：第一，是否知道《国家通用语言文字法》；第二，《国家通用语言文字法》的某些具体内容。

调查显示，上饶、鹰潭、抚州民众知道"国家有专门规范语言文字使用方面的法律"者分别占比 42%、44%、49%，整体都不高。赣州民众知道"国家推广全国通用的普通话"出自《宪法》的人很少，只占调查总人数的 15.7%；知道"国家推行规范汉字"出自《国家通用语言文字法》的人相对较多，占所有受访者的 87.7%，如果把二者平均，有大约 50% 的赣州受访者熟悉这两项有关语言文字的法律知识。

有关《国家通用语言文字法》的具体内容，主要调查了普通话使用职业要求和规范简化汉字使用领域或行业要求两方面问题。《国家通用语言文字法》明确规定"公务员、教师、广播电视在公务活动、教育教学、播音中都必须说普通话"，上饶、鹰潭、抚州民众知道"公务员在公务活动中必须说普通话"这一法律知识的占比分别是 39.7%、43.8%、36.8%，知道"教师在教育教学活动中必须说普通话"这一法律知识的占比分别是 56.4%、55.9%、46.7%，知道"广播电视的播音必须用普通话"这一法律知识的占比分别是 62.9%、68.7%、56.9%，总体看来，鹰潭民众对普通话使用职业要求的知晓度相对高于其他两地，抚州民众的知晓度相对最低。

《国家通用语言文字法》明确规定"公共服务行业、公共设施、广告招牌都应该以规范汉字为基本的服务用字"，上饶、鹰潭、抚州知道"公共服务行业以规范汉字为基本的服务用字"这一法律知识的占比分别是 33.1%、30.2%、26.9%，知道"公共场所的设施用字都应该以国家通用语言文字为基本服务用字"这一法律知识的占比分别是 36%、33.5%、28.8%，知道"公共场所的招牌、广告用字都应该以国家通用语言文字为基本服务用字"这一法律知识的占比分别是 30.2%、28.8%、25.6%，整体看来，上饶和鹰潭民众对简化汉字使用领域或行业要求的知晓度相对较高，而抚州民众的知晓度相对较低。

总之，四城市民众对语言文字相关法律的知晓度整体都不是太高，相对来说，鹰潭、上饶民众对这些法律知识的知晓度略高于抚州民众，赣州因为调查的问题较为简单，不太好进行横向比较。

### 二 语言文字使用能力的差异

有关语言文字使用能力方面，我们主要调查了普通话和方言的使用能力、普通话的熟练程度、繁体字的识读能力。

#### （一）普通话和方言使用能力差异

在"能用哪些话与人交流"的调查中，上饶、鹰潭、抚州、赣州民众表示能用普通话交流的比例分别为96.7%、95.8%、92.9%、99.3%，整体看来都很高，但抚州的比例相对要低一点。上饶、鹰潭、抚州民众表示能用本地话交流的人分别占比40.2%、44.1%、61.7%，能用老家话交流的人比例分别为34.8%、33.5%、33.9%，整体看来，能用方言交流的人数比例明显低于普通话，相对来说，抚州民众能用方言交流的人数比例最高。赣州调查没有区分本地话和老家话，民众表示能用方言交流的为73.3%，这个比例大致与上饶、鹰潭差不多。

关于普通话的熟练程度，四城市也有一定差异。上饶、鹰潭、抚州、赣州民众自我评价"能流利准确使用"普通话的人分别占比45.9%、41.5%、32.3%、46.5%，表示"能熟练使用但有些音不准"的人分别占比45.1%、46.3%、48.5%、44.6%；表示"能熟练使用但口音较重"的人分别占比3.9%、5%、7%、7.3%，这三个层次的人都是能熟练使用普通话的人，从数据可以看出，四城市中抚州民众熟练掌握普通话的人数比例最低，只达到88%，其他三市都达到95%以上。四市民众表示"基本能交谈但不太熟悉"或"能听懂但不太会说"的人分别占比5.1%、6.1%、12.3%、1.6%，很明显抚州民众"不太熟悉普通话"的人数比例最高。

#### （二）繁体字识读能力差异

繁体字识读能力四城市民众也有一定差异。上饶、鹰潭、抚州、赣州四市民众表示识读繁体字"基本没困难"的人分别占比 24.4%、22.9%、18%、25.7%，表示"有些困难但能读懂大概意思"的人分别占比 70.4%、71.7%、73.3%、62.7%，表示"基本不认识"的民众四城市分别占比 5.2%、5.4%、8.3%、1.7%，整体看来，赣州民众繁体字识读能力最强，抚州民众繁体字识读能力相对最差，上饶、鹰潭两市居中。

总的来看，四市民众的普通话交流能力都很强，而方言交流能力明显弱于普通话，也都具有一定的繁体字识读能力。相比较而言，赣州民众的普通话能力最强，繁体字识读能力也最强，而抚州民众的普通话能力最差，方言能力最强。

### 三　语言使用状况的差异

关于语言使用状况，我们主要调查了在单位、家庭等各种场所使用普通话和方言的情况，这里主要比较使用普通话的比例差异。

四城市民众在单位谈工作时都以普通话为主，但比例上有一定差别，赣州比例最高，达到 95.3%，抚州比例最低，只有 75.8%，上饶、鹰潭的比例分别是 92.8%、85.7%。在家庭交流中，四市民众选择普通话的比例都不高，其中选择普通话比例最低的是抚州，只有20%，上饶、鹰潭、赣州民众在家庭交流选择普通话分别占比49.8%、41.2%、48%。从这些数据对比可以看出，抚州的方言氛围相比于其他三市要更浓。

上饶、鹰潭、抚州民众在各种交际场合选择普通话的比例都有一定差别，在和熟人聊天时选择普通话的人分别占比 78%、67.6%、52.3%，在和陌生人交谈时选择普通话的人分别占比 89.9%、88.9%、74.4%，在农贸市场或路边小摊买东西时选择普通话的人分别占比 74.7%、68.8%、50.9%，在银行、超市、商场等大型商业场所选择普通话的人分别占比 94.2%、95.7%、84.4%，餐馆就餐时选择普通话的人分别占比 90.6%、90.8%、78.1%；在农贸市场或路边小摊买东西时听到卖家使用普通话的人分别占比 50%、41.3%、22%，在银行、超市、商场等大型商业场所听到服务人员说普通话的人分别占比91.5%、92.5%、80%，在餐馆就餐听到服务人员使用普通话的人分别占比84.6%、89.7%、70.1%，从数据可以看出，抚州相对来说使用普通话的人数比例最少。

总之，四城市相比较，赣州民众使用普通话的频率最高，抚州民众在多个交际场合使用普通话的人数比例最少，其方言使用氛围相对更浓一点。

### 四　对语言文字的态度差异

上饶、鹰潭、抚州、赣州民众对普通话、方言以及繁体字的态度有一定差异。

#### （一）对普通话的态度差异

上饶、鹰潭、抚州民众明确表示"喜欢普通话"的人分别占比78.9%、74.8%、71%，赣州调查的问题是"是否愿意说普通话"，有93%的人表示愿意。在"是否喜欢本地话"的调查中，赣州和上饶民众明确表示"喜欢本地话"的人占比相对较高，分别达到48.7%、45.8%，而鹰潭、抚州表示"喜欢本地话"的人占比只有37.7%、38.8%。四城市相比较，上饶民众喜欢普通话和本地话的比例都较高，而抚州民众喜欢普通话和本地话的比例都较低。

关于"希望自己普通话达到的程度"，表示希望"能流利准确使用"普通话的人四城市分别占比75.1%、67.9%、66.6%、76.7%，表示希望"能熟练使用"的人四城市分别占比16.5%、19.5%、21.6%、16%，表示只要"能进行一般交际"或"没什么要求"的人四城市分别占比8.4%、11.7%、11.9%、7.4%，从数据可以看出，对普通话熟练程度要求较高的是赣州和上饶民众，而抚州和鹰潭民众要求相对较低。

#### （二）对普通话和方言关系认知的差异

关于普通话和方言的现实价值和心理价值，各城市民众的认知有明显差异。在"您认为在当地哪种话更常用"的调查中，上饶、鹰潭、抚州民众认同"普通话更常用"的分别占比56.1%、57.2%、30.4%，可见，抚州民众对普通话的现实价值认同度最低。在"哪种话更亲切友好"的调查中，上饶、鹰潭、抚州民众认同"普通话更亲切友好"的分别占比49.3%、45.9%、39.9%，认同"本地话更亲切友好"的分别占比29.3%、30.1%、37.5%，认同"老家话更亲切友好"的分别占比21%、18.9%、20.7%，很明显，抚州民众对方言的亲切友好认同度要高于上饶和鹰潭。在"哪种话更好听"的调查中，上饶、鹰潭、抚州民众认同"普通话更好听"的分别占比74.2%、78%、76.4%，认同"本地话更好听"的分别占比16.7%、11.3%、14.8%，认同"老家话更好听"的分别占比8.6%、6.9%、7.74%，在普通话和方言的好听度方面，四城市民众的认同程度差别不太明显。

关于中小学教学语言的选择，四城市民众认知上有一定差异。支持本地小学应该以普通话作为教学语言的，上饶、鹰潭的比例要略高于抚州、赣州，分别占比87.7%、86.4%、78.6%、76.5%，支持本地中学应该以普通话作为教学语言的，四城市差别不大，分别占比88.7%、88%、84.1%、87%。支持本地小学应该以本地话作为教学语言的，上饶、鹰潭、抚州、赣州分别占比4%、2.1%、2.7%、17.5%，支持本地中学应该以本地话作为教学语言的，四城市分别占比2.7%、1.5%、2.1%、8.3%，很明显，赣州民众支持中小学采用方言教学的比例最高。支持本地小学应该以普通话和本地话作为教学语言的，上饶、鹰潭、抚州、赣州分别占比5.7%、8%、15.8%、13%，支持本地中学应该以普通话和本地话作为教学语言的，四城市分别占比4.9%、6.1%、9.9%、7%，可见，抚州和赣州支持普通话和本地话结合作为教学语言的比例最高。

总之，赣州和上饶民众对普通话的认同相对高于鹰潭和抚州，而对方言认同度最高的是抚州。

（三）对繁体字的态度差异

各城市民众对繁体字的态度差异不是太大。上饶、鹰潭、抚州民众表示"喜欢繁体字"的分别占比37.7%、33.5%、34.9%，"不喜欢繁体字"的分别占比22.6%、27%、26.5%；表示"愿意学习繁体字"的分别占比43.7%、47.1%、45.2%，"不愿意学习繁体字"的分别占比 19.1%、21.7%、19.9%；支持中小学开设繁体字教学课程分别占比 32.7%、36%%、34.3%，不支持中小学开设繁体字教学课程的分别占比 28.4%、28.2%、26.4%；支持户外广告可以使用繁体字的分别占比 20.5%、19.4%、18%，不支持户外广告可以使用繁体字的分别占比 41.4%、43.6%、44.9%。赣州民众支持户外广告可以使用繁体字的占比 24.7%，不支持使用繁体字的占比 40.3%。总之，四城市民众对繁体字都没有表现出很高的热情，无论是学习繁体字还是学校开设繁体字课程或户外广告使用繁体字基本都持一种消极态度。

## 五 语言文字学习的认知差异

本部分主要比较上饶、鹰潭、抚州、赣州民众对普通话、方言以及繁体字学习方面的各种认知差异。

### （一）普通话学习的认知差异

四城市民众绝大多数都表示学过普通话，其中赣州比例最高，有92%的受访者表示学过普通话，上饶、鹰潭、抚州三市民众差别不大，学过普通话的比例分别是 78%、76.2%、72%。

对普通话学习途径的认知，四城市民众有一定差异。认同"学校教育普通话"比例最高的是赣州民众，占93%，上饶、鹰潭、抚州三市差异相对较少，分别占比 76.7%、78.7%、71.6%；认同"培训班学习普通话"的人四城市差异不太明显，分别占比 14.1%、12.4%、10.7%、12%；认同"看电视听广播学习普通话"的人赣州比例相对较高，达到 45.3%，上饶、鹰潭、抚州三市分别占比 35.5%、38.9%、40%；认同"跟家人学习普通话"者四城市差异不太大，分别占比 27.3%、24.6%、22.7%、23.3%；认同"在社会交往中学习普通话"者抚州、鹰潭比例相对较高，达到 60.7%、57.1%，上饶、赣州两市分别占比 52%、50.7%。总的来看，四城市民众都认同学校是学习普通话的主要途径，其中赣州民众认同学校教育的比例最高。

上饶、鹰潭、抚州、赣州民众学说普通话的目的有一定差异。因"工作、业务需要"而学习普通话的人赣州比例最高，达到 69.7%，抚州比例最低，只有 47.8%，上饶、鹰潭分别占比 53.4%、56.7%；"为了同更多人交往"而学习普通话的人也是赣州比例最高，达到 80.3%，其次是抚州，占 76.5%，上饶、鹰潭两市分别占比 70.2%、69.2%；"为了找更好工作"而学习普通话的人还是赣州比例最高，达到 38.3%，抚州比例最低，只有 22.5%，上饶、鹰潭两市分别占比 29.1%、32.6%；因"学校要求"而学普通话的人赣州比例最高，达到 52.3%，上饶、鹰潭、抚州差异不明显，分别占比 38%、40.6%、36.8%；因"个人兴趣"而学普通话的人抚州比例最低，只有 9.7%，上饶、鹰潭、赣州差异不大，分别占比 29.8%、29.1%、30%。总的来看，赣州民众普通话学习的主动性最强，抚州民众的主动性最弱。

（二）方言学习的认知差异

方言学习的途径有很多，有的途径民众认知相对一致，而有的途径民众认知有明显差异。主张"在学校学习方言"的人四城市占比都不高，且差别不明显，分别占比 24.5%、23.2%、23%、22.3%；主张"通过培训班学习方言"的人四城市占比更低，其中赣州最低，只有 6.7%，上饶、鹰潭、抚州分别占比 11.5%、9.7%、9%；主张"在电视广播中学方言"的人四城市占比也很低，且差异不大，分别占比 13.4%、13%、13.9%、15%；主张"在家里学习方言"的人明显增加，其中赣州比例最高，达到 63.3%，上饶、鹰潭、抚州分别占比 50%、45%、50.1%；主张"在社会交往中学习方言"的人所占比例更高了，其中鹰潭、抚州比例最高，达到 72.9%、70.9%，上饶、赣州分别占比 60.8%、61.3%。

关于方言学习的主观态度，上饶、鹰潭、抚州三市民众都没有表现出很强的意愿，明确表示"很希望孩子学会自己老家方言"的人分别占比 32%、23.4%、33%，明确表示"很希望自己学习父母方言"的人分别占比 33.2%、31.9%、36.6%，把这两项综合可以大致看出，抚州民众对学习方言的意愿相对要强一点，鹰潭民众的意愿最弱。

（三）繁体字学习的认知差异

四城市受访者明确表示"学过繁体字"的人都不多，其中赣州比例最低，只有15%，鹰潭比例相对较高，有24.5%，上饶、抚州分别占比20.8%、17.6%。

四城市民众对繁体字学习途径的认知有一定差别。主张"通过学校学习繁体字"的人，鹰潭比例相对较高一点，占55.9%，上饶、抚州、赣州差异较小，分别占比49.6%、49%、46%；主张"通过补习班学习繁体字"的人，抚州比例相对较高，占32.7%，赣州最低，只有16.3%，上饶、鹰潭差异不大，分别占比27.8%、26.8%；主张"自学繁体字"的人，上饶、抚州比例相对较高，分别有55.1%、52.8%，赣州比例最低，只有41%，鹰潭有47.7%。

综上所述，四城市民众的语言文字使用状况及态度有共同点，也有一定的差异。四城市民众对语言文字相关法律的知晓度整体都不是太高，相对来说，抚州民众的知晓度最低。从普通话使用来看，抚州民众能用普通话交流的人数比例最低，熟练掌握普通话的人数比例也最低，在工作中、在家庭、农贸市场、银行超市、餐馆等多种交际场所使用普通话的比例也最低，而抚州民众能用方言交流的人数比例最高，由此看来，抚州的普通话使用氛围相比于其他三市要稍微淡一点。从对普通话的主观态度来看，喜欢普通话的比例较高的是上饶民众，而比例较低的是抚州民众；对普通话熟练程度期望值较高的是赣州和上饶民众，而期望值相对较低的是抚州和鹰潭民众；对普通话的现实价值认同度最低的是抚州民众；支持中小学采用普通话和本地话结合教学比例最高的是抚州和赣州。关于普通话的学习，学过普通话比例最高的是赣州民众，认同学校教育普通话比例最高的也是赣州民众，普通话学习主动性最强的是赣州民众，主动性最弱的是抚州民众。抚州民众对方言的亲切友好认同度最高，对学习方言的意愿最强。关于繁体字，各市民众对繁体字的态度差异不太大，但赣州民众繁体字识读能力最强，抚州民众繁体字识读能力相对最弱。

## 第二节　民众语言文字使用与态度的发展变化

社会在发展，民众语言文字使用的状况也在发展，民众对语言文字的主观态度也跟着发生变化。本部分试图探究江西上饶、鹰潭、抚州、赣州民众最近十几年来在语言文字的使用和态度方面有何发展变化。我们对上饶、鹰潭、抚州的调查是在 2015 年夏秋之际，对赣州的调查是在 2014 年年末，教育部、国家语委在 2000 年前后组织了一次全国性的"中国语言文字使用情况调查"，我们的调查与 2000 年那次全国性调查时间差距大约 15 年，而调查的很多内容是一致的，因此通过两次调查的数据对比可以在一定程度上窥测出民众语言文字使用与态度的发展变化。考虑到 2000 年是全国性调查，并没有专门针对上饶、鹰潭、抚州、赣州的统计数据，我们进行数据对比时尽可能找相关性最密切的比较主体。我们调查的范围基本都是在市区，属于城市，因此比较时优先选择江西城镇的数据，其次是江西全省的数据，最后就是全国城镇的数据。本次调查的样本数，上饶 902 份，鹰潭 1033 份，抚州 956 份，赣州 300 份，四城市合计样本 3191 份。上饶、鹰潭、抚州的调查问卷完全一样，但赣州的调查问卷相对简单一点，所以在数据分析中一般四城市统一，但少数情况只分析上饶、鹰潭、抚州三城市的数据。

## 一　语言文字使用能力的变化

把本次调查的上饶、鹰潭、抚州、赣州四城市的数据与 2000 年全国调查中江西省的数据相比较，可以看出民众在汉语普通话、汉语方言、繁体字的使用能力方面有了很大的变化。

### （一）普通话和方言使用的能力

我们的调查数据显示，江西四城市中 95.6% 的受访者表示能用普通话与人交流，58.5% 的人能用当地话与人交谈，45.5% 的人能用老家话与人交谈。相比于 2000 年江西省城镇的调查数据[①]，能用普通话交流的比例增加了近 21 个百分点，而能用方言交流的比例则明显下降。可见，新世纪以来，普通话在城市的普及更明显了，绝大多数

---

① 下文中 2000 年的调查数据都来源于中国语言文字使用情况调查领导小组办公室编写的《中国语言文字使用情况调查资料》（语文出版社 2006 年版）

人能用普通话与人交流。方言的使用群体存在一定的萎缩，并且与年轻化具有正相关性，越年轻，能使用方言的比例越低。四城市中 17 岁以下的青少年有 42% 能用当地话与人交谈，18—40 岁的青年和中年人有 36.4% 的人能用当地话与人交谈，40 岁以上的人有 60.2% 的人能用当地话与人交流；而上饶、鹰潭、抚州三城市中能用老家话与人交谈的比例，17 岁以下、18—40 岁、41 岁及以上三个年龄段的人分别占比 23.9%、30.7%、25.4%。数据详见表 6-2-1：

表 6-2-1　　　　能用普通话、汉语方言与人交谈的比例　　　　　　（%）

| 时间 | 范围 | 普通话 | 汉语方言 | |
|---|---|---|---|---|
| | | | 当地话 | 老家话 |
| 2000 年 | 江西省城镇 | 74.58 | 93.32 | |
| 2015 年 | 上饶、鹰潭、抚州、赣州 | 95.61 | 58.51 | 45.52 |

关于普通话的流利程度，相比于 2000 年全国城镇的数据，今天民众的普通话更加标准了，江西四城市其普通话自评"流利准确"的比例达到 40.7%，增加了约 14 个百分点；而"口音较重"或"不熟练"的情况已经比较少了，总共只占 12.8%，相比于 2000 年全国城镇的 35.5%，减少了约 23 个百分点。数据详见表 6-2-2：

表 6-2-2　　　　会说普通话的人群普通话程度的比例　　　　　　（%）

| 时间 | 范围 | 流利准确 | 熟练但有些音不准 | 熟练但口音较重 | 基本能交谈但不熟练 |
|---|---|---|---|---|---|
| 2000 年 | 全国城镇 | 26.87 | 37.61 | 14.84 | 20.68 |
| 2015 年 | 上饶、鹰潭、抚州、赣州 | 40.74 | 46.47 | 5.52 | 7.27 |

从调查数据明显可以看出，普通话水平相比于 2000 年已经有大幅提高，这与国家积极推普的政策和措施密切相关。在座谈调查中，各市政府相关部门人员明确表示，政府部门积极响应国家推广普通话的号召，将"说普通话、用规范字"纳入城市综合管理、文明创建活动的常规工作之中，积极开展各种宣传活动，发放推普宣传资料，开展推普咨询活动，组织交流学习普通话经验推广活动等。加之，随着

市场经济的进一步发展，社会人口流动的比例越来越高，对国家通用语的现实需求也越来越强，所以整个社会普通话使用的氛围非常好，各级学校、政府部门、医疗单位、商场超市、茶楼酒肆等公共场所基本都是使用普通话，城镇家庭也都普遍使用普通话，整个社会说普通话的意愿比较强，普遍认为普通话便于交际，有利于经济发展，也是文明的象征。

（二）繁体字阅读的能力

简化字是当代语言生活中最主要的交际文字，繁体字出现的场合有一定限制，因此繁体字的阅读能力一直是社会关注的热点。本次调查显示，尽管"基本没困难"即较熟练掌握繁体字的人只占 22.1%，但真正"困难很多"的人并不多，只占 6.8%，相比于 2000 年的调查数据，真正"困难很多"的人比例下降了近 20 个百分点。"基本没困难"的比例明显降低了，而"有些困难但能读懂大概意思"的比例则大幅提升，这说明熟练掌握繁体字的人数减少了，但绝大多数民众对繁体字都能大致读懂其大概意思，这就意味着江西四城市民众的繁体字阅读能力其实并不是很差。数据详见表 6-2-3：

**表 6-2-3**　　　　　　　阅读繁体字书报困难程度的比例　　　　　　　（%）

| 时间 | 范围 | 基本没困难 | 有些困难但能读懂大概意思 | 困难很多 |
|---|---|---|---|---|
| 2000 年 | 全国城镇 | 33.87 | 39.19 | 26.94 |
| 2015 年 | 上饶、鹰潭、抚州、赣州 | 22.13 | 71.11 | 6.80 |

关于"是否学过繁体字"的调查数据显示，江西四城市只有 20.5%的受访者表示学过繁体字，而能大致看懂繁体字书报的人却占 93.2%，这意味着绝大多数人的繁体字知识是在社会生活中不自觉掌握的。近年来城市公共空间的招牌广告上出现了一些繁体字，还有很多旅游、文化景点也有使用繁体字的传统和习惯，繁体字并没有完全从民众视野中消失，因此民众的繁体字识读能力有所提升。

**二　普通话和方言使用状况的变化**

江西四城市的公共场合普通话使用情况比较普遍，方言只在家庭占微弱的优势。调查数据显示，四城市民众在单位谈工作使用普通话的比例约占 85.7%，比 2000 年江西省城镇的 51.3%高出了约 34 个百分点。市民在家说普通话的比例达到 38%，比 2000 年江西省城镇 26.3%的比例高出了 10 多个百分点；在家说方言的比例只有 50.6%，比 2000年的数据下降了约 37 个百分点。数据详见表 6-2-4：

表 6-2-4　　　在单位谈工作和在家最常说普通话和方言的比例　　　（%）

| 时间 | 范围 | 在单位谈工作 | | | 在家 | | |
|------|------|--------|------|-----------|--------|------|-----------|
| | | 普通话 | 方言 | 普通话/方言 | 普通话 | 方言 | 普通话/方言 |
| 2000 年 | 江西城镇 | 51.3 | 65.89 | — | 26.3 | 87.54 | — |
| 2015 年 | 上饶、鹰潭、抚州、赣州 | 85.65 | 11.88 | 2.47 | 37.95 | 50.55 | 11.5 |

通过上饶、鹰潭、抚州三城市民众在政府部门、银行办事和在集贸市场买东西使用普通话和方言的比例数据也可以看出，普通话使用率越来越高，而方言使用率则降低比较明显。调查数据显示，三城市民众在政府、银行办事使用普通话的比例达到 91.9%，比 2000 年江西省城镇的 50.1%高出了 42 个百分点。市民在集贸市场买东西说普通话的比例也达到 65.5%，比 2000 年江西省城镇 33.8%的比例高出了 30 多个百分点；在集贸市场说方言的比例只有 35%，比 2000 年的数据下降了约 56 个百分点。数据详见表 6-2-5：

表 6-2-5　　在政府、银行办事和在集贸市场买东西最常说普通话和方言的比例（%）

| 时间 | 范围 | 在政府、银行办事 | | | 在集贸市场买东西 | | |
|------|------|--------|------|-----------|--------|------|-----------|
| | | 普通话 | 方言 | 普通话/方言 | 普通话 | 方言 | 普通话/方言 |
| 2000 年 | 江西城镇 | 50.05 | 77.26 | — | 33.82 | 91.44 | — |
| 2015 年 | 上饶、鹰潭、抚州 | 91.91 | 8.16 | 0.1 | 65.48 | 35.01 | 0.31 |

政府、银行是一种非常正式的交际场合，对绝大多数市民来说也是一种比较陌生的交际场合，因此使用普通话比例最高；在单位谈工作也是一种正式的交际场合，但对说话人来说是一种比较熟悉的交际场合，因此使用普通话的比例也很高，但低于政府、银行等相对比较

陌生的交际场合；集贸市场是一种比较随意但相对陌生的交际场合，所以还是以使用普通话为主，但使用方言的比例有较大提升；家庭是随意而熟悉的交际场合，所以普通话使用比例明显下降，加之方言的特殊情感价值，所以方言成为主要的交际语言。总之，2000 年江西城镇的数据显示，这四种场合都以使用方言为主，而 2015 年的数据显示，多数场合民众主要使用普通话，且能根据交际需要选择普通话或方言，这说明民众的普通话能力相比于 2000 年有较大提升。

### 三　对语言文字态度的变化

#### （一）对普通话态度变化

在上饶、鹰潭、抚州三城市"您喜欢普通话吗"的调查数据显示，有 74.8% 的人表示"喜欢"，只有 2% 的人"不喜欢"，还有 20% 多的人表示"无所谓"，而"您喜欢本地话吗"的调查数据显示，只有 40.5% 的人表示"喜欢"，有 11.1% 的人表示"不喜欢"，有近 50% 的人表示"一般"，整体看来，喜欢普通话的人占了绝大多数，而喜欢方言的人明显不占主流，可见普通话作为全民的交际工具，基本上已经被全社会所接受，推广普通话符合绝大多数民众的愿望。对普通话具体特征的主观态度，15 年来也已经发生了很大的变化。

1. 对普通话水平期望值的变化

调查数据显示，江西四城市民众对自身普通话水平的期望值相比 2000 年全国城镇的数据已经发生了很大的变化。希望"能流利准确使用"的比例上升了 30 个百分点，而"能进行一般交际"或"没什么要求"的比例则下降了 20 多个百分点。由此看来，越来越多的人已经不再满足于普通话的最基本交际功能，而是把熟练使用普通话看作一种有文化的表现，看作一种特定的身份标志。数据详见表 6-2-6：

表 6-2-6　　　　　　希望自己普通话达到的程度的比例　　　　　　（％）

| 时间 | 范围 | 能流利准确使用 | 能熟练使用 | 能进行一般交际 | 没什么要求 |
|---|---|---|---|---|---|
| 2000 年 | 全国城镇 | 40.39 | 20.19 | 23.28 | 16.14 |
| 2015 年 | 上饶、鹰潭、抚州、赣州 | 70.35 | 18.96 | 6.3 | 4.39 |

2. 学说普通话目的变化

调查数据显示，江西四城市民众学说普通话的目的与 2000 年相比也发生了很大的变化。2000 年调查中比例最高的是"工作、业务需要"，而 2015 年调查显示比例最高的是"为同更多人交往"。2000年调查中"为找更好的工作""学校要求""个人兴趣"三项所占的比例都非常低，而 2015 年的调查中这三项所占比例都有明显提升。当然，2000 年调查设计的是单项选择题，而本次调查设计的是多项选择题，所以纵向时间比较的数据差异也许不能准确说明问题，但还是能发现某些内在的特征，特别是从五个选项之间的横向数据差异更能发现某些规律。学说普通话目的设置的五个选项其实分属于不同的性质范畴，"工作、业务需要"是现实客观环境决定的，而"为找更好的工作"是未来发展的需要，"学校要求"则体现了国家推普的有效措施，这三者都同经济效益挂钩，带有一定的功利性；"为同更多人交往"则具有一定的社会认同追求，与"个人兴趣"一起都能满足某种内心的精神需求。2015 年的数据相比于 2000 年，在"为同更多人交往""个人兴趣"占比提升非常明显，可见，社会认同和个人兴趣成为今天民众学说普通话的重要驱动力；"为找更好的工作"占比也明显提升，说明越来越多的民众认同普通话在自身发展中的重要作用；"学校要求"占比也提升很明显，这应该是国家推普政策有效实施的表现。总之，直接的经济目的不再是学说普通话的主要原因，可以这么说，当普通话的交际价值日益重要时，其文化价值也越来越突显。数据详见表 6-2-7：

表 6-2-7　　　　　　　　学说普通话各种目的的比例　　　　　　　　（%）

| 时间 | 范围 | 工作、业务需要 | 为同更多人交往 | 为找更好的工作 | 学校要求 | 个人兴趣 |
|---|---|---|---|---|---|---|
| 2000 | 全国城镇 | 51.71 | 28.28 | 2.51 | 13.58 | 3.92 |
| 2015 | 上饶、鹰潭、抚州、赣州 | 54.25 | 72.58 | 29.05 | 39.74 | 29.52 |

（二）对本地中小学教学语言看法的变化

普通话作为全国性通用语，自然是中小学教学语言，但方言作为区域性交际工具，负载了特定的文化信息，也受到一部分人的青睐，因此是否能选择方言作为本地中小学教学语言也成为一部分人关注的问题。调查数据显示，无论是 2000 年还是 2015 年，绝大多数受访者都认为中小学的主要教学语言应该是普通话，也有一部分人希望用当地话和外语教学，但中学和小学也有一定的差异。把 2015 年的数据和 2000 年的数据相比对可以看出民众对选择普通话还是方言作为教学语言也有一些变化。当然因为 2000 年设计的是多项选择，而 2015 年设计的是单项选择，所以不能进行直接的数据对比，但可以通过数据的横向比较来发现这种变化。2000 年支持普通话作为小学教学语言是支持当地话作为小学教学语言的 6.6 倍，而 2015 年则提高到了 10.3 倍；2000 年支持普通话作为中学教学是支持当地话作为中学教学语言的 13 倍，而 2015 年则下降到了 10.5 倍，可见，民众希望在小学使用普通话作为教学语言的比例有所提升，而在中学使用普通话作为教学语言的比例则略有下降。总的来看，普通话作为主要教学语言的价值取向基本没有变化，但还是有一部分人希望在中小学能适当使用当地话教学。在座谈调查中，与会者也普遍认为在学好普通话的同时也要保护方言。方言不仅是交际工具，也是地方文化载体。方言的使用空间在慢慢变窄，应该想办法阻止其走向消亡，希望法律对方言的规定可以灵活一点，让普通话和方言各自发挥其独特的作用。同时座谈者也普遍反对大力提倡和使用地方方言。数据详见表 6-2-8：

**表 6-2-8　希望本地中小学以普通话、方言、外语作为教学语言的比例　（%）**

| 层次 | 时间 | 范围 | 普通话 | 当地话 | 外语 | 无所谓 |
|------|------|------|--------|--------|------|--------|
| 小学 | 2000 年 | 江西省 | 97.14 | 14.34 | 1.87 | 1.08 |
|  | 2015 年 | 上饶、鹰潭、抚州、赣州 | 92.7 | 8.96 | 1.75 | 1.1 |
| 中学 | 2000 年 | 江西省 | 98.0 | 7.56 | 8.55 | 0.96 |
|  | 2015 年 | 上饶、鹰潭、抚州、赣州 | 94.14 | 8.96 | 2.79 | 1.13 |

（三）对繁体字态度的变化

户外广告、招牌、标语是否可以适当使用繁体字呢？调查数据显示，赞成可以使用繁体字的人整体上占比较少，但 2015 年的数据比 2000 年的数据高出了约 9 个百分点，而不赞成的则下降了约 16 个百分点，可见，越来越多的人赞成可以在户外公共场合使用繁体字。这种数据的变化可能是随着社会的发展人们对繁体字的态度有所改变，也可能是因为上饶、鹰潭、抚州、赣州属于海西经济区，与港台的交往较多，其文字的使用习惯和态度受到了港台的影响。在"是否愿意学习繁体字"的选项中，有 45.5% 的人表示愿意，"不愿意"的只占 20.7%，可见，有很大一部分人对繁体字持一种积极的态度，愿意去学习。数据详见表 6-2-9：

**表 6-2-9　对户外广告、招牌、标语使用繁体字各种态度的比例**　　　　　　（%）

| 时间 | 范围 | 赞成 | 不赞成 | 无所谓/很难说 |
|------|------|------|--------|----------------|
| 2000 | 江西省 | 10.46 | 58.57 | 30.97 |
| 2015 | 上饶、鹰潭、抚州、赣州 | 19.77 | 43.03 | 37.2 |

#### 四　学说普通话途径的认知变化

在江西四城市调查中，有近 77% 的受访者表示学过普通话。关于学说普通话途径的主观认同，调查数据显示，2015 年相比于 2000 年有比较明显的变化。2000 年调查显示，"学校""电视广播""社会交往"是学说普通话的三个重要途径，而 2015 年的数据显示，尽管这三种方式仍然是民众认同的学说普通话的主要途径，但其比例都有所下降，认同"电视广播"的比例下降了大约 34 个百分点，认同"社会交往"和"学校教育"的比例都下降了大约 7 个百分点；而认同"培训班"的比例则上升了约 7 个百分点，认同"跟家人"学习的比例提高了近 22 个百分点。这些数据变化说明，民众认同的普通话学习途径越来越多样化，特别是随着普通话的推广普及，越来越多的人会说普通话了，所以跟家人学习普通话也成为一种学说普通话的重要途径。数据详见表 6-2-10：

**表 6-2-10**　　　　　　学说普通话各种途径的比例　　　　　　（%）

| 时间 | 范围 | 学校 | 培训班 | 电视广播 | 跟家人 | 社会交往 |
|---|---|---|---|---|---|---|
| 2000 | 江西省 | 84.81 | 5.5 | 72.99 | 3.19 | 63.33 |
| 2015 | 上饶、鹰潭、抚州、赣州 | 77.47 | 12.32 | 38.86 | 24.67 | 56.13 |

总之，随着社会经济文化的不断发展，普通话、方言、繁体字在当代语言生活中的作用和地位与 15 年前都发生了比较明显的变化，民众的实际使用状况以及对它们的态度也发生了比较明显的变化。总的趋势是民众的普通话使用能力更强，对普通话的认知也更理性，普通话的适应范围也更广；方言的使用能力有一定的弱化，方言的使用空间在变窄；繁体字的识读能力更强，对繁体字的使用也更包容。

# 第三节　公共空间语言景观的城市映像

本节选择自下而上的语言景观作为考察对象。自下而上语言景观是由私人或企业以传播商业信息为目的所设立的标牌，最常见的是店名。语言景观不仅仅是语言的表现形式，更是文化载体，是重要的文化景观。Rubin（1979）指出，城市语言景观常常被地理学家潜意识作为典型文化景观，为人文地理和城市地理研究者所关注并作为城市景观的重要样本。从某种意义上说，城市店名语言景观是城市文化面貌的映像，从中可以窥测城市的某些社会经济文化特征，不同城市店名语言景观的差异可以映射出不同城市社会文化状况的差异。本节主要比较上饶、鹰潭、抚州、赣州的店名语言景观，从店名的语符形式、能指与所指关系的规约与割裂以及汉字的使用等来考察城市语言景观对城市人文环境的映射作用。

## 一　店名的语符呈现

店名即各类店铺、公司、企业的名称，一般以牌匾的形式呈现于公共空间。商店招牌上的语符选取、图案设计都有一定讲究，这是城市一道重要的语言景观。语符即语言文字符号，包括文字、符号、汉语拼音以及数字等。店名的语符及语符组成的形式特征能很好地映射当地自下而上的语言景观。本文的调查范围都是各城市中心的繁华街道，这些区域集中了各城市的主要店铺和公司，语言景观最丰富多样，也最能反映城市的经济发展水平和民众的思想观念。上饶市调查的街道包括胜利路、步行街、五三大道、紫阳大道、凤凰大道、赣东北大道等，共收集店名 324 个；鹰潭市包括交通路、胜利路、环城路、林荫路、正大路等，共收集店名 896 个；抚州市包括大公路、学府路、玉茗大道、赣东大道以及新城步行街等，共收集店名 458 个；赣州市包括南京路、青年路、环城路、大公路、文清路、公园路、迎宾大道、客家大道、红旗大道、文明大道等，共收集店名663 个。所搜集的店名是调查人用数码相机实地逐个拍照获取的，对所调查的街道进行了穷尽性拍照搜集，没有遗漏。

商店名的语符呈现出多样化的特征，除了汉字之外，还有拼音、数字甚至外语，我们穷尽性地分析了搜集到的四城市所有店名的语符种类及搭配情况，然后进行数量统计比对。调查统计结果显示，四城市店名的语符形式具有明显多样性，包括汉字、汉语拼音、数字、英文、韩文、日文、法文、意大利文、阿拉伯文以及某些字母符号。这些语符有的单独使用，有的相互搭配使用，搭配的形式也多种多样。我们把所有的店名划分成三类：一是汉语型，包括纯汉字店名，纯拼音店名，纯数字店名，汉字与拼音、数字搭配的店名，这些店名在视觉上没有洋化、外来化的观感；二是外语型，包括纯外文店名，外文与数字或符号搭配的店名，这些店名有明显的外来化视觉冲击。三是汉外混配型，主要是汉字与外文字符相搭配。表 6-3-1 显示了四城市店名中各种语符及语符搭配模式的比率。

表 6-3-1　上饶、鹰潭、抚州、赣州店名的语符搭配模式比率对照

| | | 上饶市 | 鹰潭市 | 抚州市 | 赣州市 | 店名示例 |
|---|---|---|---|---|---|---|
| 汉语型 | 纯汉字 | 67.6% | 68.1% | 69.4% | 77.4% | 芳香足浴 |
| | 汉字配拼音 | 4.0% | 7.3% | 10.0% | 5.7% | Lijun 丽君 |
| | 汉字配拼音、数字 | — | 0.5% | — | — | 第 1 时间 Diyishijian |
| | 纯拼音 | 0.6% | 0.7% | 0.7% | 0.3% | Gui mi |

（续表）

| | | 上饶市 | 鹰潭市 | 抚州市 | 赣州市 | 店名示例 |
|---|---|---|---|---|---|---|
| 汉语型 | 汉字配数字 | 0.6% | — | 0.2% | 0.2% | 0 度造型 |
| | 拼音配数字 | — | 0.1% | — | — | FENGSHANG·1988 |
| | 汉字配符号 | — | — | 0.8% | 0.2% | 数码相机＆台电科技 |
| | 纯数字 | — | 0.1% | 0.7% | — | 8090 |
| 汉语型占比 | | 72.8% | 76.8% | 81.8% | 83.8% | |
| 汉外混配型 | 汉字配英文 | 19.1% | 16.9% | 14.2% | 12.7% | LIVINGSHOP 品质生活 |
| | 汉字配拼音、英文 | 0.9% | 2.2% | — | 1.4% | 福满堂地板<br>FU MAN TANG FLOORING |
| | 汉字配英文、符号 | 0.6% | — | — | — | 禧福珠寶<br>C&F CROWN & FELICITY |
| | 汉字配拼音、符号 | — | 0.3% | — | — | M&DI 鸣笛 |
| | 汉字配英文、韩文 | 0.6% | 0.1% | 0.2% | — | In 首尔한국희장 |
| | 汉字配英文、法文 | / | 0.1% | / | / | Alphabet création 爱法贝 |
| | 汉字配英文、数字 | / | 0.1% | 0.4% | 0.5% | V·尚 2000 都市生活馆 |
| | 汉字配韩文 | 0.3% | 0.1% | 0.2% | 0.3% | 안지반安之伴 |
| | 汉字配阿拉伯文 | 0.3% | — | — | — | الإسلامية مطعم 兰州牛肉拉面 |
| | 汉字配日文 | 0.3% | 0.1% | — | — | 优宿優品 ゆラやと |
| | 汉字配意大利文 | — | 0.1% | — | — | istin Kidny 迪斯廷·凯 |
| 汉外混配型占比 | | 22.1% | 20.0% | 15.0% | 14.9% | |
| 外语型 | 纯英文 | 4.3% | 2.8% | 3.0% | 1.0% | DESIGNICE |
| | 英文配韩文 | — | — | — | 0.2% | the Frypan 프라이팬 |
| | 英文配数字 | 0.3% | — | 0.2% | 0.2% | D2 |
| | 英文配符号 | — | 0.2% | — | 0.3% | Covla&Cduui |
| | 西文字母配符号 | 0.3% | — | — | — | Z&Z |
| 外语型占比 | | 4.9% | 3.0% | 3.2% | 1.7% | |

调查统计数据显示，整体看来，汉语型的店名占绝对优势，四城市都达到了 70% 以上，汉语型店名与汉字凸显型店名二者合计已经超过了 80%，这显示四城市店名还是以本土特色为主。这样的店名语言景观符合 Spolsky（2009）提出的公共标牌语言选择理论：使用创设者熟知的语言书写，使用读者能读懂的语言书写，使用自己的语言或者能标明自己身份的语言书写。江西属于内陆省份，这四

个城市的国际化程度都不高，民众所熟悉的、认同感较强的还是汉语和汉字，所以店名自然以汉语汉字为主。这些店名语符呈现特征正体现了四城市的经济发展水平、开放程度以及民众对外来语言文化的接受状况。

　　四城市店名中纯外语型的比例并不高，平均大约 3%，但如果加上汉外混配型，其比例基本达到了 20% 左右。江西这四个城市虽都属于欠发达城市，民众与国外交流的机会并不多，但近 20% 的外文类店名显示了外语和外来文化对这些中部欠发达城市的影响也不可小觑。改革开放以来，特别是 21 世纪以来，我国的开放程度越来越高，民众的开放意识也越来越强，对外语和外来文化的接受度也越来越高，甚至出现了某些过度的崇洋思想，所以店名中自然就会出现汉外混配乃至纯外文的情况。店名本应该具备三方面功能：一是标示功能，即标示其商业身份和经营特色；二是审美功能，即给人美感，激起共鸣；三是社会文化功能，即标示社会文化特征。（刘楚群 2016）但现在很多外文类店名其实绝大多数消费者都不明白其具体含义，有的汉外混合型店名中的外文也完全是多余，如 "hgh" "B9JOJO" "véf™ Unique finery Enjoyment" 这样的店名，标示功能全无，审美功能不多，只体现了对西洋文化的推崇。此类店名不仅仅存在于大陆，在港台乃至海外也都存在。Curtin（2009）的调查显示，台北的高端餐厅、美容院和时装产业总是热衷时尚新奇的法语，这些法语的指称意义减弱，而主要是作为社会商业价值的象征符号。Kenneth Ong（2013）研究了新加坡商店招牌中结合法语和英语的新造词（coinage），发现新加坡的商店名痴迷法语（French fetish），用法语新造的词是个性、时尚的象征。商店招牌不管是使用何种外文语符，都是为了走向国际化，提高消费档次，从而吸引更多的消费者。正是在这种心理的驱使下，所以出现一部分外文类店名也就不足为奇了。

　　上饶、鹰潭、抚州、赣州四城市店名外文字符的种类包括英文、韩文、日文、法文、意大利文、阿拉伯文，其中出现比率最高的是英文，其次是韩文。具体数据见表 6-3-2：

**表 6-3-2　　上饶、鹰潭、抚州、赣州店名外文语符比率对照表**

| | 上饶市 | | 鹰潭市 | | 抚州市 | | 赣州市 | |
|---|---|---|---|---|---|---|---|---|
| | 店名 | 比率 | 店名 | 比率 | 店名 | 比率 | 店名 | 比率 |
| 纯英文 | 14 | 15.9% | 23 | 11.1% | 14 | 16.7% | 7 | 5.9% |
| 英文配其他语符 | 69 | 78.4% | 180 | 86.5% | 68 | 77.3% | 109 | 91.6% |
| 韩文配其他语符 | 3 | 3.4% | 2 | 1.0% | 2 | 2.3% | 3 | 2.5% |
| 日文配其他语符 | 1 | 1.1% | 1 | 0.5% | — | — | — | — |
| 法文配其他语符 | — | — | 1 | 0.5% | — | — | — | — |
| 意大利文配其他语符 | — | — | 1 | 0.5% | — | — | — | — |
| 阿拉伯文配其他语符 | 1 | 1.1% | — | — | — | — | — | — |

　　表 6-3-2 统计数据显示，四城市的外文类店名呈现英文独大的局面，英文类店名的比率高达 95% 以上，这一方面显示英语作为一种全球化的语言对中国影响之大，是除汉语之外最强势的语言，另一方面也与中国的外语政策有密切关系，多年来，中国一直把英语教育列入国民教育序列，使各阶层民众都具备了一定的英语认读能力，从而导致英语的使用比较常见。外文类店名排第二的是韩文类店名，尽管此类店名的绝对数量并不多，每个城市都只有两三家，但相比其他语种的店名要多，而且四个城市都有韩文类店名，可见韩语在四城市也有了一定的影响，这主要是因为近年来中韩交往较多，韩剧大量传入中国，韩国文化被广泛接受，哈韩风日盛，韩文店名正体现了这种文化特征。

　　总的来看，四城市店名的语符呈现模式还是以汉语类语符为主，外语类店名表现为英语独大的局面，这显示了四城市作为中部欠发达城市国际化程度不高、外来文化单一的特点。从外文类店名的出现比率还可以看出这四个城市相互之间的差别。上饶、鹰潭、抚州、赣州的纯外语型店名在整个城市店名中占比分别是 4.9%、3%、3.2%、1.7%，汉外混配型店名的占比分别是 22.1%、20%、15%、14.9%，二者合并占比分别是 27%、23%、18.2%、16.6%。数据的差异说明了城市经济文化的差异。上饶是新兴交通枢纽城市，沪昆高铁和京福高铁在此交汇，是目前全国地级市中少有的拥有两条时速 350 公里高铁线交汇的城市，境内旅游资源丰富，便捷的高铁和丰富的旅游资源带来了大量流动人口和外来资源，大大促进了其经济社会发展乃至观念改变，其文化开放程度相对最高，因此外文类店名占比最高；鹰潭是传统的铁路交通枢纽城市，鹰厦线、浙赣线和皖赣线在此交汇，新修的沪昆高铁也横穿而过，境内旅游资源也很丰富，外来流动人口也很多，被誉为"火车拉来的城市"，其文化开放程度也比较高，所以外文类店名占比排第二；抚州和赣州都属于原中央苏区的范围，远离铁路干线，在现代以铁路为主要交通依托的时代背景之下，其外来流动人口相对要少，受外来文化的影响也少，所以外文类店名占比自然就比较少了。

## 二 店名能指所指关系的规约与割裂

能指和所指是索绪尔提出的一对基本概念，前者是语言符号的音响形象，是语言的形式，后者是语言符号的概念内容，是语言的意义。"用所指和能指分别代替概念和音响形象"（索绪尔1982）。能指和所指是语言符号的一体两面，不可分割。能指和所指的关系本质上是任意的，但在语言的使用过程中，某些类型的能指往往习惯和某些类型的所指相结合，那么二者之间就会在人的认知习惯中建立一种固定的系联，构成一定的规约性；然而这种规约并不是永恒不变的，同一种能指可以表示不同的所指，相同的所指也可以对应不同的能指，这就是能指所指关系的可变性。社会的变化，文化观念的转换，都会造成能指所指关系的变化甚至割裂，从而造成陌生化的视觉感。

店名作为语言符号自然包括能指和所指两方面，但店名与其他类型的语言符号相比又有自己的特色，其能指和所指的关系有独特之处。店名语言符号的能指是店名的外显语言结构形式，一般包括语法结构特征和韵律节奏特征。能指和所指密不可分，店名的语法结构特征和语义内容之间有密切的联系。店名的内部语义往往包括三部分：一是表明所属和个性的区别性名号，即属名；二是从业类型名称，即业名；三是商业单位的通用称呼，即通名。如果一个店名的属名、业名、通名三部分都齐全，那么这个店名在语法结构上就会是偏正结构,其通名往往就是中心语,如"华民康中医馆""自然养生馆""天源济生健康会所"等,这类店名所反映的基本商业信息齐全,符合传统命名心理。如果店铺名的通名、业名、属名出现部分缺失甚至全部缺失的现象,那么店名的语法结构就会变得多样起来,既可能是偏正结构,也可能是动宾结构、主谓结构、联合结构或其他很难说清楚的结构形式。如"亲亲宝贝""花饰家""自由自在"都是名称要素不全的,在语法结构上分别是动宾结构、主谓结构、联合结构,而"菲尔雪""阿凡达""玛雅"等外来音译词则根本无法进行结构分析。店名的语法结构也在一定程度上体现了城市民众的普遍心理和社会文化特征。"亲亲宝贝"类店名与传统店名明显不同,体现了民众寻求创新、追求个性的文化心理。从一定程度上可以认为,某个城市的非偏正类店名越多,往往能在一定程度上说明该城市民众的心态越开放,接受新观念越容易。

我们分析了四城市店名的语法结构类型,并统计了各种类型的数量差异,试图以此窥测四城市的文化特征,具体数据见表6-3-3:

表6-3-3　　上饶、鹰潭、抚州、赣州店名的语法结构特征数量对照表

| | 上饶市 | | 鹰潭市 | | 抚州市 | | 赣州市 | |
|---|---|---|---|---|---|---|---|---|
| | 店名数 | 比率 | 店名数 | 比率 | 店名数 | 比率 | 店名数 | 比率 |
| 偏正结构 | 255 | 83.3% | 556 | 93.0% | 282 | 88.7% | 570 | 85.9% |
| 动宾结构 | 6 | 2.0% | 4 | 0.7% | 7 | 2.2% | 16 | 2.4% |
| 联合结构 | 5 | 1.6% | 15 | 2.5% | 7 | 2.2% | 18 | 2.6% |
| 主谓结构 | 12 | 3.9% | 5 | 0.8% | 13 | 4.1% | 4 | 0.7% |
| 其他结构 | 28 | 9.2% | 18 | 2.9% | 9 | 2.8% | 55 | 8.4% |

由统计数据可以看出,四城市店名的语法结构都是以偏正结构为主,最少的都超过了80%,多的竟达到了93%,这很符合四城市的基本文化特征,中部省份的地级市,经济欠发达,传统文化心理仍是主流,所以传统的偏正类店名仍然是命名的首选。在四城市中,上饶店名中偏正结构所占比率最低,意味着上饶店名追新求异更明显,这恰体现了上饶近年来作为高铁枢纽城市比其他三城市更容易感受外来新

事物新观念，更容易得风气之先。

能指与所指的关系在最初是任意性的，经过人类长期的集体训练、学习传授而约定俗成为理据性。从任意性到理据性，就是符号贴上历史标签、文化标签的过程，也即符号的社会化过程。能指与所指关系演变所体现出的社会性既有不断变化的一面，也有稳定的一面。如果将两个能指相互置换，那么势必带来所指的改变，使原来的能指与所指关系的文化意义发生改变，因为能指与所指的关系原本就是一种人为的、社会的、被赋予的、教育的、当然也是意识形态的结果。（隋岩 2009）现代店名中常出现"能指的漂移"现象，即能指与所指的关系被割裂，能指不能明确直观地指向所指、凸显所指，而是从所指那里游离出来。店名所指是店名所蕴含的信息内容，标示店铺的经营内容、经营模式、经营理念甚至商业文化等多方面信息。传统店名一般属名、业名、通名三部分齐全，或者至少属名、业名齐全，所以其标示信息也比较全面，能指和所指之间形成了一种约定俗成的固有联系，消费者很容易从店名判断该店的经营内容、经营特色等商业信息。如"佛山雅丹利移门""猪脚王土菜馆""袁师傅腊汁肉夹馍"等其经营内容、经营特色都非常清楚，能指和所指之间的内在逻辑联系直观清楚。但在上饶、鹰潭、抚州、赣州四城市的店名调查中却发现大量能指和所指关系模糊甚至根本无法建立直接联系的情况，依据传统的认知习惯，某些店名的能指根本就无法明确显示其所指。如：

上饶店名：感觉、闺密、宝贝·女人、不鲁奇、伊芙丽、贝丹娜、三只熊、新元素、时尚雅舍、國會一號、0 度造型、億媛 IYUAN、Feidiao 飞雕、CEFIRO 塞飞洛、Little；

鹰潭店名：漫莎、誘惑、艾米塔、伊姿韵、时尚坊、花梓伊、步步顺、二號街角、迪斯廷·凯、乐町 LE' TEEN、Hodo 红豆、DUTO 大東、R·L 瑞丽、第 1 时间 Diyishijian、SAN9999 基地、Distin Kidny；

抚州店名：淑女心情、丽人坊、美之源、熙然、貝那、8090、6677、Lijun 丽君、QiaoYu 巧遇工坊、ibudu 伊布都、LEM-

ONTREE 柠檬树、LIVINGSHOP 品质生活、아직미터尚心兰米、Jamor、Fairy；

赣州店名：包括你、元氣小猴、卡瑞朵、德记、豐德圍、财記號、纸尚美学、思好格、小篱笆、TASTE-SIX℃ 六度滋味、ST 如鱼得水、M 浪漫＊季节、I feel 头彩。

上述店名其能指和所指之间的关联度都不强，能指形式往往无法激活民众认知习惯中已经建立固定关联的所指内容，如"包括你""贝那""新元素"等根本就显示不出该店的经营内容，即使有少数店名能够有一个大概的语义指向，但也比较空泛，如"时尚坊"肯定是卖时尚用品，但时尚的东西范围很宽，具体是什么并不清楚，"丽人坊"和"淑女心情"肯定是卖女性用品，但也一样很宽泛。这种能指漂移、能指和所指割裂的店名是当代城市一道独特的语言景观，是当代商业文化的一种重要的表现形式。消费者不仅仅是作为使用者去消费物品的实用性，而是作为有个性的独立个体消费具有社会地位、身份、欲望等标志的"符号"，不仅仅是消费商品本身的物质内涵，而是在消费商品所代表的社会身份符号价值，诸如富贵、浪漫、时髦、前卫、归属感等象征衍生物价值广附于商品上，散发出符号的魅力魅惑着人们，人们在一种被动迷醉状态下被物化成社会存在的符号——自我身份的确认。（王岳川 2004：8）部分消费者在进行现场消费时不再只是满足于商品本身的物质状况，往往会很在乎消费过程中的文化享受或精神慰藉，对店名社会认同也不局限于传统的认知习惯，而是能够接受多元的文化符号。店名能指所指的割裂是对于传统认知习惯的破坏和篡改，是去传统化，用一种陌生化的能指形式构造新鲜的感官刺激，能给特定的消费者带来某些精神的愉悦，从而广为接受。

### 三　店名的汉字景观

汉字是店名语言景观的重要构成部分，具体包括字形繁简、字符使用、字体特色、书写构图、字义联想等等。本文主要讨论字符使用和字形繁简问题，其中字符使用包括字次、字种、字频等信息。

四城市店名尽管有一些外文字符，但主要是汉语类字符为主，其中汉字字符在店名中占有绝对优势，这一点可以从店名汉字使用字次数看出来。字次是所有汉字的使用次数，包括某些汉字重复使用的次数。上饶店名 324 个，汉字使用字次 1375，平均每个店名出现 4.2 个汉字；鹰潭店名 896 个，汉字使用字次 4302，平均每个店名出现 4.8 个汉字；抚州店名 458 个，汉字使用字次 2701，平均每个店名出现 5.9 个汉字；赣州店名 663 个，汉字使用字次 3575，平均每个店名出现 5.4 个汉字。当然四城市之间有一定的差别，上饶、鹰潭店名的平均汉字字符数要少于抚州、赣州，这与上文统计的上饶、鹰潭店名外文字符相对较多的结论是一致的。

四城市店名的字种是以常用字为主。字种指文字符号的种类，即不计重复的文字数目。通用规范汉字有 8000 多个，但使用频率较高的常用字只有 3500 个。店名汉字的主要作用还是对消费者进行引导，要有利于消费者的认读，一般都会选用民众熟悉的字种，所以常用字是首要选择。上饶店名字种数 624 个，其中 597 个常用字，占 95.7%，次常用汉字 27 个，没有非常用汉字；鹰潭店名字种数 1039 个，其中常用字 1021 个，占 98.3%，次常用字 18 个，有一个非常用字"哒"；抚州店名字种数 827 个，其中 796 个常用汉字，占 96.3%，次常用字 31 个，没有非常用汉字；赣州店名字种数 890 个，其中常用字 849 个，占 95.4%，次常用字 40 个，有一个非常用字"矗"。四城市之间在常用字的选取比例方面没有什么明显的差别，这符合公共标牌语言文字选择的基本原理，即选择创设者和消费者都熟知的、容易解读的字符进行书写。

字频统计可以反映语言景观的特色。本书讨论的字频并不是汉字的频率，而是频次，即某个具体汉字的出现次数。字频情况能反映店名用字的多样与否的问题。一般说来，频次低的汉字所占比例越高，说明其文字重复使用的频率就越低，其文字使用就越具有多样性。我们对四城市店名汉字使用的频次进行了详细统计，具体数据见表 6-3-4：

**表 6-3-4**　　　　　上饶、鹰潭、抚州、赣州店名用字频次对照表

| | 上饶市 | | 鹰潭市 | | 抚州市 | | 赣州市 | |
|---|---|---|---|---|---|---|---|---|
| | 字数 | 比率 | 字数 | 比率 | 字数 | 比率 | 字数 | 比率 |
| 频次>20 | — | — | 24 | 2.3% | 1 | 0.1% | 22 | 2.5% |
| 20≥频次>15 | 2 | 0.3% | 14 | 1.3% | 4 | 0.4% | 11 | 1.2% |
| 15≥频次>10 | 8 | 1.3% | 50 | 4.8% | 23 | 2.8% | 44 | 4.9% |
| 10≥频次>5 | 37 | 5.9% | 122 | 11.7% | 65 | 7.9% | 104 | 11.7% |
| 5≥频次>1 | 224 | 35.9% | 416 | 40.0% | 342 | 41.4% | 323 | 36.3% |
| 频次=1 | 353 | 56.6% | 413 | 39.7% | 392 | 47.4% | 386 | 43.4% |

　　由表 6-3-4 可知，四城市店名用字完全不重复的汉字整体在 50% 以下，这是由店名用字特点决定的。尽管店名用字是开放的，可以无所不包，但店铺的经营类型其实很有限，占主体地位的主要包括服装类、餐饮类、时尚类、装修类、超市类等，所以店名用字也主要局限在这些行业类型之内，因此某些汉字的重复使用是不可避免的。另外，店名中的业名、通名用字更是不可避免重复，重复率高的往往就是此类字，如频次在 20 以上的字有"店、馆、宾、房、美、市、大、超、家、公、国、业"等。从频次为 1 的汉字在所有汉字中所占比例来看，四城市有一定的差别，上饶、鹰潭、抚州、赣州分别是 56.6%、39.7%、47.4%、43.4%，上饶比其他城市都高出了至少 10 个百分点，这说明上饶店名用字更具有多样性。

　　店名用字中还有形体的繁简问题。几十年来，大陆一直使用简化汉字，但繁体字并没有完全退出社会语言生活，特别是近年来，随着国民经济文化水平的整体提高，观念意识越来越多元化，传统文化越来越受青睐，学习和使用繁体字的人也越来越多。商家为顺应民众对消费场所文化格调的要求，在店名设计中也会使用繁体字，以显示其"高雅"的书香气息，或者给人一种不一样的文化氛围，从而吸引消费者的眼球。表 6-3-5 是四城市店名繁体字的使用情况：

表 6-3-5　上饶、鹰潭、抚州、赣州店名的繁体字使用比率情况对照

| | | 上饶市 | 鹰潭市 | 抚州市 | 赣州市 |
|---|---|---|---|---|---|
| 字次 | 总字次数 | 1375 | 4302 | 2701 | 3575 |
| | 繁体字次数 | 54 | 129 | 55 | 84 |
| | 繁体字次占比 | 3.9% | 3.0% | 2.0% | 2.3% |
| 字种 | 总字种数 | 624 | 1039 | 827 | 890 |
| | 繁体字种数 | 40 | 67 | 46 | 60 |
| | 繁体字种占比 | 6.4% | 6.4% | 5.6% | 6.7% |

从表 6-3-5 可以看出，繁体字的整体使用比率并不高，使用字次数基本在 4% 以下，使用字种数也基本在 7% 以下。郑梦娟（2006）调查，北京、上海、深圳、武汉、西安五城市中含有繁体字的店名所占比率分别为 1.3%、15.2%、18.2%、3.5%、2.1%。相比于这些大城市，江西这四个城市的繁体字使用比例算是比较低的，这或许说明江西较好地执行了国家规范汉字使用的基本政策。四城市之间繁体字的使用字次比率有明显差别，上饶的比例最高，说明上饶店名用字更具有多样性。四城市繁体字的字种占比情况差别不大，都在 7% 左右。我们对四城市繁体字的具体字符也进行了详细统计，详见表 6-3-6：

表 6-3-6　上饶、鹰潭、抚州、赣州店名的繁体字字符情况对照

| 城市＼次数 | 3 次以上 | 3 次 | 2 次 | 1 次 |
|---|---|---|---|---|
| 上饶市 | 國 | 寶 館 | 貝 傳 東 鳳 華 飾 鷹 | 賓 車 燈 電 鵝 貴 號 匯 會 貨 記 間 餃 馬 門 檸 鋪 慶 聖 師 萬 訊 養 藥 業 園 雜 棧 億 饃 |
| 鹰潭市 | 東 館 賓 華 龍 風 廣 國 | 寶 飯 漢 號 記 時 魚 | 誠 會 麗 羅 僑 養 藥 莊 | 車 馳 寵 燈 點 頓 鵝 發 鋼 貢 觀 韓 鶴 經 鏡 藍 蘭 樂 連 瀘 馬 饃 納 鳥 慶 紗 鎖 湯 題 鐵 頭 紋 窩 現 鴨 揚 業 藝 優 誘 漁 棧 診 磚 |
| 抚州市 | — | 當 業 | 鳳 撫 館 設 莊 | 號 倉 庫 臨 貢 華 醫 遠 築 計 夢 銀 樓 頭 記 勞 聖 羅 龍 寶 飲 慶 媽 鍋 興 歐 後 來 進 發 國 藥 藝 機 車 陽 廣 東 賓 |

（续表）

| 次数<br>城市 | 3次以上 | 3次 | 2次 | 1次 |
|---|---|---|---|---|
| 赣州市 | 产 廣 東 | 記 資 時 | 圍 龍 號<br>榮 書 雲<br>發 創 陽<br>連 鎖 | 鴨 聲 馬 樹 車 興 藝 瀘 麵 軒 閣 飯 許<br>樂 臺 灣 嚴 選 譚 誠 樓 蘭 華 鋁 業 羅<br>診 鵬 匯 飛 鴻 濟 藥 頭 賣 槍 貢 際 會<br>餅 氣 飾 鐵 |

## 四　结语

语言景观是区域人文景观的重要组成部分，城市语言景观在一定程度上反映了城市的形象，反映了城市民众的语言生活状况、语言意识形态，也反映了城市的文化特征、历时传统和现代发展。可以毫不夸张地说，语言景观是城市人文生态的映像。城市和城市之间既有共性也有差异，不同城市的语言景观既有共通之处，也有各自的个性特征。江西上饶、鹰潭、抚州、赣州四城市整体上都属于内地欠发达城市，所以其语言景观所显示的国际化程度整体不高，语种比较单一，而且除了英语之外，其他语言出现的数量都非常少。由于地理位置或其他原因，四城市的发展速度并不一致，上饶得高铁之便，发展速度最快，民众语言观念似乎也更开放，其店名中出现外语的比例最高，能指和所指关系割裂的时尚店名比例最高，繁体字使用频次最高，简体字重复使用的比率最低，总之，该地店名语言景观更具有多样性。

# 第七章

# 结论与建议

综合所有调查数据，总结上饶、鹰潭、抚州、赣州语言文字使用状况及民众对语言文字的主观态度，我们形成了一些基本结论，并据此提出相关工作建议。

## 一 调查的基本结论

第一，语言文字相关法律知识的社会知晓度整体上不高。

调查显示，上饶、鹰潭、抚州民众只占45.1%的人知道国家有专门规范语言文字使用方面的法律。

《国家通用语言文字法》明确规定"公务员、教师、广播电视在公务活动、教育教学、播音中都必须说普通话"，但上饶、鹰潭、抚州只有40.2%的受访者知道公务员在公务活动中必须说普通话，53%的受访者知道教师在教育教学活动中必须说普通话，63%的受访者知道广播电视的播音必须用普通话，三方面综合大约占比50%。

《国家通用语言文字法》明确规定"公共服务行业、公共设施、广告招牌都应该以规范汉字为基本的服务用字"，但上饶、鹰潭、抚州受访者只有30%知道公共服务行业以规范汉字为基本的服务用字，33.5%的受访者知道公共场所的设施用字都应该以国家通用语言文字为基本服务用字，28.1%的受访者知道公共场所的招牌、广告用字都应该以国家通用语言文字为基本服务用字，综合起来看，整体知晓度在30%左右。

赣州民众知道"国家推广全国通用的普通话"出自《宪法》的人只占15.7%，知道"国家推行规范汉字"出自《国家通用语言文字法》的人相对较多，占87.7%，二者平均，有大约50%的赣州受访者熟悉有关语言文字的法律知识。

《国家语言文字法》是国家语言文字工作的基本依据，从 2000 年开始施行，但调查显示社会上了解这部法律及相关内容的人整体在 50% 以下，这个知晓度并不算高。

第二，普通话能力增强，方言能力有所弱化。

能用普通话与人交流的民众越来越多，民众的普通话熟练程度也越来越高。调查显示，上饶、鹰潭、抚州、赣州民众有 95.5% 的人能用普通话与人交流，而 2000 年"中国语言文字使用情况"调查的数据显示，江西城镇只有 74.6% 的人能用普通话与人交流。关于普通话的熟练程度，上饶、鹰潭、抚州、赣州民众有 40.5% 的人自我评价"能流利准确使用普通话"，有 46.5% 表示"能熟练使用但有些音不准"，二者合占 87%；而 2000 年江西城镇的数据是只有 26.9% 的人表示"能流利准确使用普通话"，37.6% 的人表示"能熟练使用但有些音不准"，二者合计只有 64.5%。

方言能力有所弱化。上饶、鹰潭、抚州民众只有 48.7% 的人表示能用本地话与人交流，34% 的人表示能用老家话与人交流，赣州有 73.3% 的受访者表示能用方言交流（赣州调查没有区分本地话和老家话），整体看来，能用方言交流的人数比例明显低于普通话，而且与过去相比也有所弱化，2000 年江西城镇 93.3% 的人能用方言与人交流。

第三，普通话使用频率变高，方言生存空间变窄。

民众在各种场合使用普通话的比率越来越高，而使用方言的比率则越来越低。调查显示，上饶、鹰潭、抚州、赣州民众有 87.7% 的人在单位谈工作时都使用普通话，2000 年江西城镇的数据显示，在单位谈工作时只有 51.3% 的人使用普通话；上饶、鹰潭、抚州、赣州民众在家庭交流中只有 50.5% 的人选用方言，另有 11.5% 的人在家既说普通话也说方言，而 2000 年江西城镇居民 87.5% 的人在家会说方言。

上饶、鹰潭、抚州民众在各种正式或非正式场合基本都以使用普通话为主。在银行、超市、商场等大型商业场所交际时，在和陌生人交谈时，在餐馆就餐时，在和熟人聊天时，在农贸市场或路边小摊买东西时，三市民众选择用普通话的比例分别达到 91.9%、86.8%、87.4%、68.2%、65.5%，很明显，各种场所普通话都占有明显优势。受访者在多种场合听到的语言也基本是以普通话为主，在银行、超市、商场等场所听到服务人员说普通话的占 86.7%，在餐馆听到服务人员说普通话的占 79.9%，即使在农贸市场或路边小摊听到卖家说普通话的也占了 36.4%。

第四，普通话的社会认可度高，民众对自己普通话水平的期望值也越来越高。

上饶、鹰潭、抚州民众有 74.8% 明确表示喜欢普通话，只有 41.3% 的人表示喜欢本地话，赣州民众有 93% 的人表示愿意说普通话。

关于"哪种话更好听"，上饶、鹰潭、抚州 77.6% 的受访者认同普通话更好听，认同本地话更好听的只占 14.6%，认同老家话更好听的只占 8.5%；关于"在当地哪种话更常用"，上饶、鹰潭、抚州 48.6% 的受访者认同普通话更常用，有 50.8% 的人认为当地话更常用（上饶、鹰潭两地认为普通话更常用的都占 57%，但抚州认为普通话更常用的只占 30%）；关于"哪种话更亲切友好"，上饶、鹰潭、抚州 45.3% 的受访者认同普通话更亲切友好，而认同本地话更亲切友好的只占 32.7%，认同老家话更亲切友好的只占 20.4%，总之，普通话在语言声望的多方面都要高于方言。

中小学应以普通话作为教学语言受到绝大多数民众的支持，支持者的比例基本上都超过了 85%，只有少部分人支持中小学可以普通话和方言相结合来教学或者采用方言教学。

上饶、鹰潭、抚州、赣州四市民众表示希望能流利准确使用普通话的达到 70.4%，希望能熟练使用普通话的人占 19%，二者合占 89.4%；而 2000 年全国城镇的数据分别是 40.4% 和 20.2%，二者合计 60.6%，2000 年全国城镇近 40% 的人对普通话并无什么要求，只是满足一般交际，数据的差异显示了民众对自身普通话熟练流利程度的要求越来越高，不再仅仅满足于能进行一般交际。

第五，普通话学习途径可以多样化，但以学校正规教育为主；方言学习意愿不强，学习方式可以生活化。

上饶、鹰潭、抚州、赣州受访者 76.8% 表示学过普通话。四城市民众对普通话学习途径的认识具有多样性，77.3% 的受访者认同学校教育，12.3% 的受访者认为可以通过培训班学习，38.9% 的受访者认为可以通过看电视听广播来学普通话，24.7% 的受访者认为可以跟家人学习普通话，56.1% 的人认为可以在社会交往中学习普通话。2000年江西省的数据显示，93% 的受访者认为学校是学习普通话的主要场所，可见，民众越来越认可普通话学习途径的多样化，但学校教育仍然是最主要的方式。

民众对方言学习的意愿不是很强，上饶、鹰潭、抚州三市民众明确表示很希望孩子学会自己老家方言的只占 29.3%，表示很希望自己学习父母方言的也只占 33.9%。关于方言学习的途径，上饶、鹰潭、抚州、赣州民众有 23.4% 主张在学校学习，有 9.7% 的人主张通过培训班学习，13.6% 的人主张在电视广播中学习，49.8% 的人主张在家里学习，67.8% 的人主张在社会交往中学习，总之，民众认为方言学习的途径也可以多样化，但主要应该在家里或在社会交往中学习。

第六，学习普通话目的更具多样性，普通话交际价值日益重要，文化价值也慢慢显现。

关于学说普通话的目的，四城市受访者中 72.7% 是为同更多人交往，54.3% 的人是因工作、业务需要，39.8% 的人是因学校要求，29.1% 的人是为找更好的工作，29.6% 的人是因个人兴趣，这些数据和 2000 年全国城镇的数据相比变化很大。2000 年全国城镇受访者学习普通话的目的，51.7% 是因为工作、业务需要，28.3% 是为了同更多人交往，13.6% 是因为学校要求，2.5% 是为了找更好工作，3.9% 是个人兴趣。当然 2000 年设计的是单项选择，而此次四城市的调查设计的是多项选择，所以纵向的数据也许无法说明问题，但横向的差异是能够发现一些变化的。2000 年时民众学普通话的主要目的是"工作业务需要"和"为同更多人交往"，而今天民众学普通话除了"工作""交往"目的外，"为找更好的工作""学校要求"所占比例明显提升，这说明普通话的使用范围越来越广，各用人单位录用员工时对普通话有一定要求，学校推普力度也在加强，另外，"个人兴趣"也已经成为一部分人学习普通话的重要驱动力。可以这么说，普通话的交际价值日益重要，其文化价值也慢慢显现。

第七，繁体字障碍并不很明显，接受度有所提高，学习途径可以多样化。

上饶、鹰潭、抚州、赣州四市受访者有 20.5% 明确表示学过繁体字，比例不高。四市民众表示识读繁体字基本没困难的人占比并不高，只有 22.1%，而表示有些困难但能读懂大概意思的人则占 71.1%，对繁体字基本不认识的人只占 5.9%，可见，绝大多数民众并不存在很大的繁体字识读障碍。

关于户外广告是否可以使用繁体字，上饶、鹰潭、抚州、赣州四市民众有 19.8% 的人持支持态度，43% 的人持反对态度；而 2000 年全国调查时江西省的数据显示，支持的只有 10.5%，反对的占 58.6%，可见民众对繁体字的接受度越来越高。

上饶、鹰潭、抚州民众表示喜欢繁体字的占 35.3%，不喜欢繁体字的占 25.5%；表示愿意学习繁体字的占 45.4%，不愿意学习繁体字的占 20.3%；支持中小学开设繁体字教学课程的占 37.8%，不支持的占 24.7%，总体看来，对繁体字持积极态度的人所占比例更大。

对于繁体字的学习途径，51.1% 的人认为应该通过学校学习，50.1% 的人认为可以自学，27.6% 的人认为可以通过补习班学习，可见，繁体字的学习途径具有多样性，学校并不是学习繁体字的唯一途径，在社会生活中一样可以学习繁体字。

第八，繁体字已经成为当代城市语言景观中的一个组成部分。

上饶、鹰潭、抚州、赣州四市商店牌匾都有数量不等的繁体字出现，在调查四城市中心城区的 2341 个商店牌匾中，共出现汉字 10953 字次，其中繁体字 318 字次，占比 2.9%，共出现汉字 3380 个字种，其中繁体字 214 个字种，占比 6.3%。从比率看，繁体字出现频率并不是很高，但从绝对数量看，繁体字在商店牌匾中并不少见。以此看来，民众有使用繁体字的需求，繁体字成了当代城市语言景观中的一个组成部分，一方面因为在某些场所使用繁体字确能营造一种高雅的文化气息，另一方面这也是当代多元文化观价值观的体现。

第九，景区语言服务的国际化水平有待提升。

四城市旅游景点标识牌的外语语种相对比较单一，基本上都是英语，尽管少数 5A 级景区也出现了韩语、日语、法语等语种，但覆盖面很窄，同一景区，有的标识牌确实有三种甚至四种外语，但有的标识牌则只有英语，而且外语翻译错误不少，致使有的外语仅起装点门面的作用，实质性的指示功能非常有限，景区语言服务的国际化水平有待提升，这既是有效服务并吸引海外游客、促进经济发展的重要手段，也是树立赣鄱文化形象的必要途径。

第十，官方标牌的配注语言文字规范度有待提升。

城市公共空间中最重要的官方标牌是路标和交通指示牌，前者给行人指路，后者为车辆提供道路信息，二者的配注语言文字本应统一，但调查显示，四城市的路标都以汉语拼音进行配注，而交通指示牌却用英语进行配注，另外，配注语言文字的词语空隔方式、字母大小写、英文的全称与缩略等都不一致，这些都有待进一步规范。官方标牌语言文字使用的规范程度体现了管理者的城市管理能力，加强这个工作有利于提高城市的文化品位。

## 二　相关工作建议

基于上述调查结论，特就国家及江西省语言文字工作提出如下几点建议：

第一，应该加强语言文字相关法律知识的社会宣传，特别要加强对中小学生的相关知识教育。未来城市推普工作的重点主要是中小学生。

第二，普通话的社会声誉越来越高，但还有很大提升空间，仍然有必要进一步加强普通话社会认同方面的宣传教育工作，让民众理解普通话不仅仅是全民交际工具，更是国家文化的重要纽带。

第三，方言的使用空间变窄，应该引起重视，但保护方言并不需要方言进课堂，家庭是保护方言的重要依托，民众的理念是方言保护的基础条件，可用适当方式进行方言文化宣传。

　　第四，《国家通用语言文字法》对繁体字的使用范围应该有更明确具体的规定，对某些特定领域、特殊行业以及服务于港澳台同胞的机构，适当允许使用繁体字会更有利于经济发展和语言生活的和谐。

　　第五，要加强公共空间语言文字使用的管理工作，特别要加强官方标牌语言文字规范使用的管理工作，这是政府执政能力的体现，是引领社会文化健康有序发展的必要手段。

# 参考文献

陈章太：《语文生活调查刍议》，《语言文字应用》1994（1）。

郭　熙：《广州语言文字使用情况调查报告》，《中国社会语言学》2005（2）。

胡松柏：《赣文化通典方言卷》，江西人民出版社2014年版。

黄　行：《少数民族语言文字使用情况调查述要》，《民族翻译》2013（3）。

孔明安：《从物的消费到符号消费——鲍德里亚的消费文化理论研究》，《哲学研究》2002（11）。

李蓝：《中国语言文字使用情况调查中的汉语方言问题》，《毕节师范高等专科学校学报》2001（4）。

李丽生：《国外语言景观研究评述及其启示》，《北京第二外国语学院学报》2015（4）。

李宇明、周建民：《"领域语言研究"开栏引言》，《江汉大学学报》（人文科学版）2004（2）。

刘楚群：《商铺命名低俗化及规范问题思考》，载胡松柏《赣鄱语言学论坛》，中国社会科学出版社2016年版。

刘楚群：《语言景观之城市映像研究》，《语言战略研究》2017（2）。

邱　莹：《上饶市语言景观调查研究》，《语言文字应用》2016（3）。

尚国文、赵守辉：《语言景观研究的视角、理论与方法》，《外语教学与研究》2014（2）。

尚国文、赵守辉：《语言景观的分析维度与理论构建》，《外国语》2014（6）。

苏金智：《中国语言文字使用情况调查实施方案》，《语文建设》1998（12）。

苏金智：《中国语言文字使用情况调查准备工作中的若干问题》，《语言文字应用》1999（1）。

苏金智：《国内外语言文字使用情况调查概述》，《语言文字应用》1999（4）。

苏金智等：《澳门普通话使用情况调查》，澳门理工学院出版社2014年版。

隋　岩：《从能指与所指关系的演变解析符号的社会化》，《现代传播》2009（6）。

孙曼均：《河北省普通话普及情况调查分析》，《语言文字应用》2011（4）。

王岳川：《消费社会的权利运动》，载金元浦《文化研究：理论与实践》，河南大学出版社2004年版。

魏日宁、苏金智：《中国大城市外语使用情况调查》，《外语教学与研究（外国语文双月刊）》2011（6）。

谢俊英：《中国语言文字使用情况调查中有关普通话的几个问题》，《语言文字应用》1999（4）。

徐红罡、任　燕：《旅游对纳西东巴文语言景观的影响》，《旅游学刊》2015（1）。

徐　铭、卢　松：《城市语言景观研究进展及展望》，《人文地理》2015（1）。

詹伯慧：《广东语言文字应用调查的若干启示》，《学术研究》2001（8）。

张谊生、齐沪扬：《上海浦东新区普通话使用状况和语言观念的调查》，《语言文字应用》1996（4）。

赵世举：《当代商业店名的构成类析及文化透视》，《云梦学刊》1999（1）。

中国语言文字使用情况调查领导小组办公室：《中国语言文字使

用情况调查调查员手册》，语文出版社 1999 年版。

郑　　材：《赣南方言分片刍议》，《赣南师范学院学报》（哲学社会科学版）1989（3）。

郑梦娟：《当代商业店名的社会语言学分析》，《语言文字应用》2006（3）。

［瑞士］费尔迪南·德·索绪尔：《普通语言学教程》，高名凯译，商务印书馆 1982 年版。

Curtin，M. 2009. *Languages on display：Indexical signs，identities and the linguistic landscape of Taipei*. In E. Shohamy & D. Gorter（eds）. Linguistic Landscape：Expanding the scenery. New York：Routledge.

Landry，R. & R. Y. Bourhis. 1997. Linguistic landscape and ethnolinguistic vitality. *Journal of Language and Social Psychology*. 16（1）.

Ong，Kenneth Keng Wee，Jean François Ghesquière and Stefan Karl Serwe. 2013. *Frenglish shop signs in Singapore*. English Today. 29（3）.

Rubin B. 1979. Aesthetic ideology and urban design. Annals of American Association of Geographers. 69（3）.

Scollon，R. & S. Scollon . 2003. *Discourses in place：Language in the material world*. London：Routledge.

Spolsky，B. 2009. *Prolegomena to a sociolinguistic theory of public signage. Linguistic Landscape：Expanding the Scenery*. Ed. E. Shohamy & D. Gorter. London：Routledge.

# 附录一

## 上饶（鹰潭/抚州）调查问卷
### （以上饶为例）

### 上饶市语言文字使用情况调查问卷

您好！我们来自江西师范大学，正在进行上饶市语言文字使用情况调查。请您配合我们完成这份问卷，您的回答将为我们的研究提供有益的帮助，问卷资料不会用作研究以外的其他目的，请按照您的真实情况如实填写。如果没有特殊的标注，本问卷试题都只能有一个选项。谢谢您对我们的支持！

海西经济区语言文字使用情况调查课题组
2015 年 6 月

01. 您的性别： ①男；②女

02. 您的年龄：_____周岁

03. 您受教育的程度： ①小学及以下；②初中；③高中；④大学；⑤研究生

04. 您的职业/身份（注：退休人员填退休前的职业）：
①教师；②学生；③公务员；④新闻出版行业工作者；
⑤其他专业技术人员；⑥公司职员；⑦服务业人员；
⑧体力劳动者；⑨其他（请注明：____）

**学生请补充如下信息：**
您就读的学校：_____您的专业（大学生填写）_____。

05. 您是上饶本地人吗？

①本地人；②外地人，在上饶生活不到 5 年；③外地人，在上饶生活 5—10 年；④外地人，在上饶生活超过 10 年

A1. 我们国家有没有专门规范语言文字使用方面的法律？（　　　）

①不知道；②有；3 没有

A2. 国家机关工作人员在公务活动中必须说普通话吗？（　　　）

①法律有规定必须说普通话；②为交际方便最好说普通话；③说普通话或方言都可以

A3. 教师在教育教学活动中必须说普通话吗？（　　　）

①法律有规定必须说普通话；②为交际方便最好说普通话；③说普通话或方言都可以

A4. 广播电视的播音用语必须是普通话吗？（　　　）

①法律有规定必须说普通话；②为交际方便最好说普通话；③说普通话或方言都可以

A5. 福建、江西、浙江、广东的很多地区都属于海西经济区，上饶属于海西经济区吗？（　　　）

①属于；②不属于；③不知道

A6. 您喜欢普通话吗？（　　　）

①喜欢；②无所谓；③不喜欢

A7. 您学习过普通话吗？（　　　）

①学过；②没学过

A8. 如果学过普通话，您学习的主要途径是（　　　）。（可多选）

①学校学习；②培训班学习；③看电视听广播学；④跟家里人学；⑤社会交往中学

A9. 您学习普通话是因为（　　　）。（可多选）

①工作、业务需要；②为同更多人交往；③为找更好的工作；④学校要求；⑤个人兴趣

A10. 您的普通话程度怎么样？（　　　）

①能流利准确地使用；②能熟练使用但有些音不准；③能熟练使

用但口音较重；④基本能交谈但不太熟练；⑤能听懂但不太会说

A11. 您希望您的普通话达到什么程度？（　　）

①能流利准确地使用；②能熟练使用；③能进行一般交际；④没什么要求

A12. 您认为本地小学的教学语言最好是什么？（　　）

①普通话；②上饶本地话；③外语；④普通话和本地话并用；⑤无所谓

A13. 您认为本地中学的教学语言最好是什么？（　　）

①普通话；②上饶本地话；③外语；④普通话和本地话并用；⑤无所谓

A14. 您现在能用哪些话与人交谈？（　　）（可多选）

①普通话；②上饶本地话；③老家话（非上饶话）；④其他（请注明）

A15. 您工作中最常说哪种话？（　　）

①普通话；②上饶本地话；③老家话（非上饶话）；④其他（请注明）

A16. 您在家最常说哪种话？（　　）

①普通话；②上饶本地话；③老家话（非上饶话）；④其他（请注明）

A17. 您和身边朋友日常聊天时最常说哪种话？（　　）

①普通话；②上饶本地话；③老家话（非上饶话）；④其他（请注明）

A18. 您和陌生人（如出租司机）交谈时最常说哪种话？（　　）

①普通话；②上饶本地话；③老家话（非上饶话）；④其他（请注明）

A19. 您在农贸市场、路边小摊买东西时最常说哪种话？（　　）

①普通话；②上饶本地话；③老家话（非上饶话）；④其他（请注明）

A20. 您在银行、超市、商场等大型商业场所办事、购物时最常说哪种话？（　　）

①普通话；②上饶本地话；③老家话（非上饶话）；④其他（请注明）

A21. 您在餐馆和服务员交流时最常说哪种话？（　　　）

①普通话；②上饶本地话；③老家话（非上饶话）；④其他（请注明）

A22. 您在银行、超市、商场等大型商业场所，听到服务人员最常说哪种话？（　　　）

①普通话；②上饶本地话；③其他方言

A23. 您在餐馆就餐时，听到服务人员最常说哪种话？（　　　）

①普通话；②上饶本地话；③其他方言

A24. 您在农贸市场、路边小摊买东西时，听到卖家最常说哪种话？（　　　）

①普通话；②上饶本地话；③其他方言

A25. 您喜欢上饶本地话吗？（　　　）

①喜欢；②一般；③不喜欢

A26. 您觉得学习上饶本地话比较好的途径是什么？（　　　）（可多选）

①学校学习；②培训班学习；③看电视听广播学；④跟家里人学；⑤社会交往中学

A27. 您认为说哪种话更亲切、友好？（　　　）

①普通话；②上饶本地话；③老家话（非上饶话）；④其他（请注明）

A28. 您认为说哪种话更好听？（　　　）

①普通话；②上饶本地话；③老家话（非上饶话）；④其他（请注明）

A29. 您认为在上饶哪种话更常用？（　　　）

①普通话；②上饶本地话；③其他（请注明）

A30. 您希望或要求您的孩子学会您的家乡方言吗？（　　　）（学生请做第 A31 题）

①很希望；②一般；③不希望；④无所谓

A31. 您希望学会您父亲或母亲的家乡方言吗？（ ）（非学生本题不做）

①很希望；②一般；③不希望；④无所谓

B1. 公共服务行业的服务用字（如酒店菜谱），应该使用通用规范简化字吗？（ ）

①法律规定必须使用简化字；②为方便民众认读最好使用简化字；③既可以使用简化汉字也可以使用繁体字，由个人兴趣决定

B2. 公共场所的设施用字，应该使用通用规范简化字吗？（书法和手写题词例外）（ ）

①法律规定必须使用简化字；②为方便民众认读最好使用简化字；③既可以使用简化汉字也可以使用繁体字，由个人兴趣决定

B3. 广告招牌用字，应该使用通用规范简化字吗？（书法和手写题词例外）（ ）

①法律规定必须使用简化字；②为方便民众认读最好使用简化字；③既可以使用简化汉字也可以使用繁体字，由个人兴趣决定

B4. 在日常生活中有时会碰到一些繁体字，您认识这些繁体字吗？（ ）

①基本认识；②认识大部分；③认识一小部分；④基本不认识

B5. 上饶作为海峡西岸经济区的一个城市，您赞成户外广告使用繁体字吗？（ ）

①赞成；②无所谓；③不赞成

B6. 您喜欢繁体字吗？（ ）

①喜欢；②无所谓；③不喜欢

B7. 您学过繁体字吗？（ ）

①学过；②没学过

B8. 您愿意学习繁体字吗？（ ）

①愿意；②无所谓；③不愿意

B9. 您觉得学习繁体字比较好的途径是（　　　）。（可多选）

①学校学习；②补习班学习；③自学；④其他（请注明）

B10. 您觉得中小学有必要开设繁体字教学课程吗？（　　　）

①很有必要；②无所谓；③无此必要

　　　　　　　　　调查到此结束。感谢您的回答！祝万事如意！

# 附录二

# 赣州调查问卷

## 海西经济区语言文字使用情况调查问卷

您好！我们正在进行一项海西经济区的语言文字使用情况调查，目的是了解国家通用语言文字使用情况以及相关问题，请您仔细填写这份问卷，您的回答将为改进和完善我国语言文字工作提供有益的参考。谢谢您的合作！

请您仔细阅读题目，并在"_____"填写您所选项目的序号。

海西经济区语言文字使用情况调查项目组

2014 年 12 月

01. 您的性别

02. 您的年龄

03. 您受教育的程度

04. 您现在从事的职业

05. 如果您是在校生，您就读的年级 _____专业_____。

A1. "国家推广全国通用的普通话"出自_____。

① 《中华人民共和国宪法》

② 《中华人民共和国国家通用语言文字法》

③ 《中华人民共和国义务教育法》

④ 《中华人民共和国刑事诉讼法》

A2. 您愿意说普通话吗？＿＿＿＿＿＿

①愿意　②无所谓　③不愿意

A3. 您学过普通话吗？＿＿＿＿＿＿

①学过　②没学过

A4. 如果学过普通话，您学习的主要途径是＿＿＿＿＿＿。（可多选）

①学校学习　②培训班学习　③看电视听广播学　④跟家里人学

⑤社会交往中学

A5. 您学习普通话是因为＿＿＿＿＿＿。（可多选）

①工作、业务需要　　②为了同更多人交往

③为了找更好的工作　④学校要求　⑤个人兴趣

A6. 您的普通话程度怎么样？＿＿＿＿＿＿

①能流利准确地使用　②能熟练使用但有些音不准　③能熟练使用

但口音较重　④基本能交谈但不太熟练　⑤能听懂但不太会说

A7. 您希望您的普通话达到什么程度？＿＿＿＿＿＿

①能流利准确地使用　②能熟练使用　③能进行一般交际　④没

什么要求

A8. 您认为本地小学的教学语言最好是＿＿＿＿＿＿。

①普通话　②当地话　③外语　④普通话和当地话并用　⑤无

所谓

A9. 您认为本地中学的教学语言最好是＿＿＿＿＿＿。

①普通话　②当地话　③外语　④普通话和当地话并用　⑤无

所谓

A10. 您现在能用哪些话与人交谈？＿＿＿＿＿＿（可多选）

①普通话　②当地话　③外语　④其他（请注明）

A11. 您现在在家最常说哪种话？＿＿＿＿＿＿

①普通话　②当地话　③外语　④其他（请注明）

A12. 您工作中最常说哪种话？＿＿＿＿＿＿

①普通话　②当地话　③外语　④其他（请注明）

A13. 您喜欢说当地话吗？＿＿＿＿＿＿

①喜欢　②一般　③不喜欢

A14. 您觉得学习当地话的途径最好是_____。（可多选）

①学校学习　②培训班学习　③看电视听广播学　④跟家里人学

⑤社会交往中学

A15. 您愿意参加普通话水平测试吗？_____

①愿意　②无所谓　③不愿意

B1. "国家推行规范汉字"出自_____。

①《中华人民共和国宪法》

②《中华人民共和国国家通用语言文字法》

③《中华人民共和国民事诉讼法》

④《中华人民共和国义务教育法》

B2. 您看繁体字书报有没有困难？_____

①基本没有困难　②有些困难但凭猜测能读懂大概意思　③困难

很多

B3. 您平时主要写简化字还是繁体字？_____

①简化字　②繁体字　③两种都写

B4. 您赞成海西经济特区户外广告使用繁体字吗？_____

①赞成　②无所谓　③不赞成

B5. 您愿意学繁体字吗？_____

①愿意　②无所谓　③不愿意

B6. 您学过繁体字吗？_____

①学过　②没学过

B7. 如果学过，您觉得学习繁体字的最好途径是_____。

①学校学习　②补习班学习　③自学　④其他（请注明）

# 附录三

## 《江西省实施〈中华人民共和国国家通用语言文字法〉办法》

(2010 年 11 月 26 日江西省第十一届人民代表
大会常务委员会第二十次会议通过)

**第一条** 为了推动国家通用语言文字规范化、标准化及其健康发展，使国家通用语言文字在社会生活中更好地发挥作用，促进经济文化交流，根据《中华人民共和国国家通用语言文字法》等有关法律、行政法规的规定，结合本省实际，制定本办法。

**第二条** 本省行政区域内国家通用语言文字的使用、管理和监督，适用本办法。

本办法所称的国家通用语言文字是普通话和规范汉字。

**第三条** 县级以上人民政府应当加强对国家通用语言文字工作的领导，将推广普通话和推行规范汉字作为社会主义精神文明建设的重要内容，对开展国家通用语言文字工作所需人员予以保障，所需经费列入本级财政预算，为公民学习和使用国家通用语言文字提供条件。

乡镇人民政府和街道办事处应当做好本辖区内国家通用语言文字的相关工作。

**第四条** 县级以上人民政府语言文字工作委员会负责管理、监督和协调本行政区域内国家通用语言文字的推广、使用，其主要职责是：

（一）贯彻实施有关国家通用语言文字的法律、法规、规章和政策；

（二）制定并组织实施本行政区域内国家通用语言文字工作规划；

（三）开展推广普通话和推行规范汉字的宣传活动；

（四）协调、指导和监督各部门、各行业的国家通用语言文字工作；

（五）组织对国家通用语言文字工作的评估检查；

（六）受理公民对违反本办法有关规定的举报和投诉，转交并督促有关部门处理；

（七）法律、法规、规章规定的其他职责。

县级以上人民政府语言文字工作委员会的办事机构，设在本级人民政府教育主管部门，具体负责管理、监督和协调本行政区域内国家通用语言文字推广、使用的日常工作。

**第五条** 县级以上人民政府有关主管部门在同级语言文字工作委员会的协调和指导下，按照下列规定履行国家通用语言文字使用的管理和监督职责：

（一）教育主管部门负责学校及其他教育机构用语用字的管理和监督；

（二）广播电影电视、新闻出版、文化、工业和信息化等主管部门负责广播、电影、电视、报刊、网络等媒体以及汉语文出版物、中文信息处理和信息技术产品用语用字的管理和监督；

（三）工商行政管理部门负责企业名称、个体工商户名称、广告等用语用字的管理和监督；

（四）质量技术监督主管部门负责地方标准、企业标准、计量单位等用语用字的管理和监督；

（五）城市管理主管部门负责室外公共场所用语用字的管理和监督；

（六）民政主管部门负责社会团体、民办非企业单位、基金会名称用语用字的管理和监督；

（七）卫生主管部门负责医疗、卫生机构及医务人员用语用字的管理和监督；

（八）人力资源和社会保障主管部门负责国家机关、事业单位工作人员普通话和规范汉字应用的教育培训；

（九）其他行政和行业主管部门负责本系统、本行业用语用字的管理和监督。

**第六条**　广播、电视、报刊、网络等媒体应当进行国家通用语言文字的宣传教育，增强公民学习和使用国家通用语言文字的意识。

每年九月第三周为本省推广普通话和推行规范汉字宣传周，县级以上人民政府语言文字工作委员会应当组织开展宣传活动。

**第七条**　鼓励公民和新闻媒体对社会规范用语用字进行监督，鼓励公民、法人和其他组织参加推广普通话和使用规范汉字活动。

县级以上人民政府语言文字工作委员会根据需要可以聘请有关人员担任社会监督员，对社会规范用语用字情况进行监督。

**第八条**　国家机关应当以普通话和规范汉字为公务用语用字。

国家机关工作人员在会议用语、公共场合的讲话用语、公务活动中的交际用语、机关内部的工作用语等应当使用普通话。

国家机关的公文、会议材料等应当使用规范汉字，不得使用不符合现代汉语词汇和语法规范的语言；除专业术语、缩略语确需使用外国文字的以外，不得在汉字标题或者行文中将可以用汉字表达的词汇用外国文字代替。

**第九条**　学校及其他教育机构应当以普通话和规范汉字为基本的教育教学用语用字。

学校及其他教育机构的教材、教学辅导用书、试卷、板报、板书等应当使用规范汉字。

学校及其他教育机构应当将学生正确使用国家通用语言文字的能力纳入学生培养目标和学校日常工作管理，并将其作为教育教学和学生技能训练的基本内容。

**第十条**　广播电台、电视台应当以普通话为播音、节目主持、采访等工作的基本用语。

电影、电视剧和话剧应当以普通话为基本用语。

电影、电视的字幕及其他公示性的文字，应当使用规范汉字。

**第十一条**　在本省注册面向公众开放的中文网站，应当执行国家通用语言文字的各项规范、标准。

**第十二条** 汉语文出版物以及中文信息处理和信息技术产品应当以普通话和规范汉字为基本用语用字。

汉语文出版物中国家通用语言文字的使用应当纳入出版物质量检查考评体系，并对出版物编辑、校对质量进行监督和检查。

**第十三条** 使用标点符号和汉语拼音，应当符合国家《标点符号用法》《汉语拼音方案》和《汉语拼音正词法基本规则》的规定。

**第十四条** 商业、邮政、通信、文化、旅游、银行、保险、证券、铁路、交通、民航、医疗、卫生、餐饮、娱乐等公共服务行业，提倡以普通话为服务用语。

运动会、博览会、演唱会、庆典活动等的解说，展览馆、博物馆、纪念馆、科技馆等的讲解应当以普通话为基本服务用语。

公共服务行业的公告、告示、通知、票据、单据、病历、处方等，应当以规范汉字为基本服务用字。

**第十五条** 各类名称牌、指示牌、标志牌、招牌、标语、公务印章、电子屏幕等用字，应当使用规范汉字。

**第十六条** 地名用字，以及车站、机场、码头、港口、体育馆、医院、电影院、博物馆、展览馆、旅游景点、广场、公园等公共场所用字，应当使用规范汉字。

**第十七条** 企业名称、个体工商户名称应当使用规范汉字，不得使用汉语拼音、字母、阿拉伯数字。

本省生产并在国内销售和其他在本省销售的商品的包装、说明用字，应当使用规范汉字。

**第十八条** 广告应当以普通话、规范汉字为基本用语用字，不得使用已经废止的异体字、简化字或者违反法律、法规规定使用繁体字；不得滥用同音字、谐音字篡改成语、词语。

用霓虹灯显示或者其他材料制作的广告牌、名称牌以及永久性标语牌，其字形及表述内容应当保持完整，缺损时应当及时修复或者拆除。

**第十九条** 有下列情形之一的，可以使用方言：

（一）国家机关的工作人员执行公务时确需使用的；

（二）经省广播电影电视主管部门批准的播音用语；

（三）戏曲、影视等艺术形式中需要使用的；

（四）出版、教学、研究中确需使用的。

**第二十条**　有下列情形之一的，可以保留或者使用繁体字、异体字：

（一）文物古迹；

（二）姓氏中的异体字；

（三）书法、篆刻等艺术作品；

（四）题词和招牌的手书字；

（五）出版、教学、研究中确需使用的；

（六）老字号牌匾的原有字迹；

（七）经国务院有关部门批准的特殊情况。

手书招牌和公共场所题词，提倡使用规范汉字；已经使用或者确需使用繁体字、异体字的，应当在明显的位置配放规范汉字的副牌。

人名用字提倡使用规范汉字、常用字。

**第二十一条**　下列人员的普通话水平，应当分别达到相应等级标准：

（一）国家机关工作人员为三级甲等以上；

（二）教师为二级乙等以上，其中语文教师和对外汉语教师为二级甲等以上，汉语语音教师为一级乙等以上；

（三）省广播电台、电视台的播音员、节目主持人为一级甲等，其他广播电台、电视台的播音员、节目主持人和影视话剧演员为一级乙等以上；

（四）直接面向公众服务的广播员、解说员、话务员、导游为二级乙等以上；

（五）高等学校、中等职业学校的播音、主持和影视话剧表演专业毕业生为一级乙等以上，师范教育类专业毕业生为二级乙等以上。

未达到普通话水平等级标准的人员，其所在单位、学校应当组织培训。

**第二十二条** 普通话水平等级测试工作，由语言文字培训测试机构按照国务院教育主管部门有关规定具体负责组织实施。普通话水平测试等级证书由省人民政府语言文字工作委员会负责颁发。

**第二十三条** 本省对国家通用语言文字的应用管理实行评估制度。

县级以上人民政府语言文字工作委员会应当有计划地开展城市语言文字评估工作，重点对国家机关、学校及其他教育机构、新闻媒体、公共服务行业规范管理和应用国家通用语言文字水平进行评估。评估结果应当向社会公布。

**第二十四条** 对在国家通用语言文字工作中做出显著成绩的组织和个人，各级人民政府或者有关主管部门应当予以表彰、奖励。

**第二十五条** 县级以上人民政府语言文字工作委员会或者其他有关主管部门及其工作人员不依法履行语言文字工作职责、滥用职权、徇私舞弊的，对负有责任的主管人员和其他直接责任人员依法给予处分。

**第二十六条** 测试工作人员违反测试规定的，由语言文字培训测试机构予以批评教育，并向其所在单位通报；情节严重的，省人民政府语言文字工作委员会可以依照国务院教育主管部门有关规定取消其测试工作资格。

**第二十七条** 下列用语用字违反本办法规定的，由县级以上人民政府语言文字工作委员会或者有关主管部门责令限期改正；逾期不改正的，予以通报批评：

（一）国家机关的用语用字；

（二）学校及其他教育机构的用语用字；

（三）新闻媒体的用语用字；

（四）汉语文出版物、中文信息处理和信息技术产品的用语用字；

（五）公共场所用语用字。

**第二十八条** 企业名称、个体工商户名称、广告以及在本省生产并在国内销售和其他在本省销售的商品包装、说明用字违反本办法规定的，分别由工商行政管理部门和质量技术监督主管部门按照职责分工责令改正；拒不改正的，予以警告，并督促其限期改正。

第二十九条　地名用字违反本办法规定的，由主管地名工作的部门或者机构责令改正；拒不改正的，予以警告，并督促其限期改正。

第三十条　本办法自 2011 年 1 月 1 日起施行。

# 后　记

　　新世纪以来，语言生活研究引起了学术界的极大关注，社会语言文字使用情况调查属于语言生活研究的重要内容，是语言研究直接服务于社会政治经济文化发展的重要表现。本书作为国家语委课题的结项成果，其初衷就是直接服务海西经济区发展的国家战略。

　　2014 年，本人有幸跟随博士后导师苏金智教授调查了浙江衢州、江西赣州这两个海西经济区城市的语言文字使用情况，并撰写了调查报告，从而萌生了进一步调查上饶、鹰潭、抚州这三个城市语言文字使用情况的设想，因为它们都同属海西经济区的范围，又都是江西的城市。这一设想得到了苏金智教授和江西省语委办王俊主任的鼓励和支持。因此我们组建团队申报 2015 年度国家语委的课题，最终成功获批并设为重点项目。

　　我们调查的对象主要包括四方面人员：第一，学校的老师和学生；第二，社会各行业人员；第三，政府各职能部门的工作人员；第四，台、港资企业人员。调查的方式主要包括问卷调查、座谈和访谈。从调查便捷性来说，学校师生相对比较好调查，配合度比较高；社会各行业人员的调查则费时费力，一部分民众对公共场所的问卷调查不太感兴趣，有的甚至反感；政府职能部门和台、港资企业的调查难度最大，这部分人一方面与学术界没有太多的交流，所以一般不太会接受这种学术性质的调查访谈，另一方面他们也确实没有太多空闲时间接受调查访谈。调查工作最终能够顺利完成，得益于各方面的大力支持和配合，借此机会对参与了本次调查活动的所有个人和单位表示衷心的感谢。

　　首先最需要感谢的是江西省语委办主任王俊，王主任做事认真严谨，思想有高度有深度，他一方面为本课题的调查设计提出了很多有价值的创见，另一方面又积极协调联络，请各个市的语委办积极配合支持我们的调查工作。其次需要感谢的是上饶、鹰潭、抚州、赣州四市的语委办和教育局的相关人员，是他们组织了四市的座谈会，使我们课题组能与政府职能部门相关人员进行面对面交流。上饶市教育局曾纯马副局长主持座谈会，上饶市语委办盛寿良主任帮我们联系台资企业，上饶市高新区办公室主任陪同我们走访台资企业；鹰潭市教育局毛克副局长主持召开座谈会，毛局长和语委办叶清潭老师会同高新区办公室刘主任陪我们一同走访台资企业；抚州市教育局纪委章星期书记主持座谈会，市语委办李晖老师陪同我们走访台资企业；赣州市语委办仲年萍主任主持座谈会。然后要感谢支持了此次调查工作的上饶中学、上饶实验学校、上饶二中、上饶职业技术学院、上饶师范学院、鹰潭市第八小学、鹰潭二中、贵溪实验中学、临川一中、临川二中、临川实验学校、赣南师范学院、赣州四中、章贡中学、文清实验学校、文清路小学等学校的相关领导和老师。还要感谢接受了此次调查的各行各业的所有人员，正是因为他们的认真负责，才保证调查的真实有效。最后需要感谢的是我指导的研究生，邱莹、黄玲玲、袁慧、廖梅珍、王欢欢、吴萧寒、严淑英、方霞、龚世婕、王凡、黄思琦，他们在盛夏与我一起去调查，非常辛苦，特别是在公共场所进行问卷调查，还需要腆着脸遭受某些人异样而怀疑的目光，非常不容易，调查完成后他们还对调查获得的原始数据进行了初次处理，工作量大，非常累。当然在这个过程中学生们的应变能力、处事能力、学术能力都得到了大幅度的提升，所以他们最后找工作都还比较顺利而且也比较理想，这也是值得庆贺的事。

此书最终出版，得到了江西师范大学文学院的资助，对此深表谢意！

本书的内容主要是呈现调查的原始数据，并没有太多的理论阐述，目的是为国家有关部门制定相关语言文字政策提供基础数据支持，也能为相关学术研究提供第一手材料。这是语言研究的一项重要基础性工作。这也是语言生活派的一个重要的行动目标，"重视语言

国情的调查与研究，特别是各种实态数据的收集与运用。"（李宇明
2017）

　　愿本书的数据能有效服务国家，服务相关学术研究。

刘楚群

2018 年 5 月 1 日于南昌